Slowenien

Zwischen Alpen, Adria und Pannonischem Tiefland

Klaus Schameitat

Trescher Verlag

1. Auflage 2012

Trescher Verlag
Reinhardtstr. 9
10117 Berlin
www.trescher-verlag.de

ISBN 978-3-89794-218-9

Herausgegeben von Bernd Schwenkros und
Detlev von Oppeln

Reihenentwurf und Gesamtgestaltung:
Bernd Chill
Gestaltung, Satz, Bildbearbeitung: Ulla Nickl
Lektorat: Sabine Fach
Stadtpläne und Karten: Johann Maria Just,
Martin Kapp

Alle Angaben in diesem Buch wurden sorgfältig recherchiert und überprüft, trotzdem kann für die Richtigkeit keine Gewähr übernommen werden. Hinweise und Informationen unserer Leserinnen und Leser nimmt der Verlag gerne entgegen.

Gedruckt auf chlorfrei gebleichtem Papier

Printed in Germany

PIVOVARNA Union LJUBLJANA

Essays

PRVA
VINOTEKA SLOVENSKIH VIN
POSLOVNA SKUPNOST ZA VINOGRADNIŠTVO IN VINARSTVO
SLOVENIJE

Vorwort

›*Slovenija – moja dežela*‹ (Slowenien – mein Land). Das war der Slogan einer touristischen Kampagne zu einem Zeitpunkt, als Slowenien noch zu Jugoslawien gehörte. Als Ausdruck besonderer Heimatverbundenheit trug er auch zum Unabhängigkeitsstreben der kleinen Nation bei. Die Slowenen identifizieren sich in hohem Maße mit ihrem überschaubaren Stück von der europäischen Landkarte. Nicht wenige halten es für ein kleines Paradies, zumindest was Landschaft, Natur und Kultur angeht.

Ein Land wie eine Modelleisenbahnanlage: kleinräumig, sauber, wohlgeordnet, idyllisch, von allem etwas. Ein Mitteleuropa en miniature mit Übergang zur Adria. Zugleich eines der ›grünsten‹ Länder unseres Kontinents. Und eines mit sehr langer Fremdenverkehrstradition. Touristen fühlen sich hier auf Anhieb wohl. Auf den ersten Blick mag man Slowenien für eine Fortsetzung Österreichs halten, wenngleich mit ungewohnter Sprache. Doch schnell entdeckt man immer mehr Eigentümlichkeiten und Besonderheiten, nämlich den individuellen Charakter des Landes.

Slowenien war und ist kein ›Krisengebiet auf dem Balkan‹. Überhaupt mögen die Slowenen derartige Pauschalisierungen (besser gesagt: Unwahrheiten) gar nicht. Mit Hinweis auf das habsburgische und venezianische Erbe sowie die Zugehörigkeit zu Mitteleuropa und dem Alpenraum grenzt man sich zu Recht von den südlicheren Gefilden des einstigen jugoslawischen Bundesstaates ab. Schon die ständigen Verwechslungen mit der Slowakei oder gar der kroatischen Landschaft Slawonien bereiten den Slowenen genügend Verdruss. Unzutreffend ist auch die historische Einordnung unter die sogenannten ›Ostblockstaaten‹.

Das typisch habsburgische Gelb und Braun der Hausfassaden wurde überall im Lande aufgefrischt und hat das um sich greifende sozialistische Einheitsgrau vergangener Jahrzehnte weitgehend verdrängt. Überall entstehen an den Ortsrändern großzügige Eigenheime in allen denkbaren Pastelltönen, prächtig geschmückt mit Blumenkästen und umgeben von üppig blühenden Gärten. Slowenien präsentiert sich dem Besucher heute als ein ausgesprochen farbenfrohes Land mit beachtlichem Lebensstandard. Nicht überrestauriert, stellenweise rustikal, ein wenig nostalgisch. Gäste aus dem deutschsprachigen Raum sind stets willkommen; ihnen fühlt man sich trotz historischer Konfrontationen kulturell eng verbunden. Gern verzichtet man indes auf Besucher, die ins Land kommen, um für sorgsam gehegte Vorurteile an Ort und Stelle möglichst viele Bestätigungen zu suchen.

Lassen Sie sich ein auf dieses kleine, liebenswerte, facettenreiche Land! Vielleicht sagen Sie schon bald ›Slowenien – mein Land‹ für kürzere und längere Urlaube.

Die slowenische Flagge vor der Universität in Ljubljana

Hinweise zur Benutzung

Dieses Buch umfasst (neben Vorspann und Anhang) vier große Kapitel.

Land und Leute (→ S. 18): Die wichtigsten Fakten, Eigenheiten und Entwicklungen Sloweniens werden als Einstiegslektüre empfohlen. Mit solider Hintergrundinformation wird man Beobachtungen und Situationen im Reiseland besser einzuordnen wissen. Über das ganze Buch verteilt gibt es außerdem Essays zur Vertiefung einzelner Themen.

Orte und Sehenswürdigkeiten (→ S. 90): Zur besseren Übersicht wird das Land in sieben Teilgebieten präsentiert mit jeweils einer größeren Stadt als Ausgangspunkt. Die Abfolge ist von Westen nach Osten. Innerhalb dieser Teilgebiete werden Flüsse und Gebirge als natürliche Grenzen oder Leitlinien verwendet. Wichtigen Orten oder Regionen ist jeweils eine Zusammenstellung praktischer Informationen (Adressen, Verkehrsverbindungen, Unterkünfte, Restaurants u.a.) angefügt. Abgestimmte Kartenausschnitte und Stadtpläne erleichtern die Orientierung, können jedoch detailliertes Material nicht ersetzen.

Sprachführer (→ S. 330): Das umfangreiche Vokabular wurde im Reisealltag zusammengestellt und mit elementaren grammatischen Erläuterungen versehen. Es soll zu einer korrekten Aussprache anregen, das Verstehen von Aufschriften erleichtern und die Kommunikation fördern. Wenn dabei auch die Scheu vor der fremden Sprache verringert wird – umso besser.

Reisetipps von A bis Z (→ S. 346): Antworten auf allerlei Fragen zur Planung und Durchführung der Reise werden am Ende des Buches gegeben. Dies geschieht in Form alphabetisch gelisteter Stichwörter. Im Einzelfall wird man unter einem sinnverwandten Begriff nachschlagen müssen. Die Informationen zu Gastronomie, Unterkunft und Verkehrsmitteln dienen hier eher dem groben Überblick; konkrete Angaben sind bei den einzelnen Ortsbeschreibungen zu finden.

Piran an der Adriaküste

Eigennamen

Geographische Namen (Orte, aber auch Flüsse und Landschaften) werden im vorliegenden Buch, soweit es vertretbar ist, in der slowenischen Form angegeben. Dem endlich unabhängigen Staat wird man nicht gerecht, indem man an den altösterreichischen (deutschen) Bezeichnungen festhält. Eine konsequente Einheitlichkeit lässt sich indes nicht erreichen. Es gibt Namen, deren slowenische Form man gegenüber der gängigen deutschen kaum bevorzugen wird (z.B. Julijske Alpe/ Julische Alpen); dies trifft bei etlichen Gebirgen zu, vor allem wenn sie die Landesgrenzen Sloweniens überschreiten. In anderen Fällen ist die deutschsprachige Bezeichnung höchstens noch in Österreich geläufig (z.B. Windische Bühel/Slovenske gorice) und trägt wenig zur Orientierung bei. In historischen Zusammenhängen ist es wiederum angebracht, ehemalige Namen zu verwenden (z.B. Laibach statt Ljubljana).

Auch Sehenswürdigkeiten, Institutionen und Bauwerke muss man wohl auf Deutsch nennen. Namen von Straßen und Plätzen lassen sich zwar häufig übersetzen, aber es handelt sich gleichzeitig um Adressen, und deshalb belässt man sie am besten in der ortsüblichen Version. Nicht zuletzt gibt es noch gemischte Bezeichnungen: Postojnska jama, Grotte von Postojna oder gleich Adelsberger Grotte (unter Verwendung des deutschsprachigen Ortsnamens)? Ebenso: Cerkniško jezero, See von Cerknica oder Zirknitzer See? – In solchen Fällen wurde die mittlere der drei Formen gewählt (deutsche Sachbezeichnung mit slowenischem Ortsnamen in seiner Grundform). Wo es hilfreich oder gar nötig erschien, wurde in Klammern die Bezeichnung in der jeweils anderen Sprache hinzugesetzt. Im Anhang befindet sich überdies ein umfangreiches zweisprachiges Ortsverzeichnis (→ S. 371).

Häufige Bezeichnungen

ulica (*ul.*)	Straße (wird bei Angabe des Straßennamens meist weggelassen)
cesta (*c.*)	Straße, Hauptstraße, Landstraße
pot	Weg; Reise
drevored	Allee
razcep	Verzweigung, Knoten
trg	Platz
grad	Burg, Schloss
mesto	Stadt
vas	Dorf
most	Brücke
reka	Fluss
dolina	Tal
gora	Berg, Hügel
planina	Berg, Alm
vrh	Gipfel
jezero	See
jama	Höhle, Grotte
muzej	Museum
cerkev	Kirche
žel. postaja	Bahnhof

Anmerkung zur Schreibweise: Auch in Verbindung mit Eigennamen oder Adjektiven ist die Kleinschreibung der oben genannten Substantive üblich, falls der Zusatz vorangestellt ist (also Koroška cesta, Glavni trg, Gorenja vas). Das führt insbesondere bei Ortsnamen zu ungewöhnlichen Schreibweisen mit einem kleingeschriebenen Namensbestandteil (Novo mesto, Bela krajina) – der adjektivische Bestandteil am Anfang wird also groß, der substantivische hingegen klein geschrieben. Doch nicht immer ist man konsequent (Zidani Most neben Zidani most; aber fast immer Kranjska Gora). In fremdsprachigen Publikationen werden solche ›Feinheiten‹ kaum beachtet. Immer wieder wird man mit wechselnden Kasus-Endungen konfrontiert, wodurch Namen je nach Zusammenhang verändert erscheinen (z.B. Bled – Blejsko jezero, Prešeren – Prešernova ulica, Sveti Jurij – Cerkev Svetega Jurija).

Historische Zitate, wie sie an etlichen Stellen in den Text integriert sind, erscheinen stets in ihrer Originalversion. Eine Anpassung an die heutige Rechtschreibung wurde nicht vorgenommen.

Einwohnerzahlen: Bei fast allen Städten und Orten, sofern sie Verwaltungssitz sind, ist zu unterscheiden zwischen der Bevölkerung innerhalb der Ortsgrenzen und der Gesamtbevölkerung unter Einbeziehung der übrigen Gemeindeteile. Die Zahlenangaben im vorliegenden Buch beziehen sich zunächst einmal nur auf das administrative Stadt- oder Ortsgebiet und sind deshalb niedriger als in manchen anderen Publikationen. Bevölkerungszahlen für komplette Gemeinden sind entsprechend ausgewiesen.

Preisangaben wurden nach bestem Wissen gemacht, sind aber nur als Orientierungshilfen zu verstehen und in jedem Falle unverbindlich. Übernachtungspreise beziehen sich auf Doppelzimmer mit Frühstück während der Hauptsaison, sofern nicht anders angegeben.

Kamniška Bistrica

Zeichenlegende

- Allgemeine Angaben, Touristenbüros
- Hinweise für Autofahrer
- Bushof, Busverbindungen
- Bahnhof, Zugverbindungen
- Flughafen, Flugziele
- Hafen, Schiffsverbindungen
- Yachthafen, Marina
- Taxistand, Taxiruf
- Seilbahn, Lift
- Hotels, Motels
- Einfachere Unterkünfte
- Campingplätze
- Restaurants
- Cafés, Erfrischungen
- Nachtleben
- Weinkeller, Degustation
- Museen, Attraktionen
- Veranstaltungshinweise
- Hinweise für Radfahrer
- Sportangebote
- Badeplätze
- Wintersporthinweise
- Einkaufstipps, Souvenirs

Entfernungstabelle

Die Entfernungsangaben sind als Straßen-Kilometer zu verstehen. Zugrunde gelegt sind die schnellsten Verbindungen unter weitgehender Nutzung der Autobahnen und Schnellstraßen, sofern dabei keine allzu großen Umwege entstehen. Bei Fahrten auf Landstraßen können die Distanzen durchaus kürzer sein, aber der Zeitaufwand ist beträchtlich höher (insbesondere auf Nebenstraßen in gebirgigen Regionen). Bei allen Angaben handelt es sich um innerslowenische Strecken; im Einzelfall ist die Fahrt über österreichisches Gebiet jedoch eine gute Alternative (z.B. von Jesenice oder Tolmin nach Slovenj Gradec).

	Tolmin	Slovenj Gradec	Ptuj	Postojna	Novo mesto	Nova Gorica	Murska Sobota	Maribor	Ljubljana	Lendava	Kranj	Koper	Kočevje	Jesenice	Celje
Tolmin															
Slovenj Gradec	215														
Ptuj	240	85													
Postojna	85	160	190												
Novo mesto	170	160	200	120											
Nova Gorica	40	210	245	60	170										
Murska Sobota	280	130	50	235	240	285									
Maribor	230	75	30	180	185	235	55								
Ljubljana	90	100	135	55	70	105	180	125							
Lendava	305	150	75	260	260	310	30	80	205						
Kranj	80	130	165	80	100	130	205	155	35	230					
Koper	115	210	245	60	170	90	285	235	110	310	130				
Kočevje	140	160	195	70	50	130	230	180	60	260	95	130			
Jesenice	90	170	200	110	135	165	240	190	65	265	35	165	125		
Celje	185	50	65	135	80	185	105	55	80	130	110	185	145	140	

Das Wichtigste in Kürze

Anreise

Die meisten Slowenien-Besucher reisen per Auto an. Die westlichen Landesteile erreicht man durch den gebührenpflichtigen Karawanken-Tunnel oder über einen der ausgebauten Alpenpässe. Im Osten führen die Verkehrswege fast ohne Steigungen durch die Flusstäler. Als Alternative kommt die Eisenbahn nach Ljubljana oder Maribor in Betracht. Da Flüge nach Slowenien derzeit nicht zu den preiswertesten gehören, könnte man die Flughäfen Klagenfurt, Zagreb, Rijeka oder Triest zur Anreise nutzen, insbesondere wenn man per Mietwagen weiterfahren möchte.

Autofahren

Das slowenische Straßennetz ist engmaschig und in gutem Zustand. Für die Benutzung sämtlicher Autobahnen und besonderer Schnellstraßen besteht Gebührenpflicht. Die Vignetten sind erhältlich bei Tankstellen, Tabakläden oder Touristenbüros. Die recht hohe Mautgebühr wird durch günstige Kraftstoffpreise kompensiert.

Verkehrsmittel

Das slowenische Eisenbahnnetz ist recht gut ausgebaut. Alle Ost-West-Verbindungen führen über Ljubljana. Die Züge verkehren zuverlässig. Abseits gelegene Orte sind in der Regel per Bus erreichbar. Auch in die Nachbarländer bestehen häufige Verbindungen.

Dokumente

Bürger der EU-Staaten und der Schweiz können problemlos ein- und ausreisen. Im Rahmen des Schengener Abkommens wurden die Grenzkontrollen gegenüber den Nachbarstaaten abgeschafft (Ausnahme: Kroatien).

Geld

Seit 2007 ist der Euro (€) die Landeswährung. Bargeld bekommt man problemlos an zahlreichen Geldautomaten. Kreditkarten werden in vielen Hotels, Restaurants und Geschäften akzeptiert.

Gesundheit

Hygienische Verhältnisse und medizinische Versorgung sind durchweg gut. Besondere Impfungen sind weder vorgeschrieben noch erforderlich. Eventuell ist eine Zecken-Schutzimpfung ratsam.

Informationen

Die slowenischen Touristenbüros versenden auf Anfrage hervorragendes Material zu vielen verschiedenen Regionen und Spezialthemen – fast alles kostenlos und in mehreren Sprachen. In allen größeren Orten und an touristisch relevanten Stellen gibt es gut sortierte Informationsbüros (abgekürzt: TIC) mit mehrsprachigem Personal.

Telefon

Öffentliche Apparate funktionieren mit Telefonkarten, erhältlich bei Postfilialen oder Tabakläden. Mobiltelefone sind sehr verbreitet. Die Vorwahl für Slowenien lautet 00386, darauf folgt eine Ziffer (voranstehende Null weglassen!) für die Region, dann die siebenstellige Anschlussnummer. Feuerwehr und Rettungswagen 112, Polizei 113, Pannenhilfe 987, Zentralruf für die Sperrung von Kredit- und Maestro-Karten 0049/116116.

Sicherheit

Slowenien ist ein sehr sicheres Reiseland. Die üblichen Vorsichtsmaßnahmen reichen völlig aus. In der Hochsaison sollte man an touristischen Orten nicht leichtsinnig sein.

Schloss Olimje bei Podčetrtek

Sportliche Aktivitäten

Das Angebot ist äußerst vielfältig. Fast jede Art von Aktivurlaub ist möglich. Vielerorts können Geräte und Ausrüstungen geliehen werden. Auch spezielle Kurse und Touren werden organisiert.

Unterkünfte

An Übernachtungsmöglichkeiten besteht kein Mangel. Neben Hotels und Pensionen findet man überall Ferienwohnungen und Privatzimmer, Hostels und Campingplätze. Beliebt ist Urlaub auf Bauernhöfen. Am größten ist das Angebot in Küstennähe, wo man vor der Hauptsaison unbedingt reservieren sollte. Der Standard der Unterkünfte ist im Allgemeinen gut.

Verständigung

Mit Deutsch kommt man in allen Landesteilen ziemlich gut zurecht. Bei der jüngeren Generation und im touristischen Bereich ist Englisch ein wenig verbreiteter. An der Küste kann man eventuell auf italienisches Vokabular zurückgreifen. Viele Speisekarten und Informationen sind mehrsprachig formuliert.

Ziele und Ausflüge

Attraktive Stadtkerne: Ljubljana – die charmante und übersichtliche Hauptstadt. Piran, Koper, Izola – venezianisches Flair an der Adriaküste. Maribor, Ptuj, Škofja Loka – hübsche Altstädte an Flussufern.

Stimmungsvolle Orte: Jeruzalem – inmitten malerischer Weinberge. Štanjel – eine fast vergessene Sommerfrische. Lipica – ein Paradies für Pferdefreunde.

Burgen und Schlösser: Das Höhlenschloss Predjama. Das Wasserschloss Otočec ob Krki. Das Valvasor-Schloss Bogenšperk.

Kirchen und Klöster: Einsamkeit und Stille in Žiče. Barock und Gegenwartskunst in Kostanjevica na Krki. Basilika und Kreuzgang in Stična. Wandmalereien in Hrastovlje.

Altehrwürdige Kurorte: Rogaška Slatina – aufgefrischter Glanz. Radenci – nostalgischer Charme. Dolenjske Toplice – längste Tradition.

Sozialistische Planstädte: Velenje, Trbovlje, Nova Gorica – stumme Zeugen der Tito-Zeit (bei besonderem Interesse).

Museale Anlagen: Die Quecksilbermine von Idrija. Die Salinen von Sečovlje.

Naturschönheiten: Weltbekannte Tropfsteinhöhlen von Postojna und Škocjan. Romantische Alpenseen von Bled und Bohinj. Erhabene Natur des Triglav-Nationalparks. Imposantes Hochgebirgspanorama der Logarska dolina.

Erlebnisstrecken: Wildromantisches Soča-Tal. Atemberaubende Vršič-Passstraße. Idyllisches Savinja-Tal. Die Eisenbahn zwischen Bled und Nova Gorica.

Ausführliche praktische Hinweise: siehe ›Reisetipps von A bis Z‹ auf S. 346.

Prijatlji! Obrodile
so trte vince nam sladko,
ki nam oživlja žile,
srce razjasni in oko,
ki utopi,
vse skrbi,
v potrtih prsih up budi.

Freunde! Die Rebe hat nun wieder
den süßen Labetrunk beschert,
der unsre Pulse hebet,
der Herzen uns und Augen klärt,
der ertränkt,
was da kränkt,
der Hoffnung in die Brust uns senkt.

France Prešeren, 1. Strophe der ›Zdravljica‹

Land und Leute

Slowenien im Überblick

Name: Republika Slovenija
Status: Unabhängigkeit seit 25. Juni 1991
Amtssprachen: Slowenisch, regional auch Italienisch und Ungarisch
Fläche: 20273 Quadratkilometer, davon ca. 55% bewaldet
Hauptstadt: Ljubljana (272000 Einwohner)

Die Flagge Sloweniens

Weitere Städte: Maribor (96000 Einwohner), Celje (38000), Kranj (37000)
Staatsgrenzen: Österreich, Italien, Kroatien, Ungarn
Küstenlänge: knapp 47 Kilometer
Höchster Berg: Triglav (2864 Meter)
Längster Fluss: Sava (221 von insgesamt 945 Kilometern)
Klima: Übergang von alpinem und kontinentalem zu mediterranem Klima
Einwohnerzahl: 2,05 Millionen
Bevölkerung: 83% Slowenen, etwa 2% Serben, 2% Kroaten, außerdem Bosnier, Albaner, Ungarn, Italiener, Roma sowie 9% ohne eindeutige Zuordnung.
Bevölkerungsdichte: 100 Einwohner pro Quadratkilometer
Alphabetisierungsrate: 99,7%
Urbanisierungsgrad: 49%
Religion: Etwa 57% Katholiken, 1% Protestanten, 3% Orthodoxe, 3% Muslime, mindestens 10% Konfessionslose, 23% ohne Angaben.
Erwerbstätigkeit: Landwirtschaft 4%, Industrie 39%, Dienstleistungen 57%

Staatsform: Parlamentarische Republik
Präsident: Danilo Türk (seit 2007)
Premierminister: Janez Janša (seit 2012)
Parlament: 90 Abgeordnete
Mitgliedschaft in internationalen Organisationen: EU (seit 1. Mai 2004), NATO, OECD, OSZE, UNO, WEU, Europarat
Landeswährung: Euro (EUR)
Zeitzone: GMT+1 (MEZ) einschl. Sommerzeit
Nationalfeiertag: 25. Juni (Unabhängigkeitstag)
Nationalhymne: ›Zdravljica‹, 7. Strophe
Autokennzeichen: SLO
Internetkennung: .si
Telefonvorwahl: 00386

An der Grenze

Geographie

Slowenien ist einer der kleinsten Staaten Europas. Innerhalb der Europäischen Gemeinschaft (EU) belegt es Platz 24 unter den 27 Mitgliedsländern. Nur Zypern, Luxemburg und Malta sind noch kleiner. Das Territorium Sloweniens ist identisch mit dem der ehemaligen jugoslawischen ›Sozialistischen (Teil)republik‹ gleichen Namens und umfasst 20273 Quadratkilometer. Das entspricht knapp der halben Größe der Schweiz. Auf der Welt gibt es 149 Staaten, die größer sind. Die größte West-Ost-Ausdehnung beträgt 248 Kilometer, in Nord-Süd-Richtung sind es maximal 163 Kilometer. Es bestehen Landgrenzen mit Österreich (318 Kilometer), Italien (280 Kilometer), Kroatien (670 Kilometer) und Ungarn (102 Kilometer). Die Lage auf dem 45. bis 47. Grad nördlicher Breite bedeutet, dass Slowenien vom Nordpol und vom Äquator etwa gleich weit entfernt ist.

Trotz seiner geringen Größe hat Slowenien eine erstaunliche Vielfalt an Landschaften zu bieten. Das zusammenfassende Begriffspaar ›Alpen – Adria‹ liefert ein unvollständiges Bild, wenngleich der zum Ausdruck gebrachte Gegensatz mit der touristischen Wahrnehmung übereinstimmen mag. Aber es gilt ein wenig feiner zu differenzieren, weil sonst ganz eigenständige Landschaften aus der Betrachtung herausfielen.

In den folgenden Unterkapiteln werden neben den mehr oder weniger geläufigen deutschen Landschafts- und Gewässernamen auch die slowenischen Entsprechungen eingeführt, die dann im weiteren Text bevorzugt werden.

Landschaftsräume

Mindestens vier Landschaftstypen lassen sich voneinander abgrenzen: nämlich Alpen und Adriaküste, aber auch der Karst und die Pannonische Ebene. Wissenschaftliche Schriften nennen als eine fünfte Region noch den kleinen slowenischen Teil des Dinarischen Gebirges, indem sie diesen von der Karstregion abtrennen.

Den **Norden** des Landes prägen die Alpen, genauer gesagt die imposanten Gebirgszüge der Karawanken (Karavanke), die auf etwa 120 Kilometern Länge eine natürliche Grenze zu Österreich bilden und nach Osten hin flacher werden. Höchster Punkt ihres Hauptkammes ist der Hochstuhl (Veliki Stol, 2238 Meter) oberhalb der Stadt Jesenice. Nach Süden hin vorgelagert sind die Julischen Alpen (Julijske Alpe) im Bereich der italienisch-slowenischen Grenze. Hier ragt der 2864 Meter hohe Triglav, der höchste Berg Sloweniens sowie vormals ganz Jugoslawiens, spektakulär über seine Umgebung hinaus. Die Save (Sava) entspringt hier und bildet ein großes Tal, in dem alle Arten von Verkehrswegen in Richtung Ljubljana verlaufen. Parallel zum mittleren Abschnitt der Karawanken bilden dann die Steiner oder Kamniker Alpen (Kamniške Alpe) und die Sanntaler oder Savinjer Alpen (Savinjske Alpe) eine zweite Bergkette, die nochmals bis auf 2558 Meter ansteigt, aber im Allgemeinen unter der 2000-Meter-Marke bleibt. Weniger schroff und auch niedriger, mit Höhen zumeist unter 1500 Metern, schließt sich ostwärts noch das waldreiche Bachergebirge (Pohorje) an, das

Die Landschaftsräume Sloweniens

bis an die Stadt Maribor heranreicht. Am Südrand der Gebirge dehnen sich die von der Save durchflossenen Beckenlandschaften um Kranj und Ljubljana sowie um Celje herum aus, die man als die Landesmitte Sloweniens bezeichnen kann.

Im **Westen** erhebt sich mit einer markanten Geländestufe oberhalb der italienischen Küste die Karst-Hochfläche (Kras). Der anstehende Kalkstein unterliegt fortschreitenden Lösungsprozessen und prägt das Landschaftsbild mit zahllosen Höhlen, Dolinen, unterirdischen Flüssen und periodischen Seen. Große Gebiete sind humus- und damit auch vegetationsarm oder bestehen gar aus nacktem Felsgestein. Die Landwirtschaft ist durch den Mangel an Oberflächenwasser stark eingeschränkt und konzentriert sich auf fruchtbare Senken. Die Karstregion im engeren Sinne reicht etwa von Nova Gorica über Ajdovščina bis in die Gegend von Postojna und Pivka.

Den **Süden** des Staatsgebietes, das deutlich höher gelegene Hinterland der slowenischen Küste, sehen die Geographen bereits als Teil des Dinarischen Gebirges an, das entlang der kroatischen und montenegrinischen Küste bis nach Albanien reicht. Geologisch betrachtet handelt es sich um die direkte Fortsetzung der Kalkalpen und des daran anschließenden Karstes. Bei einer separaten Betrachtung erfolgt eine Abgrenzung der Regionen üblicherweise im Bereich der Kleinstadt Postojna. Die Landschaft zwischen den wenigen größeren Orten Ilirska Bistrica, Postojna und Kočevje hat überwiegend Mittelgebirgscharakter. Die Karstflächen sind hier von Wäldern bedeckt. Dennoch herrscht Wasserarmut an der Oberfläche. Auf der Karte sind so gut wie keine Gewässer verzeichnet. Das erklärt die geringe Siedlungsdichte des Gebietes und das dürftige Wegenetz. Hinzu kommt die zentrale Lage des 1796 Meter hohen Schneeberg-Gipfels (Snežnik) unweit der kroatischen Grenze. Abseits der vielfach gewundenen Durchgangsstraße von Postojna nach Rijeka gibt es hier nur wenige Gebirgswege hinüber ins kroatische Gorski Kotar-Massiv.

Der äußerste Südwesten an der Adria wird als Slowenische Riviera (Slovenska Rivijera) bezeichnet. Der nur 46,6 Kilometer lange Küstenabschnitt des Landes liegt eingezwängt zwischen der italienischen Hafenstadt Triest (slowen.: Trst) und der großen kroatischen Halbinsel Istrien. Man spricht auch vom slowenischen Teil Istriens (Slovenska Istra). Nur vier nennenswerte Orte gibt es an der Küste: Neben Koper als einziger Hafenstadt sind es Izola, Piran und Portorož – alle von unverkennbar venezianischer beziehungsweise italienischer Prägung. Dazwischen wechseln Buchten und Steilhänge einander ab, natürliche Strände sind rar. Inseln besitzt die slowenische Küste nicht. Direkt an der kroatischen Grenze liegen große Salinenfelder. Mit dem Zerfall Jugoslawiens kam es zum Streit über den genauen Grenzverlauf in der Bucht von Piran.

Der **Osten und Südosten** ist Teil der Pannonischen Ebene. Es herrscht ein recht gleichmäßig besiedeltes Hügelland vor. Entlang der ungarischen Grenze beträgt die allgemeine Höhenlage nur noch 150 bis 200 Meter. Die breiten Flusstäler der Drau (Drava) und der Mur (Mura) verlaufen parallel zueinander im Abstand von etwa 30 Kilometern. Sie werden begleitet von einer urwüchsigen Landschaft aus Nebenarmen und Auwäldern. An den Abhängen der fruchtbaren Windischen Bühel (Slovenske gorice) zwischen den beiden Flüssen gedeiht überall Wein. Jenseits der Mur, im sogenannten Übermurgebiet (Prekmurje) bekommt man bereits einen Eindruck von der Monotonie der Puszta: Auf endlosen Ackerflächen werden weithin Mais, Kartoffeln und Sonnenblumen angebaut. Südostslowenien ist auch die Region der Mineral- und Thermalquellen, denen etliche renommierte Kurorte ihre Entstehung verdanken.

Weinkeller im Osten des Landes

Historische Regionen

Die Slowenen gliedern ihre Heimat traditionell in kleinere Regionen, die den natürlichen und kulturellen Eigenheiten stärker Rechnung tragen und die landschaftliche Vielfalt widerspiegeln. Auch der ausgeprägte Lokalpatriotismus, Mentalitätsunterschiede und Dialekte dürften eine Rolle spielen. Diese Einteilung geht im Wesentlichen auf die ehemaligen habsburgischen Provinzen (Österreich-Ungarn) zurück und folgt ohne exakte Festlegungen eher natürlichen Grenzen, beispielsweise Höhenzügen oder Flüssen. Allgemein üblich ist die Unterscheidung folgender Landschaftsnamen:

Kranjska (Krain) als die zentrale Region des Landes reicht von den Karawanken bis hinab zur kroatischen Grenze. Den Mittelpunkt bildet die Hauptstadt Ljubljana, um die herum sich drei Teilgebiete unterscheiden lassen: **Gorenjska** (Oberkrain) mit den Städten Jesenice, Kranj und Škofja Loka umfasst alpine Gipfel und den Oberlauf der Sava bis in das Becken von Ljubljana. **Notranjska** (Innerkrain) ist die südwestliche Fortsetzung und benennt den mittleren Teil des Karstes und den Übergang zum Dinarischen Gebirge, besitzt kein urbanes Zentrum und erstreckt sich um die Kleinstädte Postojna, Logatec und Ilirska Bistrica. **Dolenjska** (Unterkrain) beginnt ebenfalls im Raum Ljubljana und wird im Osten durch die Sava begrenzt, besteht überwiegend aus bewaldeten Karsthügeln und schließt die Städte Novo mesto, Krško und Kočevje ein. Der südlichste Teil der Dolenjska zwischen Kočevje und Črnomelj liegt im kroatischen Grenzgebiet und wird gern separat als **Bela krajina** (Weißkrain, auch Weißmark) bezeichnet.

Primorska (Küstenland) heißt der westlichste Streifen Sloweniens in seiner ganzen Nord-Süd-Erstreckung: Nicht nur die Küste selbst, sondern auch das Hinterland entlang der italienischen Grenze, von den Alpen bis nach Istrien.

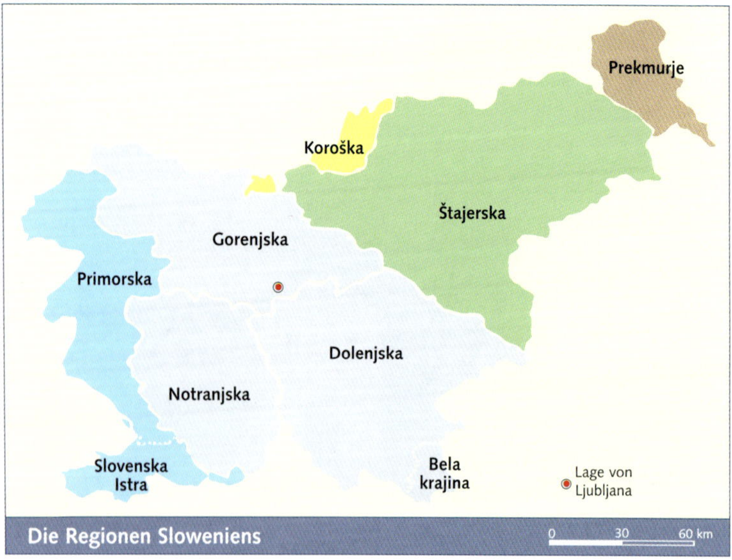

Die Regionen Sloweniens

In Piran an der slowenischen Riviera

Naturgemäß handelt es sich dabei um eine Zusammenfassung sehr verschiedener Landschaften: das wild-romantische Soča-Tal unterhalb des Triglav-Massivs, die malerischen Hügel der Goriška Brda, die westlichen Karstgebiete sowie Slowenisch Istrien, den kurzen slowenischen Küstenabschnitt samt Hinterland. Neben der Hafenstadt Koper und den benachbarten Küstenorten sind die Städte Nova Gorica und Tolmin zu nennen.

Koroška (Kärnten): Durch die Grenzziehung am Ende des Ersten Weltkrieges verblieb ein kleiner Teil des heutigen österreichischen Bundeslandes auf slowenischer Seite. Die Region um die Orte Dravograd und Ravne na Koroškem ist die kleinste des Landes und zugleich die entlegenste und ursprünglichste. Es ist ein waldreiches Gebirgsland mit weiten Tälern.

Štajerska oder **Spodnja Štajerska** (Steiermark oder Untersteiermark): Ähnlich verlief die Geschichte der Steiermark, die bei der Grenzziehung in einen österreichischen Teil und einen heute slowenischen Teil zerfiel. Diese große Region umfasst die östlichen Ausläufer der Alpen, das Hügelland an Drava und Mura, bedeutende Städte wie Maribor, Celje, Ptuj oder Velenje und bildet im Süden über weite Strecken die Grenze zu Kroatien.

Prekmurje (Übermurgebiet): Der äußerste östliche Zipfel Sloweniens liegt zwischen der Mura und der ungarischen Grenze in der Pannonischen Ebene. Er ist durch den Fluss relativ klar vom Rest des Staatsgebietes getrennt und hat überdies einen ungarischsprachigen Bevölkerungsanteil, so dass er auch in der Wahrnehmung der Landesbewohner seit jeher als eigenständige Region innerhalb Sloweniens gilt. Zentrum ist die Kleinstadt Murska Sobota, außerdem Lendava im schmalen Korridor zwischen Ungarn und Kroatien. Besondere landschaftliche Höhepunkte gibt es nicht. Das Relief weist im Goričko (entlang der österreichischen Grenze) einige unerwartet steile Hänge auf, nach Süden hin wird das Gelände immer flacher.

Verwaltungsstruktur

Weder die großen Naturlandschaften noch die historischen Regionen (*pokrajina*) spielen im politischen und administrativen Bereich eine wichtige Rolle. Slowenien besteht seit 2006 aus insgesamt 210 selbstverwalteten Gemeinden (*občina*). Das sind dreieinhalbmal soviele wie im Unabhängigkeitsjahr 1991 und ist das Ergebnis fortgesetzter Neugliederungen als Antwort auf Entwicklungstendenzen, Eifersüchteleien und lokalpolitische Auseinandersetzungen. Derzeit sieht es so aus, als sei dieser Konsolidierungsprozess nahezu beendet. Eine weitere Unterteilung würde letztlich auf eine Atomisierung des ohnehin sehr kleinen Staatsgebietes hinauslaufen. Rechnerisch entfallen nun auf jede Gemeinde im Durchschnitt nur rund 9700 Einwohner. Noch deutlich weniger sind es, wenn man die elf Gemeinden herausrechnet, die als Stadtgemeinden (*mestna občina*) eingestuft sind. Immerhin kooperieren jeweils mehrere Gemeinden in einem Gemeindeverband (*upravna enota*); flächendeckend gibt es derzeit 58 davon. Eine mittlere Verwaltungsebene zwischen den Gemeinden und dem Gesamtstaat existiert in Slowenien nicht.

Die Vorläufigkeit der administrativen Einheiten lässt sich nach wie vor an den slowenischen Autokennzeichen ablesen: Es gibt elf verschiedene Ortskürzel (→ S. 352). Acht von ihnen wurden aus dem ehemaligen jugoslawischen System übernommen, drei weitere nach der Unabhängigkeit neu eingeführt. Sie repräsentieren jeweils eine Stadt oder einen Verwaltungssitz mit einem größeren sogenannten Registrierungsbereich (*registrski območje*). Nach heutiger Einteilung passt die Zuordnung der Gemeinden nicht mehr zu den elf Städten des Landes: Die Städte Ptuj und Velenje besitzen keine eigenen Autokennzeichen, während die Gemeinden Postojna und Krško ohne Stadtstatus seit den 1990er Jahren eigene Codierungen haben.

Im Alpenort Bovec

Die 12 Statistikregionen Sloweniens – künftige Provinzen?					
Bezeichnung		größter Ort	Anzahl Gemeinden	Einwohner insg.	Größe
Gorenjska	Oberkrain	Kranj	18	198000	2137 km²
Goriška	Gorica-Gebiet	Nova Gorica	13	119000	2325 km²
Jugovzhodna Slovenija	Südostslowenien	Novo mesto	20	139000	2675 km²
Koroška	Unterkärnten	Slovenj Gradec	12	74000	1041 km²
Notranjsko-kraška	Innerkrainer Karstgebiet	Postojna	6	51000	1456 km²
Obalno-kraška	Küsten- und Karstgebiet	Koper	7	106000	1044 km²
Osrednjeslovenska	Zentralslowenien	Ljubljana	26	512000	2555 km²
Podravska	Drau-Gebiet	Maribor	41	319000	2170 km²
Pomurska	Mur-Gebiet	Murska Sobota	27	122000	1337 km²
Savinjska	Sann-Gebiet	Celje	33	257000	2384 km²
Spodnjeposavska	Unteres Save-Gebiet	Krško	4	70000	885 km²
Zasavska	Oberes Save-Gebiet	Trbovlje	3	45000	264 km²

Für Planungszwecke wurden 2005 durch eine Verfassungsänderung zwölf statistische Regionen (*statistična regija*) geschaffen. Sie orientieren sich an den historischen Regionen, sind aber aber nicht damit identisch (siehe Tabelle), beispielsweise ist die Statistikregion Koroška wesentlich größer gefasst als die gleichnamige historische Region. Es ist davon auszugehen, dass in naher Zukunft auf Grundlage dieser Statistikregionen 12 bis maximal 14 Provinzen ausgewiesen werden, um jeweils etliche Gemeinden in größeren Verwaltungseinheiten zusammenzufassen.

Die Kapitel-Einteilung des vorliegenden Buches wurde anhand touristischer Aspekte und Routen vorgenommen.

Flüsse und Seen

Slowenien ist sehr reich an fließenden und stehenden Gewässern. Die Gesamtlänge aller Wasserläufe wird mit fast 27 000 Kilometern angegeben. Es gibt mehr als 300 ganzjährige Wasserfälle. Viele Flüsse haben durch Erosion tiefe Täler und Schluchten geschaffen oder sich im löslichen Kalkstein der Karstgebiete ihren Weg unter die Erdoberfläche gesucht. Es fehlt dort zwar das landschaftsprägende Oberflächenwasser, aber im Untergrund gibt es Klüfte mit weitverzweigten Flusssystemen. Über 8000 Höhlen sind auf diese Weise entstanden, von denen die größten (in Postojna und Škocjan) weltberühmte Sehenswürdigkeiten darstellen. Längst nicht alle dieser Grotten sind bislang erforscht. Der größte Teil der Quellen des Landes entspringt in den porösen Karstgebirgen. Manche Flüsse und Bäche verschwinden beim Erreichen des anstehenden Kalksteins, fließen in Hohlräumen unter der Erde weiter und kommen nach etlichen Kilometern als Karstquellen, oft unter anderem Namen, wieder an die Oberfläche.

Nur wenige Flüsse münden in die Adria. Dazu gehören die Soča und die Vipava, der teilweise unterirdisch verlaufende Karstfluss Reka sowie im slowenischen Küstenabschnitt noch Rižana und Dragonja, letztere als Grenzfluss zu Kroatien. Alle anderen nennenswerten Flüsse entspringen jenseits der Karsthochflächen, die als Wasserscheide fungieren, und gelangen über die Donau ins Schwarze Meer. Sloweniens längster Fluss, die Sava (Save), entspringt im alpinen Nordwesten und teilt auf einer Länge von 221 Kilometern das Land in zwei etwa gleich große Hälften, bevor sie kurz vor Zagreb auf kroatisches Gebiet übertritt und schließlich nach insgesamt 945 Kilometern in Belgrad die Donau erreicht. Auf slowenischem Gebiet hat die Sava zwei bedeutende Nebenflüsse: Savinja und Krka. Im Nordosten ziehen zwei weitere größere Flüsse durchs Land, deren Quellgebiete in Österreich liegen: Die wasserreiche Drava (Drau) und die parallel dazu verlaufende Mura (Mur).

Bei den wenigen Seen handelt es sich überwiegend um Gletscherseen. Sie liegen im Nordwesten am Fuße des Berges Triglav. Wegen ihrer Größe und ihrer überaus malerischen Lage sind der Bohinjsko jezero (Wocheiner See) und der benachbarte Blejsko jezero (Bleder See), der sogar eine Insel besitzt, altbekannte Touristenziele. Mit den herbstlichen Regenfällen entstehen mancherorts sogenannte periodische Tümpel und Seen, die in der Sommerhitze regelmäßig wieder verschwinden, weil ihr Wasser allmählich im durchlässigen Karstuntergrund versickert. Dieses Phänomen lässt sich besonders gut am Cerkniško jezero

(Zirknitzer See) östlich von Postojna studieren, der mit einer maximalen Oberfläche von 38 Quadratkilometern und einer Tiefe von bis zu zehn Metern weltweit der größte Sickersee ist. Genau das Gegenteil ist in manchen Gegenden mit undurchlässigen Böden zu beobachten: Einstige Seen sind zugewachsen und haben sich in Hochmoore verwandelt, so zum Beispiel im Pohorje-Gebirge westlich von Maribor. Ähnliche Verlandungseffekte treten auch in den Altarmen einiger Flüsse auf, wo auf diese Weise schützenswerte Biotope entstanden sind. Natürlich wird in einem gebirgigen Land auch die Wasserkraft genutzt; davon zeugt vor allem der Ptujsko jezero (Stausee von Ptuj).

Zu erwähnen sind außerdem die zahlreichen Mineral- und Thermalquellen im Osten und Südosten.

Die 10 längsten Flussläufe in Slowenien (in Klammern Gesamtlänge)		
Sava (dt. Save, Sau)	221 km (945 km)	Nebenfluss der Donau
Drava (dt. Drau)	144 km* (749 km)	Nebenfluss der Donau
Kolpa (kroat. Kupa)	118 km* (296 km)	Nebenfluss der Sava
Krka (dt. Gurk)	111 km	Nebenfluss der Sava
Savinja (dt. Sann)	102 km	Nebenfluss der Sava
Mura (dt. Mur)	98 km* (453 km)	Nebenfluss der Drava
Soča (it. Isonzo)	96 km (136 km)	Mündung in die Adria
Sotla (kroat. Sutla)	90 km*	Nebenfluss der Sava
Dravinja	73 km	Nebenfluss der Drava
Ledava (dt./ung. Lendva)	68 km (76 km)	Nebenfluss der Mura

** teilweise als Grenzfluss*

Klima

Es gibt drei deutlich unterscheidbare Klimazonen auf relativ kleinem Raum: alpin, kontinental und mediterran. Bedeutende Faktoren für das Klima einzelner Orte und Landesteile sind die jeweilige Höhenlage, die vorherrschenden Winde, die Entfernung zum Meer und auch die Geländebeschaffenheit. Durchschnittswerte von Temperaturen und Niederschlägen – meistens werden Angaben zu Ljubljana gemacht – besagen deshalb wenig im Falle eines so vielgestaltigen Staates, selbst wenn sein Territorium recht klein ist. Generell kann man sagen, dass in Slowenien der Januar der kälteste und der Juli der wärmste Monat ist. Die Extremwerte im Binnenland bewegen sich zwischen etwa minus 25 und plus 40 Grad Celsius.

Im **Nordwesten** herrscht alpines Klima, das durch verschneite Lagen bis in den Frühsommer gekennzeichnet ist und ideale Wintersportbedingungen bietet. Ähnlich wie in Bayern und Teilen Österreichs muss man mit kühleren, auch unbeständigeren Sommern rechnen. Die Temperatur hängt stark ab von der konkreten Höhenlage. In Bergtälern muss man mit kalten Nächten und Nebelbildung

Logarska dolina, ein Alpental

rechnen. Die jährliche Niederschlagsmenge reicht bis zu 3500 Millimetern an der Westseite der Julischen Alpen. (Zum Vergleich die Jahresmengen einiger Städte des deutschsprachigen Raumes: Berlin 570 Millimeter, Wien 620, Hamburg 770, Köln 800, Zürich 1100.)

Im **Landesinneren** und verstärkt nach Osten hin hat man es mit kontinentalem Klima zu tun. Die Sommer sind warm, die Winter mäßig kalt. Am größten ist der Gegensatz in der Pannonischen Ebene mit heißen bis sehr heißen Sommern und recht kalten Wintern. Höhenunterschiede spielen hier keine nennenswerte Rolle mehr. Die Niederschlagsmengen werden mit zunehmender Entfernung vom Meer immer geringer. Sie betragen in Ljubljana rund 1400 Millimeter pro Jahr, bei Maribor 800 Millimeter, jenseits der Mur nur noch 650 Millimeter. Niederschläge fallen während des gesamten Jahres. Die feuchtesten Monate liegen zwischen Juni und Oktober, denn während der Hauptsaison gibt es gelegentlich kräftige Sommergewitter.

An der slowenischen **Adriaküste** ist das Klima mediterran geprägt. Weil das Meer wie ein regulierender Wärmespeicher wirkt, sind die jahreszeitlichen Gegensätze weniger stark ausgeprägt. Warmen Sommern stehen milde Winter gegenüber. Schnee ist sehr selten. Allerdings weht bisweilen die Burja, ein kalter und trockener Ostwind, der die Vegetation schädigen kann. Die Summe der Jahresniederschläge beträgt in Slowenisch Istrien immerhin rund 1200 Millimeter, was einerseits auf die Regenmaxima im Frühjahr und Herbst, andererseits auf das Phänomen des Steigungsregens im Hinterland der Küste zurückzuführen ist. Die Anzahl der wolkenlosen Tage beläuft sich hier auf etwa 100 pro Jahr, und die jährlichen Sonnenstunden summieren sich in Portorož auf durchschnittlich 2300. Die Wassertemperatur im nördlichen Teil der Adria erreicht selten mehr als 25 Grad Celsius.

Natur

Der landschaftlichen und klimatischen Vielfalt entspricht ein großes Spektrum von Pflanzen und Tieren auf kleinem Raum. Zunächst einmal gehört Slowenien – neben Finnland und Schweden – zu den den drei waldreichsten Ländern Europas. Über 55 Prozent seiner Fläche sind von Wäldern bedeckt, die man an manchen Stellen noch als Urwälder bezeichnen kann. Auch der Staat hat dazu beigetragen, viele seit der Römerzeit gerodete und später brachliegende Flächen wieder aufzuforsten. Das kommt dem Wasserhaushalt und den Ökosystemen zugute, verhindert Bodenerosion und verbessert die Luftqualität. Die Wälder sind außerdem Erholungsgebiete und Wirtschaftsfaktor. Die einzelnen Landschaftsräume, ihre Täler und Höhenlagen lassen natürlich unterschiedliche Vegetationszonen erwarten.

Vegetation

Während in Küstennähe bis zur Höhe von etwa 600 Metern eine typisch mediterrane Pflanzenwelt mit Olivenbäumen, Zypressen, Oleander und einzelnen Palmen und Feigenbäumen anzutreffen ist, breiten sich auf den Ebenen oberhalb Eichen- und Buchenwälder aus. Letztere ziehen sich von den Mittelgebirgslagen bis in eine Höhe von 1200 bis 1500 Metern hinauf. Weiter oberhalb sind Fichten vorherrschend, die in der Nähe der Baumgrenze durch verkrüppelte Lärchen, Gräser und Flechten abgelöst werden. In den höchsten Lagen gedeihen einige seltene Alpenblumen, darunter Enzian und Edelweiß. Die rote Triglav-Rose, die Zois-Glockenblume und der Julische Mohn zählen sogar zu den endemischen Pflanzen, die nirgendwo sonst auf der Welt vorkommen.

Landwirtschaftlich genutzte Doline in der Karstregion

Die Karstregion überrascht mit einer ganz eigenen Vegetation, die von dichten Laubwäldern im Landesinneren bis zu typischen Hartlaubgewächsen im Hinterland der Küste reicht. Vebreitet sind Steineichen, Lorbeer, Wacholder, aber auch Kiefern anzutreffen. Insbesondere im Frühjahr blühen auf den Hochflächen und am Karstrand mancherlei Orchideen, Lilien und weitere Blütenpflanzen. Und manchmal lohnt sich auch ein Blick in die zahllosen Dolinen (eingestürzte unterirdische Hohlräume), wo sich kälte- und feuchtigkeitsliebende Pflanzen angesiedelt haben.

Der Mensch hat im Laufe der Jahrhunderte, wie fast überall in den gemäßigten Breiten, durch sein Wirtschaften eine erhebliche Veränderung der natürlichen Vegetation herbeigeführt. Insbesondere in den Gunstlagen der Täler und an den nicht allzu steilen Hängen der Mittelgebirge hat der Ackerbau die natürliche Pflanzendecke nahezu vollständig verdrängt. Felder und Gärten mit den verschiedensten Nutzpflanzen dominieren hier das Landschaftsbild. Neben typisch südländischen Gewächsen wie Ölbäumen, Melonen oder Paprika ist es vor allem die Weinrebe, die auf jeder halbwegs sonnigen Parzelle kultiviert wird und die Besucher fasziniert. Auf weniger geeigneten Flächen wird meist Weidewirtschaft betrieben und Heu eingefahren. Und in felsiger Umgebung wird so manche Doline noch als Kleingarten genutzt.

Tierwelt

Noch faszinierender ist die Fauna. In Einzelfällen lässt uns ein aus Slowenien nach Österreich oder Bayern eingewanderter Braunbär aufhorchen. Einer wurde im April 2009 angeblich in einem Stadtpark von Ljubljana gesichtet. Es gibt schätzungsweise 700 von ihnen in den Urwäldern entlang der kroatischen Grenze. Die Weißkrain und südliche Unterkrain als Nordteil des Dinarischen Gebirges hat Anteil an einer der größten Bärenpopulationen Europas. Auch Wölfe oder Luchse haben hier ein ideales Rückzugsgebiet. So interessant sich das anhören mag, nur äußerst selten wird man eines dieser großen Raubtiere zu Gesicht bekommen. Schon eher entdeckt man kleinere wie den Fuchs, den Dachs oder den Marder oder aber Nagetiere, zum Beispiel das in den Alpen wieder angesiedelte Murmeltier. In den Laubwäldern finden Herden von Wildschweinen reichlich Nahrung. Rehe, Hirsche, Gemsen und Steinböcke haben in den unterschiedlichen Regionen des Landes ihre Lebensräume.

Die Vogelwelt Sloweniens zählt rund 300 Arten, darunter viele Zugvögel auf ihrem Weg von Mittel- nach Südeuropa oder Afrika. Sie bevorzugen als Zwischenstation die Salinenfelder an der Küste und die Auenlandschaften an Drava und Mura. Wie in vielen

Storch im Prekmurje

Eidechsen in Strunjan an der Adriaküste

Regionen Osteuropas gehören Storchennester auf Schornsteinen und Laternenmasten nahe der ungarischen Grenze zum gewohnten Bild. In den Sommermonaten sind sie von Tausenden Weißstörchen belegt. Auch andere stattliche Vögel wie Auerhahn, Uhu und sogar Steinadler sind in Slowenien vielerorts beheimatet, während sie im übrigen Europa schon recht selten geworden sind.

Im Karst und auf steinigen Untergründen halten sich gern Schlangen auf. In nahezu allen Landesteilen gibt es sie, und die Kreuzotter ist nicht die einzige giftige Art unter ihnen. Eine besondere Gefährdung geht von ihnen jedoch nicht aus, denn sie scheuen normalerweise die Begegnung mit Menschen. Ähnliches gilt für Skorpione im mediterranen Klimagebiet. Hier kann man auch schöne Eidechsen beobachten.

Die ausgedehnten und weitverzweigten Höhlen in den Karstgebieten beherbergen einzigartige Ökosysteme. Eine Umgebung mit permanenter Dunkelheit und hoher Luftfeuchtigkeit besuchen oder besiedeln nur wenige besonders angepasste Lebewesen. Neben Scharen von Fledermäusen ist hier der blinde Grottenolm zu nennen, eine endemische Gattung, die nur im ehemaligen Jugoslawien vorkommt. Zu sehen bekommt man höchstens einzelne Exemplare in speziellen Schaubecken bei Höhlenbesichtigungen.

Und nicht zuletzt gibt es auch bei den Fischen erwähnenswerte Arten: Die Marmorata-Forelle, so genannt wgen ihres auffälligen Musters, lebt nur in den Adria-Zuflüssen. Sie wird fast einen Meter lang und ist ein begehrter Speisefisch. Um die sehr geringen Bestände wieder zu erhöhen, wird sie inzwischen gezüchtet und in der Soča ausgesetzt, wo als weitere endemische Art auch die Soča-Äsche vorkommt. In den Donauzuflüssen Sava, Drava und Mura sowie einigen kleineren lebt der vom Aussterben stark bedrohte Huchen, auch Rotfisch oder Donaulachs genannt. Auch er gehört zu den großen Fischen und erreicht Längen bis deutlich über einen Meter.

Bevölkerung

Man legt in Slowenien sehr großen Wert auf die Zugehörigkeit zu Mitteleuropa. Auf Grund der langen historischen Teilhabe am österreichischen und venezianischen Kulturkreis gibt es ein großes Abgrenzungsbedürfnis gegenüber dem ›Balkan‹, der nach slowenischer Auffassung erst jenseits der einstigen habsburgischen Militärgrenze (etwa südlich der Linie Rijeka – Zagreb – Novi Sad) beginnt – was durchaus korrekt ist. Genaugenommen gehört die Bezeichnung ja zu einem Gebirgszug im weit entfernten Bulgarien, der freilich ganz Südosteuropa den Namen gab. Balkan wird in Slowenien allzu schnell gleichgesetzt mit schlechter Organisation, Korruption, Kriminalität, Rückständigkeit, angeblich bedingt durch osmanische Traditionen, südliche Mentalität und fatalistische Haltung. Der Begriff ist also eher kulturell als topographisch gemeint. Man versteht, wie unwohl sich die Slowenen unter der serbischen Dominanz im Staatsverband Jugoslawiens gefühlt haben müssen. Sie waren die Wohlhabendsten unter den diversen Nationalitäten, waren in ihrer Teilrepublik weitgehend unter sich, mussten aber ständig Ausgleichszahlungen in den Fördertopf für den Süden zahlen, wurden von Belgrad bevormundet und in ihren eigenen Aktivitäten behindert.

Demographie und Verteilung

Innerhalb der jugoslawischen Föderation war Slowenien die einzige Teilrepublik mit einer weitgehend einheitlichen ethnischen Zusammensetzung. Die Tatsache, dass nur etwa fünf Prozent der Einwohner Nicht-Slowenen (1961) waren, erwies sich auch später beim endgültigen Zerfall des Vielvölkerstaates (1991) als identitätsstiftend und war ein wichtiges Argument für die Bildung eines unabhängigen Staates. Im Gegensatz zu den jugoslawischen Teilrepubliken Serbien, Kroatien und Bosnien-Herzegowina konnte sich der neu gegründete

Volksfest in Celje

Staat Slowenien nahezu völlig aus den kriegerischen Auseinandersetzungen auf dem Balkan heraushalten und zielstrebig seinen Weg bis zur Aufnahme in die Europäische Gemeinschaft gehen. Bis heute ist der Anteil der Titularnation an der Gesamtbevölkerung Sloweniens zwar auf 83 Prozent zurückgegangen, aber nach wie vor handelt es sich um einen ethnisch recht homogenen Staat. Die Abnahme ist zudem relativ, da es immer schon eine Zuwanderung aus anderen Regionen des früheren Jugoslawien gegeben hat und die Geburtenrate bei den Slowenen selbst zu den allerniedrigsten weltweit zählt.

Um 1988 wurde auf dem Gebiet des heutigen Staates erstmals die Marke von zwei Millionen Einwohnern überschritten, und bei minimalem positiven Wanderungssaldo sind es bis heute etwa 2 050 000 geworden. Damit steht Slowenien derzeit auf Rang 142 unter den 196 Staaten der Erde. In der Europäischen Gemeinschaft (EU-27) steht es an fünftletzter Stelle vor Estland, Zypern, Luxemburg und Malta. Etwa jeder fünfte Einwohner Sloweniens lebt im Verdichtungsraum der Hauptstadt Ljubljana, deren eigentliches Stadtgebiet derzeit ungefähr 280 000 Einwohner zählt. Weitere relativ dicht besiedelte Regionen sind neben der zweitgrößten Stadt Maribor (etwa 96 000 Einwohner) vor allem die kleineren Industriestandorte in Tälern sowie der Küstenabschnitt. In den Ebenen im Süden und Osten des Landes ist die Siedlungsweise weniger kompakt, so dass man von einem recht gleichmäßigen Muster ländlicher Streusiedlungen und Dörfer sprechen kann. Bevölkerungsarm sind die höheren Lagen der Alpen, aber auch die ausgedehnten Karstlandschaften im Südwesten auf Grund ihrer klimatischen und geologischen Ungunst. Heute lebt die Hälfte der Einwohnerschaft im urbanen Raum, zumeist in Kleinstädten, deren Einwohnerzahl man überschätzt. Mit einer durchschnittlichen Bevölkerungsdichte von ziemlich genau 100 Menschen pro Quadratkilometer liegt Slowenien ein wenig unterhalb des Mittelwertes aller EU-Staaten. Österreich hat eine vergleichbare Bevölkerungsdichte. Für Deutschland ergibt sich jedoch ein Quotient von 230.

Osterspaziergang in Piran

Zweisprachiges Straßenschild in Piran

Minderheiten und Sprachen

Es gibt einige kleinere nationale Minderheiten in Slowenien, die alle zusammengerechnet maximal 17 Prozent der Bevölkerung ausmachen. Die meisten entstammen der ehemaligen jugoslawischen Föderation: rund 50 000 Serben und etwa ebensoviele Kroaten (je 2 Prozent), rund 27 000 Bosnier, außerdem Kosovo-Albaner, Montenegriner und Makedonier. Wahrscheinlich sind diese absoluten Zahlen um Einiges höher, da interessanterweise fast ein Elftel der Gesamtbevölkerung keine oder keine eindeutige nationale Zuordnung ermöglicht. Zu den ›Ex-Jugoslawen‹ kommt ferner eine geringe Zahl Einwanderer aus Rumänien. Einen besonders vorteilhaften Status als geschützte autochthone Minderheit genießen die etwa 2500 Italiener an der Mittelmeerküste (Nordteil Istriens) und die etwa 6500 Ungarn im Osten des Landes jenseits der Mura. Diese beiden Ethnien leben im Gegensatz zu den stark assimilierten anderen Minderheiten seit jeher in relativ klar begrenzbaren Siedlungsgebieten, in denen Zweisprachigkeit gesetzlich garantiert ist. Die ebenfalls im Mura-Gebiet beheimateten Roma warten einstweilen noch auf eine Anerkennung als geschützte Sprachminderheit. Und nicht zuletzt gibt es in der abgeschiedenen Gemeinde Kočevje (dt.: Gottschee) etwa 60 Kilometer südöstlich der Hauptstadt Ljubljana auch noch eine winzige Gruppe von Deutschen, deren Vorfahren in ihrer Sprachinsel ausgeharrt haben, während die allermeisten ihrer ›Landsleute‹ 1941 dem Ruf ›Heim ins Reich‹ gefolgt sind. Der slowenische Staat tut sich einstweilen noch schwer im Umgang mit Vereinen, die das jahrzehntelange Tabuthema einer deutschen Minderheit thematisieren.

An den Schulen gehören Englisch und Deutsch zum Standardangebot, hinzu kommen in den Minderheitengebieten natürlich die Fächer Italienisch beziehungsweise Ungarisch. Da der Sprachenunterricht bereits früh einsetzt, sprechen viele Slowenen die Sprachen ihrer Nachbarländer fließend. Auch zahlreiche ältere Menschen haben bemerkenswert gute Deutschkenntnisse. Bei der früheren Universalsprache Jugoslawiens, ›Serbokroatisch‹, wird nach den kriegerischen Auseinandersetzungen auf dem Balkan und der nachfolgenden Staatenbildung längst wieder sorgsam auseinandergehalten: Serbisch mit kyrillischer Schrift und Kroatisch in lateinischer Schrift bei ansonsten weitgehender Übereinstimmung. Als Schulfach spielt Kroatisch nun keine nennenswerte Rolle mehr. Immerhin reichen die sprachliche Verwandtschaft und die allgemeinen Kenntnisse aber noch für eine hinreichende Verständigung mit den slawischen ›Nachbarn vom Balkan‹, die sich im Gegenzug mit dem Slowenischen recht schwertun. Anzumerken ist im übrigen auch das sehr hohe Bildungs- und Qualifikationsniveau der slowenischen Bevölkerung, die mit der wohl niedrigsten Analphabetenquote in Europa aufwarten kann.

Religion und Kirche

Obwohl Slowenien zu den katholisch geprägten Ländern gehört und im Lande wirklich überall Kirchen und Kapellen stehen, ist die religiöse Bindung der Menschen eher gering. Nur in Tschechien und in Ostdeutschland ist die Säkularisierung noch weiter fortgeschritten. Das zeigt sich im Alltag, wo die Kirche längst nicht so präsent ist wie beim Nachbarn Kroatien. In Slowenien geht man zwar an den Festtagen in den Gottesdienst, aber eher weil es Tradition ist. Staat und Kirche sind strikt getrennt (Laizismus), Religion ist Privatsache. Offiziell gehören etwa 57 Prozent der Bürger der katholischen Kirche an, manche von ihnen in bewusster Distanzierung von der kirchenfernen sozialistischen Vergangenheit. Der Klerus hat im unabhängigen Slowenien einen Teil seiner einstigen Bedeutung wiedererlangt und meldet sich bei gesellschaftlichen Themen zu Wort. Die Vergangenheitsbewältigung lässt indes noch auf sich warten. Interessant ist die hohe Zahl von Personen, die sich laut Zensus als konfessionslos oder atheistisch bezeichnet haben (etwa zehn Prozent) oder gar keine Zuordnung vorgenommen haben (bis zu 25 Prozent). Unter diesen wird es eine nennenswerte Zahl von Bürgern orthodoxen Glaubens geben, die im Gefolge der Balkankriege vorsichtig geworden sind mit entsprechenden Angaben. Die bekennenden Orthodoxen und die Muslime kommen auf jeweils rund drei Prozent. Fast zu vernachlässigen sind die wenigen Protestanten (unter ein Prozent).

Kloster von Sveta Trojica bei Lenart

Jenseits der Staatsgrenzen

Sehr umtriebig und nationalbewusst sind die Auslandsslowenen, deren genaue Zahl schwer zu ermitteln ist, da bekennende Slowenen und Slowenischstämmige nicht überall nach denselben Kriterien erfasst werden. Entlang der österreichischen Südgrenze in den Bundesländern Kärnten und Steiermark treten die etwa 25000 ansässigen Slowenen schon lange für eine offizielle Zweisprachigkeit ein. Zahlreiche Orte dort haben auch einen slowenischen Namen (beispielsweise Klagenfurt/Celovec, Hermagor/Šmohor). Der sogenannte Ortstafelstreit ist nach wie vor eine Politikum. Befriedigend gelöst ist hingegen die Situation offenbar in den ungarischen Gemeinden, auf die sich eine slowenische Minderheit von maximal 5000 Personen verteilt. Auf italienischem Boden, insbesondere in den grenznahen Provinzen Triest, Gorizia und Udine leben ungefähr 85 000 Slowenen, deren Minderheitenrechte vom slowenischen Staat als unzureichend kritisiert werden. Von den schätzungsweise 13 000 Slowenen in Kroatien ist nicht viel zu hören; sie haben bei der Auflösung Jugoslawiens auf der ›falschen‹ Seite der neu errichteten Staatsgrenze – und späteren EU-Außengrenze! – gewohnt und sich offenbar arrangiert. Es bleibt abzuwarten, ob das Thema nach einem EU-Beitritt Kroatiens noch eine Rolle spielen wird. Zahlenangaben zu den Slowenen in ferneren Ländern sind vage und zum Teil widersprüchlich: Fest steht, dass es in Australien, Argentinien und vor allem in den USA (Cleveland, Ohio) größere slowenische Volksgruppen gibt.

Die größten Städte Sloweniens	(nur Stadtgebiet/gesamte Gemeinde)
Ljubljana	272 000/280 000 Einwohner
Maribor	96 000/112 000 Einwohner
Celje	38 000/49 000 Einwohner
Kranj	37 000/55 000 Einwohner
Velenje	26 000/33 000 Einwohner
Koper	25 000/53 000 Einwohner
Novo mesto	23 000/36 000 Einwohner
Ptuj	18 000/24 000 Einwohner
Trbovlje*	15 000/17 000 Einwohner
Kamnik*	14 000/29 000 Einwohner
Jesenice*	13 000/22 000 Einwohner
Nova Gorica	13 000/32 000 Einwohner
Domžale*	12 000/34 000 Einwohner
Škofja Loka*	12 000/23 000 Einwohner
Murska Sobota	12 000/19 000 Einwohner
Izola*	11 000/16 000 Einwohner

**) nicht als Stadtgemeinde eingestuft*

Landwirtschaft

Die klimatischen Voraussetzungen für die Landwirtschaft sind in weiten Teilen des Landes gut, insbesondere in den Tälern und Ebenen, so dass man den Eindruck hat, in einem Agrarland unterwegs zu sein. Im Norden gibt es allerdings starke Einschränkungen durch das gebirgige Relief, verbunden mit der verkürzten Vegetationsperiode in den höheren Lagen. Hinzu kommen teilweise felsige Untergründe, so dass hier in erster Linie Weidewirtschaft auf Almen betrieben wird. In den Karstregionen des Westens und des Südwestens herrscht vielerorts ein Mangel an Oberflächenwasser, stellenweise ist auch die Humusdecke zu gering oder fehlt völlig. Besondere Gunsträume werden da umso intensiver genutzt, beispielsweise fallen immer wieder kleine inselhafte Gärten und Äcker in den Dolinen des Karstes ins Auge, wo eingeschwemmte Erde und Untergrundwasser das Wachstum begünstigen. In der Pannonischen Ebene im Osten des Landes hingegen muss in den Sommermonaten künstlich bewässert werden.

Insgesamt gesehen ist der Anteil der Landwirtschaft am Bruttosozialprodukt (etwa 2,5 Prozent) und auch hinsichtlich der Arbeitsplätze sehr gering. Slowenien kann deshalb nicht als Agrarland bezeichnet werden. Die meisten der bereits in jugoslawischer Zeit existenten Privatbetriebe umfassten weniger als zehn Hektar Nutzfläche und wurden häufig im Nebenerwerb geführt. Ihre Struktur als lokal verankerte Familienbetriebe und das hohe Durchschnittsalter der Landwirte

Hopfenanbau im Becken von Celje

Imkerwagen bei Tolmin

haben schon in den ersten zehn Jahren der staatlichen Unabhängigkeit zu Schließungen und Übernahmen, geführt. Diese Tendenz besteht in verringertem Maße weiter. Anbauflächen in bestimmten benachteiligten Gebieten werden jetzt mit Geldern der EU subventioniert, um dort ein völliges Brachfallen zu verhindern.

Mehr als die Hälfte der landwirtschaftlichen Produktionsleistung entfällt auf die Viehzucht. Der Bestand an Schweinen wird mit mehr als einer halben Million angegeben, der an Rindern liegt nicht ganz so hoch. Neben Geflügel werden vermehrt auch Schafe, Ziegen und Pferde gehalten. Weide- und Futteranbauflächen nehmen einen dementsprechend großen Raum ein. Unter den pflanzlichen Erzeugnissen sind in erster Linie Getreide und Kartoffeln zu nennen. Vielerlei Paprikasorten, Tafelobst, Knoblauch und auch Blumen auf den Märkten im Osten des Landes erinneren stark an ungarische Verhältnisse, während in den Küstenorten (neben touristischen Artikeln) ein eher italienisches Angebot zu beobachten ist. Regional sind in Slowenien auch Wein- und Hopfenkulturen von Bedeutung. Die Imkerei ist sehr verbreitet und spielt eine ganz besondere Rolle zwischen Tradition und Freizeitbeschäftigung; hausgemachter Honig in guter Qualität wird überall angeboten. Zur Deckung des Inlandsbedarfs reichen die Mengen der meisten Agrarprodukte nicht aus, so dass mehr importiert als exportiert wird.

Während das Ackerland insgesamt rund 12 Prozent und das Weideland rund 30 Prozent des slowenischen Territoriums einnimmt, entfällt der größte Anteil von über 55 Prozent auf Waldflächen. Innerhalb Europas ist das ein Spitzenwert, der nur von Finnland und Schweden übertroffen wird. Slowenien ist wirklich ein grünes Land. Gemessen an den Holzvorräten des Landes ist die traditionelle Forstwirtschaft zu schwach entwickelt. Für eine optimale Nutzung der Wälder müsste zuerst die extreme Besitzzersplitterung der überwiegend privaten Areale und damit die ungewöhnlich hohe Zahl von Eigentümern reduziert werden. Der vorhandenen Möbel- und Papierindustrie wird jedenfalls ein beachtliches Wachstumspotenzial bescheinigt.

Fast zu vernachlässigen ist die Rolle der Fischerei. Eingeklemmt zwischen Italien und Kroatien mit ihren langen Küsten ist Slowenien ein unbedeutender Meeresanrainer. Und die Fischbestände in der nördlichen Adria sind ohnehin stark dezimiert. Früher wurden Konserven hergestellt, heute gehen 90 Prozent der geringen Fangmenge (vor allem Sardellen und Thunfisch) in den Export.

Wirtschaft

Im Gegensatz zu den anderen jugoslawischen Teilrepubliken wurde Slowenien früh und mit Nachdruck industrialisiert, da es bereits über bescheidene Ansätze aus der Habsburgerzeit verfügte. Im Tito-Staat mit seinen sozialistischen Strukturen und der spezifischen Arbeiterselbstverwaltung lag die Produktivität und die Qualität der Erzeugnisse im Norden höher als im Rest des Bundesstaates. Slowenische Produkte hatten deshalb einen sehr guten Absatzmarkt innerhalb Jugoslawiens und gingen zunehmend auch in den Export zwecks Devisenbeschaffung. Die Einnahmen trugen zu einem vergleichsweise hohen Lebensstandard bei, der jedoch wegen der Ausgleichszahlungen (›Entwicklungshilfe‹) für den Süden stets unter dem verdienten Niveau blieb. Als die wirtschaftliche Talfahrt 1989 begann, herrschte in Slowenien praktisch Vollbeschäftigung, im jugoslawischen Durchschnitt hingegen bereits über 15 Prozent Arbeitslosigkeit.

Nach dem Zerfall Jugoslawiens brach der einstige innerjugoslawische Absatzmarkt weitestgehend weg, und auf den westlichen Märkten gab es reichlich Vorbehalte gegenüber slowenischen Produkten. Nur durch eine weitere Steigerung der Qualität und Kooperation mit ausländischen Firmen gelang die Neuausrichtung. Dabei kam es natürlich zur Zerschlagung unrentabler Großkombinate und auch zu zahlreichen Betriebsstillegungen, verbunden mit dem bis dahin fast unbekannten Phänomen der Arbeitslosigkeit. Die schwierigen Jahre des Übergangs verliefen in Slowenien jedoch weniger dramatisch als in anderen Staaten Osteuropas, weil es eine bessere soziale Abfederung gab. Heute hat die slowenische Industrie einen Anteil von knapp 30 Prozent am Bruttoinlandsprodukt. Wegen des sehr kleinen Inlandsmarktes ist sie stark auf Exporte angewiesen.

Auf Anhieb fällt den meisten Konsumenten in Deutschland wohl kein slowenischer Markenname ein. Längst etabliert hat sich bei uns die Firma ›Gorenje‹ als Hersteller von Haushaltsgeräten, obgleich kaum jemand dahinter ein Traditionsunternehmen aus der Kleinstadt Velenje in Slowenien vermutet. Eine ur-

Auch in Deutschland eine etablierte Marke: der Hausgerätehersteller Gorenje

eigene slowenische Kreation ist das colaähnliche Erfrischungsgetränk namens ›Cockta‹, 1953 zum ersten Mal auf den jugoslawischen Inlandsmarkt gebracht und seither, auch in den heutigen Nachfolgestaaten, nicht mehr wegzudenken. Weniger bekannt, jedoch keineswegs unbedeutend sind Firmen wie die Sportartikelhersteller ›Elan‹ mit Sitz in Begunje und ›Alpina‹ in Žiri, der Reifenproduzent ›Sava‹ in Kranj, der Wohnwagenbauer ›Adria‹ aus Novo mesto oder die Fluggesellschaft ›Adria Airways‹.

Von Urlaubsreisen durch Jugoslawien erinnert man sich eventuell noch an Kleinkrafträder der Marke ›Tomos‹ und die von derselben Firma in Lizenz gefertigten Automodelle Citroën 2CV, Dyane und GS. Seit 1972 trägt das Unternehmen aus Koper den Namen ›Cimos‹, konzentriert sich auf Mopeds und betätigt sich als Zulieferer für BMW-Motorräder. Auch der legendäre Renault 4 war in Jugoslawien sehr verbreitet; insgesamt 576 000 Exemplare dieses Typs kamen zwischen 1973 und 1992 aus dem ›Revoz‹-Werk in Novo mesto, das heute zu hundert Prozent dem Renault-Konzern gehört und diverse neuere Baureihen produziert. Als Vorgänger am selben Ort hatte die Fabrik ›IMV‹ (Industrija motornih vozil) bereits ab 1954 Lieferwagen auf Basis der deutschen Marke DKW hergestellt. (Nicht auf slowenischem Territorium gefertigt wurden die im ehemaligen Jugoslawien sehr verbreiteten PKW der Marke ›Zastava‹; diese vormaligen Fiat-Modelle liefen im serbischen Kragujevac vom Band und wurden mit mehr oder weniger Erfolg auch als Billigautos exportiert.)

Eher in Fachkreisen bekannt ist der bereits 1947 in Maribor gegründete Nutzfahrzeughersteller ›TAM‹ (Tovarna automobilov in motorjev), der früher unter eigenem Namen die markanten Hauben-LKW von Magirus-Deutz montierte, die in großer Zahl überall auf jugoslawischen Straßen unterwegs waren. Auch mehrere Omnibustypen, überwiegend als Lizenzbauten von Magirus und später MAN, umfasste die Produktionspalette. Seit 2001 heißt der Konzern ›TVM‹ (Tovarna vozil Maribor d.o.o.), der als nunmehr einziger Nutzfahrzeughersteller Sloweniens

Ein Feuerwehrfahrzeug der Marke ›TAM‹ aus den frühen 1980er Jahren

Stillgelegter Förderturm in Idrija

verstärkt auf Feuerwehrfahrzeuge und Spezialbusse unter dem Namen ›Marbus‹ setzt. Bestimmte Omnibus-Baureihen von TAM, MAN und Mercedes erhielten für den jugoslawischen Absatzmarkt ihre Aufbauten von einer Karosseriefirma namens ›Avtomontaža‹, die bis 2001 in Ljubljana als selbständiges Unternehmen existierte.

Als Markennamen im Ausland eher unbekannt sind weitere slowenische Unternehmen wie ›Mecator‹ (Einzelhandelskette), ›Slovenijales‹ (Möbel, Baubedarf u.a.), ›Petrol‹ und ›Istrabenz‹ (Tankstellen) oder ›Lek‹ und ›Krka‹ (Pharmazie) sowie etliche Nahrungsmittel-, Möbel- und Papierhersteller, Textil- und Schuhfabriken, Stahl-, Chemie-, Elektronik- und Maschinenbauunternehmen.

Die Verteilung der Industrieanlagen über das Land ist ziemlich gleichmäßig und ohne besonders auffällige Ballungsräume. Bei einer großen Bandbreite von Branchen sind kleine und mittlere Betriebe die Regel. Manche Kleinstädte waren lange Zeit eher Industriesiedlungen mit einem sehr begrenzten Versorgungs- und Dienstleistungsangebot. Die slowenische Arbeiterschaft zog es aber stets vor, von der ländlichen Heimatgemeinde zum Arbeitsplatz zu pendeln.

Slowenien besitzt innerhalb Europas einige Standortvorteile. Die Wirtschaft war schon in der Vergangenheit weniger eingebunden in sozialistische Dogmen und nicht so abhängig von der Sowjetunion und dem Wirtschaftsraum des Ostblocks (COMECON). Aus dem jugoslawischen Erbe stammen die Verbindungen zum Balkan und zu Südosteuropa, hinzu kommt der langjährige Zugang zu westlichen Märkten, außerdem zu den Mitgliedsstaaten der von Jugoslawien einst initiierten Blockfreien-Bewegung (vor allem mit Indien, Indonesien, Ägypten). Slowenien ist ein Durchgangsland mit gut ausgebauter Infrastruktur. Rechtssicherheit, gute Arbeitsorganisation sowie hohe Qualifikation und Fleiß der Beschäftigten schlagen sich in der Produktivität der Firmen nieder. Negative Aspekte sind die begrenzten Vorkommen an Bodenschätzen und Energieträgern, die immer noch zahlreichen unflexiblen Staatsbetriebe und – zumindest von außen betrachtet – das inzwischen stark angestiegene Lohnniveau, das auf mögliche Investoren abschreckend wirkt.

Der Dienstleistungssektor vergrößerte sich seit der Unabhängigkeit beträchtlich, lässt das produzierende und verarbeitende Gewerbe prozentual weit hinter sich und trägt fast 60 Prozent zum Bruttoinlandsprodukt bei, mit zunehmender Tendenz. Neben der nachhaltigen Belebung des Fremdenverkehrs liegt das an einer Vielzahl zeitgemäßer Angebote, die von der einheimischen Bevölkerung erst mit dem Erreichen eines gewissen Wohlstandes in Anspruch genommen werden. In dieser Hinsicht ist Slowenien längst auf einen beachtlichen Rang vorgerückt: Die ökonomische Situation seiner Bürger, der sogenannte Lebensstandard, erreicht heute fast 90 Prozent des Durchschnitts aller 27 EU-Staaten und übertrifft beispielsweise Tschechien oder Portugal. Auch die Arbeitslosenrate ist relativ gering. Aus dem sozialistisch geprägten System mit der typisch jugoslawischen ›Arbeiterselbstverwaltung‹ ist eine funktionierende Marktwirtschaft mit EU-Integration geworden.

Ein sichtbarer Unterschied zu den Verhältnissen beispielsweise in Österreich besteht teilweise noch in der Infrastruktur und der Bausubstanz. In beiden Bereichen trifft man hier und da auf ›jugoslawische Altlasten‹, etwa in Form vernachlässigter Fassaden, monströser Betonklötze (die einst den Fortschritt symbolisieren sollten) oder unzureichend ausgebauter Straßenabschnitte. Andererseits ist die slowenische Landschaft voll von neuen, sehr ansehnlichen Eigenheimen in allen denkbaren Pastellfarben, öffentliche Gebäude präsentieren sich in tadellosem Zustand, Geschäfte und Gastronomie sind vielfältig und attraktiv. Der Wohlstandsindikator HDI (Human Development Index), in den Lebenserwartung, Bildungsniveau und Pro-Kopf-Einkommen in einer festgelegten Gewichtung – über die sich diskutieren ließe – einfließen, beschert Slowenien einen respektablen Platz innerhalb der Spitzengruppe (›very high human development‹): Unter insgesamt 169 bewerteten Staaten landet Slowenien auf Rang 29. Diese Relation sieht noch günstiger aus, wenn man bedenkt, dass es derzeit 194 Staaten auf der Welt gibt und dass fast alle nicht bewerteten Staaten (mangels verfügbarer Daten) wohl in der unteren Hälfte der Skala landen würden. Der HDI stellt freilich einen Durchschnittswert für den ganzen Staat dar; regionale Disparitäten innerhalb der Landesgrenzen können damit nicht zum Ausdruck gebracht werden. Auch ökologische Aspekte, die ja zur Beurteilung der Lebensqualität eigentlich herangezogen werden müssten, berücksichtigt der HDI leider nicht.

Rangplätze ausgewählter Staaten nach dem Human Development Index (HDI; für 2010)	
1 Norwegen	28 Tschechien
2 Australien	29 Slowenien
3 Neuseeland	31 Slowakei
9 Schweden	34 Estland
10 Deutschland	36 Ungarn
13 Schweiz	41 Polen
14 Frankreich	51 Kroatien
20 Spanien	60 Serbien
23 Italien	83 Türkei
24 Luxemburg	99 Moldawien
25 Österreich	169 Zimbabwe

Dinar, Tolar, Euro

Der Dinar, unterteilt in 100 Para, war bereits seit 1920 die Währung Jugoslawiens, allerdings eher dem Namen nach. Mehrfach mussten wegen ausufernder Inflation Reformen durchgeführt und einige Nullen weggestrichen werden, so zum Beispiel am 1. Januar 1966. Fortan galt die Umrechnung, dass 100 alte Dinar einem neuen entsprachen. Viele ältere Leute rechneten jedoch im Alltag parallel weiter mit den alten, höheren Zahlen. Am Ende der 1960er und in den 1970er Jahren war der Dinar relativ stabil, vor allem im Vergleich mit anderen sozialistischen Staaten, und hatte einen Wechselkurs, der bei etwa sieben Dinar für eine Deutsche Mark lag. Ein umfangreiches Warenangebot in den Geschäften und ein relativ hoher Motorisierungsgrad zur damaligen Zeit täuschten darüber hinweg, dass man in Wahrheit weit über die Verhältnisse lebte und der kleine Wohlstand nur geborgt war. Anstatt den Lebensstandard erheblich einzuschränken – was natürlich unpopulär gewesen wäre – druckte der Staat immer mehr Geld. Infolge dessen stiegen die Preise zunächst um 15 bis 25 Prozent jährlich. In den 1980er Jahren begann die Inflation zu galoppieren. Für das Jahr 1988 wurde eine Inflationsrate von rund 250 Prozent errechnet, Ende 1989 waren es unglaubliche 2700 Prozent. Ständig kamen neue Geldscheine mit noch höheren Nennwerten in Umlauf: Die 5000-Dinar-Note trug erstmals das Konterfei des verstorbenen Staatslenkers Tito, während alle vorherigen Werte (zwischen 5 und 1000 Dinar) stets nur anonyme Abbildungen von sozialistischen Werktätigen, von Denkmälern, Schiffen und dergleichen getragen hatten. Bald gab es schon Scheine mit dem Aufdruck 2 000 000 bei lächerlich geringem Gegenwert. Postwertzeichen, Gebührenmarken, Parkquittungen mussten vor der Ausgabe überstempelt werden. Jahrelang angesparte Guthaben gingen binnen kürzester Zeit verloren. Am 1. Januar 1990 wurden wiederum vier Nullen gestrichen (10 000 bisherige für einen neuen Dinar) – und dies nicht zum letzten Mal. Nach dem Auseinanderbrechen des jugoslawischen Bundesstaates am Anfang der 1990er Jahre

Jugoslawische Dinar (links) und slowenische Tolar

setzte sich die rasante Talfahrt des Dinars in ›Rest-Jugoslawien‹ in abermals beschleunigtem Tempo fort bis hin zu einer Hyperinflation: Ende September 1993 galt auf dem Schwarzmarkt ein Kurs von fünf Milliarden Dinar für eine Deutsche Mark! Der größte Geldschein trug den Aufdruck 500 000 000 000 (also 500 Milliarden) Dinar.

Slowenische Euromünzen

Slowenien (und auch Kroatien) hatten spätestens Anfang 1991 beschlossen, eigene Währungen herauszugeben und hofften, sich auf diese Weise vom Währungsverfall abkoppeln zu können. In Slowenien sollte das neue Geld den Namen ›Lipa‹ (Linde) tragen. Am 8. Oktober 1991 wurde schließlich eine eigene Währung herausgegeben, die aber ›Tolar‹ (Taler) hieß. Zunächst gab es keine Münzen, sondern nur Banknoten, die ein recht provisorisches Aussehen hatten und an ›Monopoly‹-Spielgeld erinnerten: Alle Nennwerte (zwischen einem und 5000 Tolar) trugen kaum mehr als die Aufschrift ›Republika Slovenija‹, waren exakt gleich in Größe und Gestaltung, unterschieden sich lediglich in den Farben und waren drucktechnisch von schlechter Qualität. Die Rückseite zeigte den Berg Triglav, auf der Vorderseite links befand sich eine kleine Abbildung des sogenannten Fürstensteins (Knežji kamen), Symbol des einstigen Fürstentums Karantanien, das in Slowenien als historischer Vorläufer des heutigen Staates angesehen wird. Da der Stein jedoch aus dem Klagenfurter Raum und mithin von (heute) österreichischem Boden stammt, gab es jenseits der Grenze heftige Proteste gegen die Darstellung auf den slowenischen Geldscheinen.

Der Tolar startete im Verhältnis 1:1 zum damals gültigen 1990er Dinar, was sogleich recht hohe Zahlenwerte gegenüber dem Äquivalent in Deutscher Mark bedeutete. Die Untereinheit (1 Tolar = 100 Stotin) war von Anfang an praktisch wertlos. Trotzdem wurde 1992 noch ein 0,5-Tolar-Schein gedruckt, der aber nicht zirkulierte. Im September 1992 kam dann die endgültige Version der Tolar-Noten heraus in Stückelungen zwischen 10 und 10000 Tolar. Diese sehr ansprechend gestalteten Banknoten mit historischen Persönlichkeiten blieben bis zum 31. Dezember 2006 in Umlauf. Ab 1993 gab es auch Münzen; sie zeigten auf ihren Rückseiten einheimische Tiere. Der slowenische Tolar (internationale Abkürzung: SIT) war mit seiner relativen Wertbeständigkeit ein großer Erfolg, allerdings war auch hier die jährliche Inflationsrate anfangs noch recht hoch: 1993 betrug sie 33 Prozent (beim Dinar in Rest-Jugoslawien waren es im selben Jahr aber 1130 Prozent). In den 16 Jahren seiner Gültigkeit stabilisierte sich der Tolar, gab jedoch im Wechselkurs gegenüber der D-Mark stetig leicht nach. Als am 1. Januar 2007 in Slowenien der Euro (*evro*) eingeführt wurde, geschah das mit einem Umtauschkurs von 239,64 Tolar für einen Euro. Die nationalen Rückseiten der slowenischen Euro- und Cent-Münzen zeigen alle verschiedene Motive von kultureller Symbolik. Slowenien war übrigens der erste vormals sozialistische Staat, der die Kriterien erfüllte, um in den Euro-Währungsraum aufgenommen zu werden.

Umwelt

Idyllische Landschaften mit ausgedehnten Wäldern und gepflegten Dörfern vermitteln dem Reisenden fast durchweg das Gefühl, in einem Staat mit intakter Natur und hohem Umweltbewusstsein unterwegs zu sein. Zwar wird man sich hier und da über eine wilde Müllkippe am Waldrand ärgern, ansonsten aber wenig Grund zur Kritik haben. Im Urlaub hat man aber auch wenig Gelegenheit, hinter die Kulissen zu schauen. Der ›Environmental Performance Index‹ (EPI) versucht die ökologische Situation und Dynamik der einzelnen Staaten zahlenmäßig zu erfassen und vergleichbar zu machen. Dabei fließen Faktoren wie Luft- und Wasserqualität, Feinstaub- und Ozonbelastung, Biodiversität, Ressourcennutzung, Effizienz, Nachhaltigkeit, Entsorgung und vieles mehr in die Bewertung ein, aus der sich schließlich eine Rangfolge der Staaten erstellen lässt. Erstaunt muss man zur Kenntnis nehmen, dass es im ›Musterland‹ Slowenien in puncto Umweltschutz trotz aller Bemühungen der letzten Jahre immer noch einen großen Nachholbedarf gibt. Mit dem 55. Rangplatz unter insgesamt 163 Staaten (Angabe für 2010) kann Slowenien wirklich nicht zufrieden sein. Innerhalb Europas bedeutet das noch nicht einmal Mittelfeld. Noch schlechter abgeschnitten haben hier fast nur die Länder mit allseits bekannten Umweltproblemen, beispielsweise veralteter Schwerindustrie oder landschaftszerstörendem Tagebau (Polen, Belgien, Bulgarien, Estland).

Diese ernüchternde oder enttäuschende Feststellung – je nach Sichtweise – soll indes nicht die Freude und das Interesse am Reiseziel verderben. Ohne die Ergebnisse verharmlosen zu wollen: In manchen Gegenden Deutschlands (als Gesamtstaat auf Platz 17) sind die Verhältnisse, regional betrachtet, nicht wesentlich anders. Und als Tourist kommt man mit Erwartungen und Prioritäten, die sich in der Regel auf ganze andere Aspekte beziehen: Kultur, Landschaftsbild, Gastronomie, Möglichkeiten für diverse Aktivitäten. Keineswegs muss man befürchten, ein ökologisches ›Notstandsgebiet‹ zu betreten. Nicht weniger als

Dörfliche Idylle bei Šempeter im Savinja-Tal

Recycling wird großgeschrieben

zwölf Prozent der gesamten Staatsfläche stehen unter Naturschutz, gestaffelt in verschiedene Kategorien. Mehr als die Hälfte des Landes ist von Wald bedeckt und fungiert, vereinfacht ausgedrückt, als ›Grüne Lunge‹. Die zahlreichen Alpenflüsse und -seen sind kristallklar und biologisch einwandfrei. Die hygienischen Standards sind hoch. Die allermeisten Autos erfüllen dieselben Abgasvorschriften, die auch bei uns gelten. In Städten und Dörfern stehen, vorbildlich beschriftet, Sammelcontainer für Papier, Glas, Blech und Kunststoffe. Straßen und Wege sind überwiegend so sauber, wie man es fast nur aus der Schweiz oder aus Island kennt. Und qualmende Schlote – die es im übrigen auch anderswo gibt – stehen in Slowenien nur an vereinzelten Stellen. Was sichtbare Verschmutzung betrifft, so wird man in vielen Regionen Südosteuropas zweifellos viel eher fündig werden.

Aber ein landeskundlicher Reiseführer darf auch unschöne Tatsachen nicht verschweigen. Die Umweltprobleme Sloweniens lassen sich durch die frühe und relativ starke Industrialisierung erklären. Manche Fabriken müssten entweder nachgerüstet oder stillgelegt werden. Der hohe Motorisierungsgrad der Bevölkerung – auch in Slowenien besitzt nahezu jeder zweite Einwohner ein Auto – führt zu Umweltschäden, die selbst mit moderner Abgastechnik nicht zu vermeiden sind. Das Kernkraftwerk Krško (→ S. 243) birgt eine latente Gefahr, die schwer zu quantifizieren ist. Pestizide und Düngemittel gelangen ins Grundwasser. Defizite werden auch dem Fischereiwesen bescheinigt. Für den Touristen könnte der Hinweis genügen, dass die größeren Flüsse des Landes, insbesondere unterhalb der alpinen Zone, ziemlich hoch belastet sind und sich deshalb nicht zum Baden eignen. Außerdem bleibt abzuwarten, welche Ergebnisse die verstärkten Anstrengungen im Umweltschutz mittelfristig bringen werden. An einer stetigen Verbesserung der Lebensqualität wird in vielen Bereichen gearbeitet. Die Regierung pflegt das grüne Image Sloweniens mit einem großem Aufwand an finanziellen Mitteln. Um den eigenen Ansprüchen gerecht zu werden, müssen die neuen Vorschriften nun konsequent angewendet werden. Es lohnt sich also, die Einstufung Sloweniens in einem künftigen EPI-Ranking erneut anzuschauen.

Verkehrswesen

Unter Berücksichtigung der teilweise schwierigen topographischen Verhältnisse ist Slowenien ein verkehrsmäßig sehr gut erschlossenes Land. Schon früh waren Alpenpässe und Flusstäler bevorzugte Verkehrswege, die dann immer mehr ausgebaut wurden. Es folgten im vergangenen Jahrhundert allerlei Begradigungen, Brücken- und Tunnelbauten zur Verkürzung der Fahrzeiten. Dabei ist Ljubljana der zentrale Knotenpunkt im Verkehrsnetz: In West-Ost-Richtung verlaufen alle bedeutenden Straßen- sowie sämtliche Eisenbahnverbindungen über die Hauptstadt.

Bereits im Sommer 1846 wurde zwischen Celje und Šentilj (heutige Grenze zu Österreich) die erste Eisenbahnstrecke eröffnet. Heute bedienen die **Slowenischen Staatsbahnen SŽ** (Slovenske Železnice), die aus den Jugoslawischen Staatsbahnen JŽ (Jugoslovenske Železnice) hervorgegangen sind, ein ziemlich engmaschiges Streckennetz von beachtlichen 1228 Kilometern Gesamtlänge. Derzeit sind 331 Kilometer zweigleisig ausgebaut und elektrifiziert: Es handelt sich dabei um die Hauptstrecke zwischen Ljubljana und Maribor sowie ihre Weiterführungen in die Nachbarländer (nach Villach, Triest, Rijeka, Zagreb und Wien). Slowenien als klassisches Durchgangsland ist Kreuzungspunkt der europäischen West-Ost-Verbindungen (Bahnverkehr Lyon – Venedig – Budapest) mit den Nord-Süd-Verbindungen (München – Belgrad und Wien – Belgrad). Die Verknüpfungen mit dem kroatischen Bahnnetz sind aus technischen und historischen Gründen am stärksten. Auf Nebenstrecken, von denen nur 172 Kilometer zweigleisig angelegt sind, fahren Dieselzüge und Schienenbusse durch malerische Landschaften. Insgesamt stehen dem Reisenden in Slowenien 117 Bahnstationen zur Verfügung. Die höchstgelegene im gesamten Netz ist Postojna mit 582 Metern über dem Meeresspiegel (Streckennetz → S. 366).

Elektrische Verkehrsmittel auf städtischen Straßen findet man in Slowenien heute überhaupt nicht mehr. Straßenbahnen verkehrten in Ljubljana nämlich nur von 1901 bis 1958, und auch der nachfolgende Obusbetrieb wurde bereits 1971

Die Laibacher Straßenbahn im ersten Betriebsjahr (1901)

wieder eingestellt. Umgekehrt war es an der Küste: Hier gab es zwischen 1912 und 1953 eine schmalspurige Straßenbahnverbindung zwischen den benachbarten Küstenorten Piran und Portorož, der ein sehr kurzlebiger Obusverkehr bereits ab 1909 vorangegangen war. Nahezu jede Ortschaft ist heutzutage mit **Linienbussen** erreichbar. Neben den städtischen Verkehrsbetrieben von Ljubljana und Maribor existieren einige regionale und überregionale Busunternehmen, die ein dichtes Netz von Stationen bedienen und auch grenzüberschreitend verkehren.

Slowenien gehört zu den typisch mitteleuropäischen Autoreisezielen. Leider ist es häufig nur eine Durchgangsstation auf dem Weg zur kroatischen Küste oder fungiert als Transitland für den LKW-Verkehr in Richtung Balkan und Türkei. Um das stetig steigende Verkehrsaufkommen zu bewältigen, wurden bereits in jugoslawischer Zeit fast 200 Kilometer Autobahn auf slowenischem Boden gebaut; das erste Teilstück führte ab 1972 von Postojna nach Vrhnika und gehört heute zur durchgehenden Autobahn Ljubljana–Koper bzw. Triest. Dem Verkehr stehen inzwischen 540 Kilometer an erstklassigen **Autobahnen** (*avtocesta*) zur Verfügung: A1 bis A5. Man kann von Österreich nach Kroatien (Zagreb) sowie von der nördlichen Adria nach Ungarn ohne Unterbrechung die Autobahn benutzen. Was bislang fehlt, ist eine direkte Autobahnverbindung zwischen Ljubljana und Rijeka (kroatische Küste); das kleine kroatische Teilstück ist längst fertig. Ergänzt werden die slowenischen Autobahnen durch etwa 70 Kilometer besonderer **Schnellstraßen** (*hitra cesta*): derzeit H2 bis H7. Diese H-Straßen sollen streckenweise zu vollwertigen Autobahnen ausgebaut werden. Für beide Straßenarten sowie deren Zufahrten besteht Gebührenpflicht in Form von speziellen Vignetten (*vinjeta*), die der staatliche Betreiber DARS (Družba za avtoceste v Republiki Sloveniji) im Juni 2008 eingeführt hat. Die Zahlstellen (Mauthäus-

Linienbus auf der Drava-Brücke in Maribor

Im Hafen von Koper

chen) sind seither nur noch für LKW zuständig. Eine allgemeine elektronische Erfassung der Fahrzeuge befindet sich derzeit in der Planung. Auch für die Benutzung des 7864 Meter langen Karawanken-Tunnels zwischen Jesenice und Villach wird eine Maut erhoben.

Die gewöhnlichen **Landstraßen** sind praktisch alle asphaltiert und in ordentlichem Zustand. Für kleine Nebenstraßen gilt dies mit gewissen Abstrichen. Gebirgsstrecken werden im Winter teilweise gesperrt, so dass man längere Umwege in Kauf nehmen muss. Der Motorisierungsgrad ist hoch und damit auch die Verkehrsdichte.

Für die **Schifffahrt** hat der Hafen Koper große Bedeutung erlangt. Zwar bedarf der Zugang zu internationalen Gewässern besonderer Reglungen auf Grund der eingezwängten Lage zwischen italienischen und kroatischen Hoheitsgewässern, doch immerhin besitzt Slowenien überhaupt einen eigenen Hochseehafen. Bis zu 18 Meter tief sind die Hafenbecken, es bestehen Verbindungen zu allen Kontinenten, der Einzugsbereich im Hinterland reicht bis weit nach Mittel- und Osteuropa hinein. Im Nachbarort Izola gibt es einen Fischereihafen. Die Binnenschifffahrt ist nahezu bedeutungslos, da die meisten Alpenflüsse auf slowenischem Territorium noch zu klein sind oder ein zu starkes Gefälle aufweisen. An einzelnen touristisch interessanten Stellen, vor allem entlang der Küste, verkehren Ausflugsschiffe. Auch nach Venedig und zu Orten entlang der Westküste Istriens gelangt man leicht per Schiff.

Für den internationalen **Luftverkehr** ist Ljubljana – eigentlich liegt der Flughafen bei Kranj – die einzige slowenische Destination. Bei der geringen Größe des Landes ist die zentrale Lage und Straßenanbindung sehr vorteilhaft. Die kleineren Flugplätze Maribor und Portorož dienen vor allem dem Privat- und Charterbetrieb.

Tourismus

Mit dem griffigen Slogan ›I FEEL SLOVENIA‹ wirbt momentan das Urlaubsland Slowenien. Dabei sind die Buchstaben ›I FEEL ...LOVE....‹ im Druck hervorgehoben. Dass die Liebe zu ihrem Land quasi schon im Namen enthalten ist, passte den Tourismus-Managern sicher ganz gut. Wen stört es schon, dass der Spruch nur auf Englisch funktioniert? International klingt das allemal. Slowenien gilt als überaus liebenswert und wird auch schon lange als ›kleines Paradies‹ und ›grünes Herz Europas‹ vermarktet.

Jährlich kommen an die drei Millionen Touristen, davon etwa sieben Prozent Deutsche. Das liegt nicht zuletzt an der erfolgreichen Tourismuswerbung. Außerdem gibt es eine lange Tradition, die sogar bis in die Zeit des Bädertourismus im Habsburgerreich zurückgeht. Im deutschsprachigen Raum war Jugoslawien schon früh ein beliebtes Reiseziel, genaugenommen aber nur die lange kroatische Küste. Da sie in der Regel auf dem Landweg per Auto angesteuert wurde, profitierte Slowenien wenigstens von den Durchreisenden.

Mitte der 1980er Jahre nahm die ›jugoslawische Misere‹ ihren Lauf und schreckte mit Rekordinflation, Versorgungsmängeln und Warteschlangen an den Grenzübergängen Schlagzeilen die Urlauber ab. Es waren schwierige Zeiten für den Tourismus. Da half auch der Hinweis auf verbilligte Benzinbons, Verfügbarkeit vieler Westprodukte, ein relativ liberales Alltagsleben und unbürokratische Einreise ohne Visum wenig. Der slowenische Norden konnte nicht unabhängig vom Rest des Bundesstaates Jugoslawien agieren, um entscheidende Verbesserungen zu erreichen. Es galt zunächst einmal, die touristische Strategie und die Zielgruppe zu klären: Kam eine längerfristige Festlegung auf Billigtourismus in Frage? Um 1985 herum lief eine legendäre Kampagne an: ›*Slovenija – moja dežela*‹ (Slowenien – mein Land) wurde plakatiert und gedruckt und vermittelte

Touristische Angebote in Bovec

neben Heimatgefühl auch Selbstbewusstsein und Unabhängigkeitsstreben. Vielsprachige Willkommensposter richteten sich an Touristen aus halb Europa, vor allem der Nachbarländer. Doch als der Vielvölkerstaat 1991 auseinanderbrach und die ersehnte Eigenstaatlichkeit endlich Realität wurde, blieben die verunsicherten Touristen allerdings schlagartig weg. Die Tatsache, dass Slowenien nur wenige Tage in militärische Auseinandersetzungen verwickelt war und sich danach sehr schnell konsolidierte und verstärkt dem Westen zuwandte, wurde von den Urlaubern nicht honoriert. Die Saison 1991 war verloren, 1992 war sehr ruhig und wurde allenfalls vom Binnentourismus belebt. Erst als die Europäer genauer differenzierten, wo innenpolitsche Probleme weiterbestanden (Bosnien, Kroatien) und wo nicht (Slowenien), wo noch Mitteleuropa und wo schon Balkan ist, ging es allmählich wieder aufwärts. Den rund 900 000 Übernachtungen deutscher Bürger in Slowenien 1989 standen nur 245 000 im Jahre 1992 gegenüber.

Der Tourismus bevorzugt die Westhälfte des Landes. Auf dem Weg zur Küste (meist ist es dann doch die kroatische!) wird ein Stopp am Südrand der Alpen eingelegt, neben den malerischen Seen von Bled und Bohinj eventuell noch die Hauptstadt Ljubljana besucht oder die weltberühmten Tropfsteinhöhlen. Wesentlich mehr führt sich der Durchschnittstourist von Slowenien gar nicht zu Gemüte. Er ist ja auf der Durchreise. Durchgangsland zu sein, vor allem nach Kroatien mit seiner endlosen und inselgesäumten Küste, das ist wohl das größte Hindernis bei der Entwicklung eines flächendeckenden Tourismus in Slowenien. Dabei ist man schon lange allerorten auf Besucher eingestellt, aber nur wenige von ihnen erkunden das gesamte Land. Man kann auch sagen: Nur wenige beschränken sich gezielt auf Slowenien (und verzichten bewusst auf eine Kombination mit Nachbarländern) und erleben das kleine mitteleuropäische Land intensiv und in all seinen Facetten. Für solche Besucher ergeben sich auch im wenig beachteten Ostteil des Landes überraschende Eindrücke.

Restaurant in Piran

Der lange Weg zum eigenen Staat

Einen unabhängigen Staat Slowenien gibt es erst seit dem Jahr 1991. Zwar werden mit einem verständlichen Patriotismus gern historische Vorläufer herausgestellt, die mehr oder weniger abhängig waren. Von einem wirklichen ›Slowenentum‹ kann man aber im frühen Mittelalter noch nicht sprechen. Die Region war immer ein Durchgangsland, Schnittpunkt von Handelswegen, Schmelztiegel verschiedener Völker und Kulturen, Peripherie von Großmächten, am Ende Teil einer Föderation. Insofern ist es geradezu unvermeidlich, die Geschichte Sloweniens als eine Geschichte des Habsburgerreiches und des Staates Jugoslawien darzustellen. Natürlich geschieht dies, wo immer möglich und sinnvoll, eingeschränkt und fokussiert auf das heutige Staatsgebiet. In Einzelfällen ist ein erweiterter Blick auf die politische Großwetterlage nötig, um Entwicklungen im Inneren zu verstehen.

Vorzeit

Erste Spuren und Funde menschlichen Wirkens gibt es auf dem heutigen slowenischen Staatsgebiet bereits aus der Zeit um 250 000 vor unserer Zeitrechnung. Insbesondere die Beckenlandschaften dürften in der mittleren Steinzeit besiedelt gewesen sein. Aus der Zeit um 45 000 stammt eine Flöte aus einem Bärenknochen, deren Mittelstück man in tief in einer Karsthöhle zwischen Cerkno und Idrija gefunden hat. Es handelt sich wohl um das derzeit älteste Musikinstrument der Welt und scheint die Auffassung zu widerlegen, dass der Neanderthaler noch über keinerlei künstlerische Ausdrucksformen verfügte. Um 3900 vor Christus entstanden Pfahlbauten im Moor südlich der heutigen Hauptstadt Ljubljana, und die Bewohner betrieben bereits Landwirtschaft mit Tierhaltung. Sie nahmen

Römisches Reich zur Zeit des Kaisers Augustus

Am Hauptplatz in Maribor

teil am Handel auf der sogenannten Bernsteinroute, die von der Ostsee über die Balkanhalbinsel bis zum Schwarzen Meer führte und verschiedene Kulturen miteinander in Berührung brachte.

1300 bis 800 vor Christus: In der späten Bronzezeit (Urnenfelderkultur) treffen keltische Stämme südlich der Alpen auf die Illyrer und Veneter.

800 bis 450 vor Christus: Die frühe Eisenzeit (Hallstattzeit) ist gekennzeichnet durch die Expansion der Kelten im gesamten Alpenraum und auf den Balkan. Auch andere Völker unternehmen in der Region Eroberungszüge. Die Griechen gründen an der dalmatinischen Küste Handelsstützpunkte, von denen starke kulturelle Impulse ausgehen. Im Krka- und Soča-Tal gibt es Ansiedlungen.

Kelten und Römer

Ab 400 vor Christus: Die von Norden eingewanderten Kelten gründen das Reich Noricum als erstes Staatsgebilde im östlichen Alpenraum. Es umfasst neben dem Gebiet Sloweniens auch große Teile Österreichs. Zu der Zeit existiert an der Küste bereits die griechische Stadtgründung Aegida (heute Koper). Ein Zivilisationsschub setzt ein: Befestigte Wohnplätze sowie Eisenwerkzeuge und auch Münzen sind nachweisbar. Es kommt zu Handelsbeziehungen mit den Römern.

2. Jahrhundert vor Christus: Die Römer gründen 181 vor Christus im Golf von Triest die Colonia Aquileia, zunächst als Handelsniederlassung, später kommen strategische Gründe hinzu. Die Expansion in Richtung Balkan steht bevor. Eine Römerstraße, die Via Gemina, verbindet Aquileia mit Emona (heute Ljubljana); eine weitere Straße, die Via Flavia, führt nach Pola (Pula) an der Südspitze der Halbinsel Istrien.

Um 113 vor Christus: Die germanischen Stämme der Kimbern und Teutonen tauchen auf und verhindern in der Folgezeit eine weitere römische Ausbreitung nach Osten.

Historische Fassade in Ptuj

15 bis 10 vor Christus: Noricum und das östlich angrenzende Pannonien fallen durch Auseinandersetzungen und Erbverträge an das Römische Reich. Nun steht das gesamte Gebiet Sloweniens unter römischer Herrschaft. Eine Romanisierung der Bevölkerung setzt ein. Die Militärlager Celeia (Celje), Emona (Ljubljana) und Poetovio (Ptuj) werden zu blühenden Handelsstädten mit allen typischen Attributen wie zum Beispiel Tempeln, Thermenanlagen und Theatern. Große ländliche Gehöfte, Grenzbefestigungen mit Kastellen und Türmen und gut ausgebaute Militärstraßen, darunter die Via Gemina von Aquileia nach Pannonien, lassen die Region unverkennbar zu einem Teil des Imperium Romanum werden. Natürlich bilden die Römer nur eine Minderheit von Verwaltungsbeamten, Soldaten und Kolonisten. Noch heute ist in Šempeter bei Celje eine große Nekropole zu besichtigen.

Völkerwanderung und Mittelalter

379 nach Christus: Die Westgoten stürmen auf ihrem Zug nach Italien die Stadt Poetovio und plündern sie.

395: Teilung des Römischen Reiches in zwei konkurrierende Hälften: Das Weströmische Reich mit Rom umfasst nunmehr West- und Mitteleuropa; das Oströmische Reich mit Byzanz hingegen Südosteuropa und Kleinasien; die Grenze zwischen beiden verläuft quer durch das heutige Serbien und Montenegro. Die Grenzen werden allmählich auch zu Religionsgrenzen: Im Westen herrscht der Katholizismus mit dem Papst als höchster Autorität, in der Osthälfte die Orthodoxie mit dem Patriarchen von Byzanz.

452: Die Truppen des Hunnenkönigs Attila zerstören Emona und andere Siedlungen. Die romanisierte Bevölkerung sucht Schutz in befestigten Orten an der Küste, die 544 unter Justinian I. ins Oströmische Reich eingegliedert werden. Die Ostgoten setzen sich für ein halbes Jahrhundert im Gebiet Sloweniens fest.

6. Jahrhundert: Slawische Stämme aus dem Dnepr-Gebiet (heutige Ukraine) wandern auf die Balkanhalbinsel ein und gelangen über Bosnien und Dalmatien bis Friaul und an den Oberlauf der Drava. Etwa zur selben Zeit durchziehen die germanischen Langobarden das Land. Um etwa 630 entsteht ein erstes slawisches Großreich unter Samo; es reicht von den ›Wenden‹ (Sorben) in der Lausitz über Böhmen, Mähren und Österreich bis zum heutigen Slowenien. Es gibt etliche

Fürstentümer in diesem Reich, darunter Karantanien (Karantanija), das etwa dem heutigen Kärnten entspricht. Nach dem Tod der Herrschers Samo zerfällt das Reich wieder, Karantanien bleibt autonom, begibt sich aber zum Schutz vor den zunehmenden Übergriffen der Awaren ab 745 unter bayrische Vorherrschaft.

788: Der Frankenkönig Karl der Große macht sich Bayern und damit auch Karantanien untertan. Auch das Fürstentum Karniola südlich der Karawanken kontrolliert er. Damit einher geht eine massive Christianisierung. Die Diözese Salzburg erhält für ihre Missionsarbeit große Ländereien in Kärnten, der Steiermark und im Sava-Tal; ferner das Bistum Freising die Region Bischoflack (heute Škofja Loka); das Bistum Brixen Gebiete am Bleder See; das Bistum Aquileia Gebiete in der Karstregion. Eine zweite Missionierungswelle findet danach an der Küste statt, ausgehend von Aquileia, und der dortige Patriarch bekommt Teile des Karstes, Görz (Gorizia bzw. Nova Gorica) und das Soča-Tal.

819 bis 823: Der Karantanierfürst Ljudevit erhebt sich gegen die fränkische Herrschaft, worauf die slawische Oberschicht entmachtet und durch fränkische Markgrafen ersetzt wird. Es ensteht ein Feudalsystem. Die Zweiteilung der Gesellschaft bedeutet nun: Slawen als Bauern, Deutsche als Adlige, beide auch durch ihre Sprachen voneinander abgegrenzt.

Ab 900: Die Ungarn nehmen das pannonische Tiefland ein und dringen mehrfach in das von Franken kontrollierte Territorium ein. 955 werden sie auf dem Lechfeld bei Augsburg geschlagen und zurückgedrängt. Nun kann sich Karantanien nach Süden und Osten weiter ausdehnen. 976 wird es als Herzogtum Kärnten (Großkarantanien) ein Teil des Heiligen Römischen Reiches Deutscher Nation. Die Ostkolonisation beginnt: Es kommen verstärkt deutsche Siedler, die ethnische Gemeinschaft der Karantanier löst sich auf. Die Siedlungsgebiete der Alpenslawen werden auseinandergerissen: einerseits Westslawen (fortan Tsche-

Weinberge bei Ljutomer

chen und Slowaken) und andererseits Südslawen (Slowenen, dazu andere). Aus den Markgrafschaften entstehen die bis heute bekannten Territorien Kärnten, Steiermark, Krain, Görz, Triest, Istrien.

12. bis 14. Jahrhundert: Das Christentum verfestigt sich, viele Kirchen und Klöster werden errichtet. Sie werden zu geistigen und kulturellen Zentren im Lande, zum Beispiel Stična, Kostanjevica, Bistra, Pleterje (zwischen 1136 und 1407). Nur wenig später entwickeln sich auch alle wichtigen Städte des Landes: Laibach (Ljubljana), Krainburg (Kranj), Pettau (Ptuj), Marburg (Maribor) und Cilli (Celje). Hinzu kommen auch Burgen in allen Landesteilen. Das Verbreitungsgebiet der slowenischen Sprache ist nun etwa deckungsgleich mit dem heutigen. Nachdem die mächtigsten Geschlechter der Krainer Markgrafen um 1269 ausgestorben sind, kann der böhmische König Otokar II. die Gebiete Karantaniens für kurze Zeit übernehmen.

Habsburgerreich

14. Jahrhundert: Durch Feldzüge gegen den Böhmenkönig Otokar II., der 1278 auf dem Marchfeld zu Tode kommt, und Erbfolgeverträge wächst der Einfluss der Habsburger im Binnenland und in Triest, während Venedig die Küsten beherrscht.

15. Jahrhundert: Die Grafen von Cilli als Kontrahenten der Habsburger rücken durch eheliche Verbindung 1436 zu Reichsfürsten auf und können große Ländereien erwerben. Die Dynastie erlischt jedoch schon 1456, und auch ihre Besitztümer fallen nun an das Haus Habsburg, welches damit das gesamte Territorium des heutigen Slowenien beherrscht. Die Habsburger erlangen die Kaiserwürde und stabilisieren ihre Herrschaft. Die Steiermark, Kärnten, Krain, Istrien, später auch Görz, bilden das Kernland ihres Imperiums, das sie im Wesentlichen bis 1918 innehaben. Über Triest bestehen gute Verbindungen zu der aufstrebenden Seemacht Venedig.

16. Jahrhundert: Übergang zur Neuzeit. Eine Phase zunehmender Konflikte innerhalb der feudalen Gesellschaft bricht an. Unzufriedenheit über die mangelhafte Abwehr der inzwischen vorrückenden Türken, neue Lasten und Abgaben haben immer wieder Bauernaufstände (vor allem in den Jahren 1515, 1573, auch noch 1635, 1713) zur Folge, die grausam niedergeschlagen werden. Durch das Gedankengut der Reformation wird außerdem der Machtanspruch des Klerus in Frage gestellt. 1550 erscheint der Katechismus in der Sprache des Volkes, das heißt auf Slowenisch, übersetzt von Primož Trubar. Es folgt 1584 die gesamte Bibelübersetzung von Jurij Dalmatin.

Um 1700: Die Gegenreformation setzt ein. Kaiser Ferdinand II. erhebt den Treueid auf den katholischen Glauben zur Bürgerpflicht, Unwillige müssen auswandern. Jesuiten gründen Lehranstalten und erlangen großen Einfluss im Bildungsbereich. Zahlreiche Barockkirchen entstehen. Der Protestantismus versinkt in der Bedeutungslosigkeit.

I·S· 92
DIS·GEMAL·HAT·LESSEN·MA
CHEN·DER·ERNVEST
NEMB·HE·ANTHONI·PLATZER·
BVRGER·VND·HANDLSMAN·AL
HIE·DER·GESTORBN·IST·DEN
DES·1641·IARS·SEIN
ERSTE·HAVSFRAW·SVSANNA
GEBORNE·SIBENITSCHKIN
IST·VERSCHIDEN·DEN·8·SEPT
DES·1610·IARS·DIE·ANDERE
HAVSFRAW·ROSINA·GEBORNE
KRAILNICKIN·DEN DES
16 IARS·DIE·SAMPT·IREN
KINDERN·ALHIE·BEGRABEN
LIGEN·GOT·VERLEIHE·INEN
ALEN·EIN·FROLICHE·AVF
STEHVNG·AMEN·ANNO·1612

Ab 1740: Erst die Aufklärung bringt spürbare soziale Fortschritte, wirtschaftlichen Aufschwung und die Herausbildung eines slowenischen Bürgertums, das sich in der Nachfolge Karantaniens sieht. Unter Maria Theresia (regiert von 1740 bis 1780) und Joseph II. (von 1780 bis 1790) wird eine allgemeine Schulpflicht eingeführt, ab 1774 gibt es Volksschulunterricht in slowenischer Sprache, die Kirche verliert ihr Bildungsmomopol, 1781 wird die Leibeigenschaft aufgehoben.

1797 bis 1813: Napoleonische Kriege. Napoleon liquidiert die Republik Venedig und verändert die europäische Landkarte. 1809 besetzen die Franzosen Slowenien. Laibach wird Hauptstadt der neu geschaffenen Illyrischen Provinzen. Es ist ein großes Gebiet, das aus der Krain, Triest, Görz, Teilen Kärntens und Tirols sowie Kroatiens und Dalmatiens besteht. Die neuen Herren lassen zwar Slowenisch als Amts- und Schulsprache zu, feudale Strukturen bleiben aber weitgehend unangetastet. Die Forderung der südslawischen Völker nach einer freien und unteilbaren Nation greift um sich, getragen von der Bewegung des Illyrismus (oder allgemeiner im Panslawismus). Nur vorübergehend müssen die Habsburger die Macht abgeben.

1815: Wiener Kongress. Die alten Macht- und Besitzverhältnisse in Europa werden im Wesentlichen wiederhergestellt. Die Habsburger erhalten ihre slowenischen Territorien zurück und dazu noch Dalmatien, Istrien und Venetien. In der Folgezeit erreicht der Dichter France Prešeren mit seinem Werk eine Überwindung der sprachlichen Regionalismen und kann eine einheitliche slowenische Schriftsprache initiieren.

1848: Der ›Völkerfrühling‹ erfasst Intellektuelle in Laibach und Wien. Sie fordern eine Stärkung der slowenischen Sprache als identitätsstiftendes Element. Diverse Zirkel formieren sich ab 1860, zunächst zur Pflege der Kultur, des Turnens oder Lesens, zunehmend mit politischer Ausrichtung. In öffentlichen Reden wird ab 1868 die nationale Selbstbestimmung gefordert. Populär ist auch die Idee eines autonomen Teilstaates aus Slowenen und Kroaten. Zunächst bleibt Wien unbeeindruckt, aber nach territorialen Verlusten werden die Habsburger flexibler. Ungarn wird in Personalunion des Monarchen unabhängig. Es entstehen zwei gleichberechtigte Reichshälften: Slowenien verbleibt im österreichischen Teil, nur das Gebiet jenseits der Mur gehört zu Ungarn, und die slowenische Bevölkerung in Venetien hat schon 1866 für Italien votiert. Amts-

Gasse in Piran

Slowenien im Habsburgerreich

sprache bleibt Deutsch und ist die Voraussetzung für sozialen Aufstieg. Die slowenischen Volksvertreter im Reichsrat verhalten sich angepasst und genießen ihre Privilegien. Erst 1907 mit der Einführung des Wahlrechts bilden sich engagierte Fraktionen heraus und suchen Verbindung zu anderen Südslawen.

Um 1900: In den österreichischen Kronländern Steiermark, Krain, Görz, Istrien und Triest siedeln rund 1,3 Millionen Slowenen, die insgesamt etwa 75 Prozent der Gesamtbevölkerung bilden. Die materielle Situation und auch die Schulbildung ist besser als in den südwärts angrenzenden Regionen.

1914 bis 1918: Erster Weltkrieg: Sofort werden in Österreich-Ungarn Truppenteile aller Nationalitäten des Reiches mobilisiert. Mit dem Kriegseintritt Italiens wird auch Slowenien zum Kriegsschauplatz und in der Folgezeit stark in Mitleidenschaft gezogen. Im Londoner Pakt drohen die Großmächte 1915 mit der Aufteilung unter mehrere Nachbarstaaten. Im Tal der Soča (ital.: Isonzo) werden zwischen 1915 und 1917 zwölf schwere Schlachten geschlagen. Der absehbare Zusammenbruch der Habsburger Monarchie lässt schließlich die Hoffnung auf Unabhängigkeit keimen. Im Herbst 1918 tritt ein Nationalrat aller österreichischen Südslawen in Zagreb zusammen und geht auf Konfrontationskurs. Kaiser Karl I. stellt daraufhin einen föderativen Aufbau der Donaumonarchie in Aussicht. US-Präsident Wilson fordert am 20. Oktober 1918 die Anerkennung des Unabhängigkeitswillens aller Völker Österreich-Ungarns. Am 28. Oktober rufen die Böhmen, Mähren und Slowaken die Tschechoslowakische Republik aus, nahezu gleichzeitig erklärt der slowenische Nationalrat die Autonomie. Er und die anderen südslawischen Nationalräte treten am Folgetag aus dem österreichischen Staatsverband aus.

Am 1. Dezember 1918 erklären sie den ›Unabhängigen Staat der Slowenen, Kroaten und Serben‹ (sogenannter SHS-Staat, entsprechend den nationalen Eigenbezeichnungen Slovenija, Hrvatska, Srbija) mit Zagreb als Hauptstadt. Bedroht von Italien, das die Küste besetzt hält, fällt diese Entscheidung zur Bildung eines großen Gesamtstaates mit dem Königreich Serbien. Auch Montenegro gehört dazu. Und so firmiert der SHS-Staat genau 33 Tage nach seiner Gründung nun als ›Vereinigtes Königreich der Serben, Kroaten und Slowenen‹ (man beachte die geänderte SHS-Reihenfolge, die nun nicht mehr der bloßen Aufzählung dient, sondern die realen Machtverhältnisse betont!). Hauptstadt ist das serbische Belgrad. Staatsoberhaupt wird der serbische Regent Peter I. Karađorđević. Es ist für Slowenien ein erster Versuch, in der Gemeinschaft mit anderen slawischen Völkern ein Stück voranzukommen in Richtung Unabhängigkeit – eine Art Zweckbündnis.

SHS-Staat und Königreich Jugoslawien

1919: Im Vertrag von Saint-Germain werden dem SHS-Staat Teile Unterkärntens und der Untersteiermark mit der Stadt Maribor zugesprochen. In Ljubljana wird die slowenische Universität eröffnet.

1920: In einer Volksabstimmung wird der Status der Kärntner Landeshauptstadt Klagenfurt und ihres Umlandes zugunsten Österreichs entschieden. Im Vertrag von Trianon erhält der SHS-Staat von Ungarn das Gebiet jenseits der Mura (Prekmurje). Der Grenzvertrag von Rapallo überträgt die noch besetzte slowenische Küstenregion, das Soča-Tal und die westliche Innerkrain an Italien. Mindestens 350000 Slowenen müssen von nun an außerhalb des südslawischen Königreiches leben.

1921: Nach dem Tode Peters I. wird Alexander I. König. Unterdessen nehmen die nationalistischen Spannungen im SHS-Staat dramatisch zu. Hauptgrund ist die absolute Vorherrschaft der zentralistisch orientierten Serben, die ihren Füh-

Einmarsch der deutschen Wehrmacht in Maribor im April 1941

Briefmarke aus der Zeit des SHS-Staates

rungsanspruch mit der Befreiung von den Türken und dem Eintreten für die ›slawischen Brüder im Völkergefängnis der Donaumonarchie‹ begründen. Ständige Regierungskrisen lähmen die Politik: 1927/28 scheitern nacheinander 40 Regierungen in nur elf Monaten.

1929: In einem Staatsstreich setzt Alexander I. die Verfassung außer Kraft, löst das Parlament auf und errichtet eine Königsdiktatur. In der neuen Verfassung vom 3. Oktober 1929 wird der SHS-Staat umbenannt in ›Königreich Jugoslawien‹ (*Kraljevina Jugoslavija*) ohne explizite Nennung der drei beteiligten Völker. Die serbische Dominanz wird durch eine Verwaltungsreform untermauert. Die Slowenen leben in ihrem ethnisch geschlossenen Siedlungsgebiet immerhin weitgehend nach eigenen Vorstellungen und sind in wirtschaftlicher und kultureller Hinsicht recht erfolgreich trotz der Bevormundung durch die Belgrader Regierung. Die im Aufbau befindliche slowenische Industrie floriert dank des gesamtjugoslawischen Absatzmarktes.

1934: Unaufgeklärte Morde an kroatischen Persönlichkeiten und die Auswirkungen der Weltwirtschaftskrise gipfeln am 9. Oktober 1934 in einem folgenschweren Attentat: Alexander I. wird in Marseille von Mitgliedern der rechtsradikalen kroatischen Ustaša-Bewegung erschossen. Frankreich unternimmt aus Rücksichtnahme auf das faschistische Italien wenig zur Aufklärung der Tat. Dies führt zu einer Annäherung Jugoslawiens an das nationalsozialistische Deutschland.

1938 bis 1941: Nach dem Anschluss Österreichs an das Deutsche Reich (1938) verbessern sich die Wirtschaftsbeziehungen, und es kommt am 25. März 1941 unter Aufgabe der bisherigen Neutralität zu einem Beistandspakt zwischen Jugoslawien und den Achsenmächten Deutschland und Italien. Daraufhin putscht zwei Tage später die Militärführung. Die Achsenmächte betrachten die Vorgänge mit Argwohn und besetzen im April 1941 ganz Jugoslawien. Die jugoslawische Armee kapituliert innerhalb kürzester Zeit. Serbien bekommt eine Marionettenregierung, aus dem kroatischen Binnenland mit Teilen Bosniens entsteht ein angeblich unabhängiges Staatsgebilde unter Führung des Faschisten Ante Pavelić, die dalmatinische Küste sowie Montenegro fallen an Italien. Slowenien hingegen wird unter den Nachbarn aufgeteilt: Ljubljana, die Karstregion und die Unterkrain werden an Italien angegliedert, die Oberkrain sowie die südlichen Teile der Steiermark und Kärntens werden ›Großdeutschland‹ zugeschlagen, der Nordosten jenseits der Mura geht wieder an Ungarn. Die drei Besatzungsmächte beginnen unverzüglich, jedoch auf unterschiedliche Weise mit dem Umbau der einverleibten Gebiete zu integrierten Landesteilen. Die Germanisierungspolitik beispielsweise besteht aus der Deportation slowenischer Patrioten und einem Bleiberecht für diejenigen, die sich zu Deutschland bekennen. Die slowenische Sprache wird massiv unterdrückt. Dies ist die Stunde der Kommunisten: Als ehedem schwache und seit 1921 verbotene Gruppierung gelingt es ihnen nun schnell, sich als nationale Bewegung zu profilieren und eine Befreiungsfront (*Osvobodilna fronta, OF*) zu organisieren, die fortan als Partisanenarmee unter der Führung des Marschalls Josip Broz, genannt Tito, agiert. Insbesondere in Slowenien gibt es regen Zulauf, und in den Wäldern und Höhlen der Karstgebiete werden geheime Druckereien, Radiosender und Lazarette eingerichtet. Aber es formiert sich auch eine antikommunistische Gegenbewegung, vornehmlich in konservativen und klerikalen Kreisen, die sich als ›Weiße Garde‹ (im Gegensatz zu den ›Roten‹) verstehen. Diese slowenische ›Heimwehr‹ (*Domobranci*) findet durchaus Rückhalt in der Bevölkerung, obwohl sie eine gewisse Kollaboration mit den Besatzern nicht vermeiden kann. Der Zweite Weltkrieg ist im Falle Jugoslawiens also auch ein Bürgerkrieg.

Slowenien als Teilrepublik Jugoslawiens

1943 bis 1945: Italien kapituliert im September 1943. Die Partisanen bekommen große Gebiete unter ihre Kontrolle. Der ›Antifaschistische Rat zur Volksbefreiung Jugoslawiens‹ (AVNOJ) trifft auf seiner Tagung in der bosnischen Kleinstadt Jajce am 29. November 1943 eine Reihe von Beschlüssen im Hinblick auf einen neuen jugoslawischen Staat, dem Slowenien als Teilrepublik angehören soll. Die Alliierten und die Sowjetunion greifen verstärkt zugunsten der Partisanenarmee ein und verhelfen ihr letztlich zum Sieg über die deutsche Besatzungsmacht. Allerdings bleibt Slowenien als letztes Gebiet von ganz Jugo-

Slowenien als jugoslawische Teilrepublik

slawien noch bis zum Frühjahr 1945 besetzt. Tausende Weißgardisten werden am Ende des Zweiten Weltkrieges als Kollaborateure und Verräter stigmatisiert und von den siegenden Partisanen ermordet. Diese Geschehnisse entzweien die slowenische Gesellschaft nachhaltig, zum Teil bis heute.

Tito-Büste vor dem Museum von Metlika

Ab 1945: Die Volksfront unter Marschall Tito erringt bei den ersten Nachkriegswahlen 90 Prozent der Stimmen. Am 29. November 1945 – genau zwei Jahre nach den AVNOJ-Beschlüssen – wird die ›Demokratische Föderative Volksrepublik Jugoslawien‹ proklamiert, bestehend aus den sechs Teilrepubliken Slowenien, Kroatien, Serbien, Bosnien-Herzegowina, Montenegro und Makedonien sowie den beiden autonomen Provinzen Vojvodina und Kosovo. Zum ersten Mal besitzt Slowenien eine weitgehende Eigenständigkeit mit eigener Amtssprache, eigenen Hoheitszeichen, kultureller Autonomie; freilich eingebunden in den Gesamtstaat Jugoslawien. 1947 werden Regelungen zum italienisch-jugoslawischen Grenzgebiet getroffen: Slowenien wird unter anderem der Küstenabschnitt zwischen Koper und Portorož zugesprochen; das Schicksal der Staat Triest sowie einige Detailfragen bleiben jedoch noch bis 1954 offen. Die Gebietsansprüche gegenüber Österreich aus der Zeit nach dem Ersten Weltkrieg werden wieder laut und trüben dauerhaft das Verhältnis unter den Nachbarn. Die Innenpolitik treibt seit der Staatsgründung die Enteigung des gesamten privaten Sektors voran. Nach dem Zerwürfnis mit der stalinistischen Sowjetunion 1948 gilt jedoch eine gemäßigtere Linie, die sogenannte Arbeiterselbstverwaltung (*Delavsko samoupravljanje*) wird ins Leben gerufen. Die Zwangskollektivierung in der Landwirtschaft wird 1953 gestoppt, private Anbauflächen bis zu 10 Hektar werden erlaubt. Jugoslawien sucht einen eigenen ›blockfreien‹ Weg zwischen West und Ost, zwischen Marktwirtschaft und Marxismus. In der Folgezeit wird trotz allgemeiner Verbesserung der Gesamtlage das wirtschaftliche Nord-Süd-Gefälle im Staat stetig größer; der beabsichtigte Ausgleich zwischen den Teilrepubliken wird nicht erreicht. Slowenien und, in etwas geringerem Maße, auch Kroatien erreichen einen weit über dem Landesdurchschnitt liegenden Lebensstandard, der unter anderem auf den Einnahmen aus einer entwickelten Industrie und dem traditionellen Fremdenverkehr beruht. Der Unmut des Nordens über die permanente ›Entwicklungshilfe‹ für den ungeliebten Süden wird immer größer, und damit wächst auch die Abneigung gegen Belgrad als Verteilungszentrale. In einzelnen Teilrepubiken nehmen die nationalistischen Tendenzen zu.

1963: Jugoslawien wird umbenannt in ›Sozialistische Föderative Republik Jugoslawien‹ (SFRJ), und Slowenien als Teilstaat heißt von nun an ›Sozialistische Republik Slowenien‹ (SR Slovenija).

Ab 1965: Es erfolgt eine Wirtschaftsreform in den Jahren 1965/66 mit dem Ziel einer Dezentralisierung. Durch eine neue Verfassung wird 1974 die Souveränität der Teilrepubliken erhöht und damit die Rolle der einzelnen Nationalitäten im Bundesstaat gestärkt. Slowenien nähert sich am schnellsten der Marktwirtschaft an, erreicht ein hohes Ausbildungs- und Produktivitätsniveau und profitiert weiterhin vom gesamtjugoslawischen Absatzmarkt für Industrieerzeugnisse. Die weitgehende Öffnung der Landesgrenzen ermöglicht die Entsendung von Gastarbeitern, die neben den Touristen zu wichtigen Devisenbringern werden. Aber trotz der vergleichsweise guten ökonomischen Situation und mancherlei persönlichen Freiheiten leben die Bürger Jugoslawiens weiterhin in einem totalitären Staat; die Kombination aus Bundesstaat, Sozialismus und Tito bleibt unantastbar. Mit der fortschreitenden Vergreisung des Staatsoberhauptes erlahmen die Reformen, am Status quo darf nicht gerüttelt werden, es legt sich eine Art Mehltau über das Land: die ›bleiernen Jahre‹.

1980 bis 1990: Josip Broz Tito stirbt am 4. Mai 1980 im Alter von beinahe 88 Jahren. Der tote Diktator hinterlässt ein politisches Vakuum, von nun an fehlt im Vielvölkerstaat die Integrationsfigur. Erste Autonomieforderungen werden laut. Die innerstaatlichen Konflikte verschärfen sich: der relativ wohlhabende, westlich orientierte, katholische Norden gegen den unterentwickelten, balkanischen, orthodox oder sogar islamisch geprägten Süden, dessen technologischer Rückstand am Ende auf rund 80 Jahre beziffert wird. Was Slowenien betrifft, sind es wohl in erster Linie ökonomische Motive, die den Ruf nach einem Systemwandel laut werden lassen und schließlich den Verbleib in dem zentralistisch regierten Staat in Frage stellen. Hinzu kommt das Argument, Slowenien sei ja im Unterschied zu den gemischt bevölkerten übrigen Teilrepubliken ethnisch homogen und habe mit der komplizierten Situation des Vielvölkerstaates nichts zu tun. Die Wende wird aus dem bestehenden System heraus eingeleitet: Milan Kučan, seit 1986 Vorsitzender der Slowenischen Kommunistischen Partei, treibt den Übergang zu einer pluralistischen Gesellschaft mit Mehrparteiensystem voran. Aus den ersten demokratischen Wahlen, die am 8. April 1990 stattfinden, geht die bürgerliche Allianz ›Demos‹ unter Jože Pučnik als Sieger hervor, der Reformkommunist Kučan wird jedoch mit deutlicher Mehrheit zum Präsidenten gewählt. Nach anfänglicher Beschwichtigungspolitik gegenüber der Belgrader Zentrale gewinnt eine radikalere Richtung die Oberhand. Auf der Grundlage eines besonderen Gesetzes darf die slowenische Bevölkerung am 23. Dezember 1990 über den Austritt Sloweniens aus der jugoslawischen Föderation und Gründung eines souveränen Staates entscheiden. Bei einer überwältigenden Wahlbeteiligung von 93 Prozent stimmen 88,5 Prozent der Wähler dafür.

1991: Am 26. Juni 1991 vollzieht Slowenien die Entscheidung und erklärt sich zum unabhängigen Staat in den Grenzen der vormaligen jugoslawischen Teilrepublik. Unverzüglich greift die von Serbien gelenkte jugoslawische Bundesarmee mit Militärflugzeugen und Panzern ein und besetzt unter anderem die Grenzübergänge und den Flughafen von Ljubljana. Die planlos begonnene

Ehemaliger jugoslawischer Polizeiwagen (Marke Zastava) in Planina pri Sevnici

Maßnahme scheitert an der unerwartet gut organisierten slowenischen Territorialverteidigung. Der ›Unabhängigkeitskrieg‹ dauert nur 10 Tage und beschert vor allem der Bundesarmee Verluste: Getötet werden im Zuge der Kampfhandlungen insgesamt 44 jugoslawische Bundessoldaten, 18 Slowenen sowie 12 Ausländer; größere Zerstörungen bleiben aus. Dann gelingt es Slowenien die Kontrolle über sein Territorium zu übernehmen. Am 7. Dezember 1991 kommt die Schiedskommission der Jugoslawien–Friedenskonferenz zu dem Schluss, dass es sich bei den Vorgängen nicht um eine Abspaltung, sondern um einen Zerfall des Bundesstaates handele. Bereits am 15. Dezember desselben Jahres erfolgt die diplomatische Anerkennung durch die Bundesrepublik Deutschland, während andere europäische Staaten noch kurze Zeit zögern. Weitere acht Tage später nimmt das slowenische Parlament die neu geschaffene Verfassung nach europäischem Vorbild an.

Das unabhängige Slowenien und die EU

1992: Der neue Staat wird am 15. Januar 1992 von der Europäischen Gemeinschaft (EU) anerkannt und im Mai desselben Jahres als Mitglied in die Vereinten Nationen (UN) aufgenommen. Slowenien bleibt völlig unberührt von den weiteren kriegerischen Auseinandersetzungen im ehemaligen Jugoslawien.

Ab 1992: Innerhalb kürzester Zeit wird die gesamte öffentliche Verwaltung restrukturiert. Im Vergleich zu anderen ehemals sozialistischen Staaten gelingt die Transformation zur Marktwirtschaft ohne extreme soziale Divergenzen. Obwohl sich nach wie vor ein großer Teil der Betriebe in Staatsbesitz befindet, gibt es in den Folgejahren einen beachtlichen Wirtschaftsaufschwung. Die innenpolitische Lage ist seither stabil. Im Februar 1999 tritt ein bereits 1996 geschlossenes Assoziierungsabkommen mit der EU in Kraft. Die Beitrittsverhandlungen mit der EU können im Dezember 2002 abgeschlossen werden. In einer Volksbefragung am 23. März 2003 stimmen 89,6 Prozent der Teilnehmer für einen Beitritt zur

Eine ›Installation‹ in der Altstadt von Ljubljana

EU. Gründe für die große Zustimmung sind insbesondere die Erwartung wirtschaftlicher Vorteile, eine Senkung der Inflationsrate, mehr Sicherheit und Stabilität angesichts der geringen Größe des Landes und auch eine kulturelle Bereicherung, verbunden mit der Außenwahrnehmung als mitteleuropäische Nation.

2004: Als ›Musterschüler‹ unter den Beitrittskandidaten wird Slowenien am 1. Mai 2004 in die EU aufgenommen und behauptet seinen guten Ruf auch weiterhin. Bereits seit 29. März 2004 besteht die Mitgliedschaft in der NATO.

2006: Am 31. Dezember 2006 wird der slowenische Tolar (SIT) nach nur 15 Jahren als Landeswährung abgeschafft.

2007: Am 1. Januar 2007 wird Slowenien der 13. Staat der Euro-Zone und damit gleichzeitig der erste unter den osteuropäischen EU-Staaten. Der im Schengener Abkommen vereinbarte Wegfall der routinemäßigen Grenzkontrollen gilt ab 21. Dezember 2007 auch an den Grenzen zwischen Slowenien und der EU, im Luftverkehr ab 30. März 2008.

2008: In der ersten Jahreshälfte 2008 übernimmt Slowenien turnusmäßig die Ratspräsidentschaft der EU.

2010: Wegen des immer noch ungeklärten Verlaufs der slowenisch-kroatischen Seegrenze im Golf von Triest (Bucht von Piran) hat Slowenien lange die Beitrittsambitionen Kroatiens zur EU behindert. Nun soll ein Schiedsgerichtsverfahren eine Regelung herbeiführen, und Kroatien wird Mitte 2013 der EU als 28. Mitgliedsstaat beitreten.

2011: Erstmals wird das Image Sloweniens als wirtschaftlich solider und erfolgreicher EU-Staat angekratzt. Der Grund ist eine deutliche Zunahme der – immer noch moderaten – Staatsverschuldung, verbunden mit einer Rezession.

Nationale Symbole

Die meisten slawischen Nationen identifizieren sich mit den Farben Weiß-Blau-Rot. Deshalb ist es gar nicht so einfach die einzelnen Staatsflaggen richtig zuzuordnen. Der Panslawische Kongress zu Prag im Jahre 1848 betonte die Zusammengehörigkeit aller slawischen Völker und nahm als Symbol die ›Farben Russlands‹, die wiederum mit denen der Niederlande in Verbindung gebracht werden. Zar Peter der Große hatte das fleißige kleine Land nämlich als großes Vorbild für den Aufbau des eigenen Reiches angesehen. Nach manchen historischen Vorläufern (Zarenreich Russland, Protektorat Böhmen und Mähren, Serbien, Montenegro, SHS-Staat, Jugoslawien, Serbien-Montenegro) verwenden heute insgesamt sechs slawische Staaten beziehungsweise Nationen die historische Trikolore: Es sind Russland, Serbien, Tschechien, Slowakei, Slowenien und die Sorben als nationale Minderheit in der Lausitz. Zur Unterscheidung wurde teils eine abweichende Anordnung der Farben, teils die Einfügung des jeweiligen Wappens gewählt. Im Falle Kroatiens handelt es sich zwar ebenfalls um dieselbe Farbkombination, jedoch zufällig, denn die Flagge entstand aus einer Synthese der 1848 existierenden Provinzialflaggen (Kroatien, Dalmatien, Slawonien). Bulgarien benutzt Grün als Farbe der Freiheit anstelle von Blau. Festzuhalten bleibt, dass mit Ausnahme der Ukraine und Bosnien-Herzegowinas jedenfalls alle slawischen Nationen ihre traditionelle Neigung zur Farbe Rot bekunden.

Die Flagge Sloweniens

Vom 18. Januar 1947 bis zum 27. Juni 1991 galt die weiß-blau-rot quergestreifte Flagge mit einem mittig angeordneten fünfzackigen roten Stern (als Zeichen des Sozialismus) mit gelber Umrandung. Bei ansonsten gleicher Gestaltung wich die Reihenfolge der farbigen Balken von der gesamtjugoslawischen Flagge (blau-weiß-rot) ab. Strenggenommen verwenden die Slowenen außerdem einen helleren Blauton. Als Symbol der staatlichen Unabhängigkeit wurde – offiziell erst 1994 – die heutige Flagge eingeführt: Statt des sozialistischen Sterns im Mittelpunkt prangt heute in der linken oberen Ecke das Staatswappen auf dem traditionellen weiß-blau-roten Tuch. Nur durch den Aufdruck des jeweiligen Wappens unterscheiden sich die slowenische und die slowakische Flagge.

Flaggen in Piran

Das Wappen Sloweniens

Ein blauer Schild, rechts und links rot eingefasst, zeigt zwei blaue Wellen vor einer Silhouette dreier silberner (oft weiß dargestellter) Berggipfel, über denen drei sechszackige goldene (oft gelb dargestellte) Sterne stehen. Die Wellen symbolisieren die Adriaküste sowie die Flüsse des Landes, die drei Gipfel den ›dreiköpfigen‹ Triglav als höchsten Berg, die Sterne erinnern an das Wappen der Grafen von Cilli (heute Celje). Diese Kombination soll die drei historischen Landschaften Sloweniens widerspiegeln: das Küstenland, die Krain und die Untersteiermark.

Die Nationalhymne Sloweniens

Alles andere als martialisch, vielmehr auf Völkerverständigung bedacht klingt der Text der Nationalhymne. Es handelt sich dabei um die siebente Strophe des 1844 verfassten Gedichtes ›Zdravljica‹ (Trinkspruch auf das Wohlergehen) von France Prešeren, später vertont von Stanko Premrl. Die ersten Worte findet man, allerdings in historischer Schreibweise, auf der Rückseite slowenischer 2-Euro-Münzen. Bereits 1989, also zwei Jahre vor der staatlichen Unabhängigkeit, wurde der Text als Hymne ausgewählt. Die deutsche Nachdichtung stammt von Fran Vidic.

Žive naj vsi narodi,
ki hrepene dočakat' dan,
da, koder sonce hodi,
prepir iz sveta bo pregnan,
ko rojak
prost bo vsak,
ne vrag, le sosed bo mejak!

Es leben alle Völker,
die sehnend warten auf den Tag,
dass unter dieser Sonne
die Welt dem alten Streit entsag!
Frei sei dann
jedermann,
nicht Feind, nur Nachbar mehr fortan!

Identitätsprobleme

Die Verwechslungsgefahr bei den Flaggen (siehe oben) wäre wahrscheinlich kaum der Rede wert, wenn Slowenien ansonsten vom ›Rest der Welt‹ eindeutig identifiziert würde. Aber das ist eben häufig genug nicht der Fall. In erster Linie sind es einfachere Gemüter (oder zu schlecht informierte), die ständig Slowenien, die Slowakei und zu allem Überfluss auch noch Slawonien (eine Region im Osten Kroatiens) in einen Topf werfen und auch mit dem Begriff ›slawisch‹ nicht allzu viel anfangen können. Schon US-Präsident George W. Bush und sogar Silvio Berlusconi aus dem benachbarten Italien verwechselten die Ländernamen Slowenien und Slowakei. Die beiden jungen EU-Staaten haben tatsächlich außer ähnlichen Namen und Flaggen auch noch verwandte Sprachen, typisch mitteleuropäische Landschaften und eine vergleichbare Größe (zumindest im Weltmaßstab), beide sind aus dem Zerfall vormals sozialistischer Staaten hervorgegangen und damit neu auf dem internationalen Parkett, beide konnten den Euro als Währung einführen vor allen anderen osteuropäischen Staaten. Oberflächlich betrachtet gibt es also viele Gemeinsamkeiten. Griffige Unterscheidungsmerkmale sind hingegen rar.

Den Slowenen bereitet das Verdruss. Immer wieder geraten sie in die Situation, mehr oder weniger nachdrücklich ihre Nationalität klarstellen zu müssen. Es wäre hilfreich, wenn man dabei auf gängige Assoziationen zurückgreifen könnte wie etwa ›Ikea – Schweden‹ oder ›Škoda – Tschechien‹. Aber so etwas wie ›Gorenje – Slowenien‹ hat sich noch nicht etabliert. Von Zeit zu Zeit kommt eine Debatte auf, wie man sich gegenüber der Slowakei besser abgrenzen und profilieren könne. Sogar die internationale Postzustellung geht ja allzu oft ins falsche Land. Das slowenische Parlament versuchte es 2003 mit einem Wettbewerb für eine Neugestaltung der Flagge. Designvorschläge unter Beibehaltung der drei Farben zeigten sich teils zu sehr von der US-Flagge inspiriert, teils zu detailversessen und verspielt. Ein Gewinner wurde immerhin ermittelt, doch die Bürger reagierten sehr zurückhaltend auf das Ansinnen. Ein Geschäftsmann wird zitiert mit den Worten ›*Well, our flag is suitable to a local fire brigade – but this is our flag and that's it.*‹

Ein anderer, subtilerer Ansatz zu einer verbesserten Außenwahrnehmung benutzt einen spezifischen Farbton, sozusagen als ›corporate design‹ für Slowenien. Seit 2007 beherrscht ein mittleres Grün (das ›slowenische Grün‹) die Mehrzahl der touristischen Publikationen und Internetseiten. Dasselbe Grün umrandete bis 2004 die Nummernschilder slowenischer Autos und war in seiner Einmaligkeit ein gutes Erkennungszeichen. 2009 wurde es wieder eingeführt. Die Marketingstrategen setzen also auf Grün als nationale Farbe. Sie soll ein positives Image aus Naturnähe, Umweltschutz, Sauberkeit, Harmonie vermitteln. Und so gab es auch die Idee, die Staatsflagge auf ungewohnte Grüntöne umzustellen – weg von den slawischen Farben, weg von der Nähe des Balkans, hin zur grün-dominierten Alpenregion und damit eindeutig zu Mitteleuropa. Auch die geringe Größe des Landes soll als sympathische Eigenschaft herhalten: Slowenien als ›one hour country‹, wo man als Tourist angeblich alle bedeutenderen Attraktionen binnen einer Stunde erreichen kann. Von Ljubljana aus betrachtet mag das einigermaßen zutreffen – außerhalb der ›rush hour‹.

Eine eher abwegig erscheinende Überlegung, um endlich Klarheit auf der europäischen Landkarte zu schaffen, wäre eine Umbenennung Sloweniens. Dabei wird auf Beispiele in Afrika und anderswo hingewiesen. Als Grundlage für die Kreation eines neuen Namens kämen vor allem zwei historische Bezeichnungen in Betracht (beide hier in latinisierter Urversion): Carniola und Carantania. Der erste Vorschlag nimmt die Krain sozusagen als ein ›pars pro toto‹ (Teilgebiet repräsentiert den Gesamtstaat), der zweite knüpft an die Vorfahren der Slowenen an, wäre aber gegenüber Österreich kaum zu vermitteln, weil damit unterschwellig Gebietsansprüche auf Teile des heutigen Bundeslandes Kärnten (Carinthia) signalisiert würden.

Greifbare Ergebnisse hat die ganze Diskussion bislang nicht gebracht. Falls sich überhaupt etwas bewegen soll in der ganzen Verwechslungsproblematik, so müsste Slowenien die Initiative ergreifen – und dann auch den Aufwand und die Nachteile tragen. Die letztlich doch etwas größere Slowakei, deren Staatsname im übrigen schon in Form der Tschechoslowakei präsent war und deshalb vertrauter klingt, wird sicherlich nichts am Status quo ändern. Außerdem bliebe immer noch die Namensähnlichkeit mit Slawonien.

Und bei aller Ähnlichkeit gibt es noch eine weitere identitätsstiftende Säule des Staates, die keineswegs zur Disposition steht: die Sprache (→ S. 74). Sie zu ändern, das kann niemand ernsthaft erwägen.

Staat und Politik

Staatsoberhaupt Sloweniens ist der Präsident (*predsednik*). Er wird alle fünf Jahre direkt vom Volk gewählt hat eine überwiegend repräsentative Funktion. Das Parlament (*parlament*) wird alle vier Jahre gewählt und besteht aus zwei Kammern: Die Nationalversammlung (*državni zbor*) mit 90 Abgeordneten und der Nationalrat (*državni svet*) mit 40 Vertretern aus den einzelnen Regionen und verschiedenen Bereichen der Gesellschaft. Der Premierminister oder Ministerpräsident (*premier*) und die Minister werden von der Nationalversammlung gewählt. Der autonomen italienischen und ungarischen Minderheit steht jeweils ein garantiertes Volksgruppenmandat zu. Beide haben Vetorecht in ihren ureigensten Angelegenheiten. Es gibt ein sehr großes Spektrum politischer Parteien, 1992 waren es sogar insgesamt 33, seitdem hat sich die Zahl etwas verringert. Die Sperrklausel für den Einzug ins Parlament ist bei 4 Prozent festgesetzt. Derzeit (seit Januar 2012) regiert eine Vierparteienkoalition unter Führung der liberalkonservativen SDS, deren Vorsitzender Janez Janša zum zweiten Mal das Amt des Ministerpräsidenten bekleidet. Die nächsten Parlamentswahlen werden voraussichtlich im Winter 2015/16 stattfinden.

Die **administrative Gliederung** Sloweniens basiert derzeit auf der Existenz von 210 Gemeinden, darunter elf Stadtgemeinden. Diese Verwaltungsstruktur kann noch nicht als endgültig betrachtet werden. Näheres dazu im Kapitel ›Geographie‹.

Das **Verhältnis zu den Nachbarländern** ist unterschiedlich: Ein enges und reibungsloses Miteinander herrscht im Umgang mit Ungarn; die jeweiligen Bevölkerungsminderheiten genießen besondere Rechte, und der Warenaustausch funktioniert. Nicht ganz so einfach ist das Verhältnis zu Österreich, das nach wie vor von Klagen über einen unbefriedigenden Status der slowenischen Minderheit gekennzeichnet ist. Von politischer Vertretung und einer Zweisprachigkeit nach slowenischem Vorbild sind die gemischten Gebiete Kärntens und der Steiermark in der Tat weit entfernt. Einigermaßen problematisch sind die Beziehungen zu Italien und insbesondere zur ehemaligen Regierung Berlusconi; es geht um Entschädigungen im Zusammenhang mit Enteignungen, um den Status der slowenischen Minderheit in Friaul (Friuli) und um die an Slowenien abgetretenen Gebiete im Norden Istriens bis hin zu italienischen Forderungen nach einer Grenzrevision. Zu den kroatischen Nachbarn, die einst jugoslawische Mitbürger waren, bestehen zwar viele his-

Wahlplakat der Demokratischen Partei (SDS)

Eine geteilte Stadt: links Nova Gorica/Slowenien, rechts Gorizia/Italien

torische und auch wirtschaftliche Verbindungen, aber es gibt eben auch die trennende Außengrenze der EU mit Ausweis- und Zollkontrollen. Zumindest auf offizieller Ebene ist der Dauerstreit um den Grenzverlauf in der Bucht von Piran belastend. Slowenien pocht auf einen ungehinderten Zugang zu internationalen Gewässern, Kroatien beharrt auf einer mittigen Teilung der Bucht, die eben diesen Zugang verhindert. Außerdem geht es um Bohrrechte zur Erschließung der dortigen Erdgasfelder. Nennenswerte Minderheitenprobleme gibt es zwischen den beiden Nachbarstaaten hingegen nicht, da schon die innerjugoslawische Republikengrenze weitgehend den Bevölkerungsrealitäten entsprach.

Bisherige Staatspräsidenten und Premierminister Sloweniens	
Milan Kučan (1992–2002)	Lojze Peterle (1990–1992)
Janez Drnovšek (2002–2007)	Janez Drnovšek (1992–2000)
Danilo Türk (seit 2007)	Andrej Bajuk (2000)
	Janez Drnovšek (2000–2002)
	Anton Rop (2002–2004)
	Janez Janša (2004–2008)
	Borut Pahor (2008–2012)
	Janez Janša (ab 2012)

Die slowenische Sprache

Slowenisch ist eine indogermanische Sprache, die mit lateinischen Buchstaben geschrieben wird. Sie zählt zur Familie der slawischen Sprachen, Unterkategorie südslawische Sprachen. Ähnlichkeiten bestehen vor allem mit dem Kroatischen, aber auch mit den westslawischen Sprachen Tschechisch und Slowakisch. Darüberhinaus bestehen große Übereinstimmungen im Wortschatz aller slawischen Sprachen.

Die Eigenbezeichnung der slowenischen Sprache (*slovenščina*) führt leicht zu Verwechslungen mit der slowakischen (Eigenbezeichnung slovenčina). Das slowenische Adjektiv *slovensko* (slowenisch) ist sogar gleichlautend mit dem slowakischen Staatsnamen Slovensko (Slowakei), während Slowenien in der eigenen Landessprache Slovenija heißt. Alle diese verwechselbaren Bezeichnungen haben ihren Ursprung wohl in einem gemeinsamen historischen Namen der slawischen Völker. Die einst verbreitete deutsche Bezeichnung ›Windisch‹ für das Slowenische wird heute als abwertend empfunden.

Die Anfänge der modernen slowenischen Schriftsprache liegen im 16. Jahrhundert. Bis 1918 war Slowenisch innerhalb der Monarchie Österreich-Ungarn zweitrangig, denn Deutsch dominierte in Verwaltung und Wissenschaft. Zahlreiche Lehnwörter (Germanismen) fanden Eingang in den slowenischen Wortschatz, während andererseits puristische Strömungen zu einer bevorzugten Verwendung slowenischer Wörter anstelle von internationalem Vokabular geführt haben (z.B. Theater heißt eigentlich *gledališče* und nur selten *teater*; Flughafen heißt *letališče* und nicht *airport* o.ä.). Mit der Gründung des Staates Jugoslawien erhielt Slowenisch – neben ›Serbokroatisch‹ und Makedonisch – erstmalig den Status einer gleichberechtigten Staatssprache, die durch die staatliche Unabhängigkeit Sloweniens 1991 weiter an Bedeutung gewann.

Nur etwa 2,2 Millionen Menschen sprechen heute Slowenisch. Dennoch existiert eine beachtliche Anzahl regionaler Dialekte (*narečje*), insgesamt sind es mindestens 32. Man sagt sogar ›*Vsaka vas ima svoj glas*‹ (Jedes Dorf hat seine ei-

Altes Werkstattschild: Frostgefahr

gene Sprache). Keine andere slawische Sprache ist derart aufgesplittert, nicht einmal Russisch in seinem riesigen Verbreitungsgebiet. Erklärt wird das teilweise mit der räumlichen Trennung der einzelnen Alpentäler und dem daraus resultierenden Mangel an Begegnungen. Außerhalb der Staatsgrenzen hat die slowenische Sprache noch im südlichen Kärnten (Österreich) und in Friaul-Julisch Venetien (Italien) einen offiziellen Status. Kleinere Sprachinseln findet man außerdem in Ungarn (Bezirk Vas) sowie in Kroatien. Nach Kroatien hin entspricht die Sprachgrenze praktisch dem Verlauf der Staatsgrenze. Natürlich ist Slowenisch seit dem EU-Beitritt 2004 auch eine der Amtssprachen in der Europäischen Union.

Werbung für eine slowenische Enzyklopädie

Das slowenische Alphabet verwendet drei aus dem Tschechischen übernommene zusätzliche Buchstaben (č, š, ž). Zwei weitere, in Kroatien zusätzlich verwendete Buchstaben (ć, đ) kommen in Slowenien hingegen nicht vor. Daran kann man Texte der beiden Sprachen auch ohne weitere Kenntnisse unterscheiden: Auf kroatischen Speisekarten steht beispielsweise ćevapčići, auf slowenischen hingegen *čevapčiči*, viele Familiennamen in Kroatien enden auf -ić, in Slowenien zwangsläufig auf -ič. Die Buchstaben q, w, x, y findet man höchstens in fremdländischen Eigennamen. Generell besteht eine Neigung zu lautgetreuer Schreibung, sogar bei manchen ausländischen Eigennamen (z. B. *menedžer* – Manager, *pica* – Pizza, *Holivud* – Hollywood). Die Aussprache der einzelnen Buchstaben steht fest (siehe Sprachführer S. 330). Aber die relativ uneinheitliche Betonung (sogenannter freier Akzent) und die Vokallänge werden in der Schrift leider nicht gekennzeichnet, so dass hier nur Hinhören oder Auswendiglernen hilft. Allerdings sind die Slowenen überwiegend der Meinung, die Aussprache entspreche doch genau der Orthographie. Ihnen ist oft gar nicht bewusst, dass es allein bei den Vokalen e und o im Zusammenhang mit der Betonung vier bzw. drei verschiedene Aussprachevarianten gibt. Und wie bei anderen slawischen Sprachen kommt der Buchstabe r auch als silbenbildender Halbvokal vor, was mancher Ausländer als unaussprechlich empfindet (z.B. *trg* – Markt, *srce* – Herz, *brdo* – Hügel, *čmrlj* – Hummel).

Als flektierende Sprache drückt das Slowenische die Wortbeziehungen überwiegend durch entsprechende Endungen aus, so existieren zum Beispiel bei den Nomina sechs Kasus. Eine bemerkenswerte Eigenheit ist der Dual (Zweizahl) mit eigenen Formen neben Singular und Plural. Die drei Geschlechter der Nomina sind leicht erkennbar: Konsonant am Wortende bedeutet in der Regel Maskulinum, -a Femininum, -e oder -o Neutrum. Wie bei den anderen slawischen

Gasthaus bei Dravograd

Sprachen existieren neben den Tempora (Zeitstufen) der Verben die sogenannten Verbalaspekte, um das Andauern beziehungsweise die Abgeschlossenheit einer Handlung auszudrücken. Die Schriftsprache ist in ihren Formulierungen sehr konservativ und unterscheidet sich deutlich von der lebendigen Umgangssprache.

Das Kapitel ›Sprachführer‹ am Ende dieses Buches (→ S. 330) bietet eine Verständigungsgrundlage. Auch wenn es nicht immer ganz einfach ist, sollte man sich wenigstens um die korrekte Aussprache von Personen- und Ortsnamen bemühen. Und wer gar einige Wörter und Wendungen des Alltags beherrscht, gewinnt schnell Anerkennung und Respekt der Slowenen. Sie sind sich sehr wohl der Tatsache bewusst, dass ihre Sprache erstens schwierig ist und zweitens als ziemlich unbedeutend eingeschätzt wird. Nichtsdestoweniger ist sie in hohem Maße identitätsstiftend für eine so kleine Nation.

Milchautomat in Ljubljana

Kultur und Persönlichkeiten

Das kleine Slowenien hat trotz zahlreicher Kriege, wechselnder Herrschaften und Gebietsaufteilungen eine beachtliche Zahl großer Persönlichkeiten hervorgebracht. Die meisten von ihnen haben sich zum Slowenentum bekannt in Zeiten, als es noch keinen selbständigen Staat und kein klar definiertes Territorium gab. Bis heute sind die Namen im Ausland kaum bekannt. Wer sich indes in der Landschaft, in den Städten, in Museen und auf Veranstaltungen umsieht oder umhört, wird schnell feststellen, dass Slowenien ein kulturell sehr lebendiges Land ist, in dem Traditionen einen großen Stellenwert innehaben. In den Jahren nach der Unabhängigkeit setzte man die bedeutendsten nationalen Vertreter aus den Bereichen Literatur, Musik, Kunst, Architektur und Wissenschaft auf die Vorderseiten der neu entworfenen Tolar-Banknoten, die bis zur Einführung des Euro in Umlauf waren. Aber auch viele Straßennamen verweisen, wie in den meisten Ländern, auf historische Persönlichkeiten. Es folgt eine Auswahl der bedeutendsten Männer und Frauen, sortiert nach den Schwerpunkten ihres Wirkens.

Historische Persönlichkeiten

France Prešeren (1800–1849) gilt als Sloweniens Nationaldichter, der durch seine Werke die zuvor verachtete, regional unterschiedliche Bauernsprache zu einer vereinheitlichten Literatursprache gemacht hat. In den 1830er Jahren veröffentlichte er seine ersten Gedichte, die sich mit gesellschaftlichen Schranken und seiner unerfüllten Liebe auseinandersetzen. Eine ähnliche Thematik hat auch sein historisches Epos ›*Krst pri Savici*‹ (Die Taufe an der Savica). Die 1846 erschienene ›*Zdravljica*‹ (Trinklied) strahlt hingegen Optimismus aus und ruft zur Völkerfreundschaft auf; die siebente Strophe wurde nach der Unabhängigkeit 1991 zur Nationalhymne erklärt. Prešerens Todestag am 8. Februar ist heute als offizieller Feiertag der Kultur gewidmet. Der Hauptplatz in Ljubljana trägt seinen Namen. Auch die 1000-Tolar-Banknote erinnerte an den berühmten Dichter, ebenso die nationale Rückseite der heutigen 2-Euro-Münze (→ S. 212).

Primož Trubar (1508–1586), eingedeutscht Primus Truber, war Theologe und ab 1542 Domherr von Ljubljana. Wegen seiner Begeisterung für die Reformation musste er jedoch fünf Jahre später vorübergehend nach Deutschland emigrieren, wo er 1550 einen slowenischen Katechismus und das sogenannte ›*Abecedarium*‹ zum Erlernen der Schrift verfasste. Die beiden Werke sind die ersten in slowenischer Sprache gedruckten Bücher, basierend auf dem Laibacher Dialekt und mit einer Orthographie, die sich sowohl deutscher als auch kroatischer Gepflogenheiten bediente. Trubar gilt deshalb als Begründer der slowenischen Schriftsprache und Literatur. Er und sein Werk wurden auf der 10-Tolar-Note und der heutigen 1-Euro-Münze gewürdigt.

Jurij Dalmatin (um 1547–1589) stand in enger Verbindung zu Primož Trubar und schuf 1584 die erste vollständige Bibelübersetzung ins Slowenische, die dann in der Lutherstadt Wittenberg erschien.

Anton Tomaž Linhart (1756–1795) oder Anton Thomas Lienhardt; er wurde als Sohn tschechischer Einwanderer in Radovljica geboren. Der Dichter und

Primož Trubar auf einer Briefmarke

Historiker gilt als einer der Wegbereiter des slowenischen Grundschulwesens und bedeutende Persönlichkeit in der Epoche der Aufklärung. Sein umfangreiches Geschichtswerk blieb wegen des allzu frühen Todes unvollendet.

Valentin Vodnik (1758–1819) gehört in Slowenien ebenfalls zu den wichtigen Männern des Aufklärungszeitalters. Er war in vielen Bereichen tätig (Priester, Lehrer, Dichter, Journalist). Vodnik war Herausgeber der ersten slowenischen Tageszeitung, die den Namen ›*Lublanske novice*‹ (in damaliger Schreibweise) trug und von 1797 bis 1800 zweimal wöchentlich erschien. Die Gründung der sogenannten Illyrischen Provinzen unter Napoleon, durch die das Regime der Habsburger abgelöst wurde, pries er leidenschaftlich. Als nur wenige Jahre später die alten Verhältnisse wiederhergestellt wurden, zog er sich aus dem öffentlichen Leben zurück.

Ivan Cankar (1876–1918) ist der bedeutendste Prosaautor des Landes. In klarer und schnörkelloser Sprache übte er Kritik am sozialen Elend seiner Zeit, stellte sich auf die Seite der Unterprivilegierten und wurde oft mit dem russischen Schriftsteller Maksim Gor'kij verglichen, der sein Zeitgenosse war. Als sein berühmtestes Werk wird der Roman ›*Hlapec Jernej in njegova pravica*‹ (Der Knecht Jernej und sein Recht) genannt. Später versuchte Cankar auch politisch Einfluss zu gewinnen, indem er für den Zusammenschluss aller Südslawen warb. Er kandidierte in Litija für die Sozialdemokraten und trat für das Ende des Habsburgerreiches ein. Einige Male wurde er verhaftet und starb nach einem Treppensturz. Nach seinem Tod wurde er von den verschiedensten politischen Lagern vereinnahmt. Er wurde auf dem 10 000-Tolar-Geldschein abgebildet.

Alma Karlin (1889–1950) stammte aus Celje. Sie war ein Sprachgenie und unternahm als Dreißigjährige ganz allein eine Weltreise, die mehr als acht Jahre dauerte. Nach ihrer Rückkehr veröffentlichte sie in ihrer deutschen Muttersprache zahlreiche Bücher darüber. In späteren Jahren geriet sie in den Ruf einer Exzentrikerin. Durch ihre für damalige Verhältnisse ungewöhnliche Lebensführung und ihre slowenisch-deutsche Herkunft war sie den Faschisten und den Kommunisten gleichermaßen verdächtig und tauchte bei den Partisanen unter (→ S. 273).

Srečko Kosovel (1904–1926) wurde in Sežana geboren und verstarb sehr früh, vermutlich an einer Meningitis. Während seiner kurzen Schaffensphase, die bereits im Alter von 18 Jahren begann, blieb er seiner Heimat eng verbunden und gilt als der Dichter der Karstgebiete. Seine expressionistischen Werke wurden zum großen Teil erst nach seinem Tode herausgegeben und stehen heute in hohem Ansehen.

Iacobus Gallus (1550–1591), eigentlich Jakob Petelin Kranjski, als Familienname wird auch Hähnel oder Handl genannt: Er wird als der erste slowenische Komponist angesehen. In seiner Schaffenszeit entstanden nicht weniger als 374 Kompositionen, darunter viele Messen, Motetten und Passionen in lateinischer Sprache. Er starb als Kantor in Prag und war auf dem 200-Tolar-Schein dargestellt.

Giuseppe Tartini (1692–1770) aus Piran war ein Patriziersohn aus reichem Hause. Seine Kompositionen sind inspiriert von seiner mediterranen Umgebung, gelten als verspielt und temperamentvoll. Auch er weilte zeitweise in Prag, außerdem in Padua, wo er schließlich starb. Beigesetzt wurde er in seiner Heimatstadt Piran, wo der Hauptplatz seither seinen Namen trägt. Er hinterließ 135 Violinkonzerte und 135 Violinsonaten sowie Cellokonzerte und Sinfonien.

Maks Fabiani (1865–1962), geschrieben auch Max Fabiani, war österreichisch-italienischer Abstammung. Als Architekt wirkte er lange Zeit in Wien. Von 1935 bis 1945 war er Bürgermeister der Kleinstadt Štanjel im slowenischen Karst, wo er die Gärten der Villa Ferrari gestaltete.

Jože Plečnik (1872–1957), Architekt und Künstler, prägte nach 1925 das Stadtbild der jetzigen Hauptstadt Ljubljana entscheidend mit. Auch er wirkte, wie viele andere slowenische Literaten und Künstler, lange Jahre in Prag, außerdem in Wien. Plečnik verstand es, durch originelle Verbindung von lokalen und historischen Motiven das slowenische Nationalbewusstsein zu unterstützen. Zu seinen bekanntesten Bauwerken in Ljubljana zählen: die Nationalbibliothek, die

Konzert vor dem Tartini-Denkmal in Piran

›Drei Brücken‹ (Tromostovje), die Uferbebauung am Fluss Ljubljanica und das Eingangsportal des Friedhofs Žale. Sein nicht realisierter Entwurf eines Parlamentsgebäudes, als ›Kathedrale der Freiheit‹ (*katedrala svobode*) tituliert, ist auf der Rückseite der slowenischen 10-Cent-Münzen abgebildet. Der Baumeister selbst, mit seinem typischen Hut, wurde auf den 500-Tolar-Schein gesetzt.

Francesco Robba (1698–1757) stammte aus Vendig. Der Bildhauer kam 1720 nach Slowenien und trug mit etlichen seiner Werke zum barocken Erscheinungsbild Ljubljanas bei, beispielsweise dem berühmten ›Brunnen der drei Krainer Flüsse‹ (Sava, Krka, Ljubljanica) von 1751. Lange Zeit gehörte er zu den Honoratioren der Stadt, wegen finanzieller Zerwürfnisse mit dem Magistrat zog er sich schließlich nach Zagreb zurück, wo er auch starb.

Ivana Kobilca (1861–1926) aus Ljubljana war die bedeutendste jugoslawische Malerin. Mit ihren Stillleben und Portraits, die überwiegend in den 1880er Jahren entstanden (zum Beispiel ›Der Zitherspieler‹, ›Die Büglerinnen‹), zeigte sie sich dem Realismus verpflichtet. Aus späteren Jahren kennt man etliche impressionistische Werke. Auf der 5000-Tolar-Note war die Künstlerin zu sehen.

Rihard Jakopič (1869–1943) war der führende impressionistische Maler in Slowenien und Initiator der Akademie der Künste und der Nationalgalerie. Von ihm sind mehr als 1200 Gemälde und 650 Zeichnungen erhalten. Die 100-Tolar-Note wurde Jakopič und seinem Werk gewidmet.

Janez Vajkard Valvasor (1641–1693) oder Johann Weichard von Valvasor: Er gilt als der größte Gelehrte unter den historischen Persönlichkeiten des Landes. Als Wissenschaftler wandte er sich von volkstümlichen Erklärungen diverser Naturphänomene ab und verließ sich weitgehend auf seine eigenen Beobachtungen. Er verfasste mehrere historisch-landeskundliche Schriften, darunter das 1689 erschienene Hauptwerk ›*Die Ehre deß Hertzogthums Crain*‹ im Umfang von über 3500 großformatigen Buchseiten. Dazu hatte er eigens eine Werkstatt auf seinem Schloss Wagensperg (Bogenšperk) einrichten lassen, wo der Künstler Thomas Trost die notwendigen Kupferstiche für ihn anfertigte. Der finanzielle Aufwand war enorm, so dass er wenig später den Bankrott erklären musste. Valvasor wurde auf der 20-Tolar-Note abgebildet (→ S. 249).

Der Universalgelehrte Valvasor auf der 20-Tolar-Note

Tito – heute auf dem Flohmarkt

Jurij Vega (1754–1802) alias Georg Freiherr von Vega: Der Mathematiker und Ingenieur stand in den Diensten der kaiserlichen Armee. Er wurde bekannt durch seine Vorträge und Publikationen zur Zeitmessung und zur Einführung eines metrischen Maßsystems sowie durch die Erstellung sehr exakter Logarithmentafeln. Erst 30 Jahre nach seinem Tod in Wien-Nußdorf stellte sich heraus, dass er ermordet worden war. Mit der Abbildung auf dem 50-Tolar-Schein wurde seiner Verdienste gedacht.

Josip Broz, genannt Tito (1892–1980), Partisan, tituliert als ›Marschall von Jugoslawien‹, später langjähriger jugoslawischer Staatschef, Integrationsfigur im Vielvölkerstaat, Protagonist der Bewegung blockfreier Staaten. Er wird an dieser Stelle nur deshalb aufgeführt, weil er aus aus slowenisch-kroatischem Elternhaus (Mutter war Slowenin) stammte. Sein einstiger Ruhm ist weitgehend verblasst und einer kritischen Auseinandersetzung gewichen. Unbestritten sind seine Verdienste im Partisanenkampf des Zweiten Weltkrieges. Tito verkörperte bis zuletzt den jugoslawischen Zentralismus, der von der serbischen Mehrheit und den weniger entwickelten Teilrepubliken aufrecht erhalten wurde und den nationalen Anliegen insbesondere der Slowenen zuwider lief. Ausgerechnet in Ljubljana starb der hochbetagte Staatschef, der das fortschrittliche Gesundheitswesen der nördlichsten Teilrepublik wohl zu schätzen wusste.

Kulturschaffende der Gegenwart

Mit jährlich etwa 4000 Neuerscheinungen auf dem Büchermarkt gehört das kleine Slowenien – gemessen an seiner Einwohnerzahl – zur europäischen Spitze. Dabei besteht das Problem, dass es für alles, was in slowenischer Sprache kommuniziert wird, nur ein sehr begrenztes Publikum gibt. Viele Buchtitel erscheinen bei Kleinverlegern in Auflagen unter 1000 Stück und sind deshalb recht teuer. Gelesen wird dennoch ausgiebig; über 60 öffentliche Bibliotheken versorgen das Land flächendeckend. Außerdem existieren 34 Berufstheater, rund 120 Museen und mehr als 130 Galerien und Ausstellungsorte. All dies fügt sich zum Bild einer großartigen Kulturnation. In unterschiedlichen Genres und auf unterschiedlichen Ebenen wirken hier Menschen, über deren Bedeutung und Nachwirken die Geschichte erst noch urteilen muss.

Slavko Avsenik (geb. 1929) aus Begunje kann sicher nicht in eine Reihe gestellt werden mit den vorgenannten historischen Persönlichkeiten. Mit seinem Volksmusik-Ensemble ›Original Oberkrainer‹ ist er besonders in Deutschland sehr bekannt, wird aber von den meisten Zuhörern überhaupt nicht als Slowene wahrgenommen. Trotz seines internationalen Erfolges ist er im Lande selbst ziemlich umstritten. Man kritisiert vor allem, er betreibe eine Art Ausverkauf der hoch geschätzten Volksmusik, und auch die deutschen Texte der Lieder kommen nicht gut an. Seit 1992 setzt das Ensemble ›Kranjci‹ (Die Krainer), umbenannt in ›Junge Original Oberkrainer‹, die musikalische Tradition fort.

Boris Pahor (geb. 1913) stammt aus Triest und erlebte in seinen frühen Jahren den Anschluss des Grenzgebietes an Italien und die Unterdrückung der slowenischen Sprache und Kultur unter Mussolini. Zur Schule ging er in Koper. Die Jahre 1944/45 verbrachte er im Konzentrationslager Dachau und drei weiteren. Damit setzt er sich in seinem 1967 erschienenen preisgekrönten Roman ›Nekropolis‹ intensiv auseinander. Sein reflektierender Erzählstil wird oft mit dem des ungarischen Schriftstellers und Literatur-Nobelpreisträgers Imre Kertész verglichen. In den letzten Jahren sind etliche Bücher von Boris Pahor in deutscher Übersetzung erschienen.

Ciril Kosmač (1910–1980) stammt ebenfalls aus dem slowenisch-italienischen Grenzgebiet, geriet in Konflikt mit dem faschistischen Regime und wurde inhaftiert. Später übte er immer wieder Kritik an den jugoslawischen Kommunisten, entging aber dank seiner Kontakte zu Tito persönlichen Konsequenzen. Als Journalist, Buchautor und Dramaturg wurde er bekannt; seinem eher sozialkritischen Frühwerk folgte ab den 1950er Jahren eine essayistische Phase.

Edvard Kocbek (1904–1981), Schriftsteller und Publizist, gilt als eine Art ›slowenischer Camus‹ mit bildreicher Sprache und dem unbedingten Willen zur Wahrheit. Er verarbeitete vor allem seine Kriegserfahrungen und lieferte mit seinem Partisanentagebuch eine bedeutsame Quelle für die Bewertung einer umstrittenen Ära. Im frühen Jugoslawien war er Kulturminister, musste aber das Amt aufgeben, nachdem er in seinem Buch ›*Strah in pogum*‹ (Furcht und Mut) die Erschießungskommandos der Partisanen kritisiert hatte. Lange Zeit galt für ihn ein Publikationsverbot.

Lojze Kovačič (1928–2004) ist einer der wichtigsten Verteter der slowenischen Moderne. Er schrieb etliche Theaterstücke und engagierte sich als Pädagoge in der Jugendarbeit.

Dane Zajc (1929-2005): Als Dichter und Dramatiker erhielt er alle bedeutenderen Literaturpreise in Slowenien. Im Zeitraum von 1991 bis 1995 leitete er die slowenische Abteilung des PEN-Zentrums.

Drago Jančar (geb. 1948) ist der meistübersetzte zeitgenössische Autor Sloweniens. Er schreibt Romane, Erzählungen, Dramen und Essays. 1974 wurde er wegen ›publizistischen Ungehorsams‹ vorübergehend verhaftet. In seinen

Werken finden sich immer wieder Parallelen zur Situation auf dem Balkan und zum Zerfall Jugoslawiens, beispielsweise in ›*Galjot*‹ (Der Galeot) oder ›*Posmehljivo poželenje*‹ (deutscher Titel: Luzifers Lächeln).

Slavoj Žižek (geb. 1949) stammt aus einem atheistischen Elternhaus und galt im realsozialistischen Jugoslawien als Dissident. Als Professor der Philosophie und Kulturkritiker formuliert er ironisch-provokante Thesen. Als einer der größten Intellektuellen der linken Szene ist er nicht unumstritten. Seine weit über die Landesgrenzen hinausreichende Medienpräsenz macht ihn in den Augen seiner Bewunderer zum Starphilosophen, während seine Kritiker ihn als Philosophie-Entertainer titulieren.

Zoran Mušič (1909–2005) wirkte als Maler und Graphiker. Während der Jahre 1944/45 fertigte er im Konzentrationslager Dachau über 200 Zeichnungen, von denen jedoch nur 36 erhalten sind. Später widmete er sich mehr und mehr der dalmatinischen Landschaft. Er war auf mehreren Biennalen in Venedig vertreten und auch dreimal auf der Kasseler Documenta. Er starb im Alter von 97 Jahren in Venedig.

Jan Cvitkovič (geb. 1966) ist Produzent, Regisseur und Schauspieler. Mit seinem Film ›*Kruh in mleko*‹ (Brot und Milch) gewann er einen Preis beim Filmfestival 2001 in Venedig.

Verkaufsstand in Ptuj

Essen und Trinken

Die phantasielose ›Balkanküche‹ jugoslawischer Restaurants bestand weitgehend aus Grillfleisch vom Rost, dekoriert mit rustikalem Salat und reichlich Weißbrot. Las man auch raffiniertere Gerichte auf der Speisekarte, so waren diese oft nicht zu haben. Kulinarische Höhepunkte erlebte man selten. Das traf mehr oder weniger auf alle Landesteile zu.

In Slowenien hat sich das inzwischen grundlegend geändert. Es gibt zwar kein typisches Nationalgericht, aber eine gastronomische Grenzlinie zum Balkan. Man unterstreicht die Zugehörigkeit zu Mitteleuropa. Die einheimische Küche war schon immer inspiriert von den Nachbarländern Österreich, Italien, Ungarn und Kroatien. Unter den heutigen Bedingungen erleben traditionelle Rezepte eine Renaissance, gelegentlich verbunden mit Raffinesse und Kreativität. So vielgestaltig wie das kleine Land ist, so abwechslungsreich erlebt man auch seine Küche. Eine Appetit machende Hochglanzbroschüre der Slowenischen Tourismuszentrale zählt nicht weniger als 24 gastronomische Regionen auf. An der Peripherie des Landes ist das kulinarische Angebot demnach stärker lokal differenziert, was sicher an grenzüberschreitenden Einflüssen liegt. In den Teilgebieten der Krain, also im slowenischen Kernland, greift man offenbar auf einen gemeinsamen Fundus an Rezepten zurück, die ihren Ursprung in der Habsburgerzeit haben. Ljubljana als Hauptstadt mittendrin bietet natürlich von allem etwas, auch Exotisches. Die einfacheren Lokale an der Küste unterscheiden sich kaum von denen anderer Mittelmeerländer und nennen sich bezeichnenderweise Trattoria.

Schweinefleisch (*svinina*) ist ein elementarer Bestandteil der slowenischen Küche, und zwar in beinahe jeder Zubereitungsart: als Braten (*pečenka*) oder Schnitzel (*šnicl*, *zrezek*), als Salami (*salama*) oder typische Krainer Wurst (*Kranjska klobasa* → S. 114), als luftgetrockneter Karstschinken (*pršut*) oder Schinkenspeck (*panceta*). Rindfleisch (*govedina*) spielt in der traditionellen Küche eine geringere Rolle und wird oft mit anderen Fleischsorten gemischt, zum

Restaurant an der Küste in Izola

Als Imbiss nach wie vor beliebt: Čevapčiči

Beispiel in Gulaschgerichten (*golaž*, *bograč*). Ein Erbe aus jugoslawischer Zeit sind die Grillspezialitäten (*čevapčiči*, *ražnjiči*). Natürlich wird in einem waldreichen Land auch viel Wild gegessen: Hirsch (*jelen*), Reh (*srna*), Wildschwein (*divji prašič*) oder auch Fasan (*fazan*). Und im Osten des Landes stehen neben Huhn (*kokoš*) auch Gans (*gos*) und Ente (*raca*) häufig auf der Karte. Liebhaber von Fisch (*riba*) kommen in der Nähe von Wildflüssen (z.B. im Tal der Soča) vielleicht eher auf ihre Kosten als an der ziemlich leergefischten Küste, wo in den Touristenlokalen nicht immer fangfrische Ware auf den Teller kommt. Forelle (*postrv*), Karpfen (*krap*) und auch Hecht (*ščuka*) gehören zu den beliebtesten Speisefischen. Es gibt auch diverse Rezepte mit Stockfisch (*bakalar*). In Ljubljana gelten gebratene oder frittierte Froschschenkel (*žabji krak*) als Delikatesse; die Hauptstadt grenzt schließlich an ein großes Sumpfgebiet.

Unter den Suppen (*juha*) und Eintopfgerichten sind zwei ganz typische hervorzuheben: die berühmte Fischsuppe (*brodet*) und ein Gericht aus Bohnen, Kartoffeln und Sauerkraut oder sauren Rüben (*jota*). Auch Pilzsuppen (*gobova juha*), zum Beispiel mit Steinpilzen, sind sehr beliebt. Außerdem werden Milchsuppen mit Zwetschgen oder Dörrpflaumen gern gegessen.

Aus dem westlichen Landesteil kommen einige traditionelle Sorten Käse (*sir*). Der ›Bovec‹-Käse aus dem gleichnamigen Ort wird schon seit 1328 hergestellt, ursprünglich aus Schafmilch, heute wird auch Kuh- und Ziegenmilch beigemischt. In Tolmin ist die Herstellung des 1756 erstmalig erwähnten ›Tolminc‹-Käses beheimatet, und aus dem Vipava-Tal stammt der jetzt in Nova Gorica produzierte ›Nanos‹-Käse. Ein halbweicher, pikanter Käse ist der ›Mohant‹ aus der Gegend um Bohinj. Schafskäse (*ovčji sir*) ist eine verbreitete Vorspeise in der Karstregion.

Groß ist auch die Auswahl an Gemüse (*zelenjava*) und Obst (*sadje*). Hier treffen typisch mediterrane Sorten auf Gewächse nördlicherer Breiten: Neben Tomaten, Gurken, Paprika werden Weißkohl, Möhren und Bohnen als Salat (*solata*) gegessen. Kartoffeln (*krompir*) spielen eine viel größere Rolle als zum Beispiel in der italienischen Küche. Die ausgedehnten Wälder liefern Unmengen

Auf dem Markt in Ljubljana

an Pilzen (*goba*) wie Pfifferlinge oder Steinpilze. Hinzu kommen Beeren, die das ohnehin reiche Obstsortiment ergänzen. Honig (*med*) wird in allen Landesteilen erzeugt. Meerrettich (*kren*) ist eine beliebte Beilage, vor allem in der Krain. Ajvar (*ajvar*) ist ein intensiv orangefarbenes Püree aus Auberginen und Paprika, das von den Balkanländern bis hinauf nach Slowenien gern zu gegrilltem Fleisch gereicht wird. Im Nordosten des Landes wird ausgezeichnetes Kürbiskernöl (*bučno olje*) produziert, das man viel preisgünstiger als in der österreichischen Steiermark einkaufen kann. In bescheidenen Mengen liefert das Hinterland der Küste einheimisches Olivenöl (*oljčno olje*).

Als Beilage zum Essen gibt es fast immer frisches helles Brot (*kruh*), diverse Zubereitungen von Kartoffeln (*krompir*), Buchweizengrütze (*žganci*), manchmal Nudeln (*testenine*, *rezanci*) oder Polenta (*polenta*) aus Maismehl. Aus Kartoffelteig gerollt werden die köstlichen Nockerln (*njoki*). Ein eher eigenständiges Gericht stellen Krapfen oder Teigtaschen (*krap*, *žlikrofi*) dar, ebenso Meeresfrüchte- oder Pilzrisotto (*rižota*). Und manchmal ist sogar Vegetarisches (*brez-mesno*) im Angebot.

Die große Auswahl an Mehlspeisen beruht auf der engen historischen Beziehung zu Österreich: Am bekanntesten sind wohl die Palatschinken (*palačinka*) und Strudel (*zavitek*, *štrukelj*) mit allerlei süßen Füllungen, zum Beispiel Mohn, Marmelade oder Nüssen. Als festliches Gebäck gilt die Potitze (*potica*), ein Hefezopf mit einer besonders raffinierten Füllung aus Quark, Honig, Walnüssen, Rosinen oder Mohn, wobei auch ein wenig Estragon und Liebstöckel nicht fehlen sollten. Unter einem Schichtkuchen (*gibanica*) versteht man einen süßen oder salzigen Germkuchen, der mit einem Gemisch aus Quark, Eigelb und Sauerrahm bestrichen oder gar geschichtet ist. Die traditionelle Zubereitung, nach einem geschützten Originalrezept aus dem Prekmurje, besteht aus Blätterteig mit Quark, Mohn, Walnüssen und Äpfeln. Aus der Brda, dem italienischen Grenzgebiet, kommt die Gubana (*gubana*), ein gerollter Hefekuchen aus mehreren Schichten mit gehackten Nüssen. In der Region um Bled gibt es leckere Cremeschnitten (*kremšnita*) aus Blätterteig, Vanillecreme und süßer Sahne.

Wein (*vino*) gehört zum slowenischen Alltag. Es gibt eine große Anbautradition, von der man im Ausland leider wenig Kenntnis hat. Die Vermarktung erfolgt überwiegend im Inland, was sich beim Blick in die Supermarktregale sofort verifizieren lässt. Hinzu kommen große Mengen privat erzeugter Hausweine. Mit einem jährlichen Konsum von rund 50 Litern pro Kopf belegen die Slowenen einen der oberen Plätze im europäischen Vergleich. Es gibt drei bedeutende Anbaugebiete (→ S. 318). Etwa genauso beliebt ist Bier (*pivo*): Den beiden Marken ›Laško‹ aus Laško und ›Union‹ aus Ljubljana begegnet man überall im Land. Vereinzelt sind auch österreichische, tschechische und deutsche Biere im Angebot. Nicht immer wird vom Fass gezapft (*točeno*), häufig kommen Flaschen (*steklenica*) auf den Tisch. Beliebte Spirituosen sind allerlei Obstbrände (*žganje*), allen voran der Pflaumenschnaps (*slivovka*).

Unter den Erfrischungsgetränken mag ein Produkt namens ›Cockta‹ neugierig machen. Das war sozusagen die Cola Jugoslawiens. Eine plumpe Imitation der amerikanischen Kultbrause hatte man wohl gar nicht beabsichtigt, als die Rezeptur vor etwa 60 Jahren in Slowenien gemixt wurde: Auszüge aus Hagebutten, insgesamt elf verschiedenen Kräutern und ein wenig Zitrone und Orange geben dem dunkelbraunen – übrigens koffeinfreien – Softdrink einen unverwechselbaren Geschmack. Er wurde sehr erfolgreich auf dem damaligen Inlandsmarkt verbreitet, obwohl die echte Cola als Konkurrenz ebenfalls überall erhältlich war. Auch in den heutigen Nachfolgestaaten Jugoslawiens ist die Cockta weiterhin sehr beliebt. Neben dem Original sind inzwischen einige Varianten (Light-Version, abgewandelte Geschmacksrichtungen) im Handel. Das einheimische Getränk sollte man ruhig probieren – unbedingt gut gekühlt! Der Kellner wird sich freilich vergewissern, ob man als Tourist wirklich Cockta oder doch Cola gesagt hat. Als Alternative kommen diverse gute Mineralwässer (*mineralna voda*) aus den traditionsreichen Quellen des Landes in Frage, allen voran das ›Radenska‹-Wasser mit den drei roten Herzen aus dem Kurort Radenci.

Cockta sollte man ruhig probieren

Einen guten Espresso bekommt man fast an jeder Ecke, ebenso die mehr oder weniger trendigen Kaffeespezialitäten. Will man seinen Kaffee – das gilt auch für den Espresso – unbedingt ohne Milch, so sollte man ihn sicherheitshalber als schwarzen Kaffee (*črna kava*) oder Kaffee ohne Milch (*kava brez mleka*) bestellen. Gelegentlich gibt es sogenannten türkischen Kaffee, im Metallgefäß aufgekocht und mit Bodensatz serviert. Filterkaffee ist nahezu unbekannt. Und Tee ist ganz sicher nicht das Getränk der Slowenen; die üblichen Aufgussbeutel sind aber überall zu bekommen.

Zwei Kochrezepte

Wie bereits gesagt, gibt es in Slowenien kein typisches Nationalgericht. Als kleine Kostprobe der vielfältigen Landesküche hier zwei einfache Gerichte zum Ausprobieren. Beide findet man, eventuell leicht abgewandelt, auch in den Nachbarländern.

Maultaschen aus Idrija (*Idrijski žlikrofi*)

Zutaten

Für etwa 60 Stück dieser traditionellen Maultaschen (Schlickkrapferln, Ravioli) aus der Bergwerksgemeinde Idrija benötigt man folgende Zutaten:
Teig: 125 g Weizenmehl, 1 Ei, 1–2 Teelöffel Olivenöl, etwas Wasser (oder Milch), eine Prise Salz.
Füllung: 200 g mehlige Kartoffeln, 30–40 g fein gehackter Räucherspeck, 20 g fein gehackte Zwiebel, außerdem Schnittlauch, Majoran, frisch gemahlener schwarzer Pfeffer, 10 g braune Butter, Salz.

Zubereitung

Teig: Mehl und Ei werden mit der Flüssigkeit zu einem Pastateig geknetet, der ein wenig weicher als üblich sein sollte. Auf jeden Fall so lange kneten, bis er dicht und elastisch ist und nicht anklebt. Dann bestreicht man den Laib mit dem Öl und belässt ihn eine halbe Stunde abgedeckt.
Füllung: Die weich gekochten Kartoffeln werden warm durchgedrückt. Dann fügt man die im Speck gerösteten Zwiebeln bei, außerdem die Gewürze und Kräuter. Alles wird gründlich vermischt. Falls die Füllung zu bröckelig gerät, kann noch eine kleine Menge Öl oder die erwähnte braune Butter hinzugegeben werden. Anschließend formt man aus der Masse Kügelchen von etwa 15 mm Durchmesser.
Zubereitung: Nachdem der Teig geruht hat, wird er nun auf einem bemehlten Brett dünn ausgerollt auf maximal 2 mm. Man ritzt etwa 8 cm breite Teigbahnen ein und setzt im Abstand von jeweils einer Fingerbreite seitlich die Füllungen darauf. Der Teig wird von der frei gebliebenen Seite her übergeschlagen und zwischen den Füllungen niedergedrückt. So werden Lufteinschlüsse in den Maultaschen vermieden, der Ober- und Unterteig werden zusammengeklebt. Nun drückt man auch noch die dritte Seite der entstandenen Taschenreihe zusammen, schneidet sie auseinander und den eventuell überstehenden Teig weg. Um es ganz stilecht zu machen, drückt man auch noch eine kleine Delle in die umgeschlagene Seite, so dass kleine Hütchen entstehen. Die fertigen Taschen sollen etwa 2 cm dick sein.
Kochen: Man gibt die fertigen Maultaschen in siedendes Salzwasser (nicht zu wenig Salz!), rührt einmal um und lässt wieder aufkochen. Sobald sie an die Oberfläche kommen, sind die echten *Idrijski žlikrofi* fertig. Man entnimmt sie am besten mit einem Schaumlöffel und muss sie sofort servieren, sei es als Beilage (beispielsweise zu einem feinen Lammragout), sei es als separater Gang (etwa mit Würfeln aus Röstbrot in geschmolzener Butter).

Fischsuppe (*Brodet*)

Zutaten

Um 5 bis 6 Personen mit diesem beliebten Gericht von der Adriaküste bewirten zu können, benötigt man folgende Zutaten:
Etwa 1 kg gemischte Meeresfrüchte (beliebige Fischsorten, Muscheln u.a.), 150 ml Olivenöl, 1 Zwiebel, einige Knoblauchzehen, 1 Lorbeerblatt, 2–3 Esslöffel Tomatenmark, etwa 100 ml Rotwein, frische Petersilie.

Zubereitung

Nach gründlicher Säuberung der Meeresfrüchte die Fischstücke (nicht zu groß!) in Mehl wälzen und ein wenig anbraten. In einem großen Topf die gehackte Zwiebel mit Olivenöl goldbraun schmoren, anschließend den ebenfalls gehackten Knoblauch und das Tomatenmark untermischen. Dann die Muscheln hinzugeben und bei niedriger Hitze köcheln lassen. Nach etwa 10 Minuten mit Rotwein auffüllen, die vorbereiteten Fischstücke und das Lorbeerblatt hineinlegen, kurz aufkochen und dann weiterkochen lassen, bis der Fisch gar ist. Dabei möglichst wenig umrühren, damit die Fischstücke nicht gänzlich zerfallen! Am Ende mit Salz und Pfeffer würzen und noch die frisch gehackte Petersilie einstreuen. Als Beilage ist neben frischem Brot vor allem Polenta (Maisbrei oder Stücke von festerer Konsistenz) zu empfehlen. Ein schönes Glas Rotwein darf natürlich nicht fehlen.

Gasthaus in der Neustadt von Ljubljana

Gorenjska. Primorska.
Nationalpark Triglav. Weinregion Brda.
Alpenpässe und blaugrüne Gewässer.
Sportlerparadies und eine Insel im See.
Ein Museumszug und eine geteilte Stadt.
Wege in die Hauptstadt.

Kranj und der Nordwesten

Die Dreiländerecke

Die Dreiländerecke am Berg Ofen (Peč) markiert den nordwestlichsten Punkt Sloweniens. Unterhalb dieses 1509 Meter hohen Gipfels reiste man früher nach Jugoslawien ein, bevor nahezu zeitgleich mit der Entstehung des unabhängigen Staates Slowenien auch der bequemere Zugang durch den Karawanken-Tunnel weiter östlich fertiggestellt wurde. Die mutigeren Autofahrer nahmen den Weg über den Wurzenpass (Korensko sedlo) mit bis zu 18 Prozent Steigung und riskierten an verkehrsreichen Sommertagen einen überhitzten Motor im Stau vor der Passhöhe, bevor die Grenzabfertigung stattfand. Die Vorsichtigeren und Ungeübten nahmen einen kleinen Umweg samt zweier Grenzkontrollen in Kauf und wählten die Strecke über den italienischen Ort Tarvisio; so kam man im Tal über Rateče an dasselbe Ziel. Und wer geradewegs zur Adriaküste wollte, ohne Zwischenhalt in Bled oder Ljubljana, bevorzugte vielleicht von Tarvisio die idyllische Strecke südwärts über den vergleichsweise harmlosen Predil-Pass direkt ins Tal der Soča (Dolina Soče).

Diese sozusagen historischen Anreisewege stehen auch heute noch zur Verfügung. Und im Gegensatz zur beschleunigten Fahrt durch den – allerdings mautpflichtigen – Karawanken-Tunnel erlebt man bei den drei eingangs erwähnten Nebenstrecken einen allmählichen Übergang von der Nord- zur Südseite der Alpen und genießt das herrliche Gebirgspanorama.

Die Gorenjska (Oberkrain) umfasst das Gebiet von der Dreiländerecke beiderseits der Sava bis nach Ljubljana.

Kranjska Gora

Die erste größere Ortschaft auf slowenischer Seite ist der beliebte Touristenort Kranjska Gora (1400 Einwohner) in 810 Metern Höhe. Durch den Wegfall

Anreise über den Predil-Pass

des einst so störenden Transitverkehrs ist es hier deutlich ruhiger geworden. Auch die Eisenbahnstrecke, die von 1872 bis 1966 zwischen Tarvisio und Jesenice existierte, ist längst aus der Landschaft verschwunden. Die meisten Hotels und Apartmentanlagen befinden sich außerhalb des Ortskerns in der Nähe der Wintersportgebiete.

Abgesehen von der leuchtend gelben Barockkirche und dem kleinen Heimatmuseum im sogenannten Liznjek-Haus (Liznjekova domačija) hat Kranjska Gora kaum besondere Sehenswürdigkeiten aufzuweisen: ein sympathisches Alpendorf mit kleinen Läden und reichlich Holzarchitektur. Das kulturelle Angebot ist sehr bescheiden. Umso größer ist die Bedeutung in sportlicher Hinsicht: Die zweitgrößte Skiflugschanze (*letalnica*) der Welt, gebaut von den Brüdern Gorišek und 1969 eröffnet, steht im Gemeindeteil **Planica** oberhalb von Rateče. Regelmäßig finden hier die Weltcup-Skiwettbewerbe statt. Zwei Sessellifte führen auf den Hausberg Vitranc, daneben gibt es eine Sommerrodelbahn. Auch für das Bergwandern, Radfahren und manche Trendsportarten gibt es im Gemeindegebiet von Kranjska Gora gute Voraussetzungen.

Umgebung von Kranjska Gora

Die Gebirgsstraße Nr. 206 zweigt in Kranjska Gora ab und führt letztlich in südwestliche Richtung. Zu allen Jahreszeiten lohnt ein Besuch des nahen **Jasna-Sees** (Jezero Jasna), an dessen Ufer die täuschend echt wirkende Skulptur eines Gamsbocks steht. Es handelt sich um den ›Zlatorog‹ (Goldhorn); nach einer Legende soll er der Hüter eines verborgenen Schatzes sein.

Mit Steigungen bis zu 14 Prozent geht es von hier aus zum **Vršič-Sattel** (Sedlo Vršič), der mit 1611 Metern Sloweniens höchstgelegener Pass ist. Er stellt die Wasserscheide dar zwischen den Flüssen Sava und Soča und letztlich auch zwischen Schwarzem Meer und Mittelmeer. Oft dauert die Wintersperre bis in den Mai hinein. Einst verlief hier die Grenze zu Italien. 1914 bis 1916 mussten russische Kriegsgefangene unter großen Opfern den Ausbau für Militärfahrzeuge leisten. Die teilweise noch mit Kopfsteinpflaster belegte Nordrampe besitzt 24 Kehren, abwärts in Richtung Bovec (siehe unten) folgen nochmals 25 Serpentinen.

Auch alle Dörfer entlang der Straße Nr. 201 bis kurz vor Jesenice gehören zur Gemeinde Kranjska Gora. Im idylli-

Kranjska Gora ist ein beliebter Touristenort

Mojstrana

schen Tal fließt die Sava Dolinka (Wurzener Save), die beim Grenzort Rateče entspringt und in südöstlicher Richtung zwischen den Karawanken (Karavanke) und den Julischen Alpen (Julijske Alpe) weiterfließt. Am Weg sieht man nun immer wieder die für Gorenjska (Oberkrain) so typischen Heuharfen (*kozolec*). Schmucke Bauernhäuser mit alpenländischen Holzbalkonen stehen in den Dörfern Gozd Martuljek (600 Einwohner), Mojstrana (1200 Einwohner) und Dovje (700 Einwohner). Überall ist man auf Übernachtungsgäste eingestellt. Man kann Wanderungen zu mehreren Wasserfällen unternehmen. **Mojstrana** ist ein guter Ausgangspunkt für Bergtouren im Triglav-Massiv; außerdem existiert hier seit einigen Jahren ein spezielles Alpinmuseum.

Kranjska Gora

Vorwahl: 04.

Postleitzahl: 4280.

Touristenbüro: Tičarjeva ul. 2, Tel. 5809440.

Busse des Unternehmens Alpetour verkehren zwischen italienischer Grenze und Jesenice, von dort weiter nach Ljubljana; im Sommer auch nach Bovec über den Vršič-Pass. Außerdem Fernverkehr nach Villach/Österreich, Tarvisio/Italien, Zagreb/Kroatien. Im Winter zusätzlich Skibus im Gemeindebereich.

Nächster Bahnhof in Jesenice (20 km): wichtige Strecke von Ljubljana nach Österreich und Mitteleuropa.

Flughafen Ljubljana ca. 65 km südöstlich.

In Kranjska Gora und Umgebung gibt es ziemliche viele Unterkünfte. Das Preisniveau ist höher als im Landesdurchschnitt. Als Alternative kommen Privatzimmer in Betracht. **Hotel Vila Triglav**, Naselje Ivana Krivca 6, Tel. 5881487, www.rozle.si. Gutes Hotel

Karte S. 92

am Jasna-See; Wellnessbereich; DZ in der Nebensaison ab 85 Euro, im Sommer ca. 100 Euro, in den Weihnachtsferien bis 140 Euro; auch Apartments in verschiedenen Größen unter dem Firmennamen Rožle.

Hotel Vitranc, Podkoren 94, Tel. 5809520, www.vitranc.si. Nostalgisch, stilvoll, gemütlich eingerichtet; mit sehr empfehlenswertem Restaurant; DZ um 75 Euro, an bestimmten Terminen (Wintersportereignisse) allerdings bis zu 160 Euro.

Aparthotel Vijolica, Vitranška ul. 11a, Tel. 5885935, www.hotel-vijolica.si. Modern eingerichtet, mit Sauna; 2-Personen-Apartment ca. 50 bis 85 Euro je nach Saison.

Campingplatz in Mojstrana, Tel. 5891105, www.campingkamne.com; ganzjährig geöffnet.

Lipa, Koroška cesta 14, Tel. 5820000. Sehr empfehlenswert, allerdings nicht ganz billig.

Vitranc, Podkoren 94, Tel. 5809520. Im gleichnamigen Hotel; exzellente Küche in behaglichem Ambiente.

Pri Martinu, Borovška cesta 61, Tel.5820300. Mit Außenterrasse; viele regionale Spezialitäten.

Kotnik, Borovška cesta 75, Tel. 5881564. Im gleichnamigen Hotel; deftige Gerichte und gute Pizza.

Slowenisches Alpinmuseum (Slovenski planinski muzej), Mojstrana, Triglavska cesta 49; Mai-Sept. 9–19, übrige Monate 9–17 Uhr.

Durchgehender Fahrradweg D2 auf ehemaliger Bahntrasse zwischen Tarvisio/Italien und Mojstrana (Länge etwa 30 km).

Großes Angebot sportlicher Aktivitäten: Skianlagen von Planica, Sommerrodelbahn, Mountainbike-Anlage, Bergtouren, Angeln, Golf u.a.; Informationen im Touristenbüro, außerdem einige spezialisierte Agenturen. Über 20 Liftanlagen, 30 km Pisten, fast 50 km Loipen in Ortsnähe. Schneetelefon 090/93412404.

Triglav-Nationalpark

Im äußersten Nordwesten Sloweniens ragt der 2864 Meter hohe Triglav-Gipfel aus den Julischen Alpen. Der Berg thront zwischen dem Oberlauf der Save, die in Richtung Ljubljana fließt, und dem Tal der Soča unweit der italienischen Grenze. Beide haben ihre Quelle in dem Gebirgsmassiv. In Kranjska Gora beim Dreiländereck muss man sich entscheiden, welchem der beiden Flüsse man folgen will, ob man den Triglav westlich oder östlich umfährt. Als höchster Berg des Landes ist er ein Wahrzeichen, er ziert das slowenische Wappen, die slowenische Flagge sowie die nationale Rückseite der 50-Cent-Münze. Das Gebiet um den Triglav steht großräumig unter Naturschutz. Schon 1924 wurde ein Anfang gemacht, als der slowenische Alpenverein ein als schutzwürdig erachtetes Gelände in der bescheidenen Größe von 1,4 Quadratkilometern pachtete und fortan hegte. 1940 wurde endlich eine gesetzliche Grundlage für den Naturschutz geschaffen, doch durch die Ereignisse des Zweiten Weltkrieges konnte die Idee zunächst nicht weiterverfolgt werden. Erst nach intensiver Überzeugungsarbeit kam es 1961 zu dem Beschluss, das vormalige Pachtgebiet, geringfügig vergrößert, offiziell zum Nationalpark zu erklären. Seit 1981 besteht der Triglav-Nationalpark (Triglavski narodni park) in seiner heutigen Ausdehnung: Er umfasst insgesamt 838 Quadratkilometer zwischen den Orten

Rateče, Bled, Tolmin und Bovec – das sind immerhin drei Prozent der slowenischen Staatsfläche. Etwa zehn Berggipfel erreichen Höhen von knapp 2000 Metern aufwärts. Dazwischen stürzen etliche Gebirgsbäche in die Täler. In der alpinen Zone gibt es malerische Gletscherseen. Auf den Almen kann man ab Mai eine bunte Mischung typischer Alpenblumen entdecken. Flora und Fauna weisen mancherlei Besonderheit auf. Botaniker fanden hier in den vergangenen 200 Jahren etliche endemische (nur hier vorkommende) Pflanzenarten, die im alpin-mediterranen Übergangsklima gedeihen: Dazu gehören die Rote Triglav-Rose, der Julische Mohn, der Schmalblättrige Eisenhut und die Zois-Glockenblume. Seltene Tierarten haben am Triglav ein Refugium. Der bereits ausgerottete Steinbock konnte erfolgreich wieder angesiedelt werden. Aus den einsamen Wäldern des weiter südlich gelegenen Dinarischen Gebirges sind Braunbären eingewandert. Man beobachtet auch große Greifvögel wie Steinadler, Mäusebussard oder Turmfalke. Wenn man Glück hat, trifft man auf das Alpenmurmeltier, dessen schrille Pfeiflaute kaum zu überhören sind. Fast ebenso interessant, doch weniger auffällig sind Kreuzottern, Salamander, Kreuzspinnen oder auch besondere Skorpionarten. Abgesehen von der Vršič-Passstraße (siehe oben) zwischen Kranjska Gora und Bovec, die man nur an ganz wenigen Stellen verlassen kann, existiert im Hochgebirge keine Durchgangsstraße. Es gibt nur wenige Stichstraßen, die von Nordosten in den Nationalpark hineinführen, und zwar von Mojstrana im Sava-Tal und von Bled (siehe unten).

Ein längerer Ausflug führt von Mojstrana in das **Vrata-Tal**: Immer am Bistrica-Bach entlang geht es rund zehn Kilometer in den Nationalpark hinein. Etwa auf halber Strecke passiert man den Peričnik-Wasserfall (Slap Peričnik), dessen unterer Abschnitt 52 Höhenmeter überwindet. Man kann hinter dem herabstürzenden Wasser entlanggehen. Besonders schön ist die Szenerie im Winter, wenn sich erstarrte Eisgebilde zeigen. Um Weihnachten herum wird sogar für eine Beleuchtung gesorgt. Mit Steigungen bis zu 25 Prozent führt die Stichstraße noch weiter bis in eine Höhe von 1015 Metern, wo sie an der Schutzhütte ›Aljažev dom‹ endet. Hier ist der Triglav nur noch rund drei Kilometer entfernt, aber zum Gipfel gilt es einen Höhenunterschied von 1850 Metern zu überwinden. Man hat die Auswahl zwischen drei markierten Wegen. Jeder echte Slowene – so heißt es – soll einmal im Leben auf dem Gipfel gewesen sein.

▶ Karte S. 92

Weitere Zugänge zum Triglav-Nationalpark: siehe Kranjska Gora, Bohinj, Bovec, Kobarid.

Der Peričnik-Wasserfall

Regelungen für den Triglav-Nationalpark

Besucher des Triglav-Nationalparks erleben den Alpenraum von einer seiner schönsten Seiten. Auf Schusters Rappen tauchen sie ein in eine unverfälschte Gebirgslandschaft ohne Lärm und Abgase, mit klarer Luft und interessanten Naturphänomenen. Erholung ist sozusagen garantiert. Dafür müssen sie gewisse Einschränkungen hinnehmen und besondere Bestimmungen beachten – in unseren Zeiten des Massentourismus ist das wichtiger denn je. Auch künftige Generationen sollen hier ein unzerstörtes Biotop vorfinden. Typische oder gar einzigartige Landschaften mit ihrer Tier- und Pflanzenwelt gilt es um ihrer selbst willen zu erhalten.

Jeder, der den Nationalpark betritt, unterwirft sich also dessen Reglement. Es stellt einen vertretbaren Kompromiss her zwischen den Wünschen der Besucher und den Erfordernissen des Naturschutzes. Die Grundregel lautet sinngemäß: Hinterlasse keinerlei Abfälle, Verpackungen oder sonstige Gegenstände, entnimm oder beschädige weder lebendes noch lebloses Inventar! Das heißt beispielsweise, dass jegliches Abpflücken von Blumen, Blüten und Pilzen – geschützt oder ungeschützt – sowie das Fangen von Schmetterlingen, Salamandern oder anderen Kleinlebewesen streng verboten ist.

Selbstverständlich darf man sich nur auf ausgewiesenen Wegen und Pfaden bewegen, und zwar zu Fuß. Für Radfahrer gibt es besonders markierte Strecken. Hunde sind grundsätzlich anzuleinen. Dies alles dient der Vermeidung von Trittschäden in der empfindlichen Pflanzendecke und gesteht Wildtieren ihren ungestörten Lebensraum zu. Auch Lärm ist deshalb zu vermeiden. Rauchen und offenes Feuer kann zu Waldbränden führen und ist verboten (außer an extra gekennzeichneten Picknickplätzen), wildes Zelten ebenfalls.

Mit Ausnahme der Vršič-Passstraße an der Westseite des Territoriums unterliegt der Kraftfahrzeugverkehr überall starken Beschränkungen. Durchfahrtsverbot heißt Durchfahrtsverbot! Nur auf beschilderten Stellplätzen ist das Parken erlaubt, nicht jedoch das Campieren. Feriendomizile dürfen im Nationalpark nicht errichtet werden, vorhandene landwirtschaftliche Gebäude dürfen nicht zu solchen Zwecken umgewandelt werden.

Für die große Mehrheit der Nationalparkbesucher sind die angemahnten Verhaltensweisen ohnehin selbstverständlich. Wer derartige Bestimmungen als zu rigoros empfindet oder darin gar eine Gängelung der naturliebenden Wanderer sieht, sollte sich vergegenwärtigen, dass es leider immer wieder uneinsichtige (besser gesagt unsensible) Zeitgenossen gibt, die ein solches Regelwerk erst nötig machen. Die Allgemeinheit weiß den Wert der intakten Natur zweifellos zu schätzen.

Im übrigen dienen bestimmte Vorschriften auch der eigenen Sicherheit. Im Kernbereich des Nationalparks und insbesondere hoch in den Bergen ist man ein gutes Stück fern der Zivilisation im hochalpinen Bereich und kann bei unvernünftigem Verhalten oder mit unangemessener Ausrüstung durchaus in Gefahr geraten. Man denke nur an Wetterumschwung, plötzlichen Nebel, einsetzende Dunkelheit, Steinschlag, mangelnden Sonnenschutz und anderes. Deshalb ist es wichtig, an Ort und Stelle ergänzende Hinweise und Warnschilder strikt zu beachten.

Am Oberlauf der Sava

Eigentlich handelt es sich um zwei Oberläufe. Die bereits erwähnte Sava Dolinka (Wurzener Save) hat ihre Quelle bei Rateče unterhalb des Wurzenpasses (Korensko sedlo) und somit am Nordrand des Triglav-Massivs. Der zweite Fluss entspringt im Triglav-Nationalpark durch die Vereinigung zweier Gebirgsbäche, der Mala Savica (Kleine Savica) und der Velika Savica (Große Savica); unter dem gemeinsamen Namen Savica fließt das Wasser von Westen her in den Wocheiner See (Bohinjsko jezero) und heißt ab dem Wiederaustritt am östlichen Seeufer nun Sava Bohinjka (Wocheiner Save). Bei Radovljica vereinigen sich die Sava Dolinka und die Sava Bohinjka zur Sava (Save) und bilden ein verbreitertes Tal, das sämtliche Arten von Verkehrswegen aufnimmt und in das Becken von Ljubljana übergeht. Hier am gewundenen Oberlauf ahnt man noch nicht, dass sich die Sava auf einer Gesamtlänge von 945 Kilometern zum bedeutendsten Nebenfluss der Donau entwickeln wird. Sie ist im slowenischen Abschnitt zwar nicht schiffbar, dennoch handelt es sich um den größten Fluss der Gorenjska (Oberkrain), in den zahlreiche Bäche aus den beiderseitigen Gebirgsketten einmünden.

Jesenice

Egal ob man von Tarvisio (aus Italien) oder vom Wurzenpass (aus Österreich) kam: In Jesenice erhielt der Reisende einen ersten Eindruck vom Alltag in Jugoslawien. Und der war hier ziemlich ernüchternd. Ein marodes Stahlwerk, große Bahnanlagen und graue Wohnblocks prägten die Kleinstadt und luden kaum zu einem Zwischenstopp ein. Etwas gefälliger als in der DDR war der Gesamteindruck schon, aber das konnte man auch auf die südlichere Lage zurückführen. Interessanter war aber wohl zu allen Zeiten die schöne Berglandschaft ringsum. Seit 1991 gibt es den Karawanken-Tunnel. Heute lässt man Jesenice (13 000 Einwohner) auf der slowenischen Autobahn A2 links liegen und erreicht schon nach kurzer Fahrt den Abzweig nach Bled und Bohinj am Triglav-Nationalpark, wo sich die gehegten Erwartungen tatsächlich erfüllen.

▶ Karte S. 92

Historisches

Jesenice kann auf eine sehr lange Geschichte zurückblicken. Schriftliche Zeugnisse reichen zurück bis ins Jahr 1004. Ab dem 14. Jahrhundert spielte der von den Römern begonnene Eisenerzabbau eine zunehmend größere Rolle in der Siedlungsentwicklung. Die Habsburger ließen hier einen Teil ihrer Waffen herstellen. Die Metallverarbeitung blieb auch über die beiden Weltkriege hinweg der wichtigste Wirtschaftszweig. Da die örtliche Erzausbeute zu gering war, griff man auf Importe zurück und modernisierte die Anlagen. Mit rund 7000 Beschäftigten gehörte das Stahlwerk von Jesenice zu den größten Unternehmen im sozialistischen Jugoslawien. Davon ist nicht mehr viel zu sehen, weil die

Am Bahnhof von Jesenice

Typische Heuharfen in der Gorenjska

längst stillgelegten Anlagen 2003 abgerissen wurden.

Nicht zu unterschätzen ist die Bedeutung als Verkehrsknotenpunkt: Die 1872 eröffnete Eisenbahnstrecke von Tarvisio nach Ljubljana erhielt 1904 von Jesenice ausgehend einen Abzweig in Richtung Triest. Mit dem Bau des Karawankentunnels kam schon ab 1906 die Nordanbindung in Richtung Salzburg hinzu. Von da an lag Jesenice im Schnittpunkt überregionaler Bahnlinien in alle vier Himmelsrichtungen und wurde mit der Staatsgründung 1920 auch noch Grenzbahnhof. Die bis dahin separaten Siedlungen der Umgebung wurden 1926 zur Stadt Jesenice zusammengefasst. Im Autozeitalter erwies sich die Bahnverbindung nach Tarvisio schließlich als unrentabel, so dass sie 1966/67 stillgelegt wurde. Das Sava-Tal von Jesenice flussabwärts gehört zu den Hauptverkehrsachsen Sloweniens.

Radovljica

Radovljica (6000 Einwohner) liegt auf einer Art Felsterrasse und wird im Westen durch die überregionale Bahnstrecke und den Fluss – hier vereinigen sich die beiden Quellflüsse der Sava – begrenzt. Den östlichen Ortsrand tangiert die Autobahn A2 nach Ljubljana. Die meisten Urlauber fahren vorüber und steuern geradewegs die touristischen Höhepunkte der Region an. Immerhin besitzt Radovljica neben seiner regellos wirkenden Bebauung auch einen kleinen **mittelalterlichen Ortskern** in ziemlich versteckter Lage. Der rechteckige, verkehrsberuhigte Marktplatz heißt Linhartov trg (Linhart-Platz) zur Erinnerung an Anton Tomaž Linhart (1756–1795), den engagierten Schriftsteller aus Radovljica. Sehenswert ist das sogenannte Šivec-Haus (Šivčeva hiša), ein architektoisches Juwel aus dem 16. Jahrhundert im Stil der Spätgotik und mit Fassadenmalereien verziert, vielleicht ein wenig überrestauriert. Nur ein paar Schritte weiter steht man vor dem Barockschloss Thurn (Thurnov grad). Darin befindet sich das sehenswerte Imkereimuseum (Čebelarski muzej); eine Sonderausstellung widmet sich den volkstümlich bemalten Stirnbrettchen der Bienenstöcke, die auch überall als Souvenir angeboten

In Radovljica

werden. Sehr gelobt wird im übrigen die örtliche Gastronomie.

Die Existenz des Ortes ist seit dem Jahr 1296 bezeugt. Salz- und Weinhandel machte Radovljica in der Habsburgerzeit recht wohlhabend. Als in der Umgebung vermehrt Industriebetriebe entstanden, begann die örtliche Entwicklung zu stagnieren und die einstige Bedeutung ging verloren. Durch den allmählichen Niedergang fehlte allerdings auch das Geld für tiefgreifende Umgestaltungen, so dass viele Gebäude der Altstadt erhalten blieben.

Umgebung von Radovljica

Zur Gemeinde Radovljica gehört auch **Begunje na Gorenjskem** (1000 Einwohner), drei Kilometer nordöstlich am Fuße der Karawanken. Hauptattraktion ist der Stammsitz der ›Original Oberkrainer‹, ein stattlicher Gasthof, der den Familiennamen Avsenik trägt und die Tradition der alpenländischen Allzeit-gute-Laune-Musik aufrecht erhält. Bisweilen werden hier ganze Reisebusladungen von Fans zumeist reiferen Alters abgesetzt. In einer Art Museum neben der Gaststube erfährt man alles über das Ensemble, das unter der Leitung von Slavko Avsenik international Karriere machte. Im Ort steht ferner das Schloss Katzenstein (Grad Kacenštajn), in dem sich heute ein Behindertenheim befindet. Im ehemaligen Königreich Jugoslawien hatte der Komplex als Frauengefängnis gedient. Von 1941 bis 1945 hatte die Gestapo darin ihr regionales Hauptquartier; in den Zellen und Folterkammern waren im Laufe der Zeit mehr als 12 000 Gefangene untergebracht.

Vrba (200 Einwohner) in der Nachbargemeinde Žirovnica ist der Geburtsort des slowenischen Nationaldichters France Prešeren (→ S. 212); sein Geburtshaus kann besichtigt werden.

Radovljica

Vorwahl: 04.

Postleitzahl: 4240.

Touristenbüro: Kranjska cesta 13, Tel. 5315300.

Busstation Kranjska cesta 9: Alpetour betreibt u.a. Linien nach Kranjska Gora, Bled, Ljubljana.

Bahnhof Radovljica am westlichen Ortsrand (tägl. ca. 12–15 Züge auf der Strecke Ljubljana – Jesenice). Am nahegelegenen Bahnhof Lesce-Bled halten auch Fernzüge Richtung Villach. In Jesenice Abzweig über Bled nach Nova Gorica.

Flughafen Ljubljana etwa 25 km südöstlich.

Pension Kovač, Langusova ul. 71, Tel. 5300000, www.penzion-kovac.si. Sehr empfehlenswert; komfortabel, ruhige Lage, kurzer Spaziergang ins Ortszentrum; DZ 80 Euro.

Gostilna Lectar, Linhartov trg 2, Tel. 5374800. Traditionslokal (seit 1822) mit sehr gutem Ruf; große Auswahl slowenischer Speisen; Außenterrasse.

Gostilna Kunstelj, Gorenjska cesta 9, Tel. 5315178. Typischer Landgasthof, den bereits Tito gern besuchte.

Grajska restavracija, Kranjska cesta 2, Tel. 5315585. Zentrale Lage; interessantes Interieur, Terrasse.

Gostilna Avsenik, Begunje 21, Tel. 5307030, www.avsenik.com. Traditionelles Gasthaus im Familienbesitz der ›Original Oberkrainer‹; deftige Speisen,

▶ Karte S. 92

Mi und Fr Tanzmusik auf der Terrasse; So nur bis 17 Uhr, Mo und Di Ruhetage.

Vinoteka Sodček, Linhartov trg 8; große Auswahl einheimischer Qualitätsweine, Degustation.

Stadtmuseum und Imkereimuseum, Linhartov trg 1; Di–So 10–18 Uhr, in der Nebensaison stark verkürzte Öffnungszeiten.
Galerija Avsenik, Begunje 21; Di–So 10–18 Uhr.
Prešeren-Geburtshaus (Prešernova hiša), Vrba 2, Tel. 5802092.

Campingplatz, Kopališka ul. 9, Tel. 5315770; geöffnet 1. Juni bis 15. Sept.

Bled

Idylle pur – so jedenfalls weiß die slowenische Tourismuswerbung den See von Bled (Blejsko jezero) zu vermarkten. Und sie hat Recht: Klares Gletscherwasser, angenehmes Klima, eine Umgebung von Bergen und Wäldern, in der Seemitte ein Inselchen mit einer Kirche darauf, das Ganze außerdem noch überragt von einer mächtigen Burg, die auf einem steilen Felsen thront. Nicht nur die heutigen Slowenen halten das Postkartenmotiv für eines der schönsten auf ihrer ›Sonnenseite der Alpen‹. Auch ihr Nationalpoet France Prešeren hat sich schon in der ersten Hälfte des 19. Jahrhunderts zu den folgenden Versen inspirieren lassen: ›*Dežela kranjska nima lepšga kraja, ko je z okolšno ta, podoba raja.*‹ (Die Krainer Heimat hat keine schönere Gegend als diese, ein Abbild des Paradieses.) Damals sollte es wohl noch ein paar Jahrzehnte dauern bis zu den Anfängen des örtlichen Fremdenverkehrs. Längst aber fühlen sich so viele Touristen von der prächtigen Szenerie angezogen, dass zumindest in den Sommermonaten die Ruhe und Beschaulichkeit durch Menschenmassen und Autokolonnen entlang der Uferstraße beeinträchtigt wird. Unbedingt besuchenswert ist der Bleder See gleichwohl.

Die Insel im Bleder See mit der Barockkirche Sveta Marija

Historisches

Die geschützte Lage, das reiche Nahrungsdargebot der Wälder und die fruchtbaren Böden in dem Gebirgsbecken waren sicher der Grund für eine sehr frühe Besiedlung, die durch Funde aus der Eisenzeit (etwa 800 bis 600 vor Christus) belegt ist. Dem römischen Kaiser Augustus gelang es, nach dem Durchzug der Kimbern und Teutonen, die Provinz Noricum in das Imperium Romanum einzugliedern, wozu auch das Gebiet um Bled gehörte. Die angrenzenden Gebirgszüge der Julischen Alpen tragen den Namen seines Vorgängers Julius Caesar. In der zweiten Hälfte des 6. Jahrhunderts ließ sich ein südslawischer Volksstamm, die Vorfahren der Slowenen, hier nieder. Deren Siedlungskontinuität machte das Gebiet der Krain letztlich zur Wiege des Slowenentums. Es geriet zusammen mit Kärnten und der Steiermark im späten 13. Jahrhundert in den Herrschaftsbereich der Habsburger. Feudalherren und Kleriker beuteten ihre Untertanen aus, es kam zu etlichen Bauernaufständen während des 15./16. Jahrhunderts, das Gedankengut der Reformation konnte sich vorübergehend ausbreiten. Unter der Regentschaft Maria Theresias (1740–1780) besserte sich die Situation merklich. 1809 schlug Napoleon die Gegend um den Bleder See seinen illyrischen Provinzen zu, was jedoch nur ein kurzes Intermezzo blieb. Schon 1813 erlangte das Haus Habsburg wieder die Oberhand und vertraute den Landstrich erneut dem Bistum Brixen an, dessen Außenbesitz er bereits zuvor über Jahrhunderte gewesen war. Um die Mitte des 19. Jahrhunderts veräußerte das Bistum seine Liegenschaften an den Eigentümer der Eisenhütte Aßling (heute Jesenice). Der Schweizer Arzt und Heilpraktiker Arnold Rikli machte Veldes – so der damalige Ortsname – durch seine 1858 eingeweihte ›Naturheilanstalt Mallnerbrunn‹ zum anerkannten Luftkurort.

Mit der Gründung des jugoslawischen Staates erhielt der Ort offiziell den ohnehin gängigen Namen Bled. Das damalige Königshaus der Karađorđevići genauso wie der spätere Staatschef Tito weilten hier am See zur Kur und unterhielten zu dem Zweck pompöse Sommerresidenzen. Mehrfach trafen sich Staatsoberhäupter und ausländische Delegationen in der idyllischen Umgebung. Im Zweiten Weltkrieg gab es erbitterte Kämpfe zwischen Faschisten, die sich 1941 im Parkhotel von Bled festgesetzt hatten, und den einheimischen Partisanen. Im sozialistischen Jugoslawien konnte die Region mit ihren Naturschönheiten punkten und zog dank guter Verkehrslage eine stetig wachsende Zahl von Touristen aus dem In- und Ausland an. Seit 1996 ist Bled eine selbständige Gemeinde in Gorenjska (Oberkrain) mit Wirtschaftshochschule und bekannter Regattastrecke. 2004 wurde offiziell das tausendjährige Ortsjubiläum begangen.

Der Bleder See

Der in 475 Metern Meereshöhe gelegene Bleder See (Blejsko jezero) füllt ein ehemaliges Gletscherbecken aus. Er dehnt sich über etwa 2,1 Kilometer mal 1,4 Kilometer, was eine Wasseroberfläche von knapp 1,5 Quadratkilometern und eine Uferlinie von 6 Kilometern ergibt. Man kann ihn ebenso gut zu Fuß wie auch mit Fahrzeugen umrunden und gewinnt dabei allerlei variierende Landschaftseindrücke.

Bereits 1895 entstanden die ersten Badeanstalten, die sich einer ausgedehnten Badesaison erfreuen konnten. Die Wassertemperatur kann im Hochsommer durchaus 25 Grad Celsius erreichen, während sich im Winter oft eine Eis-

▶ Karte S. 103

schicht auf einem großen Teil der Oberfläche bildet. Inwieweit diese tragfähig und begehbar ist, muss unbedingt vor Ort geklärt werden. An der tiefsten Stelle sind es 30 Meter bis zum Seeboden. Es gibt zwei größere Badestrände am Seeufer: der eine an der Nordseite unterhalb des Burgfelsens, der andere in der westlichen Bucht gegenüber der Einfahrt zum Campingplatz. Letzterer befindet sich im Bereich der Regattastrecke, deren Tribüne man inmitten der schönen Natur als störend empfinden wird.

Die Insel im Bleder See (Blejski otok) erhält ihren besonderen Reiz durch die **Barockkirche Sveta Marija**. Mit einem überdachten Holzboot, Pletna genannt, gelangt man vom Ufer hinüber und muss noch 99 Stufen erklimmen, um die Aussicht zu genießen. Das Architekturkleinod entstammt der Mitte des 17. Jahrhunderts. An Samstagen, insbesondere im Frühjahr, wird die Inselkirche gern von Hochzeitspaaren besucht. Wer die sogenannte Wunschglocke läutet, soll dem Vernehmen nach einen Wunsch frei haben.

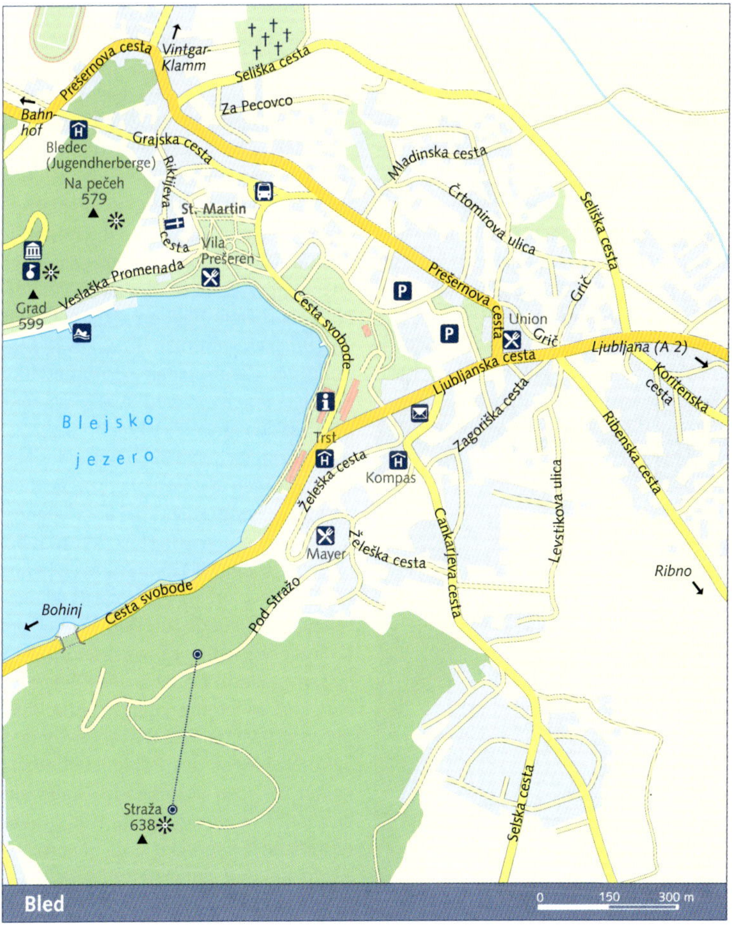

Bled und Umgebung

Der Ort Bled (5200 Einwohner) bietet eine angenehme und ein wenig nostalgische Atmosphäre, ist jedoch nicht besonders interessant. Er erstreckt sich an der Ostseite des Sees und besteht zum großen Teil aus Hotels, Pensionen und touristischen Einrichtungen. Die größeren Gebäude reihen sich entlang der stark frequentierten Ljubljanska cesta. Unter der Hausnummer 27 findet man ein **Besucherzentrum des Triglav-Nationalparks** (→ S. 95). Am Seeufer entlang ziehen sich Grünanlagen und Parks bis zur gegenüberliegenden Burg. An der ruhigeren Nordseite steht zwischen älteren Wohnhäusern die neugotische Kirche Sveti Martin, erbaut 1905. Das Denkmal in der Nähe des Eingangs stammt von Jože Plečnik. Etwas unterhalb im Park wurde 1883 ein Denkmal für den Dichter France Prešeren errichtet, der im nahegelegenen Dorf Vrba geboren wurde.

Die **Bleder Burg** (Blejski grad) steht auf dem Scheitel eines 139 Meter hohen Felsens am Rande der Ortschaft Bled. Vor tausend Jahren gab es an der Stelle

Die Vintgar-Schlucht

Karte S. 103

bereits einen Turm (Bergfried) mit Wehrmauer. Große Teile der heute existenten Anlage wurden im 16./17. Jahrhundert erbaut und in den 1950er Jahren restauriert. Es gibt zwei Burghöfe; im oberen befindet sich ein Museum und ein Restaurant. Die Zugbrücke ist eine Rekonstruktion. Vom Uferweg steigt man steil hinauf zur Burg, oder man nimmt mit dem Auto einen kleinen Umweg in Kauf. Im Südwesten des Ortes Bled, oberhalb des Casinos, führt ein Weg auf den 642 Meter hohen **Berg Straža** mit Sommerrodelbahn. Das eingangs erwähnte Postkartenmotiv des Bleder Sees bekommt man vom Gipfel Mala Osojnica (686 Meter) vor die Linse. Ein Stück weiter bietet dann die Velika Osojnica (756 Meter) einen fabelhaften Panoramablick. Der Aufstieg zu beiden Gipfels beginnt in der Nähe des Campingplatzes. Besuchenswert ist ferner die **Vintgar-Schlucht** (Soteska Vintgar). Sie liegt knapp vier Kilometer nordwestlich von Bled beim Dorf Podhom. Auf Galerien und Brücken geht man bis zu 1600 Meter in die Klamm hinein, die vom Fluss Radovna durchtost wird. Am Ende stößt man auf den etwa 15 Meter hohen Wasserfall Šum. Schon 1893 wurde das Naturphänomen für Besucher zugänglich gemacht. Heute kostet die Besichtigung 4 Euro Eintritt; geöffnet ist von Mai bis Oktober jeweils bis zum frühen Abend. Sehr interessant ist auch die **Pokljuka-Klamm** (Pokljuška soteska) beim Dorf Krnica, etwa sieben Kilometer nordwestlich von Bled. Sie ist zwei Kilometer lang und an ihrem schönsten Abschnitt bis zu 40 Meter tief. Die abfließenden Schmelzwässer des Pokljuka-Plateaus haben hier den anstehenden Kalkstein erodiert. Es gibt eine große Höhle, eine natürliche Felsbrücke und begehbare Terrassen. Auf gutes Schuhwerk sollte man nicht verzichten.

Bled

Vorwahl: 04.

Postleitzahl: 4260.

Touristenbüro: Cesta svobode 10, Tel. 5741122.

In der Hochsaison und bei Veranstaltungen ist mit längeren Staus entlang des Seeufers zu rechnen. Nur begrenzte Parkmöglichkeiten im Ort; gebührenpflichtig in der Regel 7–20 Uhr. Hotelgäste können bei längerem Aufenthalt einen Parkausweis für 25 Euro im Touristenbüro erwerben.

Busstation am nördlichen Ende der Cesta svobode: Linienverkehr der Firma Alpetour u.a. nach Kranj, Radovljica, Ljubljana, Bohinj. Außerdem Busse in die nähere Umgebung, im Sommer mit Halt an den größeren Hotels. Im Winter spezielle Skibusse. Exkursionen per Bus veranstaltet das Reisebüro Kompas Bled, Ljubljanska cesta 4, Tel. 5727500.

Im Ort und um den See herum verkehren auch Pferdekutschen und ein Touristenbähnchen.

Bahnhof Bled-Jezero im Nordwesten des Sees, genau gegenüber der Stadt (etwa 2,5 km entfernt): tägl. mind. 8 Züge auf der Tunnelstrecke Jesenice – Most na Soči – Nova Gorica. Im Sommer Museumszug nach Nova Gorica; auch mit speziellem Ausflugsprogramm buchbar.

Bahnhof Lesce-Bled (nördlich von Radovljica) an der vielbefahrenen Strecke Ljubljana – Jesenice.

Flughafen Ljubljana nur etwa 50 Kilometer entfernt.

Mobiltel. 031/205611, 031/705343, 041/633772.

Am Ort gibt es eine ziemlich große Auswahl an Unterkünften. Das allgemeine Preisniveau liegt über dem Landesdurchschnitt. Im Touristenbüro sind Verzeichnisse erhältlich, in denen auch Privatzimmer aufgeführt sind.

Vila Bled, Cesta svobode 26, Tel. 5753710, www.vila-bled.si. Vornehmes Traditionshotel mit Park und Seeblick, edle Einrichtung im Stil der 1950er Jahre, Tito persönlich übernachtete hier; DZ ab 230 Euro.

Hotel Triglav, Kolodvorska cesta 33, Tel. 5752610, www.hoteltriglavbled.si. Außerhalb des Ortes gelegen, Nähe Bahnhof. Traditionshaus seit 1906, vornehm, mit Wellnessbereich, Weinkeller, Pianobar, Restaurant mit historischem Ambiente; DZ ab 130 Euro, außerdem spezielle Pauschalpreise.

Kompas Hotel, Cankarjeva cesta 2, Tel. 6205100, www.kompashotel.com. Ebenfalls mit Restaurant und Wellnessbereich; DZ um 100 Euro.

Hotel Trst, Cesta svobode 19, Tel. 5791000, www.sava-hotels-resorts.com. Im Ort am Seeufer; ein wenig nostalgisch; DZ ca. 70 Euro.

Pension Alp, Cankarjeva cesta 20a, Tel. 5741614, www.alp-penzion.com. Am Ortsrand in ruhiger Lage; alpenländisches Ambiente; DZ ab 75 Euro.

Pension Mlinar, Levstikova ul. 12a, Mobiltel. 031/341838, www.rooms-apartments-bled.com. Einfache, kleine Pension in Zentrumsnähe; DZ ab ca. 42 Euro.

Union Bled, Ljubljanska cesta 9, Tel. 5780150, www.union-bled.com. Zeitgemäße Zimmer und Apartments in günstiger Lage; Parkplatz, Restaurant, diverse Dienstleistungen; DZ ab 65 Euro.

Gaja Apartments, Zagoriška cesta 26, Tel. 05/9077880, www.apartments-bled.si. Zentrale Lage, einfacher Standard; Apartment ab 80 Euro pro Tag.

Jugendherberge Bledec, Grajska cesta 17, Tel. 5745250, www.youth-hostel-bledec.si. Unterhalb der Burg; mit angeschlossener Pension und Restaurant. Pro Person ab 22 Euro.

Castle Hostel 1004, Grajska cesta 22, Mobiltel. 041/567512,www.hostel1004.com. Ebenfalls unterhalb der Burg; einfach und zeitgemäß.

Camping Zaka Bled, Kidričeva cesta 10c, Tel. 5752000 (an der Westseite des Sees). Große Anlage mit Restaurant, SB-Markt, Badestrand.

Gostilna Union, Ljubljanska cesta 9, Tel. 5780150. Beliebtes Restaurant mit großer Auswahl.

Gostišče Mayer, Želeška cesta 7, Tel. 5765740. Eine gute Adresse für traditionelle slowenische Küche

Ribič, Cesta svobode 27, Tel. 5768320. Gute Fischgerichte.

Mlino, Cesta svobode 45, Tel. 5741404. Beliebtes Gasthaus mit überdachter Terrasse.

Pizzeria Gallus, Ljubljanska cesta 4, Tel. 5743299.

Belvedere Paviljon, Cesta svobode 26, Tel. 5753710. Gediegene Atmosphäre, Terrasse mit herrlicher Aussicht auf den See.

Vila Prešeren, Veslaška promenada (unterhalb der Burg), Tel. 5752510. Schöne Konditorei mit Außenterrasse am Seeufer.

Museum Burg Bled, Grajska cesta 61, Apr.-Okt. tägl. 9–20, im Winter bis 18 Uhr.

Besucherzentrum des Triglav-Nationalparks, Ljubljanska cesta 27, Tel. 5780200; Di–So 10–18 Uhr, im Nov. geschlossen.

Über das Jahr verteilt finden in Bled und der näheren Umgebung vielerlei kulturelle und sportliche Veranstaltungen statt, manche bereits seit Jahrzehnten. Es lohnt sich, im Touristenbüro eine aktuelle Broschüre zu besorgen und auf Plakate zu achten.

Fahrradverleih und organisierte Touren: Fa. Helia, Trubarjeva cesta 8, Mobiltel. 031/544544.

Sommerrodelbahn am Berg Straža, Tel. 5780530.

Hochseilgarten auf dem Berg Straža, Mobiltel. 031/761661; nur im Sommer.

Golf & Country Club Bled, Kidričeva cesta 10, Tel. 5377700.

Breites Angebot für Outdoor-Aktivitäten, teilweise unter Anleitung, z.B. Minigolf, Reiten, Paragliding, Höhlenerkundung, Bergsteigen, Rafting u.a.

Freibad unterhalb der Burg, Badeplatz am Westufer bei der Campingeinfahrt.

Ruderbootverleih beim Campingplatz (von hier nur 10 Minuten Überfahrt zur Seeinsel).

Etwa 15 km Loipen um Bled herum; ausgezeichnete Langlaufstrecken auf dem Pokljuka-Plateau; Lifte auf den Berg Straža; Schneetelefon 5780512.

▲ Karte S. 103

Bohinj

Von Bled aus gelangt man auf der idyllischen Landstraße Nr. 209 nach etwa 27 Kilometern an den See von Bohinj (Bohinjsko jezero), bekannter unter dem deutschen Namen Wocheiner See. Er liegt 525 Meter hoch in einem Talschluss im Südteil des Triglav-Nationalparks. Man kann auch aus dem weiter westlich verlaufenden Soča-Tal anreisen, indem man den Autozug durch den Kobla-Tunnel zwischen Most na Soči und Bohinjska Bistrica benutzt. Der See von Bohinj besitzt zwar keine Insel, ist aber bestimmt genauso malerisch wie der Bleder See. Und er ist wesentlich größer: etwa 4,1 Kilometer lang und 1,2 Kilometer breit. Mit seiner Wasserfläche von knapp 3,2 Quadratkilometern ist er der größte See in Slowenien. Er ist bis zu 45 Meter tief und wird von der Savica gespeist. Im Winter friert er meistens zu. Im Gegensatz zum Bleder See geht es hier eher ruhig zu, die Szenerie ist wesentlich rustikaler, das Naturerlebnis steht im Vordergrund. Überall werden Unterkünfte angeboten, ein Nachtleben wird man indes vergeblich suchen. Man genießt einfach die erhabene Berglandschaft, in die abends völlige Stille zurückkehrt.

Die Gemeinde Bohinj (5300 Einwohner) besteht aus etwas mehr als 20 Dörfern und Weilern. Im Hauptort **Bohinjska Bistrica** (1800 Einwohner), gut fünf Kilometer östlich des Sees, findet man alle Versorgungsmöglichkeiten. Als erste Ortschaft am Seeufer erreicht man **Ribčev Laz** (150 Einwohner), das die Besucher mit einer hübschen Steinbrücke vor der Dorfkirche entzückt. Man kann Ruderboote oder Kanus mieten, um auf das grünblau schimmernde, sehr klare Wasser hinauszufahren, oder aber das Motorschiff besteigen, das bis zur Siedlung Ukanc am anderen Ende des Sees fährt. Oder man umrundet den See in etwa dreieinhalb Stunden zu Fuß. Schwimmer müssen sich mit Temperaturen von maximal 22 Grad Celsius abfinden. Man kann auch Mountainbike-Touren unternehmen oder wandern, auf der nahen Vogar-Alm sogar Drachen- und Gleitschirmfliegen praktizieren, im Winter findet man gute Skibedingungen vor.

Als Ziel für kleine Ausflüge bietet sich beispielsweise der **Savica-Wasserfall** (Slap Savice) an, der vom Dorf **Ukanc** am westlichen Ende des Sees erreichbar ist. Vom Parkplatz an der Hütte ›Koča pri Savici‹ führt der Fußweg über eine Brücke (gebührenpflichtig; 2 Euro) allmählich aufwärts. Der Wasserfall ist 51 Meter hoch. Über denselben Weg gelangt man mit einem Zeitaufwand von etwa zweieinhalb Stunden auch zu den **Triglav-Seen**, deren unterster, genannt der Schwarze

Ausflugsboote bei Ribčev Laz

See (Črno jezero), in 1330 Metern Höhe liegt. Nochmals 350 Meter höher befindet sich die schöne Berghütte ›Koča pri Triglavskih jezerih‹. Der im Südwesten aufragende **Berg Vogel** (1922 Meter) ist durch Sessellift und Seilbahn erschlossen und bietet ideale Bedingungen für ausgedehnte Wanderungen.

In **Stara Fužina** (600 Einwohner) kann man ein Almwirtschaftsmuseum besuchen (Planšarski muzej; montags geschlossen).

Bohinj/Bohinjska Bistrica

Vorwahl: 04.

Postleitzahl: 4264 (Ort), 4265 (am See).

Touristenbüro: Ribčev Laz 48, Tel. 5746010.

Parken am Seeufer stellenweise gebührenpflichtig (Parkscheinautomaten).

Landschaftlich schöne Bahnstrecke (Nahverkehrszüge alle 1–2 Stunden zwischen Jesenice und Nova Gorica). Autoverladung zwischen Bohinjska Bistrica und Most na Soči (Tunnelpassage): 4x tägl., einf. Fahrt inkl. Insassen ca. 14 Euro.

Museumseisenbahn mit Dampflok zwischen Bled und Nova Gorica: jeden zweiten Sonntag von Mai bis Anfang Oktober, Erwachsene hin/rück ca. 85 Euro inkl. Bustransfer und Eintritt in Bled, Reiseleitung, Beköstigung.

Großes Angebot an Quartieren aller Art; gehobenes Preisniveau, meist Aufschlag bei nur einer Übernachtung. Privatzimmer ab etwa 20 Euro pro Person und Nacht.

Hotel Jezero, Ribčev Laz 51, Tel. 5729100. Renoviertes Hotel am See; DZ um 130 Euro.

Hotel Bohinj, Ribčev Laz 45, Tel. 5726000, www.hoteli-bohinj.si. Ruhige Lage mit Seeblick; zeitgemäßer Komfort, geräumige Zimmer; DZ 120 Euro.

Hostel Pod Voglom, Ribčev Laz 60, Tel. 5723461, www.hostel-podvoglom.com. Jugendherberge mit diversen Outdoor-Angeboten; Schlafsaal 18 Euro pro Person inkl. Frühstück, Zimmer mit Etagendusche 22 Euro, mit eig. Dusche 26 Euro; diverse Rabatte.

Camping Danica, Triglavska cesta, Tel. 5721702; geöffnet April bis Sept.

Camping Zlatorog, Ukanc 5, Tel. 5723064, www.zlatorogturizem.si; öffnet Mai bis Sept.

Kranj

▸ Karte S. 110

Kranj (37 000 Einwohner) ist das Zentrum der Gorenjska (Oberkrain), steht jedoch klar im Schatten der nur 25 Kilometer entfernten Hauptstadt Ljubljana. Immerhin liegt der internationale Flughafen direkt vor den Toren der Handels- und Messestadt am Südrand der Alpen. Die Verkehrslage ist insgesamt sehr günstig. Seit fast hundert Jahren prägen Industriebetriebe das Gesicht dieser viertgrößten Stadt Sloweniens. Heutzutage werden vor allem Elektronik- und Gummierzeugnisse gefertigt: Das Unternehmen ›Iskra‹ fungiert als wichtiger Zulieferer der Autoindustrie, das Reifenwerk ›Sava‹ produziert jährlich über sieben Millionen Autoreifen, von denen 95 Prozent in den Export gehen. Die touristische Bedeutung der Stadt Kranj ist entsprechend gering.

Historisches

Die strategisch und verkehrstechnisch günstige Stelle am Rande des Kranjsko polje (Krainer Becken), wo die Kokra in die Sava mündet und die Alpenübergänge gut erreichbar sind, weist seit der Eisenzeit eine kontinuierliche Besiedlung auf. Die Römer trafen auf eine keltische

Siedlung und nannten sie fortan Carnium. Unter fränkischer Herrschaft bildete sich in unterschiedlichen Schreibweisen der Name Chreina oder Creina heraus. Darin erkennt man bereits den deutschsprachigen Namen Krain (für die Region) und Krainburg (für die Stadt) und ebenso die slowenische Version. Aus einer Festung gegen die Langobarden ging im 11. Jahrhundert der Sitz der Markgrafen von Krain hervor, der ab 1256 den Titel Stadt tragen durfte. Nach wechselnden Besitzern fiel die Stadt an die Habsburger, die sie im 14. Jahrhundert den Grafen von Cilli als Feudalherren übergaben. In der Folge mehrerer Feuersbrünste wurden die ehemals hölzernen Gebäude allmählich durch Steinbauten verdrängt. Als die Faschisten 1941 Kranj besetzten, schlossen sich sehr viele Bürger der Partisanenbewegung an. Die lange ersehnte Unabhängigkeit Sloweniens stürzte die lokale Wirtschaft in große Schwierigkeiten, weil der ehemals gesamtjugoslawische Absatzmarkt weitgehend wegfiel. Nach wie vor hat Kranj eine große Bedeutung als Messestadt.

Kranj – Zahlen und Fakten

Deutscher Name: Krainburg
Koordinaten: 46°14'N/14°21'O
Gemeindefläche: 148 km²
Einwohner Stadt: 37000
Einwohner inkl. Gemeinde: 55000
Höhe ü. M.: 350 - 406 m
Autokennzeichen: KR
Internet: www.kranj.si
Historische Region: Gorenjska

Stadtbesichtigung

Sehenswert ist im Grunde nur der zentrale Altstadtbereich am Zusammenfluss von Kokra und Sava. Parkplätze sind auf der Halbinsel allerdings knapp. Von Norden kommend passiert man den Slovenski trg, schräg gegenüber dem Hotel Creina beginnt der historische Stadtteil.

Kranj mit der Kirche Sveti Kancijan

Zunächst betritt man den **Maistrov trg**, bei dem sich einst ein Stadttor befand. Die **Prešernova ulica** führt weiter geradeaus: Im Haus Nummer 7 verbrachte Sloweniens Nationaldichter France Prešeren (1800–1849) seine beiden letzten Lebensjahre. Das heutige Museum (Prešernova hiša) im ersten Stockwerk zeigt das originale Arbeitszimmer und eine Auswahl von Manuskripten, die lange Zeit der Zensur unterlagen. (Das Grabmal des Poeten ist übrigens in einer Parkanlage an der Gregorčičeva ulica zu finden, etwa 700 Meter nördlich des Museums). Als Kostprobe in deutscher Nachdichtung hier ein paar seiner Verse über die Sava: »*Der milden Abendsonne kühl're Strahlen/vergoldeten den Schmuck der grünen Aue,/im Hintergrunde schautest du die kahlen/Giganten Oberkrains mit kühnem Baue./Rings um dich rauschten sanft der Save Wellen,/ ....*« (→ S. 212). Nach wenigen Schritten ist man auf dem denkmalgeschützten **Glavni trg** (Hauptplatz), der lange Zeit Titov trg hieß. Zwischen etlichen hübschen Bürgerhäusern im Stil der Gotik und Renaissance steht das ehemalige Rathaus (Mestna hiša), das heute als **Regionalmuseum** dient. Sehenswert ist die Säulenhalle im Unter-

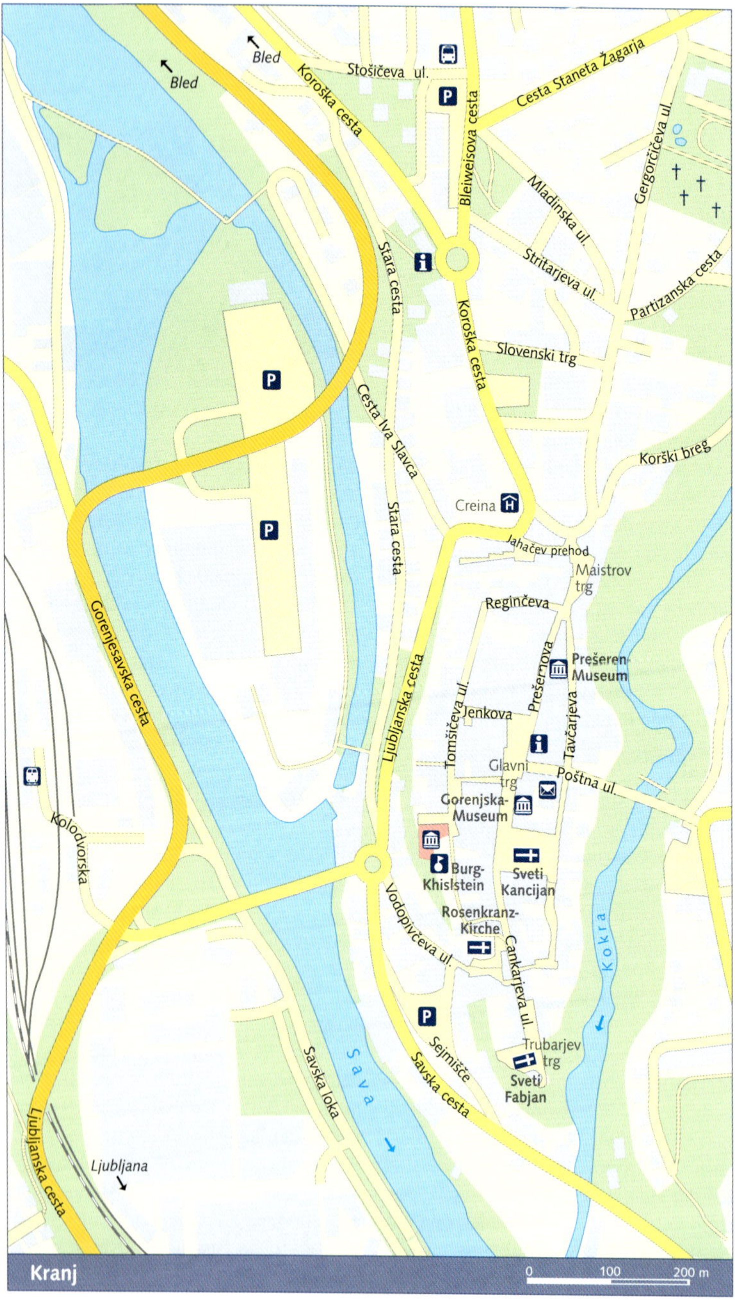
Bled
Bled
Stošičeva ul.
Koroška cesta
Bleiweisova cesta
Cesta Staneta Žagarja
Mladinska ul.
Gergorčičeva ul.
Stritarjeva ul.
Partizanska cesta
Stara cesta
Koroška cesta
Slovenski trg
Cesta Iva Slavca
Korški breg
Creina
Stara cesta
Jahačev prehod
Maistrov trg
Reginčeva
Prešernova
Prešeren-Museum
Ljubljanska cesta
Gorenjesavska cesta
Tomšičeva ul.
Jenkova
Tavčarjeva
Glavni trg
Poštna ul.
Gorenjska-Museum
Kolodvorska
Burg-Khislstein
Sveti Kancijan
Rosenkranz-Kirche
Vodopivčeva ul.
Cankarjeva ul.
Kokra
Trubarjev trg
Sveti Fabjan
Sejmišče
Savska cesta
Savska loka
Sava
Ljubljana
Ljubljanska cesta
Kranj
0
100
200 m

geschoss. Glasplatten im Boden erlauben den Blick auf frühslawische Grabstellen. In den Gebäudekomplex integriert ist auch ein Schlösschen aus dem 17. Jahrhundert. Beherrscht wird der zentrale Platz jedoch von der gotischen **Kirche Sankt Kanzian** (Cerkev Sveti Kancijan) aus dem späten 14. Jahrhundert. Beachten sollte man das mit Reliefs verzierte Sterngewölbe. In der unmittelbaren Umgebung wurden weitere altslawische Gräber gefunden. Das **Theater** (Gledališče) seitlich der Kirche wurde in der jetzigen Form von Jože Plečnik gestaltet. Es trägt den Namen des bereits erwähnten Dichters France Prešeren, dem auch das unübersehbare Denkmal gilt.

Verlässt man den Glavni trg in südlicher Richtung, so trifft man am Ende der Cankarjeva ulica auf die **Kirche des Heiligen Fabian** (Cerkev Sveti Fabjan), auch Pestkirche genannt. Der Wachtturm ganz in der Nähe markiert das Ende der Altstadt. Jenseits der Umgehungsstraße Savska cesta mündet dann die Kokra in die Sava ein, umgeben von unschönen Gewerbeflächen.

Auf dem Rückweg kann man an den Rändern der Altstadt noch einige Entdeckungen machen: Die **Rosenkranzkirche** (Roženvenska cerkev) steht ein wenig seitlich von der Cankarjeva ulica oberhalb einer Treppe mit hübschen Arkaden – auch dies ein Werk des Baumeisters Jože Plečnik.

In der Tomšičeva ulica befindet sich die **Burg Khislstein**, die einst den Übergang über die Sava bewachte. Heute knickt hier an der Außenseite der Altstadt die Ljubljanska cesta ab, um jenseits des Flusses aus der Stadt herauszuführen. Die Teile der heutigen Burg entstanden erst zwischen dem 15. und 19. Jahrhundert. Der Innenhof wird gern für Konzerte und Aufführungen genutzt; außerdem sind Ateliers und Sammlungen des Regionalmuseums vorhanden. Beim Umherstreifen in den Gassen wird man noch weitere interessante Häuser und Geschäfte finden.

Umgebung von Kranj

Am westlichen Stadtrand in Bahnhofsnähe blickt man auf zwei zusammenhängende Berge: **Kalvarija** und **Šmarjetna gora**. Letzterer ist 646 Meter hoch und überragt damit die Altstadt um etwa 270 Meter. Auf dem Gipfel steht ein zutreffenderweise ›Bellevue‹ genanntes Hotel, die Kirche Sveta Marjeta sowie spärliche Ruinen der einstigen Wartenburg.

Das als Titos Sommerresidenz berühmt gewordene **Schloss Brdo** liegt nur etwa fünf Kilometer nördlich von Kranj: Brdo pri Kranju, umgeben von einem 500 Hektar großen Naturpark. Auch ein Hippodrom, ein Golfplatz, eine Skulpturensammlung, eine Vinothek und etliche Fischteiche gibt es auf dem Gelände. Das Anwesen ließ der habsburgische Verwalter im Herzogtum Krain, ein Adliger namens Jurij Egkh, um 1510 erbauen, und so trug es auch den deutschen Namen Egg bei Krainburg. Die heutige symmetrisch-glatte Fassade lässt nicht mehr viel von der ursprünglichen Renaissancearchitektur erkennen. Nach einigen Zwischenbesitzern wurde die Schlossanlage 1945 vom jugoslawischen Staat enteignet und später für den auf Luxus bedachten Präsidenten ausgestattet. Heute hat es den Rang eines Protokollarobjektes, in dem hohe Staatsgäste empfangen werden und internationale Konferenzen stattfinden: 1996 fand in den Räumlichkeiten die 4. Alpenkonferenz statt, 2001 wurde hier das erste Treffen von George W. Bush und Vladimir Putin arrangiert, 2008 hatte es eine wichtige Funktion während der slowenischen EU-Ratspräsidentschaft. Dass solche hochkarätigen Delegationen ausgerechnet hierher kommen, hängt

sicher auch mit der Hauptstadtnähe und dem noch näher gelegenen internationalen Flughafen zusammen, der eigentlich Kranj Airport heißen müsste.
Von der Landstraße Nr. 104 nach Mengeš zweigt in Flughafennähe ein Sträßchen nordwärts ab, das durch die Gemeinde Cerklje (insgesamt 7100, Ort 1600 Einwohner) bis an das **Krvavec-Massiv** heranführt. Unterwegs passiert man die Höhenburg Strmol. Dem 1971 Meter hohen Berggipfel Veliki Zvoh nähert man sich mit einer Kabinenbahn, die bis auf 1450 Meter hinaufführt. Etliche Liftanlagen erschließen das beliebte Ski- und Wandergebiet oberhalb der Bergstation, wo sich auch eine bewirtschaftete Hütte (›Dom na Gospincu‹) befindet. Eine weitere Einkehrmöglichkeit steht zumindest an den Wochenenden in knapp 1700 Metern Höhe zur Verfügung (›Dom na Krvavcu‹).

Kranj

Vorwahl: 04.
Postleitzahl: 4000.
Touristenbüro: Glavni trg 2, Tel. 2380450.

Autobahn A1 mit Abfahrten Kranj-zahod (West) und Kranj-vzhod (Ost). Altstadtnahe Parkplätze an der Gregorčičeva ul., am Messegelände (sejem) auf der Sava-Insel und jenseits der Kokra.

Busstation: Stošičeva ul. 2, Tel. 2013210 (Ecke Bleiweisova cesta; 1200 m nördlich der Altstadt). Das Verkehrsunternehmen Alpetour bedient alle nennenswerten Orte in Gorenjska; Airportbus tagsüber mind. alle 30 Minuten.

Bahnhof: Kolodvorska cesta 11 (westl. Sava-Ufer), Tel. 2944134. Wichtige und vielbefahrene Strecke Villach – Jesenice – Ljubljana mit Abzweig nach Bled.

Der Flughafen Ljubljana liegt in Wirklichkeit direkt bei Kranj (ca. 7 km).

Tel. 2026100. Die Fahrt zum Flughafen kostet etwa 9–10 Euro.

Hotel Creina, Koroška cesta 5, Tel. 2817500, www.hotel-creina.si. Renommiertes Haus am Eingang zur Altstadt, mit Café und Restaurant; DZ um 75 Euro.
Hotel Bellevue, Šmarjetna gora 6, Tel. 2700000, www.bellevue.si. Etwas außerhalb auf dem Hügel; mit Restaurant-Terrasse; DZ ab 60 Euro.
Hotel Silvester, Cerklje na Gorenjskem, Vopovlje 9, Tel. 2527760, www.hotel-silvester.com. Etwa 5 km östlich von Kranj, dafür nur 3 km zum Flughafen; Transfer; DZ um 65 Euro.
Eskimska vas (Eskimodorf) Krkavec, Mobiltel. 031/362368, www.eskimska-vas.si. Originelle Übernachtung im Iglu; Zeitraum etwa zwischen Weihnachten und Ostern; Iglu für max. 8 Personen inkl. Rahmenprogramm pauschal 250 Euro.

Jugendherberge, Kidričeva cesta 53, Tel. 2010430.

Krainer Wurst ist die lokale Spezialität (→ S. 114).
Gostilna Kot, Majstrov trg 4, Tel. 2026105. Im Norden der Altstadt oberhalb der Kokra; überwiegend einheimische Küche.
Stari Mayr, Glavni trg 16, Tel. 2800020. Einfaches Gasthaus am Hauptplatz, mit Innenhof.

▲ Karte S. 110

Jährlich am 8. Febr. ›Prešernov smenj‹ (Prešeren-Markt) in der Altstadt mit Folklore, Tanz und nostalgischer Atmosphäre. Jährliche Jugendwoche (›Teden mladih‹) und Carniola-Festival mit Musik, Tanz, Theater.

Seit 2009 gibt es sogar ein Festival der Krainer Wurst; jeweils Mitte August in Sora pri Medvodah (12 km südl. bis Medvode, dann noch 2 km nach Westen).

Gorenjska-Museum im ehem. Rathaus, Glavni trg 4; Di–So 10–18 Uhr.

Prešeren-Museum, Prešernova ul. 7; Di–So 10–18 Uhr.

Fassade in der Altstadt von Kranj

Die Krainer Wurst

Ein Festival für eine Wurst

Ein Festival für eine Wurst! Nicht irgendeine, sondern eine ganz besondere. Eine, die als Kulturerbe gehandelt wird. Kurz: die Krainer Wurst oder einfach die ›Krainer‹. Nachdem immer mehr bedenkliche Abwandlungen und Imitate im In- und Ausland auftauchten, sah sich die Biotechnische Universität in Ljubljana, unterstützt von der Handelskammer und berufsständischen Interessenvertretern, veranlasst, das Wesen dieser original slowenischen Wurst genauer zu ergründen und zu definieren. Es sollte ein erster Schritt hin zu einer geschützten Bezeichnung sein. Im Jahr 2004 wurde die beste Krainer auf dem slowenischen Inlandsmarkt prämiert. Das geschah in dem Örtchen Sora bei Medvode, etwa zwischen Kranj und Ljubljana gelegen. Einige Jahre später ist aus der fachlichen Veranstaltung ein richtiges Event geworden. Seit 2009 findet nun am selben Ort jährlich im Sommer das ›Festival kranjske klobase‹ (Festival der Krainer Wurst) statt. In den letzten beiden Jahren ging jeweils die Fleischerei Arvaj aus Britof bei Kranj als Sieger des Wettstreites hervor. Nach Auskunft der Jury werden folgende Aspekte benotet: Aussehen, Zusammensetzung des Bräts, Farbe, Textur, Geruch und Geschmack. Dabei legt man besonderen Wert auf die Harmonie. Aber was macht eigentlich so eine original Krainer Wurst aus?

Man beruft sich da auf das älteste niedergeschriebene Rezept. Es stammt aus dem Jahr 1896, als Hausschlachtungen üblich waren. Die Tradition reicht freilich viel weiter zurück. Man nehme also 6 Kilogramm schieres Schweinefleisch ohne Fett und Sehnen, dazu maximal 20 Prozent festen Speck. Beides wird in ungefähr einen Kubikzentimeter große Würfel geschnitten. Als weitere Zusätze sind lediglich ¼ Liter Wasser, 180 Gramm Salz, 5 bis 10 Gramm gemahlener Pfeffer, ebensoviel Salpeter und eine zerstoßene Knoblauchzwiebel erlaubt. Nach gründlicher Durchmischung wird das Brät in dünne Schweinsdärme gefüllt und bis zu drei Tage lang mild geräuchert. Anschließend lässt man die fertigen Würste paarweise in einem kühlen, durchlüfteten Raum hängen. Um sie zu essen, werden sie 15 Minuten gekocht und dann mit Sauerkraut, geriebenem Meerrettich (Kren) oder Senf serviert. Empfohlen werden auch Bratkartoffeln.

Interessant ist übrigens die Etymologie des Wortes *klobasa* (Wurst), entstanden aus *klobčič* (Knäuel) und *basati* (stopfen). Ähnliche Wortbildungen gibt es auch in anderen slawischen Sprachen. In Ungarn verwendet man die Bezeichnung *kolbász* für eine große Bandbreite regionaler Dauerwurstspezialitäten – natürlich mit Paprika.

Man sieht: Neben den ›Original Oberkrainern‹ (Musikensemble) gibt es auch noch die ›Original Krainer‹ (Wurst).

Nebentäler der Sava

Es gibt noch weitere Wege von Österreich ins Sava-Tal oder umgekehrt. Sie folgen der Tälern kleinerer Gebirgsflüsse. Östlich des Karawanken-Tunnels sind im Raum Klagenfurt drei Pässe zu nennen: der **Loibl-Pass** (Ljubelj) mit Tunnel, der **Seebergsattel** (Jezerski vrh) und von derselben Strecke abzweigend noch der wenig benutzte **Paulitschsattel** (Pavličevo sedlo), dessen Straße auf slowenischer Seite zunächst weit nach Osten ausholt. Auf jeder dieser Routen fährt man durch die grandiose Bergwelt der Kamniker und Savinjer Alpen (Kamniško-Savinjske Alpe) und erreicht Höhen von etwa 1300 Metern. Steigungen bis zu 16 Prozent und Serpentinen lassen das Mitführen von Anhängern nicht empfehlenswert erscheinen, teilweise ist es sogar verboten.

Auch von Westen her gibt es Zuflüsse. Sie entspringen den Julischen Alpen (Südrand des Triglav-Massivs) und bilden ebenfalls markante Täler, die für den Straßenbau genutzt wurden. Das Gefälle ist im Allgemeinen geringer. Insbesondere die Sora ist erwähnenswert, die in einer großen Ebene südlich von Kranj in die Sava einmündet.

Tržič

Tržič (3900 Einwohner) liegt in 515 Metern Höhe und wird von der Loibl-Passstraße durchquert. Kunsthandwerk und Lederverarbeitung sind die traditionellen Gewerbe im Ort. Überall gab es einst Schusterwerkstätten. Nach rund 300 Jahren erfolgreicher Produktion ließ die Bedeutung der ›jugoslawischen Schuhmetropole‹ jedoch stark nach. Die **Altstadt** steht seit 1985 unter Denkmalschutz. Man kann hier ein besonderes architektonisches Detail beobachten: Fensterläden und Eingangstüren aus Metall. Es handelt sich dabei um eine in Europa wohl einzigartige Brandschutzmaßnahme, die nach einem Großfeuer im Jahr 1811 angeordnet wurde.

Die Loibl-Passstrecke verläuft durch die Gemeinde Tržič (insgesamt 15 000 Einwohner). Auf der gut ausgebauten Straße Nr. 101 folgt man weitgehend dem Gebirgsbach Tržiška Bistrica. Knapp 20 Kilometer beträgt die Entfernung zwischen der Staatsgrenze und der Autobahnanschlussstelle kurz vor Kranj.

Die **Loibl-Passhöhe** beträgt 1369 Meter. Bereits die Römer hatten den Alpenübergang benutzt. Um 1560 legte man bereits einen 150 Meter langen Tunnel an. Im 17. Jahrhundert wurde ein neuer Tunnel geplant, der jedoch wegen hoher Kosten nicht realisiert wurde. Immerhin existiert ein anschaulicher Kupferstich von Valvasor aus dem Jahr 1689 mit dem Titel ›*Die Strassen aus Crain in Kharendten über undt durch den Perg Loibl*‹. Zwangsarbeiter im Zweiten Weltkrieg mussten schließlich 1943/44 die neue Tunnelröhre graben. Seit 1967 ersetzt der 1570 Meter lange rekonstruierte Straßentunnel den Weg über die Passhöhe, der seither für Kraftfahrzeuge gesperrt ist. Bislang wird für die Benutzung der Strecke keine Maut erhoben. Es besteht ein grundsätzliches Verbot für Fahrzeuge über 3,5 Tonnen Gesamtgewicht und für Wohnanhänger.

Preddvor

Die Strecke über den **Seebergsattel** (Jezerski vrh) ist ein Stück länger, etwa 35 Kilometer liegen zwischen der Staatsgrenze und der Innenstadt von Kranj. Die Straße Nr. 210 verläuft am Gebirgsbach Kokra entlang durch die Gemeinde Preddvor (insgesamt 3400 Einwohner), in der gleich vier Schlösser und Burgruinen stehen: Preddvor, Hrib, Novi grad

Die Gemeinde Jezersko am Seebergsattel

und Turn pod Novim gradom. Vom Ort Preddvor (800 Einwohner) gibt es noch eine schmale Verbindungsstraße hinüber nach Tržič an der Loibl-Passstraße. Die Strecke hat eine maximale Steigung von zehn Prozent. Der Alpenübergang liegt mit 1215 Metern relativ hoch. Die verstreuten Häuser in der Nähe bilden die abgeschiedene Gemeinde **Jezersko** (insgesamt 650 Einwohner), die als Exklave zur historischen Landschaft Koroška gehört. Es ist ein Erholungsort in sauberer Luft. Am Fuße des 2558 Meter hohen Gipfels Grintovec liegt ein Bergsee. Man kann von hier aus schöne Gebirgswanderungen unternehmen, teilweise auf markierten Wegen.

Kamnik

Auch über Kamnik besteht eine Verbindung mit Österreich. Die Strecke ist wesentlich länger und zeitraubender als die beiden vorgenannten: Zwischen der erst 2001 geöffneten Staatsgrenze am Paulitschsattel (Pavličevo sedlo) und der slowenischen Autobahnanschlussstelle Vodice bei Kranj liegen über 80 Kilometer. Der nördliche Abschnitt am Oberlauf der Savinja (Straße Nr. 428 bis Einmündung bei Radmirje) ist gut ausgebaut. Im mittleren Abschnitt (im Verlauf der Straße Nr. 225) gibt es etliche Serpentinen mit Steigungen bis zu 16 Prozent. Im Südteil gilt es die Abzweigung bei Stahovica zu beachten.

Kamnik (14000 Einwohner) trat im 11. Jahrhundert ins Licht der Geschichte und trug ab 1267 den Stadttitel. Im mittelalterlichen Herzogtum Krain war es ein bedeutender Warenumschlagplatz direkt an der damaligen Fernstraße von Laibach nach Cilli. Seit 1890 gibt es einen Bahnanschluss, allerdings liegt die Stadt heute ein Stück abseits der Autobahn.

Verschiedene Handwerke haben in Kamnik eine lange Tradition, beispielsweise die Leder-, Metall- und Holzverarbeitung. Später kamen Fabriken der Lebensmittel- und Textilindustrie hinzu. Nicht alle konnten sich nach 1990 behaupten. Inzwischen gibt es im Ort viele Neubürger, die zur Arbeit nach Ljubljana pendeln.

Der Adel vergangener Epochen schätzte Kamnik als Ferienort ebenso wie die heutigen Touristen, die in der denkmalgeschützten **Altstadt** zwischen drei Burgen umherspazieren: Im Osten ragt die **Ruine Stari grad** (Alte Burg) etwa 200 Meter über die Stadt und lockt mit einer prächtigen Aussicht; auf einem Felsen im Altstadtbereich steht die **Ruine Mali grad** (Kleine Burg); im Südwesten

▲ Karte S. 117

befindet sich **Grad Zaprice** aus dem 16. Jahrhundert mit dem städtischen Museum. Ein weiteres interessantes Bauwerk ist das **Franziskanerkloster** (Frančiškanski samostan) nordwestlich des Glavni trg (Hauptplatz) mit einer umfangreichen Bibliothek.

Etwa fünf Kilometer südlich der Stadt befindet sich das bekannte **Arboretum von Volčji potok**, das im 19. Jahrhundert angelegt wurde und heute auf 79 Hektar Fläche eine Vielzahl teils exotischer Pflanzen zeigt.

Kamniška Bistrica

Die Gemeinde Kamnik (insgesamt 29 000 Einwohner) ist flächenmäßig sehr ausgedehnt und umfasst einen großen Teil des Siedlungs- und Wegenetzes der südlichen Kamniker und Savinjer Alpen. Sehenswert ist das obere Tal der Kamniška Bistrica, das in Stahovica nordwärts führt, während die Passstraße in östliche Richtung abzweigt. Am Bach entlang geht es durch kühlen Laubwald, bis man nach acht Kilometern die gleichnamige **Siedlung Kamniška**

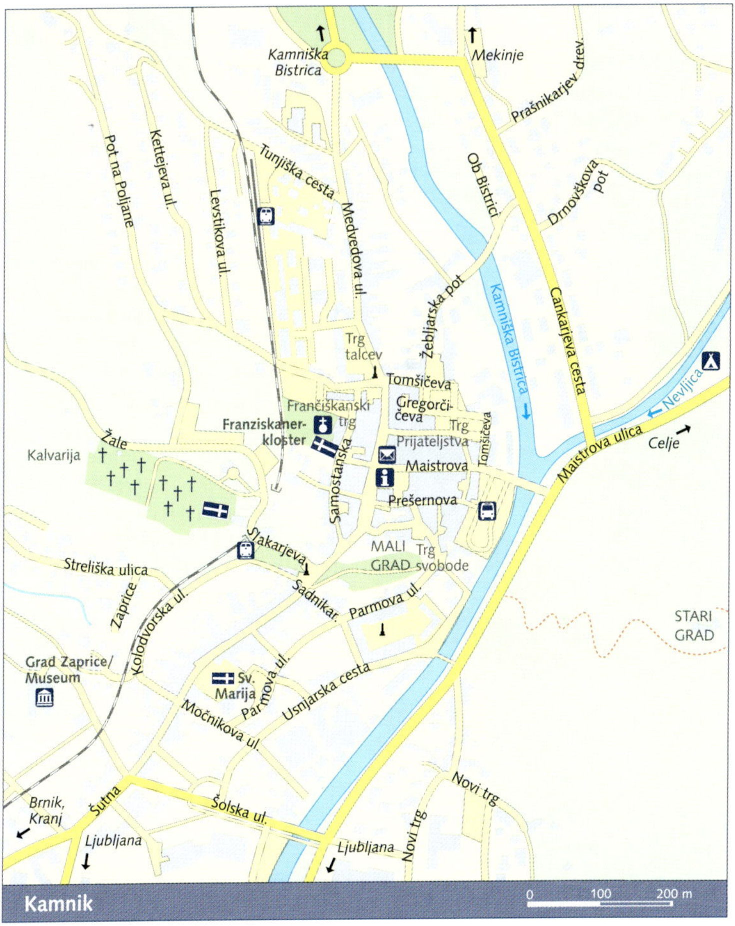

Bistrica in 1200 Metern Höhe nahe der Quelle erreicht. Unterwegs passiert man einen 20 Meter hohen Wasserfall. Bei einer Schutzhütte im Talkessel endet die Straße schließlich.

Vom Parkplatz aus kann man großartige Bergwanderungen unternehmen: Westwärts liegen die **Kamniker Alpen** mit dem 2558 Meter hohen Grintovec-Gipfel, ostwärts die **Savinjer Alpen** mit dem 2350 Meter hohen Ojstrica-Gipfel. Geübte Bergwanderer ohne Höhenangst machen sich mit entsprechender Ausrüstung auf zum Logar-Tal (Logarska dolina; siehe unten).

An der Ostseite des Bistrica-Tales liegt auch die für allerlei Freizeitaktivitäten beliebte **Hochalm Velika planina**, die durch eine Seilbahn und einen daran anschließenden Sessellift erschlossen ist, so dass man letztlich bis auf die Maximalhöhe von 1666 Metern gelangt und ein grandioses Panorama genießt. Überall in der Umgebung stehen die regionaltypischen ovalen Alm- oder Sennhütten (*dimnica*), die während des Sommers bewohnt werden; es sollen insgesamt weit über 500 sein. Man kann auch an der mittleren Station den Sessellift verlassen und auf markierten Wegen in südlicher Richtung hinabsteigen. Unterwegs kann man einen rustikalen Imbiss einnehmen. Im übrigen bietet das Tal der Kamniška Bistrica vielerlei Möglichkeiten auch für Angler, Kajakfahrer, Mountainbiker und sogar Drachensegler.

In der Logarska dolina

Kamnik: Marienkirche

▲ Karte S. 117

■ Logarska dolina

Die bereits erwähnte Logarska dolina zählt wohl zu den schönsten Gletschertälern Europas. Sie beginnt zehn Kilometer vor dem österreichischen Grenzübergang am Paulitschsattel und erstreckt sich in südwestlicher Richtung. Von Kamnik muss man fast die gesamte eingangs beschriebene Strecke zurücklegen, rund 70 Kilometer, um dorthin zu gelangen.

Obwohl das Talende der Logarska dolina nur etwa vier Kilometer vom Talende der Kamniška Bistrica entfernt ist, gibt es für Autos keinen kürzeren Weg. Zwischen beiden Tälern ragt nämlich eine mächtige Felswand auf.

Die hochalpine, etwa neun Kilometer lange Logarska dolina ist ein ausgewiesener Naturpark. Die Zufahrt ist gebührenpflichtig (PKW 6 Euro). Die Asphaltstraße endet kurz vor dem **Rinka-Wasserfall** (Slap Rinka), aus dem der Fluss Savinja hervorgeht, der im weiteren Verlauf an der Stadt Celje vorbeifließt und bei Zidani Most in die Sava einmündet. Es gibt noch weitere Wasserfälle in der Umgebung. Ein interessanter **Naturlehrpfad** durchzieht das Tal fast in ganzer Länge. Inmitten der imposanten Bergwelt mit schneebedeckten Gipfeln und grünen Almwiesen kann man gut entspannen und umherwandern. Natürlich begegnet man dabei auch anderen Touristen, die die herrliche Naturlandschaft und die Gebirgspensionen zu schätzen wissen. Noch ruhiger und ab einem bestimmten Punkt auch autofrei ist das benachbarte **Hochtal Robanov kot** (etwa 12 Kilometer östlich, zwischen Solčava und Luče ob Savinji).

Kamnik

Vorwahl: 01.

Postleitzahl: 1240.

Touristenbüro: Tomšičeva ul. 23, Tel. 8391470.

Verkehrsbetrieb Kam-Bus mit Linienverkehr nach Ljubljana und Kamniška Bistrica.

Drei Bahnstationen im Ortsbereich (Kamnik, Kamnik-mesto, Kamnik-Graben), Endpunkt der 25 km langen Stichstrecke Ljubljana–Kamnik; Mo–Fr etwa 12–14 Züge pro Tag, am Wochenende keine Verbindung.

Hotel Malograjski dvor, Maistrova cesta 13, Tel. 8303100, www.hotelkamnik.si. Zentrale Lage; stilvoll möbliert, mit gutem Restaurant und Weinkeller; DZ 75 bis 100 Euro.

Pension Pri Cesarju, Tunjiška cesta 1, Tel. 8392917, www.cesarski-dvor.si. Frühstückspension in Altstadtnähe; DZ um 67 Euro, Rabatt bei mehrtägigem Aufenthalt.

Pension Pod Skalo, Maistrova ul. 32, Tel. 8391233, www.hi-kamnik.com. Mit Jugendherberge; DZ 54 Euro, nur Übernachtung (Schlafsaal) 22 Euro pro Person. In der Logarska dolina Übernachtungsmöglichkeiten auf touristischen Bauernhöfen.

Camping Resnik, Maistrova ul. 32, Tel. 8317314; geöffnet Mai bis Sept.

Gostilna Grof Andeš, Stari grad, Mobiltel. 041/649108. In der Burg; landestypische Spezialitäten.

Gostilna Mlakar, Ljubljanska cesta 40, Tel. 8312758. Gute einheimische Küche; Außenplätze.

Gostilna Mili vrh, Žale 10a, Tel. 8317045. Ebenfalls einheimische Küche.

Arboretum Volčji potok, Radomlje, Tel. 8312345; geöffnet April-Aug. 8-20 Uhr, im Winter frühere Schließzeiten.

Maifestival mit Tulpenausstellung im Arboretum.

Mittelaltertage am 2. Wochenende im Juni.

Festival ›Kamfest‹ Anfang August in der Burg.

Škofja Loka

Das Stadtbild von Škofja Loka (12000 Einwohner) gehört zu den schönsten und ursprünglichsten in ganz Slowenien. Der mittelalterliche Ortskern steht unter Denkmalschutz und ist weitgehend autofrei. Er bildet mit seinen beiden langgezogenen Hauptplätzen nahezu ein Rechteck, das von einer gewaltigen Burganlage überragt wird. Die beiden Flüsse Selščica und Poljanščica vereinigen sich unterhalb der Altstadt und fließen unter dem Namen Sora geradewegs in die nahe Sava. Škofja Loka liegt auf einer Terrasse am Westrand der Sora-Ebene (Sorško polje), etwa 10 Kilometer von Kranj und 25 Kilometer von Ljubljana entfernt. Die Eisenbahn Ljubljana – Jesenice könnte hier schnurgerade in einiger Entfernung vorüberfahren, doch hat man sie in einem Bogen eigens bis an die Neustadt herangeführt. Die Autobahn verläuft indes östlich der Sava.

Altstadtgasse in Škofja Loka

▲ Karte S. 121

Historisches

Škofja Loka ist über tausend Jahre alt. Es ist aktenkundig, dass Kaiser Otto II. die Auengegend mit der Bauernsiedlung Stara Loka im Jahr 973 dem Freisinger Bischof Abraham zum Geschenk machte. Unter Rückgriff auf den deutschen Namen setzte sich der Ortsname Bischoflack (slowenisch: Škofja Loka) durch. Das Stadtwappen zeigt außer der stilisierten Burg auch den Kopf des sogenannten Freisinger Mohren, der den Bischof einst im Wald vor dem Angriff eines riesenhaften Bären beschützt haben soll.

In der Folgezeit fand ein gezielter Ausbau zum Verwaltungszentrum statt, der 1248 in der Erlangung des Marktrechtes gipfelte. Etwa in dieser Zeit dürfte auch die Stadtmauer erbaut worden sein, die fünf Tore besaß. Verschiedene Gewerbe wussten die Wasserkraft am Ort zu nutzen und trugen zum Wohlstand bei. Dennoch gab es immer wieder Rückschläge: 1457 geriet die Stadt in einen Erbfolgekrieg der Grafen von Celje, 1476 fielen die Türken ein, 1511 ereignete sich ein schweres Erdbeben, zudem grassierte mehrfach die Pest. Unter Bischof Philipp kam es zu einem zügigen Wiederaufbau, und trotz wiederholter Brände während des 17. Jahrhunderts behielt die Stadt seither ihr Aussehen. 1803 machten die Habsburger der klerikalen Verwaltung ein Ende und gliederten die Stadt in das Herzogtum Krain ein. Mit zwei Nonnenklöstern, Bezirksgericht, Schloss und diversen Manufakturen besaß sie am Ende des 19. Jahrhunderts durchaus eine gewisse Bedeutung und zählte mindestens 2500 Einwohner. In der deutschen Besatzungszeit wurde der Ortsname germanisiert: von 1941 bis 1945 hieß Škofja Loka amtlicherseits Laak an der Zaier (wobei Zaier oder Zayer den Fluss Sora meint). Im Zuge der Industrialisierung (insbesondere Holz-, Leder- und Textilbetriebe) haben

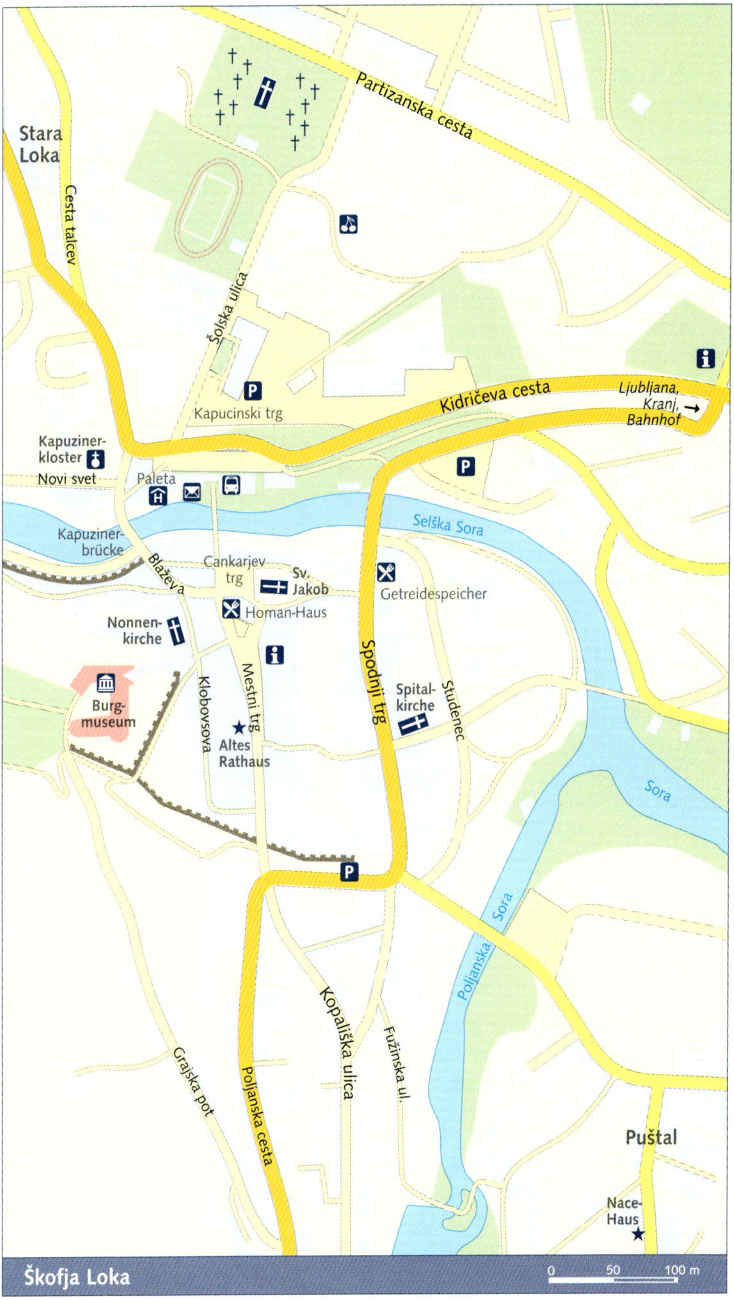
Partizanska cesta
Stara Loka
Cesta talcev
Šolska ulica
Kidričeva cesta
Ljubljana, Kranj, Bahnhof
Kapucinski trg
Kapuziner-kloster
Novi svet
Paleta
Selška Sora
Kapuziner-brücke
Blaževa
Cankarjev trg
Sv. Jakob
Getreidespeicher
Homan-Haus
Nonnen-kirche
Spodnji trg
Spital-kirche
Studenec
Burg-museum
Klobovsova
Mestni trg
Altes Rathaus
Sora
Poljanska Sora
Kopališka ulica
Fužinska ul.
Grajska pot
Poljanska cesta
Puštal
Nace-Haus
0
50
100 m

sich Außenbild und Silhouette der Stadt völlig verändert. Der enge Talraum wurde durch den Zuzug von Arbeitskräften dicht besiedelt. Erst beim Eintritt in die Altstadt umfängt den Besucher der historische Charme.

Stadtbesichtigung

Drei Flussbrücken verbinden die neueren Vororte im Norden mit dem kompakten Altstadtbereich. Wenn man vom **Kapucinski trg** (hier Busstation und Parkplätze) den Weg über die mittlere dieser Brücken nimmt, ergibt sich sogleich ein sehr schöner Blick nach rechts auf die alte Bogenbrücke, die das Flussbett der Selščica überspannt und sich dabei im Wasser spiegelt. Diese sogenannte **Kapuzinerbrücke** (Kapucinski most) oder Steinbrücke entstand auf Veranlassung des Bischofs Leopold im 14. Jahrhundert – und wurde ihrem Erbauer zum Verhängnis: Da kein Geländer vorhanden war, stürzte er mit seinem Pferd in die Fluten und ertrank; andere Zeitgenossen behaupten gar, die Brücke selbst sei bei der Überquerung eingestürzt. Erst seit 1888 entspricht das uralte Bauwerk den gängigen Sicherheitsvorschriften und wird überdies vom Schutzheiligen Nepomuk in Form einer Statue bewacht. Der Name der Brücke hängt mit dem Kapuzinerkloster (Kapucinski samostan) beim nördlichen Brückenkopf zusammen, das am Rande der frühen Siedlung Stara Loka steht.

Am Cankarjev trg steht die **Kirche Sveti Jakob** von 1471, errichtet auf 200 Jahre älteren Fundamenten. Der dreischiffige Hallenbau im Stil der Spätgotik weist einige interessante Details auf, beispielsweise Zunftsymbole und Fresken; die Lampen und das Taufbecken wurden von Jože Plečnik entworfen. Am Ostrand des Platzes, hinter der Kirche trifft man auf das alte Schulhaus (Šola), das auf eine private Stiftung des frühen 17. Jahrhunderts zurückgeht.

▲ Karte S. 121

In der angrenzenden Blaževa ulica, die zur erwähnten Kapuzinerbrücke führt, trifft man auf die **Nonnenkirche** (Nunska cerkev), die 1358 erbaut und nach einem Großbrand in der Stadt um 1669 barock umgestaltet wurde. Das dazugehörige Klarissenkloster ging 1782 an die Ursulinen über; die Kirche wird seither auch Ursulinenkirche genannt.

Mittelpunkt der Altstadt ist der **Mestni trg** (Stadtplatz), der den Charakter einer verbreiterten Straße hat, an deren Seiten sich wunderschön restaurierte Bürgerhäuser aneinanderreihen. Es ist ein nahezu geschlossenes Architekturensemble des 16./17. Jahrhunderts. Bemerkenswert ist zunächst an der Nordecke das sogenannte **Homan-Haus** (Homanova hiša), in dem sich ein Restaurant gleichen Namens befindet. Dieser gotische Stadtpalast mit Renaissance-Fresken und reliefgesäumten Fenstern stammt aus dem Jahr 1524; er wurde im 17. Jahrhundert mit einigen Erkern erweitert. Das **Alte Rathaus** (Stari rotovž) gegenüber der Mariensäule besitzt einen Arkadenhof. Als die Fassade 1972 aufpoliert wurde, kamen barocke Fresken zum Vorschein. Ein kleines Stück weiter links befindet sich das **Alte Pfarrhaus** (Stari župnišče), entstanden durch die Zusammenlegung zweier Einzelgebäude. Die Ecke, an der der Platz wieder schmaler wird, nimmt das **Žigon-Haus** (Žigonova hiša) mit seinen interessanten Steinmetzarbeiten ein; heute dient es der Stadtverwaltung. Das südliche Ende der Fußgängerzone quert die Stadtmauer, die in diesem Bereich

Auf der Kapuzinerbrücke

erhalten geblieben ist und bis zur Burg hinauf führt. Das Martin-Haus (Martinova hiša) als letztes seiner Zeit wurde direkt an die Mauer gesetzt.

Parallel zum Mestni trg erstreckt sich, ein wenig bergab gelegen, der ebenfalls längliche **Spodnji trg** (Unterer Platz), über den die Straße Nr. 210 in Richtung Cerkno verläuft. Beim oben erwähnten Žigon-Haus führt eine schmale Gasse hinab zur **Spitalkirche** (Špitalska cerkev) in der Platzmitte. 1547 wurde sie als Armenhaus erbaut, brannte jedoch 1698 nieder und wurde zwischen 1710 und 1720 neu errichtet. An der Nordecke des Platzes ist schließlich noch der ehemalige **bischöfliche Getreidespeicher** (Kašča) zu sehen, ein gewaltiges Hallenbauwerk aus Naturstein, das nach dem verheerenden Erdbeben von 1511 von Grund auf renoviert werden musste. Es diente der Einlagerung von Naturalabgaben und Vorräten, die in Notzeiten das Überleben sicherten. Heute befindet sich im Inneren unter anderem eine Vinothek und die Galerie mit surrealistischen Werken des Malers France Mihelič (1907–1998). Über die nahe Flussbrücke und dann links erreicht man wieder den eingangs erwähnten Kapucinski trg.

Due Burg von Škofja Loka

▲ Karte S. 121

Die **Burg** (Loški grad, Grad Loka) beherrscht die Altstadt und wird oft auch als Schloss bezeichnet. Weithin sichtbar steht sie auf einem markanten Hügel. Von beiden Enden des Mestni trg führt jeweils eine Gasse hinauf. Bereits 1202 existierte die Anlage, deren Bauherren die Freisinger Bischöfe waren. Auch hier richtete das Erdbeben von 1511 schwere Zerstörungen an, die in der Folgezeit größtenteils behoben wurden. Im Zusammenhang mit verschiedenen Umbauten musste 1892 der mächtige Turm im Schlosshof weichen. Es wurde auch eine bauliche Verbindung mit dem darunterliegenden Ursulinenkloster geschaffen. In der jüngeren Vergangenheit ging man nicht immer behutsam mit dem architektonischen Erbe um und passte es den jeweiligen Nutzungen an. Seit über 40 Jahren beherbergt die Burg nun ein attraktives Stadtmuseum.

■ Umgebung von Škofja Loka

In der Gemeinde Škofja Loka (insgesamt 23 000 Einwohner) gibt es noch weitere Sehenswürdigkeiten. Zunächst kann man von der Altstadt nach **Puštal** (650 Einwohner) spazieren. Hinter der Spitalkirche gibt es eine Fußgängerbrücke, über die man in das eineinhalb Kilometer entfernte Dorf gelangt. Hier steht das denkmalgeschützte **Nace-Haus** (Nacetova hiša) aus dem 15./16. Jahrhundert. Das Holzhaus ist seit 250 Jahren unverändert und repräsentiert typische regionale Architektur und Einrichtung.

Etwa vier Kilometer nördlich der Stadt erkennt man auf einer Anhöhe die **Wallfahrtskirche von Crngrob** an ihrem 60 Meter hohen Zwiebelturm. Sie heißt offiziell Mariä Verkündigung (Cerkev Marijinega oznanjenja) und besitzt einen großen vergoldeten Altar. Fresken auf den Außenwänden sollen den rechten

Škofja Loka: Hauptplatz mit Pestsäule

Weg durch das Leben weisen. Gegebenenfalls muss man wegen des Schlüssels im benachbarten Haus fragen.

In **Visoko**, neun Kilometer außerhalb an der Straße Nr. 210 nach Cerkno, lebte der Schriftsteller, Jurist und Politiker Ivan Tavčar (1851–1923). Er verfasste die Novelle ›*Visoška kronika*‹ (Chronik von Visoko) über das hiesige Landleben nach dem Dreißigjähren Krieg. Unter seinem Namen und dem Pseudonym Emil Leon erschienen noch zahlreiche weitere Werke. Eine Gedenksäule an seinem Hof erinnert daran.

Škofja Loka

Vorwahl: 04.

Postleitzahl: 4220.

Touristenbüro: Mestni trg 7, Tel. 5120268.

Parkplätze am Kapucinski trg (nördlich der Altstadt) und am Südrand der Fußgängerzone.

Busstation am Kapucinski trg, Tel. 5170300: sehr häufige Verbindungen nach Kranj und Ljubljana (Verkehrsunternehmen Alpetour).

Bahnhof in der Vorstadt Trata, Kidričeva cesta 61, Tel. 5124525: Züge etwa jede Stunde auf der Strecke Jesenice–Ljubljana.

Mini Hotel, Vincarje 47, Tel. 5150540, www.minihotel.si. Etwa 1 km östlich der Kapuzinerbrücke; modernes, kleines Hotel mit Pool; DZ um 50 Euro.

Turizem Loka, Stara Loka 8a, Tel. 5150986, www.loka.si. Etwa 1 km nördlich der Altstadt; modernes Hotel mit Wellnessbereich, auch Apartments; Shuttle zum Bahnhof und Flughafen; DZ 60 Euro.

Paleta, Kapucinski trg 17, Tel. 5126400, www.hotel-skofjaloka.si. Nettes Hotel garni mitten in der Altstadt; DZ 62 Euro.

Honigkuchen sind eine örtliche Spezialität.

Gostišče Café Homan, Mestni trg 2, Tel. 5123047. Traditionelle Gaststätte mitten in der Altstadt, beliebte Außenplätze unter einer mächtigen Linde.

Gostilna Kašča, Spodnji trg 1, Tel. 5124300. Im Getreidespeicher, Vinothek, Bierkeller, gute regionale Küche, auch Pizza.

Stadtmuseum (Loški muzej) in der Burg, Grajska pot 13, Tel. 5170400, www.loski-muzej.si. Sehr sehenswerte Dokumentation der Stadtentwicklung und des Zunftwesens, Ausstellung slowenischer Maler; Di–So 10–17 Uhr.

Post- und Telekommunikationsmuseum (Muzej pošte in telekomunikacji), Stara Loka 3, Tel. 5121149. In einem Palast etwa 1 km nordöstlich der Altstadt; Geschichte des Post- und Nachrichtenwesens von der Römerzeit bis heute.

Nace-Haus in Puštal, Tel. 2021871; geöffnet nur Sa und am ersten So des Monats, ggf. vorher im Touristenbüro erkundigen.

Mittelalterliches ›Venusfest‹ mit bunten Kostümen im Juni.

Passionsspiele (alle 6 Jahre, nächstes Mal um Ostern 2015).

Ika, Mestni trg 13. Hochwertige und originelle Souvenirs.

Železniki

Die Ortschaft Železniki (3100 Einwohner) im Selška-Tal gehört nicht zu den unbedingt besuchenswerten Orten im Lande. Sie liegt etwa 17 Kilometer nordwestlich von Škofja Loka an einer kurvenreichen Nebenstrecke (Straße Nr. 403) vom Sava-Tal hinüber ins Soča-Tal. Hier abseits aller größeren Verkehrswege, trifft man auf den einzigen erhaltenen **Hochofen** des Landes. Bereits um 1340 begann man mit der Erzverhüttung. Der deutschsprachige Ortsname Eisern bezeugt das lokale Gewerbe, der slowenische ebenfalls (*železo* heißt Eisen). Die waldreiche Umgebung lieferte genügend Holz zum Befeuern der Anlage. Köhlereien und Schmieden arbeiteten im Tal. Heute lebt die Gemeinde (insgesamt 6800 Einwohner) von der Holz- und Metallverarbeitung sowie von der Elektroindustrie. Ein besonderes Produkt der Region sind handgeklöppelte Spitzen, ähnlich denen aus Idrija. Die Bedingungen für die Landwirtschaft sind nicht besonders günstig, viele Höfe dienen nur noch dem Nebenerwerb. Bedingt durch starke Hangneigungen kommt es in den tieferen Lagen manchmal zu Überschwemmungen, unter denen die alte Bausubstanz leidet, die zum Teil noch aus dem 17. Jahrhundert stammt. Bergsteiger können von Železniki die beiden beieinander liegenden Gipfel **Ratitovec** (1666 Meter) und **Alternaver** (1672 Meter) erklimmen. Von oben hat man einen herrlichen Blick auf Škofja Loka.

▲ Karte S. 92

Kropa (800 Einwohner) erreicht man nach 14 Kilometern auf der Straße Nr. 635 in nördlicher Richtung. Der kleine Alpenort war einst das Zentrum der Eisenverarbeitung in der Gorenjska. Noch heute entdeckt man schmiedeeisernen Zierat an den Gebäuden. Das örtliche **Schmiedemuseum** (Kovaški muzej) präsentiert die ganze Bandbreite dieser Handwerkskunst.

Durch das Soča-Tal

Der Grenzübergang am Predil-Pass (Predel) liegt in 1156 Metern Höhe in den Julischen Alpen (Julijske Alpe). Von der italienischen Ortschaft Tarvisio fährt man auf einer landschaftlich schönen Strecke südwärts und gelangt mit maximalen Steigungen von 12 Prozent hinüber ins Soča-Tal (Dolina Soče). Auf diese Weise umgeht man die Hauptstadtregion Ljubljana und kommt ohne Umweg zur Adriaküste. Statt auf der Autobahn fährt man eine landschaftlich schöne Strecke mit einladenden Ortschaften am Wege. Allerdings braucht man dafür deutlich mehr Zeit. Auch bei einer Einreise über den Wurzenpass (→ S. 92) kann man ab Kranjska Gora noch das Soča-Tal ansteuern, indem man die ebenso beeindruckende wie kurvenreiche Vršič-Passstraße westlich des Triglav-Gipfels nimmt. Hier befindet sich auch die Soča-Quelle. Abwärts geht es dann durch das Trenta-Tal. In beiden Fällen führt der Weg ein Stück durch den Triglav-Nationalpark (Triglavski narodni park).

Das Soča-Tal, oder Valle d'Isonzo auf Italienisch, war im Ersten Weltkrieg heftigst umkämpft. In den zwölf Isonzo-Schlachten der Jahre 1915 bis 1917 lieferten sich Österreich-Ungarn und Italien einen erbitterten Stellungskrieg im Gebirge mit rund einer Million Toten, auch durch Giftgaseinsatz, Lawinenabgänge und grassierende Krankheiten. Erst seit 1947 gehört die Region endgültig zu Jugoslawien beziehungsweise Slowenien. Als relativ schmaler Streifen zieht sich dieser westlichste Landesteil bis hinunter zur Adria und hat, von Nord nach Süd betrachtet, Anteil an drei unterschiedlichen Landschaftsräumen: Alpen, Dinarischer Karst und Küstenhinterland. Gleichwohl bezeichnet man in Slowenien das Soča-Tal zusammenhängend als Primorska (Küstenland). Dass Italien heutzutage der Meeresanrainer ist, wird dabei großzügig ignoriert.

Der intensiv smaragdgrüne Fluss kontrastiert mit dem hellgrauen Kalkgestein und besitzt eine starke Strömung. Es gibt nur wenige Abzweigungen von der am Fluss entlang führenden Durchgangsstraße (Nr. 203 bis Kobarid, 102 bis Tolmin, 103 bis Nova Gorica). Das gilt insbesondere für den oberen Talabschnitt. Bei Kanal ob Soči wechselt die Straße, in Fließrichtung gesehen, von der rechten auf die linke Flussseite. Am Grenzberg Sabotin bei Nova Gorica tritt der

Wassersport an der Soča

Unterlauf des insgesamt 140 Kilometer langen Flusses dann auf italienisches Territorium über, wo er Isonzo genannt wird. Da fast nur die Täler besiedelt sind, haben die flächenmäßig großen Gemeinden Bovec, Tolmin und Kobarid statistisch gesehen sehr geringe Bevölkerungsdichten (nur 10 bis 30 Einwohner pro Quadratkilometer).

Bovec

Von Norden her kommt man in jedem Falle zunächst in die Gemeinde Bovec (insgesamt 3200 Einwohner), die sich vom Mangart-Gipfel (2677 Meter) bis zum Berg Polovnik (1476 Meter) erstreckt. Imposante Zweitausender beherrschen ringsum die Szenerie. Die Soča verlässt hier das Trenta-Tal und nimmt den Gebirgsbach Koritnica auf.

In der alpinen Ortschaft Bovec (1600 Einwohner) findet man die ersten Geschäfte, eine Bank, Gaststätten, Unterkünfte, Tourismusagenturen und ein erstaunlich umfangreiches Freizeitangebot (Wassersport, Wintersport, Wandern, Angeln, Bergsteigen, Mountainbiking, Sportfliegerei). Bei Naturfreunden und Aktivurlaubern steht Bovec seit einiger Zeit hoch im Kurs. Es gibt auch einige Quellen und Schluchten. Bereits seit 1974 führt eine Seilbahn hinauf auf den **Berg Kanin**, der die heutige Grenze zu Italien darstellt. Unterhalb des Gipfels findet man außerdem mehrere Liftanlagen. Die Skigebiete gelten als schneesicher. Das örtliche Klima ist sehr angenehm, die Höhenlage von 460 Metern beschert insbesondere angenehme Sommertemperaturen.

▶ Karte S. 92

Schon die Römer nutzten den nahen Predil-Pass. Die Vorfahren der Slowenen kamen im 7. Jahrhundert aus Kärnten herüber, konnten sich jedoch gegen die beiderseits der heutigen Staatsgrenze ansässigen Langobarden nicht durchsetzen. Daraus resultierte letztlich die hiesige Sprachgrenze zwischen slawischer und romanischer Bevölkerung. Im Mittelalter gehörte das Gebiet fränkischen Adelsgeschlechtern, ab dem beginnenden 16. Jahrhundert ging es für vier Jahrhunderte an die Habsburger über. Bei ihnen suchten die Bewohner der Region sogar verstärkt Schutz, als sie durch die expandierende Republik Venedig in Bedrängnis gerieten. Im Ersten Weltkrieg war Bovec Frontstadt in den Isonzo-Schlachten (siehe oben), wurde evakuiert und nahezu völlig zerstört.

Während der Zugehörigkeit zu Italien (1918 bis 1943) ließ der bekannte Architekt Maks Fabiani einige Gebäude in historisierendem Stil bauen. Am zentral gelegenen Marktplatz steht das klassizistische Rathaus. Das heutige Ortsbild von Bovec ist insgesamt relativ schlicht. Bei sonnigem Wetter treten mediterrane Einflüsse hervor. Leider haben zwei Erdbeben in jüngerer Zeit (1998 und 2004) einen Teil der älteren Häuser stark beschädigt.

Das Gemeindegebiet hält noch einige Überraschungen bereit. Etwa fünf Kilometer südlich des Ortes Bovec führt von einem Parkplatz im Soča-Tal ein Weg zur **Boka-Quelle** und einem über hundert Meter hohen Wasserfall; vorzugsweise nimmt man den Weg südlich der Brücke.

Der **Krn-See** (Krnsko jezero) unterhalb des gleichnamigen Gipfels ist der größte Hochgebirgssee in den Julischen Alpen und liegt in fast 1400 Metern Höhe. Die Hälfte des Jahres ist er eisbedeckt. Die Anfahrt erfolgt vom Dorf Podklanec an der Straße zum Vršič-Pass. Nach etwa sieben Kilometern in Südrichtung gibt es

Blick vom Predil-Pass auf den Mangart-Gipfel

Bovec ist bei Naturfreunden und Aktivurlaubern beliebt

im Weiler Lepena einen Parkplatz bei der Schutzhütte namens ›Dom dr. Klementa Juga‹. Parallel zu einer Lastenseilbahn geht es nun im Wald noch insgesamt 700 Meter bergauf bis zur Alm.

Predil-Pass und Mangart

Zwischen Bovec und dem Predil-Pass thront, von der Koritnica-Schlucht begrenzt, die gewaltige **Festung Kluže**. Um die Mitte des 15. Jahrhunderts gab es an der Stelle bereits einen hölzernen Wehrbau der Venezianer, der nach und nach ausgebaut und 1883 in der heutigen Form fertiggestellt wurde. Durch einen kleinen Felsentunnel hat man Zugang zu den Ruinen im oberen Teil der Festungsanlage und weiter zum 2208 Meter hohen Gipfel Rombon.

Hübsch ist das Dorf **Log pod Mangartom** an der Predil-Passstraße. Im Vorbeifahren ahnt man nicht, dass hier eine Art Geheimgang den Pass unterquert. Zur Entwässerung des Blei- und Zinkbergwerks in Raibl (heute Cave del Predil auf der italienischen Seite) wurde nämlich 1905 der sogenannte Kaiser-Franz-Josef-Hilfsstollen (Rudniški predor ›Štoln‹) fertiggestellt, fast fünf Kilometer lang und zwei Meter hoch. Diesen Durchgang nutzten später auch die Bergarbeiter als Weg zur Arbeit, und im Ersten Weltkrieg diente er als Nachschublinie für die Isonzo-Front. Da er nach dem Zweiten Weltkrieg die neue Staatsgrenze unterquerte, blieb er geschlossen. Vor dem Eingang steht heute eine Informationstafel neben einer Minenbahn; im Bergbaumuseum auf der italienischen Seite ist ein kurzes Tunnelstück zugänglich. 1991 wurde der Betrieb aufgegeben.

Noch weiter oberhalb, kurz vor der Staatsgrenze, zweigt die atemberaubende Stichstraße zum **Mangart-Gipfel** (Mangrt) ab: Durch Tunnels und Serpentinen windet sie sich überwiegend einspurig über zwölf Kilometer weit bergauf und erreicht schließlich eine Höhe von 2055 Metern über dem Meeresspiegel. Für die Strecke kann tagsüber eine Maut erhoben werden. Vom Parkplatz aus muss man noch gut 600 Meter beziehungsweise zwei Stunden aufsteigen bis zum höchsten Punkt. Der Weg ist kein Spaziergang, und Unerfahrene sollten auf jeden Fall den Weg über die italienische Seite wählen, da die slowenische Variante ungleich schwieriger zu bewältigen ist. Ein Grenzabkommen erlaubt den Übertritt. In südöstlicher Richtung lockt ein großartiger Blick auf den Triglav in etwa 15 Kilometern Entfernung.

▲ Karte S. 92

Bovec

Vorwahl: 05.
Postleitzahl: 5230.
Touristenbüro: Trg golobarskih žrtev 8, Tel. 3896444.

Parkplätze in der Ortsmitte knapp. Großer Parkplatz am nördlichen Ortsrand.

Busunternehmen Avrigo bedient das gesamte Soča-Tal, außerdem Linien nach Idrija, Ajdovščina, Postojna u.a.

Nächste Bahnstation in Most na Soči (40 km südlich) an der Strecke Jesenice–Nova Gorica.

Hotel Dobra Vila, Mala vas 112, tel. 3896400. Nettes Hotel am Ortsrand mit Restaurant, Terrasse und Weinkeller; DZ um 100 Euro.
Hotel Alp, Trg golobarskih žrtev 48, Tel. 3881000, www.alp-hotel.si. In der Ortsmitte; DZ ca. 65 Euro.
Gostišče Martinov hram, Trg golobarskih žrtev 27, Tel. 3886214. Mit Gaststätte; DZ ca. 70 Euro.
Im Touristenbüro werden außerdem Privatzimmer und Apartments vermittelt.

Um den Trg golobarskih žrtev in der Ortsmitte gibt es drei freundliche Gasthäuser, jeweils mit Sommergarten. Ihr Angebot umfasst Hausmannskost und regionale Spezialitäten (Wild, Forellen, Pilzgerichte u.ä.).
Letni vrt, Hausnr. 1, Tel. 3896383. Mit Pizzeria.
Martinov hram, Hausnr. 27, Tel. 3886214.
Gostilna Sovdat, Hausnr. 24, Tel. 3886027.

Es gibt in Ortsnähe entlang der Soča etwa zehn Campingplätze mit unterschiedlicher Ausstattung, manche mit Restaurant. Gehobenen Standard bieten z.B. **Camping Polovnik** (Tel. 3896007) und **Camping Klin** (Tel. 3889513); viele Dauercamper mit Wassersportgeräten.

Alpinum Julijana bei Trenta; geöffnet Mai-Sept. 8.30–18.30 Uhr. Botanischer Garten an der Vršič-Passstraße.

Jährlich Ende Juli ›Festival Kluže‹ mit Theater- und Orchesteraufführungen in der Festung.
Gelegentliche Wassersportveranstaltungen.

Im Ortszentrum gibt es erstaunlich viele Agenturen und Läden für Outdoor-Aktivitäten aller Art, insbesondere für Wassersport auf der Soča. Rundflüge vom Flugplatz Bovec.

Kobarid

Die westlichste Gemeinde Sloweniens (insgesamt 4200 Einwohner) ist ein nettes Ausflugsziel am Schnittpunkt zweier Täler. Im Nordosten erstreckt sich der Triglav-Nationalpark mit dem Berg Krn (2244 Meter), im Süden markieren die beiden Gipfel Kuk (1243 Meter) und Matajur (1641 Meter) die Grenze zu Italien. Trotz der alpinen Umgebung macht sich im Ort Kobarid (1100 Einwohner) schon deutlich der mediterrane Einfluss bemerkbar: Der lokale Baustil vereinigt Elemente beider Regionen, und die Bepflanzung wirkt im Gegensatz zum Nachbarort Bovec südländisch. Leider hat ein Erdbeben im Jahr 1976 einen Teil der stattlichen Häuser nachhaltig beschädigt.

Am zentralen **Trg svobode**, der wohl nicht ohne Grund Freiheitsplatz heißt (siehe unten!), steht eine gotische Kirche aus dem 19. Jahrhundert. Die Straße Nr. 102 führt vom Ortskern nach neun Kilometern zum Grenzübergang an der Nadiža, die auf italienischem Gebiet Natisone heißt und die weitere Straße nach Cividale del Friuli begleitet. Am Oberlauf des Flüsschens liegt heute der am weitesten nach Westen vorgeschobene Punkt des slawischen Siedlungsraumes in ganz Europa.

Historisches

Der Streit um die Grenze zwischen romanischer und slawischer Bevölkerung, der im Ersten Weltkrieg gerade im Soča-Tal besonders erbittert geführt wurde, entschied sich im Oktober 1917 hier bei Kobarid zunächst zugunsten der Slowenen. In einem Blitzkrieg gelang es deutschen und österreichischen Verbänden in der 12. Isonzo-Schlacht unter Einsatz von Giftgas, die italienische Armee weit zurückzudrängen. Man sprach damals vom ›Wunder von Karfreit‹ (das ist der deutsche Name des Ortes; der italienische ist Caporetto). Der Schriftsteller Ernest Hemingway beschrieb in seinem Roman ›A Farewell to Arms‹ (deutsche Ausgabe: ›In einem andern Land‹) seine Kriegserlebnisse als Sanitäter vor Ort. Noch vorhandene Schützengräben in der Umgebung und das 1993 **Ortsmuseum** von Kobarid halten die Erinnerung an die schrecklichen Ereignisse wach. Um die Kirche Sveti Anton auf dem Gradič-Hügel wurde 1938 im Beisein Mussolinis ein monströses Denkmal zur Erinnerung an mehr als 7000 gefallene italienische Soldaten eingeweiht. Ab 1918 war Kobarid nämlich wieder in italienischer Hand und blieb es auf Grund des Vertrages von Saint-Germain (1920) bis zum Ende des Zweiten Weltkrieges. In der Zwischenkriegszeit übten die Italiener rigoros Vergeltung am Slowenentum und wurden erst im Herbst 1943 von den Tito-Partisanen verdrängt, die hier die ›Kobarider Republik‹ ausriefen, dann jedoch bis Kriegsende auf die tatsächliche Machtübernahme warten mussten. Der Pariser Friedensvertrag von 1946 sprach Kobarid und das gesamte Soča-Tal schließlich dem Staat Jugoslawien zu.

▲ Karte S. 92

Umgebung von Kobarid

Am östlichen Ortsrand kann man die Soča auf der sogenannten Napoleon-Brücke überqueren. Es handelt sich allerdings um einen Neubau des 1750 errichteten und im Ersten Weltkrieg zerstörten Bauwerks. Gleich dahinter links führt ein gewundener Fahrweg zum 15 Meter hohen **Kozjak-Wasserfall** (Slap Kozjak) beim Dorf Drežnica. Die Natursehenswürdigkeit liegt an einem Geschichtslehrpfad, den man zu Fuß in etwa drei Stunden absolvieren kann. Nähere Informationen dazu im Museum von Kobarid.
Das Dorf Vrsno, ebenfalls jenseits der Soča, ist Ausgangspunkt für den Weg zum **Krn-Massiv**. In 1012 Metern Höhe bei der Berghütte ›Planina Kuhinja‹ gibt es einen Parkplatz. Der knapp fünfstündige Fußweg zum Krn-Gipfel (2244 Meter) ist ziemlich steil, aber nicht besonders schwierig.

Das sehenswerte Museum von Kobarid

Kobarid

Vorwahl: 05.
Postleitzahl: 5222.
Touristenbüro: Trg svobode 16, Tel. 3800490.

Das Busunternehmen Avrigo bedient das gesamte Soča-Tal, außerdem Linien nach Idrija, Postojna u.a.

Nächste Bahnstation in Most na Soči (23 km südlich) an der Strecke Jesenice-Nova Gorica.

Hotel Hvala, Trg svobode 1, Tel. 3899300, www.hotel-hvala.si. Modernes Hotel in der Ortsmitte; DZ um 110 Euro.

Camping Koren, Ladra 1b, Tel. 3891311; ganzjährig offen.

Kobarid hat sich in jüngerer Zeit einen Namen gemacht als Feinschmeckerziel. Sehr zu empfehlen ist das Restaurant Topli Val im Hotel Hvala (s.o.).

Kriegsmuseum von Kobarid (Kobariški muzej), Gregorčičeva ul. 10; April-Sept. Mo-Fr 9-18, Sa-So 9-19 Uhr, im Winter verkürzte Zeiten.

Gleitschirmfliegen, Wildwassertouren, Wandern zum Krn-Massiv sowie zu den grenznahen Gipfeln Stol und Matajur.

Tolmin

Auf einem Plateau zwischen der Soča und ihrem Nebenfluss Tolminka liegt der Ort Tolmin (3500 Einwohner), der schon seit Jahrhunderten als wirtschaftliches, kulturelles und administratives Zentrum des Soča-Tals fungiert. Dazu hat auch die verkehrsgünstige Lage am Südrand der Julischen Alpen beigetragen: Die Straße Nr. 102 (Kobarid - Tolmin - Idrija - Logatec) zweigt hier ab und folgt nun über eine lange Strecke dem Tal der Idrijca, während der weitere Lauf der Soča von der Straße Nr. 103 begleitet wird. Die Bergkette Kolovrat mit Höhen zwischen etwa 800 und 1200 Metern bildet die Grenze zu Italien; in der näheren Umgebung gibt es keinen Grenzübergang. Tolmin selbst liegt auf einer Höhe von 200 Metern.

Nur das kleine, restaurierte Ortszentrum ist relativ dicht bebaut. Am **Mestni trg** stehen fast alle wichtigeren Gebäude. Durch die schweren Zerstörungen im Ersten Weltkrieg und das Erdbeben von 1976 ist viel historische Bausubstanz verlorengegangen. Im **Stadtmuseum** (Tolminski muzej), der ehemaligen Residenz der Grafen Coronini, erfährt man interessante Einzelheiten zur Ortsgeschichte, zur traditionellen Lebensweise und auch zu den Bauernaufständen im frühen 18. Jahrhundert. Erst in jüngerer Zeit haben sich am Ortsrand einige Firmen angesiedelt. Als regionales Produkt ist der Tolminc-Käse hervorzuheben.

Historisches

Wie die anderen Orte im Soča-Tal hat auch Tolmin eine wechselvolle Geschichte hinter sich.

Schon die Illyrer hinterließen hier Siedlungsspuren. Unter dem Patriarchen von Aquileia wurde um 1065 eine Festung auf dem 426 Meter hohen Kozlov rob (nördlich des heutigen Ortes) erbaut. Im 14. Jahrhundert kam der strategisch wichtige Punkt in die Hände der Grafen von Görz und später der Habsburger. Ab der Mitte des 17. Jahrhunderts beuteten hier die Grafen Coronini ihre Untertanen aus. Bauernaufstände, insbesondere der letzte und größte im Jahr 1713, wurden grausam niedergeschlagen. Noch heute bezieht sich das Stadtwappen mit der Jahreszahl und einer brennenden Burg auf die historischen Ereignisse. 1820 wurde Tolmin Marktort. In den Isonzo-Schlachten (siehe oben) des Ersten Weltkrieges spielte der Ort ebenfalls eine bedeutende Rolle als Ausgangspunkt der finalen deutsch-österreichischen Offensive. Auf die Jahrhunderte der habsburgischen Herrschaft folgte dann zwischen 1919 und 1945 eine spannungsreiche Zeit, hin- und hergerissen zwischen Italien und Jugoslawien.

Bei Tolmin: an der Fassade sieht man noch italienische Aufschriften

Umgebung von Tolmin

In der Gemeinde Tolmin (insgesamt 11600 Einwohner) stehen noch etliche bemerkenswerte Kriegsmonumente, die im Einzelfall einen Besuch lohnen.

Über Zatolmin (350 Einwohner) gelangt man zur **Höhle von Zadlaz** (Zadlaška jama), die auch Dante-Höhle genannt wird, weil der große italienische Dichter Dante Alighieri sich im Jahr 1319 hier angeblich inspirieren ließ. Ganz in der Nähe bildet der Oberlauf der Tolminka eine 60 Meter tiefe und 200 Meter lange Klamm (Tolminska korita).

Der Bahnhof von Most na Soči

▲ Karte S. 92

Die Siedlung **Tolminske Ravne** (zehn Kilometer nordöstlich) und die weiter oberhalb liegende Razor-Alm sind Ausgangspunkt für mehrstündige Wanderungen auf die Gipfel Krn (2244 Meter) und Vogel (1922 Meter).

Most na Soči (450 Einwohner) liegt sehr hübsch am Zusammenfluss von Idrijca und Soča. Die Flusstäler wurden 1938 durch die Anlage eines Stausees überflutet, auf dessen smaragdgrünem Wasser heute ein Ausflugsdampfer verkehrt. Ein Lehrpfad führt am Ufer entlang zum Geburtshaus des Dichters Ciril Kosmač. Die gotische, später barock umgestaltete Kirche Sveta Lucija (so hieß die Ortschaft übrigens bis 1952) stammt von 1612.

Der Bahnhof am südlichen Idrijca-Ufer ist die Endstation des Autozuges, der in Bohinj beginnt und nach der Durchfahrung des 6339 Meter langen Kobla-Tunnels bis hierher im Wesentlichen der Straße Nr. 403 folgt. Auf derselben Strecke, der sogenannten **Wocheiner Bahn** (Bohinjska proga), verkehrt im Sommer auch ein dampfbetriebener Museumszug.

Nicht nur für Angler interessant ist sicher die **Zuchtanlage des Tolminer Fischereivereins** (Ribiška družina Tolmin). Als die Bestände der einzigartigen Marmorata-

Forelle in der Soča und ihren Nebenflüssen gegen Ende der 1980er Jahre dramatisch zurückgegangen waren, ergriff man hier die Initiative zu einer planmäßigen Zucht. Heute werden nach Angaben des Vereins pro Jahr mehrere hunderttausend reinrassige Jungfische in der Größe von sechs bis sieben Zentimetern ausgesetzt. Als größte Forellenart werden sie bis zu 120 Zentimeter lang und können ein Gewicht von maximal 50 Kilogramm erreichen. Auch Sočaäschen werden gezüchtet.

Tolmin

Vorwahl: 05.

Postleitzahl: 5220.

Touristenbüro: Ul. Petra Skalarja 4, Tel. 3800480.

Vom Bushof (Trg maršala Tita 13, Tel. 3801140) fahren Linienbusse des Unternehmens Avrigo in alle Orte des Soča-Tales, außerdem nach Idrija.

Bahnhof in Most na Soči (Strecke Nova Gorica–Jesenice): regulär nur Nahverkehrszüge, Gesamtstrecke ca. 2 Std Fahrtdauer. Autotransport zwischen Most na Soči und Bohinjska Bistrica (Tunnelpassage): 4x tägl., einf. Fahrt inkl. Insassen ca. 14 Euro. Museumseisenbahn mit Dampflok zwischen Nova Gorica und Bled: jeden zweiten Sonntag von Mai bis Anfang Oktober, Erwachsene hin/rück ca. 85 Euro inkl. Bustransfer und Eintritt in Bled, Reiseleitung, Beköstigung.

Hotel Krn, Mestni trg 3, Tel. 3821100, www.hotel-krn.net. Sehr preisgünstig, aber auch altmodisch; mit gutbesuchtem Biergarten; EZ ab ca. 20 Euro, reguläre DZ ab 65 Euro; Rabatte für allerlei Personengruppen.

Pension Rutar, Mestni trg 7, Tel. 3800500, www.pension-rutar.si. Nebenan; DZ 72 Euro.

Hotel The Blue House, Čiginj 25 (in Richtung Most na Soči), Tel. 3883180; DZ ca. 50–60 Euro.

Hotel Lucija, Most na Soči 57, Tel. 3813290, www.hotel-lucija.com. In grüner Umgebung am Seeufer; DZ ca. 70 Euro.

Hostel Paradiso, Gregorčičeva ul. 2, Mobiltel. 040/300518. Kleine Jugendherberge in zentraler Lage.

Camping Vili, Volarje 9 (in Richtung Kobarid), Mobiltel. 031/711288; geöffnet April–Sept.

Das Angebot in Tolmin ist enttäuschend. Das Hotel Krn (s.o.) serviert deftige Hausmannskost; außerdem gibt es noch eine einfache Pizzeria.

Museum Tolmin (Tolminski muzej), Mestni trg 4; Di–Fr 10–16, Sa–So 13–17 Uhr.

Großes Oktoberfest mit viel Bier jährlich Ende Sept.

Wie in Bovec und Kobarid besteht auch in Tolmin ein großes Angebot an Outdoor-Aktivitäten (Paragliding, Rafting, Klettern etc.); Näheres bei der Agentur Maya, Padlih borcev 1, Tel. 3810530, www.maya.si. Der örtliche Fischereiverein (Ribiška družina, Trg 1. Maja 7, Tel. 3811710) informiert über Regelungen betr. Angeln in der Soča.

Auf dem Soča-Stausee verkehrt das farbenfrohe Ausflugsschiff Lucija; Anlegestelle an der Straße Nr. 102 nach Idrija.

Kanal ob Soči

Mitten in dem kleinen Ort gibt es eine Straßenbrücke: Hier wechselt die Durchgangsstraße Nr. 103 auf die östliche Flusseite, nachdem die parallel verlaufende Eisenbahn einen Kilometer weiter nördlich gerade auf die westliche Ufer gewechselt hat. Den Blick von der innerörtlichen **Bogenbrücke** hinunter auf die grünlich fluoreszierende Soča sollte man sich nicht entgehen lassen. Im weichen Kalksteinplateau haben sich durch Erosion nahezu vegetationsfreie Steilufer – man spricht von Trogschultern – herausgebildet, über denen die Rückseiten der Häuserzeilen aufragen. Der Vergleich mit einem künstlich angelegten Kanal ist nicht ganz abwegig und zeigt sich auch im deutschen Ortsnamen Kanalburg sowie im italienischen Canale d'Isonzo. Schon die Römer hatten hier einen Übergang gebaut. Am nördlichen Ortseingang kann man hinunter ans Wasser gehen und bekommt einen besonders schönen Blick auf Kirche und Brücke. Im Sommer finden auf der Brücke Wettbewerbe statt, bei denen Wagemutige in die Fluten der Soča springen, die hier eine Tiefe von rund 10 Metern aufweist.

Kanal ob Soči liegt eingezwängt zwischen den Bergketten Kanalski Kolovrat im Westen und Banjšice im Osten, die beide nur von wenigen schmalen Sträßchen erschlossen werden. Der mediterrane Einfluss macht sich im Ort durch Feigenbäume und Zypressen bereits stark bemerkbar. In der Umgebung sieht man nun immer mehr Weinstöcke, auch einzelne Olivenbäume.

Die vermutlich auf das 13. Jahrhundert zurückgehende **Kirche Mariä Himmelfahrt** (Cerkev Marijinega vnebovzetja) wurde nach einem Brand im Jahr 1632 barock umgestaltet und hat seit 1790 auch eine im Stil angepasste Fassade. Den Kirchturm ziert eine hübsche Haube. Der Neptun-Brunnen auf dem Hauptplatz stammt von 1815. In einem der einst vier Türme der mittelalterlichen Stadtmauer sind Werke des Künstlers Riko Debenjak ausgestellt. Die Reste der Burg lassen sich bis ins Jahr 1264 zurückverfolgen. Im übrigen gibt es wenig historische Bausubstanz wegen starker Zerstörungen im Ersten Weltkrieg.

Kanal ob Soči gehört zur Gemeinde Tolmin (siehe oben) und zählt heute knapp 450 Einwohner. Ganz frei von Industrie ist die Landschaft leider nicht. Neben der Kunststoffproduktion im Ort ist es insbesondere Sloweniens größter Zementhersteller, das Baustoffwerk Salonit Anhovo, das bei Deskle wenige Kilometer flussabwärts mit seinen Halden, Silos und einer Lastenseilbahn seit 1921 das Flusstal verschandelt. Beim Dorf Bodrež an der Straße nach Tolmin gibt es ein imposantes Wasserkraftwerk.

▲ Karte S. 92

Dobrovo (Brda)

Bevor man als Endpunkt des slowenischen Soča-Tales die Grenzstadt Nova Gorica erreicht, kann man noch einen Abstecher nach Westen machen. Über eine zierliche Brücke bei der Bahnstation Plave gelangt man hinauf in die **Goriška Brda**, das Görzer Hügelland, das auf der

Die smaragdgrüne Soča

Goriška Brda

Karte ein Stück nach Italien hineinreicht. Die Italiener sprechen vom Collio Goriziano. Wie ein Balkon erhebt sich das nur 72 Quadratkilometer große Gebiet der Gemeinde Brda über die italienische Ebene von Friaul. An klaren Tagen kann man von hier aus bis zur Adria blicken. Die liebliche, geradezu bukolische Gegend wird nicht selten mit der Toskana verglichen. Und zweifellos handelt es sich um eine der schönsten Landschaften Sloweniens – ein wenig versteckt, abseits der Durchgangsstraßen, und doch mittendrin im slowenisch-italienischen Kulturraum. Zwischen den Bergen Korada (811 Meter) im Norden und Sabotin (609 Meter) im Süden liegen insgesamt 45 Dörfer und Weiler verstreut, deren Häuser sich um leuchtend weiße Kirche scharen, die stets den höchsten Punkt innehaben. Wie auch im benachbarten Soča-Tal blickt man hier auf eine äußerst wechselvolle Geschichte zurück, in der es immer wieder Grenzverschiebungen gab. Die Einwohnerzahl der Gemeinde stagniert heute bei ungefähr 5800. Die touristische Infrastruktur ist bislang schwach entwickelt.

Die Brda ist ein sehr bedeutendes Weinbaugebiet. Große Rebflächen überziehen schon seit Jahrhunderten die teilweise terrassierten Hügel. Dazwischen sieht man immer wieder ausgedehnte Obstbaumhaine, in denen Tafelobst heranreift. Die Erzeuger – in der Regel sind es kleinere Familienbetriebe – profitieren vom Mittelmeerklima, jedoch ereignen sich mitunter bis ins Frühjahr hinein Kaltlufteinbrüche. Gelegentlich fällt sogar Schnee. Der 1957 gegründete genossenschaftliche Weinkeller der Goriška Brda in Dobrovo ist mit einem Fassungsvermögen von 18 Millionen Hektoliter der größte von ganz Slowenien. Die Hauptsorten sind Rebula, Merlot und Chardonnay. In kleinen Buschenschänken, *osmica* (Achter) genannt, kann man im Frühjahr und Herbst jeweils acht Tage lang den Vorjahreswein probieren und kaufen. Die Tradition geht auf ein Edikt Maria Theresias zurück, die den verarmten Winzern damit eine steuerfreie Zusatzeinnahme gewährte.

Die Goriška Brda bedeutet in erster Linie ein Landschaftserlebnis. Die Straßen sind schmal, konkrete Sehenswürdigkeiten gibt es kaum. Vom **Aussichtsturm bei Gonjače** hat man einen schönen Überblick. **Dobrovo** (400 Einwohner) ist der Sitz der Gemeindeverwaltung. In der Ortsmitte steht das klotzige viertürmige Renaissanceschloss. Es wurde zwischen 1979 und 1991 restauriert und beherbergt eine Vinothek und eine

Weinlese bei Dobrovo

Gemäldegalerie mit Werken des Malers Zoran Mušič. Das vier Kilometer entfernte Dorf **Šmartno** (genauer: Šmartno v Brdih; 200 Einwohner) mit seiner Wehrmauer gilt als mittelalterliches Kulturdenkmal, erstmalig erwähnt im Jahr 1317. In **Medana** wurden, zufällig im selben Haus, die beiden Heimatdichter der Brda geboren: Alojz Gradnik (1882–1967) und Ludvik Zorzut (1892–1977); letzterer fühlte sich stark dem lokalen Dialekt verpflichtet.

Die Straßen zur italienischen Grenze haben ein beachtliches Gefälle, insbesondere im Nordteil der Brda. Hier hat der Grenzbach Idrija (italienisch: Judrio) ein tiefes, schattiges Tal geschaffen, das man auf Schleichwegen durchfahren kann, um schließlich über Strmec und Lig bei Kanal ob Soči (siehe oben) auszukommen. Als hübsche Ausflugsziele auf der italienischen Seite seien Cormòns und Cividale, aber auch die entfernteren Städte Udine, Gradisca und Palmanova empfohlen.

Dobrovo (Brda)

Vorwahl: 05.
Postleitzahl: 5212.
Touristenbüro: Grajska cesta 10, Tel. 3959594.

Die Brda wird bislang nur von wenigen Touristen besucht, aber das könnte sich rasch ändern. Es gibt einige Privatunterkünfte und Ferienwohnungen, nach Absprache evtl. mit Halbpension. Inzwischen stehen auch zwei Hotels zur Verfügung:
Hotel Venko, Neblo 11 (bei Dobrovo), Tel. 3988750, www.venko.si. Modern, mit Casino und Konferenzsaal; DZ ab 70 Euro.
Hotel Kozana, Kozana 94 (bei Šmartno), Tel. 3988700, www.hotel-brda.si. Gute Mittelklasse, im Herzen der Brda.

Restaurants in den o.g. Hotels, außerdem Imbiss in einfachen Schänken über Land.
Gostilna 25. Maj, Dobrovo, Trg 25. Maja 10, Tel. 3045056. Im Ortszentrum; auch Gästezimmer.
Briška hiša, Kojsko, Hum 54a, Tel. 3046508. Nettes kleines Café an der Straße Nr. 402 nach Nova Gorica.

Vinska klet Goriška Brda, Dobrovo, Zadružna cesta 9, Tel. 3310100, www.klet-brda.com. Sehenswerter Weinkeller der örtlichen Winzergenossenschaft.
Vinoteka Brda, Dobrovo, Grajska cesta 10.
Movia, Dobrovo, Ceglo 18, Tel. 3959510, www.movia.si. Etwas außerhalb des Ortes geleger Winzerbetrieb, auch für Gruppen.

Nova Gorica

Karte S. 139

Schon der erste Eindruck lässt ahnen: Nova Gorica (13000 Einwohner) ist nicht das, was man gemeinhin unter einer Stadt versteht. Geometrisch angelegte Hauptstraßen, viele Grünflächen, klotzige Denkmäler, lockere Bebauung – alles ist am Reißbrett entworfen und völlig unhistorisch. Ein urbanes Zentrum fehlt. Auf der Fahrt vom Soča-Tal (Straße Nr. 103) in Richtung Adria wird man am östlichen Stadtrand vorbeigeleitet und nimmt umso weniger Details wahr. Für Touristen ist Nova Gorica nahezu bedeutungslos, die unübersehbaren Spielcasinos und Unterhaltungsangebote sprechen in erster Linie die italienische Kundschaft jenseits der Grenze an.

Nova Gorica wirkt wie ein Anhängsel der deutlich größeren italienischen Grenzstadt Gorizia. Nicht der gewachsene Stadtkern wurde durch einen politisch unvermeidlichen Grenzverlauf auseinandergerissen, sondern ein paar abgetrennte neuere Vororte zu einer selbständigen Stadt weiterentwickelt. Insofern ist die häufig benutz-

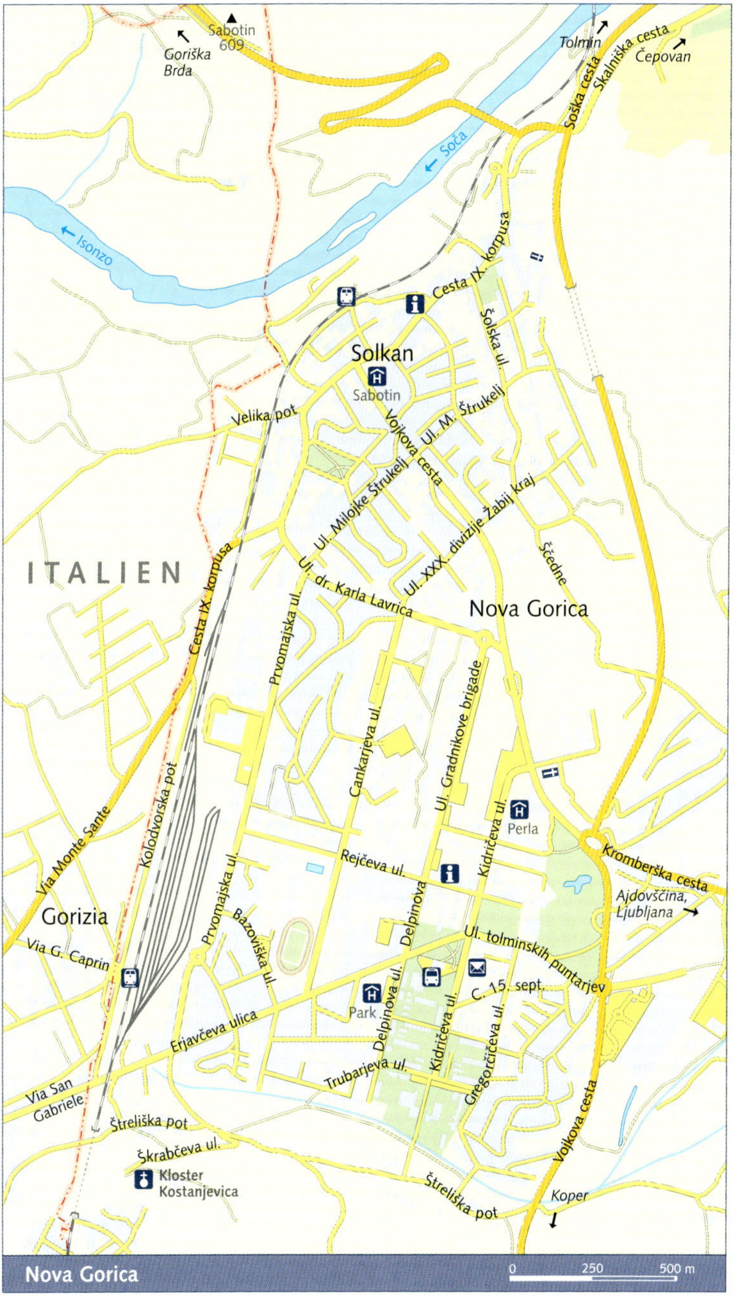
Sabotin
609
Goriška
Brda
Tolmin
Soška cesta
Skalniška cesta
Čepovan
Soča
Isonzo
Cesta IX. korpusa
Šolska ul.
Solkan
Sabotin
Ul. M. Štrukelj
Velika pot
Vojkova cesta
Ul. Miloje Štrukelj
Ul. XXX. divizije
Žabij kraj
ITALIEN
Cesta IX. korpusa
Ul. dr. Karla Lavrica
Ščedne
Nova Gorica
Prvomajska ul.
Cankarjeva ul.
Ul. Gradnikove brigade
Kolodvorska pot
Via Monte Santo
Perla
Kidričeva ul.
Rejčeva ul.
Kromberška cesta
Ajdovščina,
Ljubljana
Prvomajska ul.
Bazoviška ul.
Delpinova
Gorizia
Via G. Caprin
Ul. tolminskih puntarjev
C. 15. sept.
Park
Delpinova ul.
Kidričeva ul.
Gregorčičeva ul.
Erjavčeva ulica
Trubarjeva ul.
Via San
Gabriele
Vojkova cesta
Štreliška pot
Škrabčeva ul.
Kloster
Kostanjevica
Štreliška pot
Koper
Nova Gorica
0
250
500 m

te Bezeichnung ›geteilte Stadt‹ für das ehemalige Görz ein wenig irreführend. Die zwei ungleichen Hälften existierten Jahrzehnte lang beiderseits eines stabilen Zaunes, dessen Verlauf auf dem Pariser Friedensvertrag von 1947 beruhte. Überraschenderweise hatte man den vorhandenen Bahnhof, an der sogenannten Wocheiner Bahn (Bohinjska proga) gelegen, damals der östlichen, also jugoslawischen Seite zuerkannt. Aber nur wenige Meter vor der Gebäudefront war die Grenzlinie gezogen worden. Als spätere EU-Außengrenze verlief diese noch bis Mai 2004 über den Bahnhofsvorplatz. Die innerstädtischen Übergänge konnten zumindest Drittstaatler lange Zeit nur unter Vorlage eines Reisepasses queren. Heute ist die Teilung überwunden, dank des Schengener Abkommens darf man an jeder beliebigen Stelle von Osten nach Westen gehen und umgekehrt. Und man bezahlt sogar in derselben Währung. Der Bahnhofsvorplatz heißt jetzt Trg Evrope (Europa-Platz), und statt des Zaunes gibt es nur eine kleine Bodenmarkierung in Form einer runden Metallplatte. Die Stadt verharrt nicht mehr in einer ungünstigen Randlage, sondern entfaltet eine beachtliche wirtschaftliche Dynamik am Schnittpunkt wichtiger Verkehrswege. Seit 1995 besitzt Nova Gorica auch eine Universität.

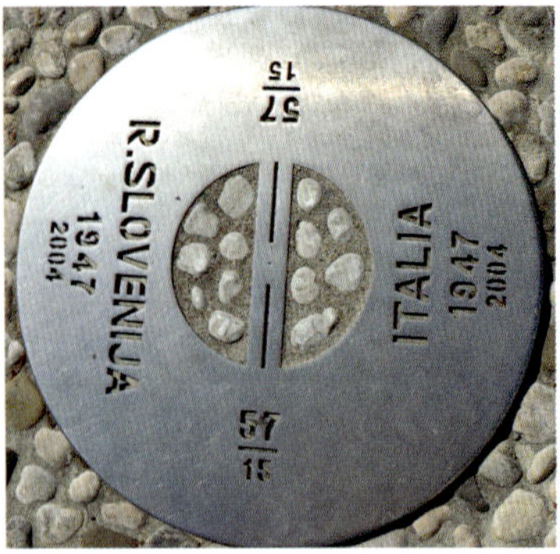

Grenzmarkierung auf dem Europaplatz

▲ Karte S. 139

Die Brücken von Solkan

Umgebung von Nova Gorica

Bei **Solkan** am nördlichen Stadtrand endet das Soča-Tal. Am Fuße des Berges Sabotin tritt der Fluss unter dem Namen Isonzo auf italienisches Gebiet über, während die bis hierher parallele Bahnstrecke auf slowenischer Seite den Bahnhof erreicht (siehe oben). Der 609 Meter hohe Gipfel des Sabotin markiert einen Knick im Verlauf der Staatsgrenze, jedoch gab es schon vor der Öffnung der Grenzen eine eingezäunte Transitstraße (Nr. 402) durch den italienischen Zipfel, um Nova Gorica direkt mit der Weinbauregion der Goriška Brda zu verbinden.

Die Gemeinde Nova Gorica (insgesamt 35000 Einwohner) ist im übrigen nicht reich an Sehenswürdigkeiten. Das **Franziskanerkloster Sveta Gora** liegt etwa acht Kilometer nördlich der Stadt in den Bergen oberhalb des Soča-Tales. Die im Ersten Weltkrieg weitestgehend zerstörte Anlage wurde 1927 wieder aufgebaut. Die dazugehörige Wallfahrtskirche stammt von 1544. Neben einem kleinen **Wallfahrtsmuseum** gibt es hier auch ein **Museum der Isonzo-Front**, das sich mit den Schlachten der Jahre 1915 bis 1918 beschäftigt.

Im **Schloss Kromberk** (Grad Kromberk), einem wuchtigen, quadratischen Bau-

werk mit vier Ecktürmen, befindet sich das ethnologische Museum der Region Goriška (Goriški muzej).
Beim südlichen Vorort Rožna Dolina erhebt sich auf einem Hügel das **Franziskanerkloster Kostanjevica** (nicht verwechseln mit dem Zisterzienserkloster Kostanjevica na Krki bei Novo mesto!). Es wurde 1625 gegründet, fiel ebenfalls im Ersten Weltkrieg in Schutt und Asche und wurde später neu errichtet. Französische Nostalgiker zieht es bisweilen nach Kostanjevica, liegt doch der letzte Bourbonenkönig Karl X. hier seit 1836 begraben. Er hatte sich sechs Jahre zuvor während der Julirevolution nach Görz abgesetzt und war schließlich an der Cholera gestorben. Einen Besuch wert ist im übrigen der Klostergarten mit seinen üppigen Rosenbüschen. Auch das Stadtwappen von Nova Gorica zeigt eine Rosenblüte.

Nova Gorica

Vorwahl: 05.
Postleitzahl: 5000 (Solkan 5250).
Touristenbüro: Bevkov trg 4, Tel. 3304600.

Im Stadtgebiet mehrere offene Grenzübergänge nach Gorizia/Italien. Nord-Süd-Durchgangsverkehr wird östlich um den Ortskern geführt.

Busstation: Kidričeva ul. 22, Tel. 3303133. Überlandlinien der Firmen Avrigo und Veolia nach Ljubljana, Koper, Bovec, Ajdovščina u.a., Avrigo mit innerörtlichem Verkehr in Nova Gorica und Solkan.

Bahnhof unmittelbar an der Staatsgrenze (Kolodvorska pot 8): **Nordstrecke** Richtung Most na Soči–Bohinj–Bled–Jesenice etwa 8x tägl., in Jesenice besteht Anschluss nach Ljubljana. **Südstrecke** Richtung Sežana–Divača–Postojna oder Koper etwa 6–8x tägl., unterwegs Anschlüsse nach Triest, Rijeka, Ljubljana. Außerdem gibt es eine kurze Stichstrecke nach Ajdovščina 2x tägl.
Die Strecken sind landschaftlich sehr schön; Die Fahrtdauer nach Ljubljana beträgt allerdings mindestens 2 Std. 45 Min. inkl. Umsteigen. Im Sommer fahren Museumszüge nach Bled.

Hotel Sabotin, Cesta IX. korpusa 35, Tel. 3365000, www.hotelsabotin.com. Im Vorort Solkan; repräsentatives Gebäude, Restaurant, Biergarten; DZ ab 80 Euro.
Hotel Lipa, Trg Ivana Roba 7, Tel. 3366000, www.hotellipa.com. In Šempeter pri Gorici; mit Restaurant; DZ ab 80 Euro.

Vrtnica, Kidričeva ul. 11, Tel. 3985555. Preiswertes SB-Lokal nahe der Busstation.
Primula, Soška cesta 40, Tel. 3300000. Im Vorort Solkan; schönes Restaurant mit raffinierter Küche.
Pr' Mikiju, Solkan, Prvomajska cesta 122, Tel. 3029230; gute regionale Gerichte.
Grajska klet, im Schloss Kromberk, Tel. 3027160. Einheimische Spezialitäten in rustikalem Ambiente.

In den Casinos der beiden Viersterne-Hotels Park (Delpinova ul. 5) und Perla (Kidričeva ul. 7) spielt sich fast das gesamte Nachtleben der Stadt ab. Hotelgäste haben kostenlos Zugang. Mindestalter 18 Jahre.

Goriška-Museum (Goriški muzej), Schloss Kromberk; Mo–Fr 8–17, So 13–19 Uhr, im Winter 2 Std. früher geschlossen.
Kloster Kostanjevica, Škrabčeva ul. 1; Mo–Sa 9–12 und 15–17, So nur 15–17 Uhr.

Notranjska. Primorska.
Der Karst ober- und unterirdisch.
Tropfsteinhöhlen und versickernde Bäche.
Weiße Pferde und geklöppelte Spitzen.
Eine Burg im Berg und ein See ohne Wasser.
Wege zur Adria.

Postojna und der Südwesten

Die inneren Karstlandschaften

Zwischen der Hauptstadt Ljubljana und dem Küstenland liegt die historische Landschaft Notranjska (Innerkrain). Mehrere hohe Bergketten, nur teilweise bewaldet, erstrecken sich von Nordwesten nach Südosten. In den engen Flusstälern zwischen ihnen verlaufen die Hauptverkehrswege in gleicher Richtung. Nur an wenigen Stellen existieren Querverbindungen, die mit starken Steigungen und Gefällen über einsame Hochebenen hinwegführen. Das Karstgebirge weist eine große Zahl von Dolinen und Höhlen auf. Es ist eine herbe und kulturfeindliche Gegend, arm an Gewässern und Ackerboden, und infolge dessen seit jeher von Abwanderung betroffen. Ein wenig übertrieben wirkt jedoch die folgende Schilderung von Belsazar Hacquet aus dem späten 18. Jahrhundert: »*Der Karst, über den man von Adelsberg (Anm.: heute Postojna) nach Triest fährt, ist das lebhafteste Bild der Verwüstung das alle Vorstellung übertrifft. Eine Fläche von wenigsten zwei bis drei Meilen im Umkreise, mit dem nacktesten Kalkfelsen begränzt, enthält nichts, als Millionen Steine. Überall, wo man hinblickt, ist Zerstörung; nur hier und da hat der Fleiß des armen Landmannes mit großer Mühe ein Plätzchen ausgeräumt, um Weitzen oder Roggen darauf zu bauen, den er mit den nämlichen Steinen, wie mit Bollwerken umzäunt hat. Der stürmende Nordwind weht hier oft so außerordentlich heftig, daß man zu Zeiten in Gefahr steht, sammt dem Fuhrwerke durch ihn fortgeschleudert zu werden.*« Den heftigen Sturm kann man auch heute noch erleben, im Winter dazu häufig Schnee in den höheren Lagen.

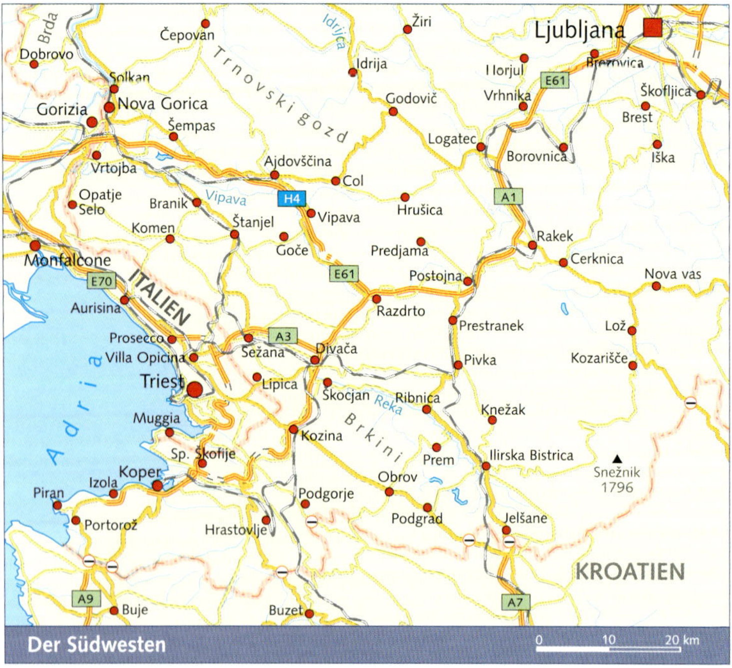

Der Südwesten

In Postojna

Ganz so unansehnlich, wie in dem Zitat formuliert, ist das Landschaftsbild indes nicht. Es gibt sogar sehr stimmungsvolle Landstriche. Trotz verbesserter Erwerbsmöglichkeiten ist die Region bis heute spärlich besiedelt und besitzt auch kein städtisches Zentrum.

Postojna

Postojna mit nur 9200 Einwohnern ist der Mittelpunkt der Notranjska. Im Umkreis von gut 50 Kilometern existiert keine größere Stadt. Auf dem Weg von Ljubljana zur Küste hat man bei Postojna fast die Hälfte der Strecke zurückgelegt. Der uralte Verkehrsweg benutzt eine natürliche Pforte vom Landesinneren nach Rijeka, Koper, Triest und andere italienische Städte. Mit dem hiesigen Teilstück Vrhnika-Razdrto begann 1972 der Autobahnbau in Jugoslawien.

Im heutigen Slowenien rangiert Postojna bezüglich der Größe etwa an 17. Stelle und zählt nicht einmal zu den Stadtgemeinden. Als Relikt früherer Verwaltungsstrukturen gilt für die engere Umgebung immerhin ein eigenes Autokennzeichen (PO). Kaum ein Tourist käme gezielt in das gesichtslose Provinznest, wenn es die phantastischen Tropfsteinhöhlen hier nicht gäbe.

Historisches

Bereits in der Altsteinzeit gab es Siedlungsplätze am Flusslauf der Pivka. Der heutige Ort Postojna wurde im 13. Jahrhundert erstmalig schriftlich erwähnt und ab 1432 als Gemeindesitz bezeichnet. Bis 1918 gehörte Adelsberg zum Herzogtum Krain innerhalb Österreich-Ungarns und besaß ab 1909 den Status einer Stadt. Die Lage im Grenzland führte nach dem Ersten Weltkrieg zur Annexion durch Italien, wo der Ort unter dem Namen Postumia zur Provinz Triest kam. Dieser Zustand dauerte offiziell bis 1943, faktisch bis 1947 an.

Postojna – Zahlen und Fakten

Deutscher Name: Adelsberg
Italienischer Name: Postumia
Koordinaten: 45°46'N/14°13'O
Gemeindefläche: 270 km²
Einwohner Ort: 9200
Einwohner inkl. Gemeinde: 16000
Höhe ü. M.: 554 m
Autokennzeichen: PO
Internet: www.postojna.si
Historische Region: Notranjska

Gegen Ende des 17. Jahrhunderts beschrieb der große slowenische Gelehrte Janez Vajkard Valvasor einige Teile des lokalen Höhlensystems, wohl ohne die wahren Dimensionen zu erahnen, und erwähnte dabei auch die ›*teuflischen Tropfsteine*‹. Im Winter 1801/02 betrat der Schriftsteller Johann Gottfried Seume unterwegs auf seiner ›Reise nach Syrakus‹ (so der Titel seines späteren Buches) mit Hilfe einheimischer Führer einige der Gänge und Grotten, war aber anscheinend nicht allzu begeistert, was aus seinen geäußerten Vergleichen mit anderen – in Wahrheit wesentlich kleineren – Höhlen deutlich wird. Wenig später berichtet dann Johann Gottfried Sommer in seinem 1821 herausgegebenen Werk

›Gemälde der physischen Welt‹ ebenso detailliert wie subjektiv von »*zahllosen Irrgängen, fürchterlichen Abgründen, unermesslichen Höhen, unabsehbaren Tiefen, dunklen Grüften*«, deren Ende trotz allen Bemühens noch niemand kennengelernt habe. Die Tropfsteingebilde sind in seiner Darstellung »*sonderbare Gestalten, zum Theil auch menschliche Körpertheile von ungeheurer und verzerrter Form und gräßlichem Aussehen*«, zumindest bei entsprechend »*lebhafter Einbildungskraft*«. Inzwischen hatte man nämlich, eher zufällig, als für den bevorstehenden Besuch des Habsburgerkaisers Franz I. eigens eine Beleuchtung installiert worden war, einen Eindruck von den wahren Dimensionen dieser Unterwelt erhalten. Zu diesem Ereignis des Jahres 1818 wird berichtet, ein gewisser Lukas Čeč habe beim Erklettern eines Steilhanges in der Höhle riesige Säle entdeckt und dabei ausgerufen: »*Hier ist eine neue Welt, ein Paradies!*«

Als sich die Entdeckung herumgesprochen hatte, dauerte es nicht sehr lange, bis Neugierige in großer Zahl kamen. Bereits 1823 erschien ein erster gedruckter Höhlenführer, und seither ist die Adelsberger Grotte (slowen.: Postojnska jama) eine Touristenattraktion ersten Ranges, deren Zugänglichkeit stetig verbessert wurde. 1872 wurden unter der Erde Gleise verlegt: Anfangs wurden darauf betuchte Besucher in metallenen Wägelchen mit Muskelkraft vorwärtsgeschoben, ab 1918 setzte man kleine Dampflokgespanne ein, die aber wegen der unschönen Rußablagerungen schon 1924 durch benzinbetriebene Fahrzeuge abgelöst wurden. Bereits seit 1884 gab es in den Höhlen elektrische Lampen. Der gesteigerte Besichtigungskomfort und auch die gute Erreichbarkeit des Ortes Adelsberg über die 1857 errichtete Eisenbahnstrecke Wien–Laibach–Triest ließen die Besucherzahlen weiter anschwellen. Nach der Fertigstellung der Autobahn A1 in den 1980er Jahren kamen zeitweilig mehr als eine Million Besucher jährlich zu den Höhlen. Bis zum 16. April 1990 wurden insgesamt 25 Millionen gezählt. Kurz danach zerfiel der jugoslawische Bundesstaat, und die verunsicherten Touristen machten erst einmal einen großen Bogen um die Region. In den späteren 1990er Jahren wurde die frühere Frequenz annähernd wieder erreicht.

Werbung für die Höhlen von Postojna

Höhle von Postojna

Die Tropfsteinhöhle, die unter deutschsprachigen Touristen immer noch als ›Adelsberger Grotte‹ bezeichnet wird, liegt am nördlichen Ortsrand. Von der Autobahnabfahrt wurde vor etlichen Jahren eine direkte Zufahrt geschaffen, die den Ortskern meidet. Riesige Parkplätze erstrecken sich vor dem Besucherzentrum. Dem Massenandrang in der Hochsaison wird mit professioneller Organisation begegnet, zumal man ja auf fast zweihundert Jahre touristische Erfahrung zurückblickt.

Mit einer Gesamtlänge von über 20 Kilometern gehört das Höhlensystem von Postojna zu den größten der Welt. Obwohl nur etwas mehr als ein Viertel da-

▲ Karte S. 144

von für die Besichtigung freigegeben ist, handelt es sich um die größte und meistbesuchte Schauhöhle Europas. Die Besucher werden auf einer Strecke von vier Kilometern per Grubenbahn durch die Unterwelt befördert und müssen lediglich den kleineren Teil des Gesamtweges zu Fuß zurücklegen. Der Höhlenboden ist weitgehend eben und mit rutschfestem Belag versehen, so dass auch Menschen mit Gehbehinderungen den Parcours bewältigen können. Die obligatorischen Führungen werden in mehreren Sprachen angeboten und dauern jeweils 90 Minuten. Da die Temperatur konstant bei acht Grad Celsius liegt, ist auch im Sommer warme Kleidung dringend anzuraten.

Die Entstehung der Höhlenwelt steht in unmittelbarem Zusammenhang mit den Besonderheiten der Karstlandschaft (→ S. 168). Unter einer Kalksteindecke von etlichen hundert Metern erlebt man ein bizarres Nebeneinander von illuminierten Sinterterrassen, Säulen, Vorhängen, Überhängen, Figuren und Felswänden – alles wie von einer schimmernden Wasserhaut überzogen. An mehreren Stellen trifft man auf Becken mit kristallklarem Wasser, deren tatsächliche Tiefe meist unterschätzt wird. Im sogenannten ›Konzertsaal‹ finden bis zu 10 000 Personen Platz. Im ›Kongresssaal‹ wurden bereits 1824 Tanzveranstaltungen arrangiert. Die ›Russische Bücke‹ ist das Werk von Kriegsgefangenen aus dem Jahr 1916.

Die Grubenbahn in den Höhlen von Postojna

Der salamanderartige, blinde Grottenolm (→ S. 151) und andere Höhlenbewohner können im ›Vivarium Proteus‹ in der Nähe des Höhleneingangs betrachtet werden. Zum tieferen Verständnis der Karstlandschaft und ihrer Erforschung kann man im Ort das **Museum der Innerkrain** (Notranjski muzej) besuchen.

Mit der Grotte von Postojna stehen weitere Höhlen in unterirdischer Verbindung durch den Karstfluss Pivka. Erwähnenswert sind:

Die **Höhle von Veliki Otok** (Otoška jama) liegt ein kleines Stück weiter in nordwestlicher Richtung. Sie ist etwa 600 Meter lang. Eine Taschenlampe ist mitzubringen.

Die **Pivka-Höhle** (Pivka jama) kann man auf einem Wanderweg von Postojna aus erreichen. Informationen und Tickets gibt es am Campingplatz. Man steigt über Treppen in einen 65 Meter tiefen Einsturztrichter hinab bis zum unterirdischen Flussbett der Pivka. Von dort folgt man einem beleuchteten Gang auf einer Länge von etwa zwei Kilometern.

Zur **Höhle von Planina** (Planinska jama) muss man auf der Landstraße Nr. 409 etwa zehn Kilometer in Richtung Logatec fahren oder die Autobahnabfahrt Unec nehmen. Sloweniens größte Wasserhöhle ist der Ursprung des Karstflusses Unica, der genaugenommen nur der Mittellauf eines viel längeren Flusssystems ist: Den Oberlauf bildet nämlich die Pivka, die bei Postojna im Untergrund versickert, hier als Unica wieder auftaucht, später erneut im Untergrund verschwindet und schließlich unter dem Namen Ljubljanica durch die Hauptstadt fließt und in die Sava mündet. Nach starken Regenfällen verwandelt die

Unica das Becken von Planina (Planinsko polje) vorübergehend in einen See. Beides sind typische Karstphänomene. Sehenswert ist die Höhle von Planica vor allem wegen ihres hohen Felsportals, einiger großer Säle und enger Schluchten. Den Zugang findet man im Tal hinter dem Ravbar-Turm (Ravbarjev stolp), bekannt auch unter dem Namen Mali grad.

Predjama

Eine weitere Hauptsehenswürdigkeit Sloweniens gibt es neun Kilometer nordwestlich am Fuße des Höhenzuges Hrušica. Auf einer idyllischen Nebenstraße fährt man von der Grotte in Postojna über Veliki Otok nach Predjama. In einem Talschluss sieht man hier das einzigartige **Höhlenschloss von Predjama** (Predjamski grad). Es wurde gewissermaßen in eine Öffnung an einer 123 Meter hohen Felswand hineingebaut. Der Name des winzigen Dorfes bedeutet wörtlich ›vor der Höhle‹. Vier Stockwerke hoch erhebt sich das Bauwerk über dem Talgrund, während es sich gleichzeitig nach oben hin unter einer Art Felsentor duckt. Schon von außen ahnt man, dass sich die hinteren Räumlichkeiten in das Innerste des Berges ausdehnen. Dass es regelrechte Geheimgänge mit versteckten Ausgängen in den oberhalb gelegenen Wald gibt, beflügelt die Phantasie des Betrachters umso mehr. Die Geschichte des seltsamen Höhlenschlosses reicht bis ins 12. Jahrhundert zurück. Ab 1378 befand sich die damalige Anlage im Besitz der Habsburger. Ihr berühmtester Bewohner war der Raubritter Erazem Jamski alias Erasmus Lueger (auch: von Luegg), der zuvor dem ungarischen König Matthias Corvinus gedient hatte. Als eine Art krainischer Robin Hood überfiel er Kaufleute auf dem Weg nach Triest. Nach einem Tötungsdelikt ließ der Statthalter von Triest die Burg mehr als ein Jahr lang belagern, um Erazem festzunehmen. Die Aktion blieb nicht nur erfolglos, vielmehr verhöhnte der Ritter die kaiserlichen Soldaten auch noch, da er an Feiertagen gebratene Fleischstücke zu ihnen hinunterwarf. Durch den bereits erwähnten Geheimgang im Felsen bekam er nämlich regelmäßig Nachschub. Es gibt eine gern erzählte und für Touristen offenbar amüsante Legende, wie der Raubritter schließlich endete. Franz Sartori hat sie vor etwa 200 Jahren aufgeschrieben. Darin heißt es, dass dessen Diener Franz von den Belagerern bestochen worden sei, nachdem er »*entdeckte, daß Lueger sich täglich des Abends auf ein bestimmtes Plätzchen begebe, dort einem allgemeinen Bedürfniße der Natur Genüge zu leisten; daß dort der Fels von keinem besondern Umfange sey, und folglich einige Schüsse aus großem Geschütze ihr Wirkung nicht verfehlen würden. Die Verabredung ward also dahin getroffen, daß Franz mit Aushängung eines weißen Lappen das Ziel genau bezeichne. Bald entdeckten die Belagerer das oben flatternde Zeichen, . . . die vier Donnerbüchsen knallten schrecklich, auf einmal losgebrannt, und der unglückliche Verrathene, von zwei losgesprengten Felsenstücken am Kopfe und Schenkel getroffen, stürzte todt zu Boden.*«

Er liegt begraben im Dorf Predjama unter einer riesigen, hohlen Linde (am Parkplatz). Das Schloss wurde als Museum hergerichtet; ein gutes Stück weit kann man auch in den Berg hineingehen. In den Höhlen unter der Burg überwintern regelmäßig Scharen von Fledermäusen. Während der Hochsaison kann man an einer einstündigen Führung teilnehmen.

Das Höhlenschloss Predjama

Postojna

Vorwahl: 05.

Postleitzahl: 6230.

Touristenbüro: Jamska cesta 9, Tel. 7201610.

Große gebührenpflichtige Parkplätze am Eingang zur Grotte.

Busstation: Titov trg 2, Tel. 7210183. Die Busbetriebe Avrigo und Veolia fahren mehrfach täglich u.a. nach Ljubljana, Koper, Pivka, Ajdovščina, Nova Gorica und ins benachbarte Ausland (Pula, Rijeka, Zagreb, Triest).

Bahnhof: Kolodvorska cesta 25, Tel. 2962100. Etwa 20–22 Züge tägl. nach Ljubljana, etwa 6 nach Nova Gorica, 3–4 nach Koper; über Pivka auch nach Kroatien. Touristenbus vom Bahnhof zur Grotte.

Hotel Kras, Tržaška cesta 1, Tel. 7002300, www.hotel-kras.si. Neues Komforthotel im Zentrum; mit Restaurant; DZ 90–120 Euro.

Hotel Sport, Kolodvorska cesta 1, Tel. 7202244, www.www.sport-hotel.si. Mit Wellnessbereich, umfangreichem Fahrradservice, Restaurant, Sauna; DZ 80 Euro, Rabatt für Radfahrer.

Motel Erazem, Belsko 1 (bei Predjama), Tel. 7515445. DZ um 60 Euro.

Hostel Proteus, Tržaška cesta 36, Tel. 7265291.

Außerdem werden in der Umgebung viele Privatzimmer angeboten (Näheres im Touristenbüro).

Camping Pivka jama, Veliki Otok, Tel. 7203993, www.venus-trade.si. In einem Wald nahe der Grotte; Bungalows, Restaurant. Fahrradverl., Freibad; ganzjährig offen.

Stellplatz für etwa 20 Wohnmobile auf dem Grottenparkplatz, Bereich 3; März-Okt.; Tagespauschale ca. 15 Euro.

Jamski dvorec, Jamska cesta 30 (beim Eingang zur Grotte), Tel. 7000160. Stilvolles Touristenrestaurant; gute Küche.

Ribiška koča, Tržaška cesta 88, Tel. 7261758. Gartenlokal, etwas außerhalb..

Bar Bor, Tržaška cesta 4a. Einfaches Esslokal, unverkennbares Jugo-Ambiente.

Für die Sehenswürdigkeiten von Postojna zahlt man recht hohe Eintrittsgelder. Kinder erhalten einen Nachlass von 40 Prozent. Für bestimmte Personengruppen gibt es weitere Vergünstigungen. Attraktiv sind Kombi-Tickets zum Besuch mehrerer Sehenswürdigkeiten (siehe ggf. www.postojnska-jama.si).

Höhle von Postojna (Postojnska jama), Jamska cesta 30, Tel. 7000100; Juli–Sept. tägl. Führungen 9–18 Uhr zu jeder vollen Stunde, Okt. 10, 12, 14, 16 Uhr, andere Monate 10, 12, 15 Uhr; Eintritt 22 Euro.

Vivarium Proteus, neben dem Höhleneingang; Mai–Sept. tägl. 9.30–17.30, Okt.-Apr. 10.30–15.30 Uhr; Eintritt 8 Euro.

Museum der Innerkrain (Notranjski muzej), Kolodvorska cesta 3, Tel. 7211090; Mai–Sept. tägl. 11–18 Uhr, sonst Mo–Fr 9–15, Sa–So 11–16 Uhr.

Pivka-Höhle (Pivka jama); Juli-Aug. tägl. 9 und 15 Uhr, Juni und Sept. nur Sa–So 9 und 15 Uhr; Eintritt 8 Euro.

Burg Predjama (Predjamski grad), im Dorf Predjama; im Sommer tägl. 9–18, im Winter 10–16 Uhr; Eintritt Erwachsene 9 Euro.

Im Juli/August findet am Höhlenschloss Predjama ein Mittelalterfestival (Erasmus Tournament) statt. Weihnachtskrippe in der Grotte jeweils 24. Dez. bis 2. Jan.

▶ Karte S. 144

Der Grottenolm

Das Tierchen ist wirklich unscheinbar. Und dazu noch farblos und blind. Dennoch handelt es sich um ein einzigartiges, endemisches Lebewesen, das nur in den dunklen und feuchten Karsthöhlen des Dinarischen Gebirgszuges im ehemaligen Jugoslawien vorkommt. Die Rede ist vom Grottenolm (wissenschaftlich: Proteus anguinus, einziger Vertreter der Gattung Proteus). Ein lebendes Fossil, eine bedrohte Tierart. Dieser Schwanzlurch hat einen annähernd 30 Zentimeter langen, pigmentlosen, aalähnlichen Körper mit seitlich abgeflachtem Ruderschwanz, Flossensäumen und filigranen Beinchen. Am Hinterkopf heben sich drei Paare roter Kiemenbüschel ab, obwohl die Atmung mittels Lunge erfolgt – ein Indiz für das Larvenstadium, in dem sich der Grottenolm zeitlebens befindet. Offenbar hat die Natur hier auf eine vollständige Metamorphose verzichtet, da sie im Lebensraum Höhle keinerlei Vorteile bringen würde. Auch die Augen sind degeneriert, funktionslos und von Haut überzogen. Man sagt, der Grottenolm sei im Aberglauben früherer Zeiten für ein Drachenbaby gehalten worden. Auch als ›*človeška ribica*‹ (Menschenfischlein) habe man ihn bezeichnet wegen seiner hautähnlichen Körperfarbe. Und der krainische Gelehrte Valvasor notierte um 1685 herum, »*daß der vermeinte Lindwurm einer kleinen Spannen lang, und einer Eydexen gleich geformirt gewest.*«

Zum Leben und insbesondere zur Fortpflanzung benötigen Grottenolme sehr sauberes, sauerstoffreiches Ruhigwasser und eine Temperatur zwischen 6 und 15 Grad Celsius. Plötzlicher Lichteinfall verscheucht sie in Gesteinsspalten oder auf den Gewässergrund. Gelegentlich tasten sie sich auch an Land und folgen offenbar ihrem Geruchs- und Gehörsinn. Sie vertilgen Kleinlebewesen wie Flohkrebse oder Wasserasseln und können angeblich sogar einige Jahre ohne Nahrungsaufnahme überleben. Die weiblichen Tiere legen etwa alle 12 bis 13 Jahre rund 35 Eier, die sie vornehmlich an oder unter Steinen platzieren und auch bei Lichteinfall bewachen und verteidigen. Bis zum Schlüpfen der etwa 20 Millimeter großen, dunkler gefärbten Larven vergehen in der Regel gut 110 Tage, und nach noch einmal derselben Zeitspanne ist schließlich auch das zunächst nur angedeutete hintere Beinpaar ausgebildet, die Pigmentierung hingegen völlig verschwunden. Unter bisher ungeklärten Umständen kann es in Einzelfällen sogar zu Lebendgeburten statt der Eiablage kommen. Jedenfalls ist eine für Amphibien extrem lange Entwicklungszeit festzustellen.

Die Forscher sind sich inzwischen sicher, dass er 70, vielleicht sogar 100 Jahre alt wird. Das ist erstaunlich! Normalerweise leben massigere Amphibien länger als kleinere, aber der Grottenolm bringt es nur auf maximal 20 Gramm. Auch sein Stoffwechsel weist keine Besonderheiten auf, die eine Erklärung liefern könnten. Natürlich erreichen längst nicht alle Olme das ›biblische Alter‹. Viel zu gering sind in den ersten Jahren die Überlebenschancen, und die zunehmende Gewässerverschmutzung bedroht heutzutage die Populationen. Doch immerhin ein Viertel der Tiere wird älter als 85 Jahre. In einem Zuchtprogramm der Universität Lyon, das 1952 in einer französischen Grotte gestartet wurde, haben die ältesten Exemplare inzwischen ein Alter von deutlich über 50 Jahren erreicht, ohne Anzeichen von Alterung.

Man weiß noch immer recht wenig über die Geheimnisse des seltsamen Höhlenbewohners. Bei der Erforschung von Alterungsprozessen könnte der Grottenolm vielleicht eines Tages doch noch wertvolle Erkenntnisse liefern.

Cerknica

Ein einziger Besuch am Ort genügt nicht, um das einzigartige Naturphänomen zu erfassen. Knapp 20 Kilometer nordöstlich von Postojna (erreichbar von der Autobahnabfahrt Unec) liegt Cerknica am Nordrand einer ausgedehnten Niederung. Kommt man in der Schönwetterperiode des Hochsommers hierher und nimmt die Dorfstraße nach Otok, so erblickt man bestenfalls einen flachen Tümpel und wundert sich über Ruderboote inmitten von Wiesen. Dieselbe Stelle präsentiert sich dem Besucher völlig verändert, falls er nach ausgiebigen Regenfällen oder nach der Schneeschmelze wiederkommt: Der gesamte Talboden hat sich in einen riesigen See verwandelt, und nichts erinnert an den vorherigen Zustand.

Schon der Universalgelehrte Janez Vajkard Valvasor nahm sich der Sache an und notierte um 1685: »*Diß ist gewißlich ein sonderbares Wunderwerk der Natur, daß man, mit der Weise, alle und jede Jahre, auf einerley Grunde und Bodem, pflügen, säen, ernten, jagen, und fischen kann; also, daß Pflug und Nachen, Schnitter, Jäger, und Fischer daselbst zu thun bekommen; daß man, sage ich, zweyerley so weit unterschiedene und widerwertige Dinge, innerhalb eines einzigen Monats, nemlich jetzt einen See, jetzt ein trucknes Feld, vermittelst solches Natur-Wechsels allda schauet.*« Und Valvasor war beileibe nicht der Einzige, der hier Forschungen anstellte. Dass man aber, um die seltsamen Schwankungen des Wasserspiegels nachzuvollziehen, mehrfach anreisen müsse, war ihm völlig klar: »*Manchen Fremden hat die Curiositet dahin gezogen ... Allein wann sie, zu diesem See gekommen; ist derselbe entweder gar voll, oder gar leer und trucken gewest; derhalben können sie nicht viel daran beobachtet haben.*« Und er betont auch, dass die Einheimischen wenig zu einer Erklärung beitragen können. Keinem von Valvasors Zeitgenossen gelang es, eine plausible Erklärung zu finden. Er selbst entwickelte eine komplizierte ›Hebertheorie‹ unter Bezugnahme auf die geologische Struktur und mögliche hydrologische Auswirkungen.

Erst sehr viel später hat die Karstforschung Antworten geliefert: Der periodische See entsteht nämlich durch kräftige Schüttung mehrerer Karstquellen und durch das von Nordosten einströmende Flüsschen Cerkniščica. Wenn die im Sommer trockengefallenen Klüfte und Hohlräume im Karstgestein unter dem Becken von Cerknica (Cerniško polje) wieder vollgelaufen sind, beginnt sich sich das Wasser an der Erdoberfläche zu stauen. Die Wassermassen sind nach ausgiebigen Regenfällen zu groß, um weiter im Untergrund versickern zu können, und ein kontinuierlicher Abfluss ist nicht gewährleistet. So kommt es zu den bemerkenswerten Schwankungen des Wasserspiegels: Zwischen minus 20 Metern (unterirdisch) und plus 5 Metern (oberirdisch) liegen die ermittelten Wasserstände. Mit einer Oberfläche

Der periodische See von Cerknica

▲ Karte S. 144

Museumstafel in Cerknica

von bis zu 38 Quadratkilometern ist der See von Cerknica sogar der größte Sickersee weltweit.

Am südlichen Ortsrand von Cerknica (3900 Einwohner) gibt es ein **Museum**, in dem man sich über die Eigenheiten des periodischen Sees informieren kann. Anhand eines wassergefüllten Modells werden die hydrologischen Vorgänge veranschaulicht (Jezerski hram, Dolenje jezero 1e, Tel. 01/7094053).

Umgebung von Cerknica

Zwischen Cerknica und Postojna liegt das **Naturschutzgebiet Rakov Škocjan**: Der Karstfluss Rak hat hier ein romantisches Tal geschaffen, das auf dem Einsturz seines ehemals unterirdischen Wasserweges beruht. Geblieben sind bis heute zwei natürliche Brücken (Naravni most), die als Reste des einstigen Höhlendaches anzusehen sind. Bei der größeren Brücke stößt man auf die Ruine der Dorfkirche Sveti Škocjan aus dem 15. Jahrhundert. Auf einem Naturlehrpfad und mehreren Spazierwegen kann man das Gebiet erkunden.

Unbedingt einen Besuch wert ist auch die **Kreuzberghöhle** (Križna jama) mit ihren 22 unterirdischen Seen, die sich über insgesamt acht Kilometer hinziehen. Die nicht sehr zahlreichen Besucher erleben die Unterwelt vom Schlauchboot aus. Die nötige Ausrüstung wird gestellt. Für die Expedition muss man etwa vier Stunden einkalkulieren.

Etwa 22 Kilometer südöstlich des Sees von Cerknica steht das pittoreske **Schloss Snežnik** (Grad Snežnik), das denselben Namen trägt wie der 1796 Meter hohe Berggipfel im Hintergrund nahe der kroatischen Grenze. Für die Anfahrt nimmt man von Cerknica die Straße Nr. 212 bis Bloška polica und dann die 213 bis Kozarišče. Das strahlend weiße Renaissancegebäude bekam sein heutiges Aussehen im 16. Jahrhundert, wurde aber um die Mitte des 19. Jahrhunderts noch um zwei Türme und eine weitere Etage ergänzt. Aufgrund glücklicher Umstände präsentieren sich Inneneinrichtung und Parkanlagen in gutem Zustand.

Idrija

Die alte Bergwerksstadt Idrija (5900 Einwohner) liegt ein wenig abseits inmitten der wenig besiedelten Karstlandschaft an der Straße Nr. 102 von Logatec nach Tolmin. Einige der umliegenden Berge ragen steil über 1100 Meter auf, während das Zentrum des Ortes auf 330 Metern Höhe liegt. Im Tal fließt das Flüsschen

Idrijca. Am westlichen Stadtrand thront auf einem Hügel das **Renaissanceschloss Gewerkenegg** (Grad Gewerkenegg) mit schönen Arkadengängen, erbaut 1522 bis 1533, das lange Zeit Sitz der Bergwerksverwaltung war und heute das umfangreiche stadtgeschichtliche **Museum** beherbergt. Schwerpunkte der Ausstellung sind die Sozialgeschichte des Bergbaus und die Dokumentation der über 300-jährigen örtlichen Tradition des Spitzenklöppelns. Im Stadtzentrum sind schöne Bürgerhäuser erhalten. Der älteste Teil des Bergwerks, der sogenannte **Antonius-Stollen** (Antonijev rov), wurde für den Fremdenverkehr erhalten und kann seit 1994 besichtigt werden. Man erhält in eineinhalb Stunden einen authentischen Einblick in den Grubenalltag. Der Zugang erfolgt durch das schmucke Šelštev-Haus. Die Besichtigungstour ist mit einer mehrsprachigen Multivisionsschau kombiniert. Mit Überkleidung und Schutzhelm ausgestattet, erkunden die Besucher den 1,3 Kilometer langen Hauptstollen und sehen die einzigartige, unter Tage angelegte Kapelle der Heiligen Dreifaltigkeit (Sveta Trojica). Über 116 der einst mehr als 1000 Stufen geht es hinab bis in etwa 100 Meter Tiefe. Das Bergwerk von Idrija wurde als Objekt für die Weltkulturerbe-Liste der UNESCO vorgeschlagen.

Historisches

Im Jahr 1490 oder wenig später stieß man auf Quecksilbervorkommen, deren Ausbeutung lohnenswert erschien. Um 1500 wurde der sogenannte Antonius-Stollen (Antonijev rov) in den Berg getrieben. Nach 1575 wurde die Quecksilbermine verstaatlicht. Ungeachtet der großen Gesundheitsgefahren zog es Hunderte von Arbeitskräften in die Herrschaft Idrija, die ab 1607 dem Bergwerksverwalter unterstand. Zur Zeit der Aufklärung erhielt der Marktflecken das Stadtrecht und entwickelte sich zur zweitgrößten Stadt des Herzogtums Krain mit etwa 3600 Einwohnern. Bereits 1770 konnte sich die Stadt ein Theater leisten. Um 1790 beschäftigte das Bergwerk 1350 Arbeiter und konnte pro Jahr bis zu 700 Tonnen des flüssigen Metalls gewinnen, im Rekordjahr 1913 unter Nutzung von Maschinenkraft sogar 820 Tonnen. Die Stollen reichten bis in eine Tiefe von 400 Metern.

Im Zentrum von Idrija

Schon 1820 baute man in Idrija die wahrscheinlich erste Waldeisenbahn der Welt, um die benötigten Holzmengen aus den Höhenlagen heranzuschaffen. Die weitgehend aus Holz gefertigten Loren rollten im beladenen Zustand durch ihr Eigengewicht talwärts (wohl deshalb wurde diese Bahn als ›*lauf*‹ bezeichnet), zurück musste man mühsam schieben. Das örtliche Bergwerk entwickelte sich zur zweitgrößten Quecksilbermine der Welt, die hinsichtlich der Ausbeute nur durch die spanische Anlage in Almadén übertroffen wurde. Unter den Bergleuten entwickelte sich ein reges Vereins- und Kulturleben, 1901 wurde in Idrija die erste slowenische Realschule gegründet. Während der italienischen Besatzungszeit 1918 bis 1943 begann die Abbautätigkeit und auch das kulturelle Leben zu stagnieren. Nachdem Luftangriffe 1945 große Teile der Anlagen zerstört hatten, erfolgte noch einmal eine grundlegende Modernisierung, und auch im Ortsbild schlug sich der relativ hohe Lebensstandard bald nieder. Erst in den 1970er Jahren geriet das Werk in eine ernste Krise, weil nun umweltverträglichere Substanzen auf dem Markt waren und die Nachfrage nach dem giftigen Metall entsprechend zurückging. 1990 kam die Stilllegung. In insgesamt 500 Betriebsjahren kamen aus dem Bergwerk von Idrija 107000 Tonnen Quecksilber, das sind 13 Prozent der jemals auf der Welt geförderten Gesamtmenge.

Im US-amerikanischen Bundesstaat Kalifornien existierte von 1854 bis 1972 eine Quecksilbermine, die in Anlehnung an die slowenische den Namen New Idria trug.

Umgebung von Idrija

Vier Kilometer weiter nördlich erreicht man das historische Dorf **Spodnja Idrija** (Unter-Ydria; 1100 Einwohner), das rund 300 Jahre älter ist und über einen intakten Dorfkern verfügt. Die erste Kirche wurde im 12. Jahrhundert erbaut, heute gibt es hier eine barocke Wallfahrtskirche. Am gegenüber liegenden Flussufer sieht man den imposanten Gutshof Kenda (Kendov dvorec) von 1377, der nach liebevoller Restaurierung nun als vornehmes Hotel mit Parkanlage dient.

14 Kilometer nordwestlich der Stadt liegt auf der Karsthochfläche unterhalb des 1171 Meter hohen Gipfels Planinica der Weiler **Vojsko**: Hier arbeitete 1944/45 die gut versteckte ›Druckerei Slowenien‹ (Tiskarna Slovenija), die von Partisanen betrieben wurde. Sie wurde zur Besichtigung erhalten.

An der Straße nach Logatec gibt es ein altes hölzernes **Wasserrad**, Kamšt genannt. Mit einem Durchmesser von 13,6 Metern ist es das größte seiner Art in Europa. Von 1790 bis 1948 pumpte es das Wasser aus den Bergwerksstollen. Inzwischen ist es renoviert und dreht sich wieder.

Noch ein Stück weiter südlich von Idrija, etwas abseits der Straße, liegt in einem Felsenkessel der smaragdgrüne Karstsee **Divje jezero** (Wilder See). Er hat eine Tiefe von über 80 Metern und ist seit 1967 als Naturdenkmal ausgewiesen. Am Parkplatz findet man interessante Informationstafeln. Das Wasser entströmt einem geologischen Bruch. In der anschließenden Unterwasserhöhle wurden Grottenolme gesichtet. Bei Starkregen kann man beobachten, wie das Wasser von unten her die Oberfläche aufwölbt. Sehr malerisch ist auch die hier beginnende Idrijca-Schlucht. In der Nähe des Sees trifft man auf eine alte Stauanlage (Klavže), die um 1770 errichtet wurde, um gefällte Baumstämme in die Stadt flößen zu können. Man benötigte diese sowohl als Stützbalken im Bergwerk als auch zum Beheizen der Erzöfen.

Kirche und Förderturm in Idrija

Schloss Gewerkenegg in Idrija

Idrija

Vorwahl: 05.

Postleitzahl: 5280 (Spodnja Idrija 5281).

Touristenbüro: Vodnikova ul. 3, Tel. 3743916.

Kein Bahnanschluss. Von der örtlichen Busstation (Vodnikova ul. 2, Tel. 3726703) bedienen die Busse der Firma Avrigo das weitere Umland, z.B. Postojna, Nova Gorica, Tolmin, Ljubljana.

Pension Metka, Črni vrh nad Idrijo 78, Tel. 3777015, www.gostilnametka.com. Mit Restaurant; DZ um 50 Euro.

Jugendherberge, Ul. IX. Korpusa 17, Tel. 3734070.

Eine lokale Spezialität sind Krapfen (*žlikrofi*), eine Art Maultaschen (→ S. 88).

Gostilna Mlinar, Žirovska cesta 4, Tel. 3776316. Angenehmes Spezialitätenrestaurant mit Terrasse in Spodnja Idrija.

Gostišče Barbara, Kosovelova ul. 3, Tel. 3771162. Direkt neben dem Schaubergwerk; ebenfalls mit Terrasse.

Antonius-Stollen, Kosovelova ul. 3, Tel. 3771142; Führungen tägl. 10 und 15 Uhr, am Wochende zusätzliche Termine.

Stadtmuseum (Mestni muzej), Prelovčeva ul. 9, Tel. 3726600; tägl. 9–18 Uhr.

Partisanendruckerei in Vojsko; 15. April bis 15. Oktober jeweils 9–16 Uhr.

Jährlich Ende August findet ein Klöppelfest statt. Die Spitzen aus lokaler Herstellung sind ein beliebtes Souvenir.

Kanu- und Kajaktouren auf der Idrijca. Skigebiet bei Cerkno (ca. 30 km nördlich) mit 8 Liftanlagen und Rodelbahn.

Karte S. 144

Geheimnisvolles Quecksilber

Unter den mehr als hundert chemischen Elementen im Periodensystem gibt es nur zwei, die unter Normalbedingungen flüssig sind: Brom und Quecksilber. Letzteres beschäftigte wohl schon die alten Griechen, denn sie bezeichneten es als ›hydrárgyros‹ (flüssiges Silber), die Römer gar als ›argentum vivum‹ (lebendiges Silber). Die chemische Abkürzung Hg beruht auf latinisiertem Griechisch: ›hydrargyrum‹. Bei den Alchimisten gehörte es neben Schwefel und Salz zu den Grundelementen, und es gab zahllose naive Versuche, daraus Gold zu machen. Auch in der Heilkunde setzte man über Jahrhunderte auf die vermeintlichen Kräfte des Quecksilbers, allzu oft mit negativen Folgen. Da das silbrig-weiße Metall bereits bei Zimmertemperatur verdunstet, kommt es durch Einatmen zu Vergiftungserscheinungen, die sogar gravierender sind als bei oraler Zufuhr. Der Arzt Samuel Hahnemann wusste in seiner ›Reinen Arzneimittellehre‹ (um 1811) schon genauer zu differenzieren, indem er schrieb: »*Vorzüglich aber muss man bemerken, dass alle salzhafte Präparate des Quecksilbers eine Menge wenig gekannte, gewöhnlich sehr angreifende Nebenwirkungen, nach der Natur der dasselbe bindenden Säure, ausüben, die gar sehr von der milden, selbstständigen Wirkung des ganz reinen, durch keine Säure veränderten Quecksilbers abweichen.*« Und in der Tat sind nach heutigem Kenntnisstand manche Quecksilbersalze viel giftiger als elementares Quecksilber. Beides kommt in der Natur vor, in den Lagerstätten von Idrija sogar am selben Ort. Das flüssige Metall konnte man praktisch mit der Pipette oder gar mit kleinen Gefäßen aufnehmen. Aus dem roten, kristallinen Quecksilbersulfid (HgS), Zinnober genannt, gewinnt man das reine Metall durch ein Röstverfahren, bei dem das Erz mit Sauerstoff reagiert. Das Kondensat wird aufgegfangen. Auch hier ahnt man die hohe Belastung der Umwelt: Quecksilberdämpfe und Schwefeldioxid; außerdem ist großer Holzeinschlag zum Befeuern der Anlagen nötig.

Reines Quecksilber fasziniert durch eine Reihe erstaunlicher Eigenschaften. Es besitzt eine hohe Oberflächenspannung und neigt deshalb zur Bildung linsenförmiger Tropfen. Wenn man diese als Kügelchen herabrollen lässt, bleibt die Unterlage vollkommen trocken. Ferner hat Quecksilber eine derart hohe Dichte, dass ein Liter über 13,5 Kilogramm wiegt. Deshalb schwimmen sogar Eisenteile auf Quecksilber. Beim Erwärmen dehnt sich das Metall ungewöhnlich stark aus. Es oxidiert an der Luft nur sehr langsam. Es erstarrt beim Absenken der Temperatur auf minus 39 Grad Celsius und liegt dann als sehr weiches, gut dehnbares Metall vor. Unterhalb von minus 269 Grad Celsius tritt das Phänomen der Supraleitung (das Fehlen elektrischen Widerstandes) auf. Im Normalzustand ist Quecksilber jedoch ein ziemlich schlechter Stromleiter. Und natürlich lässt es sich nicht mit Wasser und anderen gängigen Flüssigkeiten mischen.

Quecksilber war in der Vergangenheit ein begehrter Stoff. Daniel Gabriel Fahrenheit nutzte die hohe und zur Temperatur direkt proportionale Ausdehnung des Quecksilbers in Kombination mit der Tatsache, dass Glas nicht benetzt wird, und präsentierte um 1720 das erste brauchbare Thermometer. Es folgten bald Barometer und Manometer. Für Zahnfüllungen verwendete man Legierungen (Amalgam). Weitere Einsatzbereiche sind Höhensonnen, Energiesparlampen, Quarz- und Gasentladungslampen, Desinfektions- und Beizmittel, Neigungsschalter und nicht zuletzt die Goldwäsche. Da häufig keine adäquate Entsorgung ausgedienter Gerätschaften stattfindet, gelangt ein großer Teil des verarbeiteten Quecksilbers irgendwann unkontrolliert in die Umwelt.

In Ajdovščina

Ajdovščina

Auf halber Strecke an der Schnellstraße H4 zwischen Postojna und Nova Gorica liegt die Kleinstadt Ajdovščina (6400 Einwohner). Man ist geneigt, zügig vorbeizufahren. Doch es lohnt sich, vorübergehend auf die parallel verlaufende Durchgangsstraße Nr. 444 zu wechseln und durch Ajdovščina und das benachbarte Vipava (siehe unten) zu fahren.

Ajdovščina besitzt eine kleine und keineswegs überrestaurierte Altstadt, die von den Bächen Hubelj und Lokavščck tangiert wird. Mittelpunkt ist der Lavričev trg, an dessen Seiten man die einstige **römische Wehrmauer** sieht. Sie besaß wohl insgesamt 14 Rundtürme und ist das am besten erhaltene Beispiel einer vollständigen Ummauerung in ganz Slowenien. Interessant ist auch die Bauweise der älteren Häuser: Sie entsprechen weniger den italienischen Vorbildern in der Umgebung, sondern zeigen Details der massiven, wetterfesten Karstarchitektur. Teilweise schützen schwere Steine auf den Dächern vor den orkanartigen Winden in der kalten Jahreszeit. Als kleiner Industriestandort mit Möbel-, Textil- und Lebensmittelwerken besitzt Ajdovščina sogar einen Bahnanschluss; eine kurze Stichstrecke aus Richtung Nova Gorica endet hier. Neben den Gleisen ist eine rostige Dampflokomotive von 1907 aufgestellt. Am westlichen Ortsrand befindet sich ein Flugplatz; die Firma Pipistrel produziert hier seit 1987 hochwertige Ultraleicht-Flugzeuge. Die guten Windverhältnisse am Ort wissen auch Paraglider zu nutzen, die vom nahen Gebirgsrand abheben.

Historisches

Das Römerlager am Flüsschen Hubelj trug den Namen Castra ad Fluvium Frigidum (Am kalten Fluss) und war eine wichtige Station an der Via Gemina, die von Aquileia nach Emona (heute Ljubljana) führte. Im Jahr 394 besiegte der oströmische Kaiser Theodosius in der historisch bedeutsamen Schlacht am Frigidus (also Hubelj) seine Rivalen Eugenius und Arbogast und verhalf damit dem Christentum endgültig zum Durchbruch. Angeblich beeinflusste ein heftiger Herbststurm die Wurfrichtung der Speere, und Theodosius soll diesen Umstand geschickt zu seinen Gunsten ausgenutzt haben. Die römische Siedlung wurde schließlich 451 durch den Hunnenführer Attila zerstört. Später fiel die

Im Ternowaner Wald (Trnovski gozd)

▲ Karte S. 144

Landschaft bei Vipavski križ

neu entstandene Ortschaft, die ab 1507 das Marktrecht besaß, an die Grafen von Görz (Gorizia) und den Patriarchen von Aquileia. In habsburgischen Zeiten markierte der Verlauf des Hubelj die Grenze zwischen den Provinzen Krain und Küstenland. Diese administrative Zweiteilung war der Entwicklung des Ortes keineswegs förderlich. Zwischen den beiden Weltkriegen war auch Ajdovščina von den Italienern bestzt. 1945 fand hier die Proklamation einer ersten slowenischen Regierung statt.

Umgebung von Ajdovščina

Vier Kilometer weiter westlich auf einer Anhöhe liegt **Vipavski križ** (200 Einwohner), ein sehr hübsches Architekturkleinod mit Burgruine, Kapuzinerkloster und der spätgotischen Kirche Sveti Križ. Einst als Festungsort zur Abwehr türkischer und venezianischer Eroberer geplant, steht die Siedlung heute als Ganzes unter Denkmalschutz.

Oberhalb der Gemeinde Ajdovščina (insgesamt 19 000 Einwohner) erhebt sich der mächtige Gebirgszug **Trnovski gozd** (Ternowaner Wald, wörtlich übersetzt Dornwald). Großräumig betrachtet stellt er die Verbindung der Julischen Alpen mit dem Dinarischen Gebirge dar. Es handelt sich um eines der niederschlagsreichsten Gebiete Sloweniens (jährlich über 2000 Millimeter). Von Ajdovščina winden sich zwei Straßen hinauf zur Landstraße Nr. 609, die parallel zum Steilhang auf der Höhe verläuft. Im Winter muss sie des öfteren gesperrt werden. Im übrigen ist das Wegenetz sehr dünn, nur wenige kleine Siedlungen liegen vertreut zwischen Tannen- und Buchenwäldern.

Das zwischen etwa 1000 und 1500 Meter hohe Karstgebirge ist durchzogen von langen und tiefen **Höhlensystemen**, einzelne Dolinen reichen bis zu hundert Meter unter das umgebende Bodenniveau. Sichtbare Gewässer sind rar, in dem sehr porösen Karstgestein erfolgt ein unterirdischer Abfluss zu den Vipava-Quellen. Die Menschen im Trnovski gozd verdienten ihren kargen Lebensunterhalt traditionell mit der Herstellung von Holzkohle (Köhlerei) und dem Verkauf von Höhleneis, das sie blockweise aus tiefen Schächten geholt und als Kühlmittel nachts zu den Fischereihäfen geschafft haben. Angeblich haben sogar Eislieferungen bis nach Ägypten stattgefunden. Auf diese natürlichen Eisvorkommen weisen die Namen mancher Höhlen auch hin: Die **Velika le-**

dena jama (große Eishöhle, auch Paradana-Höhle) liegt zwischen Predmeja und Lokve; sie ist 385 Meter tief und 1550 Meter lang. Warm gekleidet und möglichst mit einer Taschenlampe ausgestattet, kann man über hölzerne Stufen zum ewigen Eis hinabsteigen. Das Gebiet des Trnovski gozd steht heute zusammen mit dem angrenzenden Berg Nanos unter Naturschutz, Teile werden forstwirtschaftlich genutzt.

Vipava

Am Westhang des schroffen Bergzuges Nanos (bis 1313 Meter hoch) erstreckt sich das Vipava-Tal (Vipavska dolina). Das schmale, fruchtbare Tal gehört zu den bedeutendsten Obstbauregionen des Landes. Schon unweit seiner Quellen wird der namengebende Vipava-Fluss angezapft und sein Wasser durch kleine Kanäle zwischen exakt abgegrenzte Felder geleitet. Auf den unteren Lagen der Hänge gedeiht Wein. Das milde Klima, das all diese Pflanzungen begünstigt, schlägt im Winter gelegentlich ins Gegenteil um: Ein eisiger Fallwind, die Burja, fegt dann durch das Tal und kann auch für Autofahrer sehr gefährlich werden.

Beschaulicher Platz in Vipava

Weinreben in der Nähe des Jagdschlosses Zemono

Über dem Ort Vipava (1800 Einwohner) ist eine **Burgruine** aus dem 12. Jahrhundert zu sehen. Im Tal vollendeten die Grafen Lanthieri im Jahr 1762 ihr **Barockschloss**, das zum Mittelpunkt der Siedlung wurde. Der Hauptplatz in der Altstadt lädt heute zum Verweilen ein. Eine **zweibogige römische Brücke** überquert den Vipava-Fluss, dessen Quellen erstaunlicherweise eine Art Delta bilden und in den historischen Podskala-Park einbezogen sind. Einige der Fontänen und Statuen sind noch erhalten. Die **Kirche Sveti Stefan** besitzt einen Glockenturm mit hübschen Steinornamenten. Auf dem örtlichen Friedhof stößt man auf zwei **ägyptische Sarkophage**, deren Alter mehr als 4500 Jahre beträgt. Anton Laurin, seinerzeit österreichischer Honorarkonsul in Ägypten, hatte sie 1845 in seine Geburtsstadt Vipava bringen lassen, um darin letztlich seine Eltern und seinen früh verstorbenen Sohn zu bestatten.

Historisches

Illyrer und Kelten besiedelten die Gegend zunächst. Das keltische Wort ›vip‹ (Fluss) soll hinter dem Namen Vipava stehen.

▲ Karte S. 144

Nach der Römerzeit drangen slawische Stämme erst im 6. Jahrhundert vor. Mit der Einnahme durch die Franken begann am Ende des 8. Jahrhunderts die Christianisierung. Das Mittelalter erlebte häufige Herrschaftswechsel: Zuerst unterstand das Vipava-Tal dem Herzogtum Friaul, dann der Grafschaft Görz, später dem Patriarchat Aquileia und vorübergehend auch der Stadtrepublik Venedig, ab 1501 den Habsburgern und unter ihrer Oberhoheit schließlich 1535 bis 1918 dem Herzogtum Krain. Der Ort selbst wurde 1367 erstmalig als Marktflecken erwähnt. Zwischen den beiden Weltkriegen litt die Region Vipava sehr unter der faschistischen italienischen Besatzungsmacht. Die entstehende Widerstandsbewegung ging in den Partisanenkampf über. Seit 1947 gehört der Ort zu Jugoslawien, heute Slowenien. Nur fünf Prozent der Einwohner geben nicht Slowenisch als Muttersprache an.

Umgebung von Vipava

Im nördlichen Teil der Gemeinde Vipava (insgesamt 5400 Einwohner), unterhalb des Dorfes Vrhpolje, steht das **Jagdschloss Zemono** inmitten von Weinreben und Pinien. Der hübsche Renaissancebau der Grafen Lanthieri mit seinen Arkadengängen hat eine festlich-heitere Ausstrahlung und wird dem Vernehmen nach gern für Hochzeiten gebucht.

In der Nähe kann man noch die große **Wallfahrtskirche von Log** namens Maria Trost (Marija Tolažnica) ansehen, die über drei Glockentürme verfügt. Das geräumige Hauptschiff wird flankiert von zwei barocken Seitenschiffen. Im Inneren gibt es Fresken im Stil der Nazarener Malerei.

Nach Süden hin führt die Schnellstraße H4 zwischen den fast unbesiedelten Hängen des Nanos und den etwas flacheren und lieblicheren Anhöhen der Vipavska brda hindurch bis zur Autobahnauffahrt Razdrto, die etwa mittig zwischen Ljubljana und der Küste liegt. Unterwegs besteht die Möglichkeit, auf einer Piste durch zahllose Serpentinen bis nahe an den etwa 1300 Meter hohen **Gebirgsgrat des Nanos** zu fahren: Von einem Aussichtspunkt bei der Bergkirche genießt man einen grandiosen Weitblick.

Ajdovščina, Vipava

Vorwahl: 05.

Postleitzahl: 5270 bzw. 5271.

Touristenbüro Ajdovščina: Lokarjev drevored 8b, Tel. 3663900.

Touristenbüro Vipava: Glavni trg 1, Tel. 3687041.

Busstation Ajdovščina (Tel. 3644172), Bahnhofsplatz: Linienverkehr ins Soča-Tal und an die Küste (Verkehrsunternehmen Avrigo).

Bahnhof Ajdovščina (Tel. 2963971): tägl. nur 2 Züge nach Nova Gorica. Keine weiteren Bahnverbindungen.

Camping Vrhpolje, Vipava, Tel. 3665305.

Vipavski hram, Vipava, Vinarska cesta 5, Tel. 3671245. Großkellerei, Restaurant, Verkostung lokaler Spezialitäten; geöffnet Di–Sa 12–22 Uhr.

Pri Lojzetu, Vipava, im Schloss Zemono, Tel. 3687007, www.prilojzetu.si. Gehobene Gastronomie (Wild, Pilzgerichte, Polenta, Slowfood); geöffnet Mi–So 12–22 Uhr, Reservierung ratsam.

Großkellerei in Vipava; Vinothek Glavni trg 1.

Das Hinterland von Triest

Wenn man von Norden her durch das Soča-Tal kommt, hat man zwischen Tolmin und Kanal ob Soči bereits verkarstete Landschaft tangiert und kommt nun südlich von Nova Gorica in eine Region, die in Slowenien einfach nur ›Kras‹ (der Karst) heißt. Es ist auch der Übergang vom alpinen Raum zu mediterran beeinflussten Gefilden. Zwar besitzt Slowenien hier keinen unmittelbaren Zugang zur Küste, da der schmale Zipfel am Meer zwischen Monfalcone und Muggia ja zu Italien gehört, doch in Zeiten offener Grenzen bedeutet das kein Hindernis mehr. Seit habsburgischen Zeiten spricht man insgesamt vom Küstenland, so wie die damalige Provinz schon hieß. Und da die italienische Hafenstadt Triest mit ihren östlichen Vororten bis nahe an die Staatsgrenze reicht, gibt es mit dem zu Slowenien gehörenden Hinterland einen regen Austausch, unterstützt durch die kurze Autobahn A3 und zwei Eisenbahnverbindungen.

Die Adriaküste auf italienischer Seite geht sehr rasch über in die Karsthochfläche auf slowenischer Seite, die nach Südosten hin noch leicht ansteigt. Die Grenze verläuft in einer Höhe von etwa 400 bis 750 Metern auf dem schwach ausgebildeten Kamm. Typische Karsterscheinungen (Höhlen, Dolinen) gibt es beiderseits der Grenze. Mit den Tropfsteinhöhlen von Škocjan und dem Gestüt von Lipica verfügt die slowenische Seite über zwei besondere touristische Attraktionen.

Štanjel

▲ Karte S. 144

Unter den Karstdörfern ist Štanjel (350 Einwohner) in der Gemeinde Komen besonders hervorzuheben. Schon die festungsähnliche Anlage auf einem Hügel oberhalb der Straße Nr. 204 vereinigt die grauen Natursteinhäuser zu einem harmonischen Ortsbild. Nach einer langen Phase des Verfalls ist wieder ein wenig Leben in die Gassen zurückgekehrt. Einzelne Gebäude werden renoviert, teilweise in Ateliers und Galerien umgewandelt. Am Ende der Entwicklung soll die rustikale Architektur und Steinmetzkunst in einer Art Museumsdorf zu bewundern sein.

Der Zugang erfolgt von Westen her durch einen imposanten **Wehrturm**. Durch die Toröffnung erblickt man die **Kirche des heiligen Daniel** (cerkev Sv. Danijela) mit ihrem schlanken Glockenturm. Mit einer ungewöhnlichen, raketenförmigen Spitze prägt er auch die Silhouette von Štanjel mit. Die Treppe hinauf und dann links gelangt man in den Hof des restaurierten **Schlosses**, das neben Restaurant und Café auch die avantgardistische Kunstsammlung des Malers Lojze Spacal beherbergt. Hier kann man sich auch den Schlüssel zum nahegelegenen **Karsthaus** (Kraška hiša) geben lassen, um eine originalgetreue Bauernstube mit Nebenräumen zu besichtigen.

Die wenigen Häuser des Ortes werden durch einen Rundweg erschlossen, der an einigen Stellen hübsche Ausblicke auf die Umgebung gewährt. Die Mauern aus grob behauenen Natursteinen sind an manchen Stellen mit kleinen Ornamenten verziert. In Zisternen wird seit jeher das Regenwasser gesammelt, da es ansonsten tief in den Klüften des Karstgesteins versickert.

Durch das Osttor verlässt man den kompakten Siedlungskern und entdeckt am Hang einen **Landschaftspark**, wie man ihn auf derart kargem Boden kaum erwarten würde: Es ist der um 1935 vollendete Garten bei der Villa Ferrari (Vrt ob vili Ferrari). Der wohlhabende Triester Arzt Enrico Ferrari hatte den renommier-

Das Karstdorf Štanjel

ten Architekten Maks Fabiani seinerzeit mit der Wiederherstellung einer mittelalterlichen Gebäudegruppe beauftragt, um sie als Domizil zu nutzen. Štanjel war als eine Art Sommerfrische für betuchte Stadtbürger gerade in Mode gekommen. Das Ödland am Rande des Ortshügels wurde mit großem Aufwand in eine Kunstlandschaft verwandelt, in der traditionelle Elemente bewusst mit dem Zeitgeschmack kombiniert wurden: Terrassen, Mäuerchen, Treppen, Brücken, ein Pavillon, Brunnen, Inselchen, eine Grotte. Die zahlreichen Gewässer des Ferrari-Gartens wirken in der stets wasserarmen Karstlandschaft auf den ersten Blick ein wenig dekadent. Doch ist das komplexe Leitungs- und Beckensystem so konstruiert, dass es keineswegs allein der Repräsentation und Unterhaltung dient, sondern auch als Speicheranlage zur Bewässerung weiter unterhalb gelegener Felder und Nutzgärten durchaus einen konkreten Zweck erfüllt. Seit 1999 ist der Ferrari-Garten als nationales Kulturdenkmal eingestuft, und 2001 eröffnete man den sogenannten Fabiani-Weg, der an weiteren Objekten des bedeutenden Architekten und späteren Bürgermeisters vorbeiführt.

Historisches

Štanjel gehört zu den ältesten Karstsiedlungen. Der Ortsname bezieht sich auf die örtliche Kirche Sankt Daniel (italienisch: San Daniele del Carso). Auf dem 363 Meter hohen Hügel namens Turn war schon in der Hallstattzeit eine Befestigungsanlage entstanden, die schließlich von den Römern ausgebaut wurde. Im Jahr 1402 wird erstmals eine Siedlung erwähnt, die zur Grafschaft Görz (heute Grenzstadt Gorizia) gehörte. Sie ging um 1500 an die Habsburger über. Dabei verlor sie allmählich ihre einstige Bedeutung als Handelsplatz. Zum Schutz gegen die Türken entschloss man sich zur Errichtung einer Wehrmauer um die Häuser herum, was in anderen Karstdörfern unterblieb. Vom 16. bis ins 19. Jahrhundert vertraten die Grafen Cobenzl vor Ort die habsburgischen Interessen. Sie ließen in dem kleinen Ort das wuchtige Schloss errichten. Zusammen mit den meisten Wohnhäusern steckten jugoslawische Partisanan die Residenz am Ende des Zweiten Weltkrieges in Brand, weil sie hier Nazi-Kollaborateure vermuteten. Danach wurde Štanjel praktisch aufgegeben und blieb während der Tito-Ära und noch bis etwa zur Jahrtausendwende ein Geisterdorf, das nur

Alte Haustür in Štanjel

von vereinzelten Touristen durchstreift wurde. Das Schloss immerhin erfuhr eine gewisse Wertschätzung, die sich in halbherzigen Restaurationsbemühungen seit den 1960er Jahren zeigte.

Umgebung von Štanjel

Die 1906 eröffnete Eisenbahnstrecke von Nova Gorica nach Triest beziehungsweise Divača (Karstbahn) verläuft auf dem Karstplateau und unterquert den Ortshügel von Štanjel in einem Tunnel. Beim Bahnhof, der unterhalb von Štanjel am Weg nach Kobdilj liegt, rostet derzeit eine Dampflokomotive des Baujahres 1943 (Betriebsnummer SŽ 33-110) vor sich hin. Sie wurde wohl 1978 mit dem Ende des Dampfbetriebes ausrangiert.
Von Štanjel nordwärts verläuft die Straße Nr. 204 durch das **Branica-Tal** (Braniška dolina). Nach sechs Kilometern erreicht man die Ortschaft Branik (1000 Einwohner) mit der **Burg Rihemberk**. Es ist die mächtigste Festung im weiteren Umkreis. Auch sie war am Ende des Zweiten Weltkrieges gesprengt worden und wurde in den vergangenen Jahrzehnten teilweise restauriert. Jedes Jahr am letzten August-Wochenende findet hier ein Winzerfest statt.

Die Kirche von Štanjel

Karte S. 144

Štanjel

Vorwahl: 05.
Postleitzahl: 6222.
Touristenbüro: Štanjel 1a (an der Landstraße), Tel. 7690056.

Haltestelle an der Landstraße; Bahnstation südlich im Tal: jeweils etwa 3 Verbindungen tägl. nach Nova Gorica und Sežana.

Unterkünfte in Privatzimmern und auf touristischen Bauernhöfen der Umgebung; aktuelle Auskünfte im Touristenbüro.

Restaurant Grad Štanjel, in der Burg, Tel. 7690118. Schöner Innenhof, gute Küche, Vinothek.
Gostilna Grča, Hruševica 6, Tel. 7690224. Etwa 1 km südlich in einem Gehöft; wird allgemein sehr gelobt
Gostilna Špacapan, 6223 Komen 85, Tel. 7660400. Im Nachbarort Komen (7 km westlich); ebenfalls eine sehr gute Adresse; außerdem einige luxuriöse DZ.

Sežana

Der Dichter Srečko Kosovel wurde 1904 in Sežana (5500 Einwohner) geboren; in seinen teils expressionistischen Werken widmete er sich immer wieder seiner melancholisch-kargen Heimat. Heute liegt die Kleinstadt unmittelbar an der italienischen Grenze und an der kurzen Autobahn A3 nach Triest. Außer einem botanischen Garten gibt es im Ort nicht viel zu sehen. Dennoch reisen zahllose Touristen und insbesondere Pferdeliebhaber in die Gemeinde Sežana, um das berühmte Gestüt Lipica (Kobilarna Lipica) zu besichtigen, das zu den Hauptsehenswürdigkeiten Sloweniens zählt.

Gestüt Lipica

Man fährt durch ein weitläufiges, parkähnliches Gelände mit herrlichen Alleen, vielfach unterteilt durch leuchtend weiß gestrichene Holzzäune. Das satte Grün der Weiden wirkt wie eine Oase in der rauen Karstlandschaft. Der zentrale Parkplatz ist für saisonale Besuchermassen ausgelegt und dementsprechend ernüchternd. Die benachbarten gastronomischen Einrichtungen erinnern zumindest architektonisch noch an jugoslawische Zeiten. Neben Reitschule und Stallungen ergänzen heutzutage ein Golfplatz und ein Spielcasino das touristische Angebot und lassen erkennen, dass man sich um neue Zielgruppen bemüht. Ob die intensive Vermarktung des Gestütes dem traditionellen Anliegen der Pferdezucht zuwider läuft, möge jeder für sich beurteilen.

Die berühmten Lipizzanerpferde kommen tatsächlich aus dem heutigen Slowenien. Im Jahr 1580 gründete der österreichische Erzherzog Karl das Gestüt in einer Gegend, die schon bei den Römern für gute, ausdauernde Pferde bekannt war. Trotz widriger Geländebedingungen verlief die Zucht sehr erfolgreich, und die Spanische Hofreitschule in Wien war an den edlen Paradepferden überaus interessiert. Bald konnten auch Fohlen zum Aufbau weiterer Gestüte in den Nachbarländern abgegeben werden. Beim Ausbruch des Ersten Weltkrieges evakuierte man die meisten Tiere nach Österreich, später auch nach Tschechien. Mit dem Kriegsende ging Lipica für Österreich verloren und gehörte fortan zu Italien (dort Lipizza geschrieben). Die Pferde von nun an beim einstigen Kriegsgegner zu erwerben, kam nicht in Frage. So entstand im steirischen Ort Piber ein neues Gestüt auf österreichischem Boden. In den Kriegswirren waren immer wieder Pferde abhanden gekommen oder in andere Gegenden verbracht worden, wo sie später separate Zuchtlinien ermöglichten. Nach dem Zweiten Weltkrieg kehrte ein Teil der Pferde aus Piber an den Ursprungsort zurück, der inzwischen zu Jugoslawien gehörte. Derzeit liegt der Bestand in Lipica bei ungefähr 350 Tieren. Nach wie vor wird darum gestritten, ob Österreich oder Slowenien die ›originalen‹ Lipizzaner besitzt und wer die Namensrechte innehat. Klar ist nur, dass der Ursprungsort der Rasse auf slowenischem Territorium liegt.

Fast alle Lipizzaner sind Schimmel. Ihre weiße Farbe bildet sich nach dem sechsten Lebensjahr heraus. Die Pferde sind

Lipizzanerstuten in Lipica

von mittlerer Größe und haben eine ausgeprägte Mähne, gelten als ausdrucksvoll und gutmütig. Ihre Zähigkeit und Ausdauer haben sie sich in einer kargen natürlichen Umgebung erworben. Jahrhundertelange Selektion hat die besonderen Leistungsmerkmale systematisch gefördert.

Auf dem Gestüt werden Führungen in etlichen Sprachen angeboten, außerdem Kutschfahrten, Reitstunden und Dressurdarbietungen. Auch die Galerie des Malers Avgust Černigoj ist sehenswert. An der schmalen Straße nach Lokev, knapp fünf Kilometer östlich von Lipica, liegt die **Vilenica-Höhle** (Jama Vilenica); sie wurde schon 1633 entdeckt und gilt als älteste Schauhöhle Europas. Sie wird nur sonntags um 15 Uhr zur Besichtigung geöffnet.

Sežana, Divača

Vorwahl: 05.

Postleitzahl: 6210 bzw. 6215.

Touristenbüro Sežana: Srebrničeva ul. 1, Tel. 7310128.

Touristenbüro Gestüt Lipica, Tel. 7391580.

Touristenbüro Divača: Kolodvorska ul. 3a, Tel. 7310930.

Touristenbüro Höhle von Škocjan, Mobiltel. 041/811634.

Busstation in Sežana (Partizanska cesta 63, Tel. 7311192). Von Sežana und Divača fahren Busse zum Gestüt Lipica.

Bahnstationen in beiden Orten, jeweils mit Streckenverzweigung. Sežana–Nova Gorica tägl. ca. 7 Züge; Divača–Koper ca. 7 Züge; von beiden Orten nach Ljubljana tägl. 10–13 Züge; in Hrpelje-Kozina 1x tägl. Anschluss nach Pula/Kroatien; kein Zugverkehr nach Triest.

Hotels Maestoso und **Klub**, Sežana, Lipica 5, Tel. 7391580, www.lipica.org. Hotelkomplex auf dem Gelände des Gestüts; Restaurant, Golfplatz, Tennisanlage, Wellnessbereich, Casino; DZ um 120 Euro.

Hotel Malovec, Divača, Kraška cesta 30a, Tel. 7690118. Nähe Bahnhof; noch relativ neu, mit Restaurant.

Pension Grahor, Sežana, Dane 9a, Tel. 7312061. Mit Restaurant.

Gostilna Mahnič, Matavun 12, Tel. 7632960. Am Besucherzentrum der Höhle von Škocjan.

Gestüt Lipica (Kobilarna Lipica), Tel. 7391580, www.lipica.org; Besichtigung April–Okt. tägl. 9–18 Uhr mit Vorführungen Di, Fr, So jeweils 15 Uhr.

Höhle von Škocjan (Škocjanske jame), bei Matavun, Tel. 7082110; Juni–Okt. tägl. 7 Führungen 10–17 Uhr; übrige Zeit nur 2–3 Führungen.

Divača

▲ Karte S. 144

In der kleinen Ortschaft Divača (1600 Einwohner) lebt fast die Hälfte aller Einwohner der gleichnamigen Gemeinde. Das Karstgebiet ist ohnehin nur spärlich besiedelt.

Unweit der italienischen Grenze verzweigt sich hier die Bahnstrecke: von Ljubljana einerseits nach Triest und andererseits nach Koper (mit einem weiteren Abzweig nach Pula). In dieselben Richtungen teilt sich ganz in der Nähe auch die Autobahn (A1 und A3). Insofern ist Divača ein Verkehrsknotenpunkt – und viel mehr lässt sich darüber auch nicht sagen. Man ahnt nicht, dass beim nahe gelegenen Dorf Matavun im Verborgenen eine unvergleichliche Sehenswürdigkeit wartet: die gewaltigen Höhlen von Škocjan.

Karstlandschaft bei Divača

Höhlen von Škocjan

Die unterirdische Welt von Škocjan wurde 1986 in die UNESCO-Liste des Weltnaturerbes aufgenommen als bislang einziges Objekt auf slowenischem Boden. Es handelt sich wohl um die größte von schätzungsweise eintausend weiteren Höhlen im Einzugsbereich des Karstflusses Reka, der hier – 55 Kilometer von der Quelle entfernt – in die Kalkzone eintritt und im porösen Gestein versickert. Auf weitgehend unbekannten Wegen legt das Wasser nun etwa 40 Kilometer unterirdisch zurück und kommt schließlich an der italienischen Adriaküste bei Duino in kräftigen Quellen unter dem Namen Timavo wieder zum Vorschein.

Im Gegensatz zur ›komfortableren‹, von einer Touristenbahn erschlossenen, Grotte von Postojna (→ S. 146) zeigt sich die Natur in den Höhlen von Škocjan als ungezähmt und gigantisch. Die jährlichen Besucherzahlen sind deutlich geringer, steuern jedoch auch schon auf die Marke von 100 000 zu. Rutschfestes Schuhwerk und warme Kleidung (Temperatur kaum mehr als 8 Grad Celsius) sind für die knapp zweistündige Besichtigungstour dringend anzuraten.

Nach einem zunächst unspektakulären Anfangsabschnitt steigert sich das Erlebnis rasch: Tropfsteinfiguren, Sinterterrassen und glasklare Wasserflächen werden abgelöst von Wasserfällen und dem fast 100 Meter tiefen unterirdischen Canyon des Reka-Flusses. Höhepunkt ist die nach dem Speläologen Anton Hanke benannte Brücke (Hankejev most), die in 40 Metern Höhe eine wasserdurchtoste Schlucht überspannt. Der spektakuläre und ein wenig anstrengende Rundweg endet in einer großen Einsturzdoline. Eine Zahnradbahn befördert die Besucher an die Erdoberfläche zurück. Für besonders Interessierte gibt es neben einem **Museum** noch ein **Aussichtsplateau** mit Blick in die insgesamt 160 Meter tiefe Schlucht sowie einen **Karstlehrpfad** durch die Dörfer Matavun, Škocjan und Betanja.

Bekannt sind die Höhlen mindestens seit der mittleren Steinzeit. Gegen Ende des 17. Jahrhunderts widmete sich der krainische Universalgelehrte Valvasor der hiesigen Unterwelt und insbesondere einem speziellen Bewohner, dem Grottenolm (→ S. 151). Vermutlich im Jahr 1819 besuchten die ersten Bildungsreisenden und Neugierigen die Höhle. 1888 fertigte Anton Hanke eine kartographische Darstellung an. Seit 1959 gibt es in den Gängen elektrisches Licht. 1991 stießen Taucher in benachbarte Höhlenkammern von beachtlicher Größe vor.

Karst – ein Gebirge löst sich auf

Kalkstein, genauer gesagt Calcium- und Magnesiumcarbonat, ist wasserlöslich. Diese simple Tatsache ist verantwortlich für eine tiefgreifende Umgestaltung ganzer Landstriche im Verlauf geologischer Zeiträume. In niederschlagsreichen Gebieten führt der oberirdische Wasserabfluss in der Regel zu einer allmählichen Veränderung des Reliefs; durch die physikalischen Kräfte bilden sich Rinnen und Täler, manchmal ereignet sich auch ein Erdrutsch. Ist das anstehende Gestein aber lösungsanfällig, so kommen chemische Vorgänge hinzu. Je reiner der Kalkstein und je höher die Menge und der Säuregehalt des Regenwassers (Kohlendioxid) ist, desto stärker und schneller verlaufen solche Korrosionsprozesse. Es bilden sich Klüfte im porösen Untergrund, bereits bestehende weiten sich aus, so dass ein stetig zunehmender Teil des Oberflächenwassers eindringt. Aus Klüften entstehen Gänge und schließlich ausgedehnte Hohlräume, die eventuell einstürzen. Natürlich geht dies alles sehr langsam vonstatten, aber im Ergebnis kommt es zu einer grundlegenden Umgestaltung der Oberflächenformen. Man spricht von Verkarstung.

Erforscht wurden die Vorgänge zuerst im Hinterland von Triest. Der serbische Geograph Jovan Cvijić legte 1893 eine herausragende und noch heute geschätzte Promotionsschrift über den Formenschatz dieser Karstregion vor. Im Weltmaßstab ist das damals untersuchte Gebiet eher unbedeutend, aber die slowenischen Bezeichnungen für vielerlei typische Oberflächenformen wurden in der Folgezeit zu weltweit benutzten Fachausdrücken. Karst im Sinne von steinigem, unfruchtbarem Boden geht auf die slowenische Vokabel ›*kras*‹ (serbisch und kroatisch ›krš‹) zurück. Das gesamte Kalkgebirge oberhalb von Triest heißt einfach Kras – der Karst, italienisch Carso. Sieht man es als Teil des Dinarischen Gebirges, so hat man es immerhin mit dem größten Karstgebiet Europas zu tun. Derartige Landschaften sind auf der Welt ziemlich verbreitet und kommen in bescheidenem Umfang auch in Deutschland vor (z.B. Schwäbische Alb). Sogar in wüstenhaften Gebieten gibt es Karstphänomene, wenngleich die hydrographischen Voraussetzungen dort nicht kontiuierlich gegeben sind.

Poröse Gesteinsoberfläche im Karst

Typische Karsterscheinungen, ihre Ursachen und Auswirkungen

Doline: Durch Ausspülung und nachfolgenden Einsturz unterirdischer Hohlräume entstehen annähernd kreisrunde Trichter an der Geländeoberfläche. Es ist vorgekommen, dass sich Bauern mit ihrem Traktor plötzlich ein Stück tiefer wiederfanden. Dolinen können sehr unterschiedliche Tiefen (etwa 1 Meter bis über 1000 Meter) und Durchmesser (etwa 50 Zentimeter bis weit über 100 Meter) haben. Es gibt Gebiete mit bis zu 200 Dolinen pro Quadratkilometer. Dolinen werden in kargen Gegenden gern als Kleingärten und Beete genutzt, da sich in ihnen Humus ansammelt (→ Bild S. 31).

Polje: In vielen Karstgebieten gibt es imposante Becken von teilweise über 100 Quadratkilometern Ausdehnung. Typisch sind ringsherum steile Kalksteinhänge und ein markanter Knick am Hangfuß, denn der Poljeboden ist infolge der Ablagerung wasserstauender Sedimente völlig eben. Poljen stellen bedeutende Knotenpunkte im hydrologischen System dar und werden meist landwirtschaftlich genutzt.

Sickersee (auch periodischer See genannt): In manchen Poljen bilden sich bei reichlichem Wasserzufluss vorübergehend oder zu bestimmten Jahreszeiten große Seen. Grund für den Wasserstau sind die undurchlässigen Sedimente auf dem Poljeboden, seine im Verhältnis zur Umgebung tiefe Lage oder bereits vollgelaufene Hohlräume im Untergrund.

Höhle: Im Untergrund der Karstlandschaften kommt es zu einer Fortsetzung der Oberflächenvorgänge. Je nach Niveau des Karstwasserspiegels im porösen Gebirge, der dem physikalischen ›Gesetz der kommunizierenden Röhren‹ unterliegt, sind die durch Auflösung entstandenen Hohlräume entweder überflutet oder begehbar. Bei letzteren kann dennoch Lebensgefahr entstehen, wenn sie sich bei plötzlichen Regenfällen in kürzester Zeit vollständig mit Wasser füllen. Insbesondere die Tropfsteinhöhlen sind die faszinierendste Ausdrucksform der Lösungsvorgänge, besser gesagt ihre Umkehrung: Kalkhaltiges Wasser zerstäubt beim Herabtropfen oder verdunstet an der Luft und lässt in winzigen Mengen Kalkabscheidungen (Sinter) entstehen, die sich im Laufe der Jahrtausende zu mysteriösen Gebilden auswachsen. Als sehr grobe Faustformel gilt ein Wachstum von etwa einem Zentimeter pro hundert Jahre. Manche werden als Figuren interpretiert und in den Schauhöhlen auch mit Namen bezeichnet. Bekannte Tropfsteingebilde sind Stalaktiten (von der Decke herab wachsend) und Stalagmiten (vom Boden in die Höhe wachsend).

Trockental: Fließgewässer versickern beim Erreichen einer Kalkzone in den Untergrund. Oft existiert ab der Quelle über längere Strecken ein sichtbarer Oberlauf, der bei einem entsprechenden Gesteinswechsel abrupt von der Erdoberfläche verschwindet und sich als Höhlenbach fortsetzt. Die zuvor eingetieften Flussbetten bleiben im Landschaftsbild zurück. Auf Landkarten mit großem Maßstab ist die Häufung solcher Trockentäler ein sicheres Indiz für einen wasserlöslichen Gesteinsuntergrund, insbesondere wenn in der Umgebung auch weitere natürliche Oberflächengewässer fehlen.

Flussschwinde (auch Schluckloch): Für die soeben beschriebenen Versickerungsstellen am Übergang zu Kalkgestein hat sich in der Wissenschaft die kroatische Bezeichnung Ponor (bedeutet Abgrund, Schlund) durchgesetzt.

Karstquelle (auch Quelltopf): Das Ende eines Höhlensystems ist häufig gekenn-

Ein Fluss namens Fluss

zeichnet durch den Wiederaustritt des in die Gesteinsklüfte eingeströmten Wassers. Solche Karstquellen liegen naturgemäß nahe am tiefsten Punkt der porösen Zone und haben in vielen Fällen eine große Schüttung. Den Bewohnern der Karstgebiete war in früheren Zeiten gar nicht immer klar, dass die Karstquelle letztlich nur den erneuten oberirdischen Lauf eines zuvor eingesickerten Baches markiert. Aus dieser Unkenntnis heraus wurden für Ober- und Unterlauf desselben Baches verschiedene Namen benutzt. Die unterirdische Verbindung konnte man später durch Versuche mit gefärbtem Wasser nachweisen.

Reka: Etliche Karstflüsse in Slowenien und Kroatien heißen Reka, was übersetzt einfach Fluss heißt – und tatsächlich gibt es oft weit und breit nur ein einziges oberirdisches Fließgewässer, so dass es eben nur ›der Fluss‹ genannt wurde. An den Brücken liest man dann ›Reka Reka‹ (der Fluss namens Fluss)!

Quellhorizont: Auf detailgenauen Gebietskarten kann man unter Umständen erkennen, dass mehrere benachbarte Quellen in gleicher Höhenlage zutage treten und damit einen Quellhorizont bilden. Das lässt den Rückschluss zu, dass hier unter dem Kalkfelsen eine undurchlässige oder zumindest stauende Gesteinsschicht vorhanden ist und das Höhlenwasser nicht tiefer vordringen kann. Die Schichten können auch in geneigter Lage aufeinandertreffen, was sich in einer kontinuierlich zu- oder abnehmenden Höhenlage der Karstquellen äußert.

Vorfluter: Wie in jedem Gewässersystem bestimmt der jeweils tiefer gelegene Wasserspiegel als sogenannter Vorfluter die Menge und den Zulauf aus höher gelegenen Bereichen. Bei Stauungen im Untergrund gerät der Abfluss aus oberen Bereichen ins Stocken, und es kann zu Überschwemmungen kommen. Je größer der zu überwindende Höhenunterschied ist, desto wirksamer sind auch die Erosionskräfte. Wasserfälle und Kaskaden sind besonders spektakuläre Beispiele. Im Karst fungieren Höhlensysteme als Vorfluter für das Oberflächenwasser. Der Meeresspiegel ist letztlich der Vorfluter für alle Gewässer.

Karren: Kleinformen an der Gesteinsoberfläche sind überall im Karst erkennbar. Freiliegender oder aus der Vegetation herausragender Kalkstein weist oft eine unverwechselbare Oberflächenstruktur auf: Neben zahllosen Löchern beobachtet man hangabwärts weisende parallele Rillen. Diese sogenannten Karren oder konkret Rillenkarren sind durch schmale, bisweilen messerscharf ausgebildete Grate und Rippen voneinander getrennt. Es handelt sich um die eingetieften Ablaufwege des Regenwassers aus langen Zeiträumen. Auf Ebenheiten haben sich manchmal komplizierte Rillenmuster herausgebildet, die man Karrenfelder nennt. Sie können Schuhsohlen arg strapazieren.

Barren: In Karstgebieten wird die erodierende Kraft fließenden Wassers an bestimmten Stellen durch chemische Vorgänge kompensiert. Gesteinsbarrieren, über die das Wasser etagenweise durch mehrere Becken abwärtsläuft, werden normalerweise im Laufe der Zeit flacher. Im Karst scheidet sich jedoch unter Sauerstoffeinfluss Kalk aus dem Spritzwasser ab, und es tritt derselbe Effekt ein wie in Tropfsteinhöhlen. Die Kalkgebilde, in diesem Falle also die Geländestufen (Barren genannt), wachsen allmählich in die Höhe.

Waldkarst: Nicht überall sind die einzelnen Geländeformen gleich gut erkennbar. Manche Karstlandschaften besitzen keine Humusauflage und sind nahezu vegetationslos (›nackter Karst‹). Doch große Teile des Dinarischen Karstes sind von dichten Wäldern bedeckt und verbergen ihre Geheimnisse. Gerade die pflanzlichen Säuren im Humus beschleunigen aber die Zersetzung des Kalksteins und damit die Ausbildung der beschriebenen Phänomene.

Im Karst bei Sočerga an der kroatischen Grenze

Reka-Tal und Brkini

Die überregionale Straße Nr. 6 führt von der Autobahnabfahrt Postojna geradewegs auf die kroatische Grenze zu, wo eine neue Autobahn nach Rijeka beginnt. Auf slowenischer Seite gibt es bislang keine Fortsetzung, und so muss man sich insgesamt 40 Kilometer an der Pivka entlang und dann durch das Reka-Tal schlängeln. Die abschnittsweise schöne Strecke wird wohl noch längere Zeit unter dem Durchgangsverkehr leiden. Auch die Eisenbahn nutzt das Flusstal. Unterwegs gibt es nur zwei größere Orte: Pivka und Ilirska Bistrica. Die Verbindungsstraße Nr. 7 von Triest nach Rijeka verläuft jenseits des Bergrückens Brkini über slowenisches Gebiet und markiert etwa dem Nordrand der Halbinsel Istrien. Den Eigenheiten der innerjugoslawischen Republikgrenzen, die später zu Staatsgrenzen wurden, ist es zu verdanken, dass die hier erwähnten Hauptstraßen Nr. 6 und 7 erst auf kroatischem Gebiet zusammentreffen (wo sie kurioserweise die Nr. 8 nach kroatischer Nummerierung bilden).

Das Pivka-Becken ist schon seit historischen Zeiten als Verkehrsweg prädestiniert, stellt es doch die niedrigste Schwelle von Mitteleuropa zur nördlichen Adria

Auf dem Bahnhof in Ilirska Bistrica

▲ Karte S. 144

Das Dorf Prem

dar. Entsprechend groß war auch die strategische Bedeutung für die vielen Armeen, die durch slowenische Gefilde gezogen sind. Unter touristischen Aspekten ist die Gegend nur mäßig interessant.

Pivka

Ein angenehmer und gepflegter Ort, der in Reiseführern gewöhnlich nicht erwähnt wird: Pivka (2000 Einwohner), gelegen am gleichnamigen Fluss, nicht zu verwechseln mit der ebenfalls gleichnamigen Höhle bei Postojna. Seit etwa 1300 ist der Ort unter dem Namen Sankt Peter in Krain (slowenisch: Šentpeter na Krasu) bekannt. 1952 erfolgte die Umbenennung in Pivka nach dem benachbarten Flüsschen. Mit der Eröffnung der Eisenbahnstrecke von Wien nach Triest 1857 und dem Abzweig nach Rijeka 20 Jahre später war die Bedeutung des Ortes gewachsen. Konkrete Sehenswürdigkeiten gibt es aber nicht. Erwähnenswert ist der noch im Aufbau befindliche **Militärhistorische Park** (Park vojaške zgodovine). Er greift die lange Geschichte von Angriff und Verteidigung in der strategisch wichtigen Region auf, veranschaulicht sie den

Besuchern und verfolgt auch pädagogische Aspekte. Als Ausstellungsort dient eine alte Kaserne. Neben ausgestellten Militärfahrzeugen, Waffen und Geräten verschiedener Epochen werden auch Festungsbauten und historische Schlachten berücksichtigt.

Ilirska Bistrica

Mit einer Gesamtfläche von 480 Quadratkilometern ist die Gemeinde Ilirska Bistrica (14000 Einwohner) ungewöhnlich groß. Sie reicht westlich der Durchgangsstraße Nr. 6 weit in die Bergkette der Brkini hinein. Ostwärts steigt das Terrain rasch an, und ab etwa 800 Metern Höhe gibt es nur noch vereinzelte Weiler. Im weiten Umkreis des dominanten **Snežnik-Gipfels** (1795 Meter) führen etliche Fahrwege zu Almen hinauf. Im Grunde genommen ist das ganze Gebiet zwischen Postojna und dem Snežnik-Massiv eine ›leere Ecke‹, die sich auf kroatischer Seite noch bis zum Autobahnabschnitt Rijeka–Delnice fortsetzt: klimatisch ungünstig, wenig erschlossen, sehr dünn besiedelt. Beim genauen Blick auf die Karte mag man vielleicht das völlige Fehlen von Oberflächenwasser bemerken, weit und breit gibt es im Karst weder einen Bach noch einen See. Bezeichnenderweise trägt der einzige nennenswerte Fluss, der das Gebiet nur tangiert, den Namen Reka, was nichts anderes als ›der Fluss‹ heißt – es gibt ja keinen zweiten hier.

Der Hauptort Ilirska Bistrica (4500 Einwohner) liegt elf Kilometer vor der kroatischen Grenze an eben diesem Karstfluss Reka, der das verkehrsgünstige Tal schuf und schließlich im Bereich der weltberühmten Grotten von Škocjan (→ S. 167) unter der Erde verschwindet. Der Ortsname bezieht sich auf die habsburgische Verwaltungseinheit Illyrien, die ihrerseits Bezug nahm auf das antike Volk der Illyrer. Zuvor verwendete Napoleon bei seinem kurzen Interregnum zwischen 1807 und 1813 bereits die französische Bezeichnung ›Provinces illyriennes‹. Außer einem regelmäßig ausgetragenen Autorennen auf der Straße Nr. 404 gibt es zu Ilirska Bistrica wenig Erwähnenswertes. Die wechselvolle Ortsgeschichte ist nur an bescheidenen Relikten nachvollziehbar.

Im Gemeindegebiet, neun Kilometer flussabwärts, also nach Norden, liegt das Dorf **Prem** (150 Einwohner). Es wurde mit seinem Schloss bereits 1213 urkundlich erwähnt. Nach vielen Besitzerwechseln stand das Gemäuer nach dem Zweiten Weltkrieg lange Zeit leer und wurde ab 1970 restauriert. Es umfasst unter anderem einen zweistöckigen Wohnturm, eine Kapelle und Zimmer im gotischen Stil. Heute steht ein Saal für Hochzeiten zur Verfügung.

Pivka, Ilirska Bistrica

Vorwahl: 05.

Postleitzahl: 6257 bzw. 6250.

Touristenbüro Pivka: Kolodvorska cesta 51, Tel. 1682668.

Touristenbüro Ilir. Bistrica: Bazoviška cesta 12, Tel. 7101384.

Vom Bahnhof Pivka tägl. ca. 18 Züge nach Ljubljana, ca. 12 nach Sežana, ca. 5 nach Koper, ca. 7 nach Ilir. Bistrica (davon 2 weiter nach Rijeka/Kroatien).

Pizzeria Herman, Pivka, Kolodvorska cesta 39, Tel. 7571095, www.pizzeria-herman.com. Gegenüber dem Bahnhof. Viel mehr als nur Pizza: angenehmes, zeitgemäßes Hostel mit Pub; in jeder Hinsicht überzeugend; Do Ruhetag.

Grill Danilo, Ilir. Bistrica, Bazoviška cesta 46, Tel. 7141517. Grillrestaurant; auch Gästezimmer.

Primorska. Slovenska Istra.
Venezianisches Erbe und mediterrane Lebensart.
Altstadtgassen und moderne Yachthäfen.
Weiße Salinen und üppige Vegetation.
Grenzverkehr zu Lande und zu Wasser.
Von Italien nach Kroatien.

Koper und die Adriaküste

Die slowenische Riviera

Wenn man vom Karstplateau auf der Autobahn A1 (Postojna – Koper) durch zwei lange Tunnel und über den atemberaubenden Viadukt von Črni Kal zur Adriaküste hinabfährt, erlebt man einen abrupten landschaftlichen Wandel. Der kurze slowenische Küstenabschnitt (Slovenska obala) stellt innerhalb der Landesgrenzen nämlich eine ganz eigenständige Region dar. Die letzten Ausläufer der Alpen hat man hinter sich gelassen. Deutlich empfindet man den Kontrast zur bäuerlichen Kultur und zu den Landschaften des Binnenlandes. Klima und Vegetation sind eben typisch mediterran, Bauweise und auch Gastronomie spiegeln die venezianisch-italienische Vergangenheit wider und unterscheiden sich erheblich vom habsburgisch-altösterreichisch geprägten ›Rest‹ des Landes. Auf Grund der konsequent zweisprachigen Beschilderung zugunsten der ansässigen italienischen Minderheit wähnt man sich als Besucher ohnehin schon fast im Nachbarland.

Selbst unter Berücksichtigung aller Buchten misst die slowenische Küstenlinie kaum 47 Kilometer. Auf der Straße sind es von der italienischen bis zur kroatischen Grenze indes weniger als 33 Kilometer. Bei der Ortschaft Ankaran beginnt die legendäre Adriastraße, die an der gesamten jugoslawischen Adriaküste entlangführte und heute zum größten Teil auf kroatischem Territorium verläuft. Der kleine slowenische Streckenabschnitt (Straße Nr. 111 bzw. H5) reiht die vier bedeutenderen Orte auf: Koper, Izola, Piran, Portorož – jeder von ihnen liegt am Meer und lädt zu einem längeren Aufenthalt ein. Die Abendsonne taucht den gesamten Landstrich in ein mildes Licht; und vom Wasser aus betrachtet, hebt sich die Küste von der parallel verlaufenden grauen Bergkette des Hinterlandes ab. Ungenutzte Flächen sind rar

Die Adriaküste

an der slowenischen Adria. Ganz anders als im benachbarten Kroatien ist hier einfach zu wenig Platz. Auf engstem Raum kann man vielerlei Aktivitäten nachgehen, auch ohne Auto kommt man fast überall hin, doch einsame Badebuchten sucht man vergeblich.

Das Klima ist sehr mild mit monatlichen Durchschnittstemperaturen zwischen etwa 3 und 28 Grad Celsius und mehr als 2300 Sonnenstunden im Jahr. Es gibt drei typische Winde, die zeitweise das Wetter bestimmen: der starke und schwüle Jugo aus Südosten, der gemäßigte und erfrischende Mistral aus dem Nordwesten und der stürmische, bisweilen böige, kalte Fallwind Burja aus dem Nordosten. Letzterer kann im Winter durchaus zehn Tage und länger andauern.

Im Sommer ist die slowenische Riviera leider überlaufen. Nicht nur viele Osteuropäer finden hier den nächsten Zugang zum Mittelmeer, auch Italiener kommen wegen der niedrigeren Preise gern über die Grenze (und fahren nicht selten nach Kroatien weiter). Auf der erwähnten Küstenstraße gibt es dann einige sehr stauträchtige Abschnitte, die wenigen Campingplätze sind voll, Parkplätze überall knapp. Sehr empfehlenswert ist daher die Nebensaison, etwa April und Mai (eventuell mit Ausnahme der Ostertage) sowie September und Oktober.

Koper

Als größter unter den wenigen slowenischen Küstenorten ist Koper (25000 Einwohner) nicht nur ein sehr beliebtes Ausflugsziel, sondern auch der einzige Seehafen des Landes. Sein Einzugsgebiet reicht weit nach Mittel- und Osteuropa hinein. In Sichtweite der Kaianlagen sind fast immer zahlreiche Ozeanriesen zu sehen. Umgeben von Industrie- und Verkehrsflächen inmitten einer üppigen Mittelmeervegetation trifft man auf eine überraschend schöne und weitgehend verkehrsfreie Altstadt. In ihrer kompakten, geschlossenen Bauweise hebt sie sich deutlich von der Umgebung ab. Ein Gewirr schattiger Gassen, wenngleich nicht alle restauriert, dazu etliche prachtvolle Gebäude und eine Meerespromenade mit großem Yachthafen erwarten den Besucher. Die neueren Stadtteile wirken recht nüchtern, teilweise wie vom Reißbrett, und lassen urbane Atmosphäre vermissen. Semedela und Žusterna heißen die Wohnvororte entlang der Küstenstraße. Obwohl drei Viertel der heutigen Einwohner Slowenisch als Muttersprache angeben und nur noch jeder fünfzigste Italienisch, ist die offizielle Beschilderung in Koper überall zweisprachig abgefasst, was für Italienkenner hilfreich sein kann. Das Gebiet der Stadtgemeinde Koper umfasst auch eine Vielzahl von Siedlungen im weiten Hinterland, so dass die gesamte Einwohnerzahl mit rund 52000 doppelt so hoch ist wie in der Stadt selbst. Unter den slowenischen Städten nimmt Koper den sechsten Platz ein.

Koper – Zahlen und Fakten

Italienischer Name: Capodistria
Kroatischer Name: Kopar
Koordinaten: 45°33'N/13°44'O
Gemeindefläche: 311 km²
Einwohner Stadt: 25000
Einwohner inkl. Gemeinde: 52000
Höhe ü. M.: 5 m
Autokennzeichen: KP
Internet: www.koper.si
Historische Region: Primorska

Historisches

Im Laufe ihrer langen Geschichte trug die Stadt Koper viele Namen. Die Griechen nannten ihre Siedlungsgründung auf einer kleinen Insel zunächst Aegida, die Römer dann Capris oder Caprea (sinngemäß: Ziegeninsel). Zu Ehren des byzantinischen Kaisers Justin II. erfolgte im 6. Jahrhundert eine Umbenennung in Justinopolis. Rege Handelsbeziehungen mit dem nahe gelegenen Venedig stärkten die Rolle der Hafenstadt, die schließlich im Jahre 1035 vom deutschen Kaiser Konrad II. die Stadtrechte erhielt. Ab 1278 übernahmen die Venezianer die Herrschaft und gaben ihrem neuen Verwaltungszentrum an der Küste Istriens den lateinischen Namen Caput Histriae, italienisch Capo d'Istria, was man als Kopf oder Hauptstadt Istriens übersetzen kann. Noch heute ist unter Italienern die Bezeichnung Capodistria üblich, die auch auf den zweisprachigen Ortsschildern steht. Der slowenische Name Koper und die kroatische Version Kopar leiten sich davon ab. Der deutschsprachige Name Gafers hat sich letztlich nicht durchgesetzt.

Vom 15. bis 17. Jahrhundert profitierte Koper ganz erheblich von der Bedeutung und vom Wohlstand der Republik Venedig. Teile des historischen Stadtbildes stammen aus dieser Blütezeit, die wesentlich auf dem Salz- und Getreideumschlag beruhte. Fünf Bürgermeister von Koper sollen in Venedig den Rang eines Dogen (von lat. dux: Führer) erreicht haben. Erst um 1720

Venezianischer Löwe an einer Fassade

Yachthafen in Koper

gewann Triest als Freihandelszone und Zugang Österreichs zu den Meeren die Oberhand in der Region. Nach dem Ende der venezianischen Herrschaft 1797 kam auch Koper zum Habsburgerreich, blieb aber stets im Schatten der bereits gut ausgebauten Hafenstadt Triest. 1825 wurde die seit jeher auf einer Insel liegende Altstadt durch einen Damm mit dem Festland verbunden. Das Ende des Ersten Weltkrieges führte zur Besetzung durch Italien, da mehr als 90 Prozent der Einwohner Italiener waren. Nach dem Zweiten Weltkrieg gab es von 1947 bis 1954 einen Sonderstatus als sogenannte Zone B im Freien Territorium Triest, die unter jugoslawischer Verwaltung stand. In dieser Zeit verließen die allermeisten italienischsprachigen Bürger die Stadt Koper und ihr Umland. Ab 1954 war die Zugehörigkeit zu Jugoslawien endgültig geklärt. Heute ist Koper das städtische Zentrum der slowenischen Küste.

Stadtbesichtigung

Die meisten Besucher nähern sich der Altstadt wohl von der Landseite her, also aus südlicher oder südöstlicher Richtung. Von der Umgehungsstraße (Ende der Autobahn A1) biegt man an der

▲ Karte S. 179

Überführung in die Ljubljanska cesta ein und erblickt am dritten Kreisverkehr schon das historische Stadttor.

Das sogenannte **Muda-Tor** (Mudina vrata) von 1516 ähnelt in seiner Bauweise einem Triumphbogen. Es markiert den südlichen Rand der einstigen Inselsiedlung, war Zugang und Zollstation zugleich. Ein Damm führte seit 1827 auf das Festland. Das weite, ebene Gelände um die Altstadt herum ist das Ergebnis von Trockenlegungs- und Aufschüttungsmaßnahmen, die erst um die Mitte des 20. Jahrhunderts stattfanden. Im oberen Teil des Tores ist das Stadtwappen zu sehen, bestehend aus einer strahlenden Sonne, ergänzt durch zwei Löwenköpfe, die auf die Rolle Venedigs verweisen. Ursprünglich besaß die Stadt sogar zwölf Eingangstore; alle anderen sind verschwunden.

Durch das Tor gelangt man sogleich auf den **Prešernov trg** mit der Kirche des Heiligen Basso (Cerkev Sv. Bassa) und dem hübschen **Da Ponte-Brunnen** (Vodnjak Da Ponte), der eine Miniatur-Nachbildung der berühmten Rialto-Brücke in Venedig darstellt. Seinen Namen verdankt er dem Stadtrat Lorenzo da Ponte, der ihn 1666 in Auftrag gab.

Koper

1 Muda-Tor
2 Kirche Sv. Bassa
3 Prätorenpalast (Touristenbüro)
4 Loggia (Café)
5 Palazzo Belgramoni-Tacco
6 ehemaliger Salzspeicher
7 ehemaliger Getreidespeicher (Fontico)
8 Franziskanerkloster

Loggia und Rathaus am Titov trg

Halblinks durch die Župančičeva ulica und dann nach gut 150 Metern rechts die Čevljarska ulica entlang – beide beschauliche Geschäftsstraßen – erreicht man allmählich das Zentrum der Altstadt. Durch einen kurzen Gewölbegang betritt man den **Titov trg**, der als Hauptplatz von Koper gilt. Er ist gar nicht besonders groß und zählt doch zu den stimmungsvollsten Plätzen in Slowenien. Mehrere geschichtsträchtige Bauwerke des 15. Jahrhunderts sind hier zu einem imposanten Architekturensemble arrangiert. Weltliche und kirchliche Macht beäugen sich mehr oder weniger argwöhnisch.

Beim Blick zurück bemerkt man, dass man den Platz durch den **Prätorenpalast** (Pretorska palača) betreten hat. Es handelt sich um das Rathaus aus venezianischer Zeit. Das zinnengeschmückte und dennoch filigran wirkende Gebäude zeigt allerlei verspielte Details: Inschriften, Reliefs, Büsten in kleinen Mauernischen, zwei Glöckchen und wiederum der Löwe als Symbol der Macht Venedigs. Eine Freitreppe führt neben dem Torbogen in die oberen Festsäle. Die Fassade erhielt ihr jetziges Aussehen im Jahr 1664. Leider ist sie nach Norden ausgerichtet und liegt deshalb spätestens ab Mittag völlig im Schatten. Im Erdgeschoss befindet sich heute die gut sortierte **Touristeninformation**.

Genau gegenüber blickt man auf die meistens von der Sonne beschienene städtische **Loggia** (Mestna loža). Sie war der Treffpunkt der Kaufleute und einflussreichen Bürger. Auch sie wurde im 17. Jahrhundert restauriert und dabei um ein Stockwerk erhöht. Bereits im 19. Jahrhundert zog ein Kaffeehaus in die untere Etage ein, und auch heute verweilt man gern unter den Arkaden und genießt das Panorama des angenehm ruhigen Platzes. Bemerkenswert sind einige heraldische Verzierungen und eine Ecknische mit einer Madonnenfigur aus Terrakotta, die an die Pestepidemie des Jahres 1554 erinnern soll.

Die Ostseite des Platzes wird beherrscht von der mächtigen **Domkirche Mariä Himmelfahrt** (Stolnica Marijinega vnebovzetja). Die dreischiffige Kathedrale vereint Elemente der Gotik, der Renaissance und des Barock. In einem Sarkophag hinter dem Altar befinden sich die Reliquien des heiligen Nazarius, der im Jahr 524 erster Bischof der Stadt wurde und als örtlicher Schutzpatron angesehen wird. Es lohnt sich den 54 Meter hohen Campanile (Zvonik) zu besteigen, denn von oben liegt dem Betrachter die ganze Altstadt zu Füßen.

Den Titov trg kann man nun in drei Richtungen verlassen. Nordwärts führt die Verdijeva ulica geradewegs aus der Altstadt heraus zu einer Terrasse, die einen Blick über die Hafenanlagen ermöglicht. Ebenfalls ans Meer (zum Yachthafen) kommt man westwärts durch die Kidričeva ulica, an der sich neben ein paar kleineren Läden die Palazzi Belgramoni-Tacco (mit dem Regionalmuseum), Totto ex Gavardo (mit Löwenrelief und schönem Innenhof) und Almerigotti sowie zwei Kirchen aufreihen. Am Ende

▲ Karte S. 179

der Straße öffnet sich die Altstadt auf den **Carpacciov trg** mit der sogenannten Taverna, dem ehemaligen Salzspeicher, heute eine offene Mehrzweckhalle. Deren Name hängt mit einer späteren Weiternutzung als Gasthaus zusammen. Die hiesige Salzgewinnung hatte bereits um 1182 begonnen und endete letztlich 1912. Beachtenswert ist auch das Haus der Renaissancemalers Vittore Carpaccio (ca. 1455–1526) an der Südostecke des entsprechend benannten Platzes. Der Meister verbrachte zwar längere Zeit in Koper, aber ob er das Haus tatsächlich selbst bewohnt hat, wird bezweifelt. Der heutige Zustand wurde 1955 hergestellt.
Der dritte Weg vom Titov trg geht in die östlichen Teile der Altstadt. An der Rückseite der Domkirche erstreckt sich der dreieckige **Trg Brolo**, eine gepflegte Grünanlage, unter der sich historische Zisternen befinden. An den Seiten stehen einige weitere barocke Palazzi namens Brutti, Vissich-Nardi, Gravisi-Barbabianca und Elio. Das giebelständige Gebäude mit der Hausnummer 4 ist der Fontico, einstiger Getreidespeicher der Stadt. Er wurde 1392 erstmals erwähnt und 1460 leicht modifiziert. Gleich daneben sieht man die Kirche des Heiligen Jakobus (Cerkev Sv. Jakoba) und dahinter Kirche und Kloster des Heiligen Franziskus (Cerkev in Samostan Sv. Frančiška).
Ein wenig abseits der Hauptsehenswürdigkeiten kann man im östlichen Teil der Altstadt noch einige stillere Gassen durchstreifen und stößt beispielsweise am **Giordanov trg** noch auf Kloster und Kirche der Heiligen Martha (Cerkev in Samostan Sv. Marte). In der nordöstlichsten Ecke, wo die Hafenanlagen beginnen, liegt der **Ribiški trg**, das heißt Fischerplatz. Ganz in der Nähe steht die Kirche der Heiligen Anna (Cerkev Sv. Ane), die im Gegensatz zum Dom eher ein Gotteshaus der einfachen Bevölkerung war.

Am Trg Brolo in Koper

Umgebung von Koper

Wer es eilig hat, nach Kroatien zu kommen, wählt ab Koper statt der Küstenroute (Straße Nr. 111 bzw. H5) die im Landesinneren verlaufende Straße Nr. 11. Beide treffen kurz hinter den kroatischen Grenzübergängen wieder aufeinander.
Die Gemeinde Koper (insgesamt 53 000 Einwohner) ist groß und reicht ziemlich weit in das bergige Küstenhinterland. Außer der Autobahn A1 nach Ljubljana und der nebenher verlaufenden früheren Fernstraße (Nr. 409) gibt es nur zweit- und drittklassige, vielfach gewundene Sträßchen durch die Berge. Doch ist es gerade reizvoll, diese durchaus intakten Verkehrswege zu benutzen und die altertümlichen, abseits gelegenen Karstdörfer zu erkunden. Eine Straßenkarte größeren Maßstabs ist dabei hilfreich. In einigen Tälern kann man bequem wandern. Die besonderen Höhepunkte in dieser Landschaft kann man allerdings auch von der Autobahnabfahrt **Črni Kal** beim gleichnamigen Viadukt (Länge 1058 Meter) erreichen: Das **Schloss Socerb** thront hoch über der Karstlandschaft unmittelbar an der italienischen Grenze; man

genießt einen hervorragenden Rundblick und kann zudem in einem guten Restaurant einkehren. Das heutige Bauwerk ist eine Rekonstruktion der 1780 durch Blitzeinschlag zerstörten Anlage. Etwa sieben Kilometer südlich der genannten Autobahnabfahrt liegt das Dorf **Hrastovlje** (150 Einwohner) mit seiner weithin bekannten romanischen **Wehrkirche Sveta Trojica** (Heilige Dreifaltigkeit). Die Innenwände und Gewölbe sind überaus reich bemalt mit mittelalterlichen Fresken, die Szenen aus dem Alten Testament und das Wirken Jesu zeigen. Insbesondere der dargestellte Totentanz des istrischen Malers Janez aus Kastav, entstanden um 1490, verdient Beachtung: Er zeigt, wie der Tod letztlich alle Menschen, gleich welchen Standes, an die Hand nimmt. Das gesamte Spektrum der Malereien spiegelt eindrücklich die Vorstellungswelt der Menschen wider in einer Zeit, als die sozialen Verhältnisse schwierig waren und tödliche Bedrohungen zum Alltag gehörten. Die Wehrkirche von Hrastovlje wurde in die Weltkulturerbe-Liste der UNESCO aufgenommen. Sie ist in der Regel verschlos-

Die romanische Wehrkirche von Hrastovlje

▲ Karte S. 176

sen; zwecks Besichtigung muss man im Haus Nr. 50 um Zugang bitten.

Beim Aufenthalt vor dem Tor wird man immer wieder lange Containerzüge wahrnehmen, die im Hintergrund am Kalkgebirge entlangrattern und kurze Zeit später ein Stück ober- oder unterhalb in umgekehrter Fahrtrichtung erneut auftauchen. Des Rätsels Lösung ist eine spektakuläre 180-Grad-Kehre unweit der Wehrkirche, die zur Überwindung des langgestreckten Steilhanges erbaut wurde. Der Gleisbogen verläuft dabei teilweise in einem Tunnel. Die sogenannte Koper-Bahn (Koprska proga) wurde erst 1967 eröffnet und ist bislang eingleisig. Auf der Landkarte kann man den ungewöhnlichen Verlauf nachvollziehen.

Interessant sind auch die gewaltigen **Halbhöhlen bei Sočerga** kurz vor der kroatischen Grenze (Straße Nr. 208). Am Ortsanfang führt ein schmaler Fahrweg scharf links bergauf zur kleinen Kirche Sveti Kirik. Hinter dem Kirchhof geht es zu Fuß weiter auf einem hinlänglich markierten Weg oberhalb des Karstrandes, vorbei an einem Sendemast, dann allmählich abwärts, später mit einem grandiosen Ausblick über das Reka-Tal. Im Süden liegt die Grenzstation Mlini; am Berg oberhalb sind die Höhlen schon auf halbem Wege erkennbar. Man benötigt für den Hinweg etwa 90 Minuten, zurück wohl deutlich länger. Wegen des scharfkantigen Karstgesteins sind stabile Schuhe anzuraten.

Koper

Vorwahl: 05.
Postleitzahl: 6000.
Touristenbüro: Titov trg 3, Tel. 6646403.

Am Straßenring um die Altstadt herum existieren an mehreren Stellen größere Parkplätze (Gebühren beachten!). Wer das Auto nicht unmittelbar am Stadttor abstellen will, wird auch in der Hauptsaison fündig werden.

Große Busstation vor dem Bahnhof. Die Busse der Veolia fahren in alle Küstenorte, außerdem Verbindungen nach Ljubljana sowie nach Triest und Rijeka. Es gibt auch einige Stadtbuslinien.

Der Kopfbahnhof von Koper liegt am östlichen Stadtrand nahe der Umgehungsstraße (Hafennähe bzw. Autobahnende). Das Gebäude wurde 2011 von Grund auf renoviert und bietet eine Reihe von Annehmlichkeiten. Direktverbindungen nur nach Ljubljana (landschaftlich interessante Strecke!), für andere Ziele in Divača oder Pivka umsteigen. Keine direkte Schienenverbindung nach Triest/Italien.

Die nächstgelegenen internationalen Flughäfen sind Triest/Italien und Ljubljana; außerdem kleiner Flugplatz in Portorož.

Mehrere Unternehmen im Stadtgebiet, erreichbar z.B. unter Tel. 6250250 oder 6281111.

Vom Stadthafen fahren Ausflugsschiffe zu den anderen Küstenorten. Es gibt eine Marina mit Zollstelle.

Hotel Koper, Pristaniška ul. 3, Tel. 6100500, www.terme-catez.si. Renoviertes Traditionshaus mit Restaurant; DZ um 80 Euro.

Hotel Vodišek, Kolodvorska cesta 2, Tel. 6392468, www.hotel-vodisek.com. Nähe Bahnhof; gute Mittelklasse; DZ um 75 Euro.

Hotel Bio, Vanganelska ul. 2, Tel. 6258884, www.hotel-bio.si. Familienbetrieb, etwas außerhalb gelegen, mit Restaurant; DZ ca. 70 Euro.

Hostel Museum, Muzejski trg 6, Tel. 6261870. In der Altstadt; einfach und zweckmäßig, auch Zimmer mit Kochecke; DZ um 50 Euro.

Youth Hostel Motel Port, Ankaranska cesta 7, Tel. 6393260, www.motel-port.si. DZ um 50 Euro, Schlafplatz 22 Euro.

In der Altstadt und beim Yachthafen gibt es wenige, überwiegend kleinere Lokale. Das Angebot ist insgesamt bescheiden, und am späteren Abend wird man eher nach Izola oder Ankaran ausweichen.

Skipper, Kopališko nabrežje 3, Tel. 6261810. Zwischen Hafen und Marina gelegen; slowenische und italienische Küche, nicht zu teuer.

Atrij, Čevljarska ul. 8, Tel. 6272255. Preiswerte Pizzeria; etwas versteckt in einer Allee.

Istrska klet, Župančičeva ul. 39, Tel. 6276729. In der Altstadt; istrische Gerichte in rustikaler Atmosphäre.

Loggia Café, Titov trg. In den Arkaden der Loggia direkt gegenüber dem Prätorenpalast, ein sehr attraktiver Platz zum Verweilen.

STA Travel Café, Prešernov trg 2, Tel. 7215820. Nett eingerichtet, mit sonniger Terrasse, Internetzugängen und wechselnden Ausstellungen zum Thema Reisen.

Camping Adria, 6280 Ankaran, Jadranska cesta 25, Tel. 6637346. Geöffnet Mai bis Sept.

Regionalmuseum (Pokrajinski muzej), Kidričeva ul. 19, Tel. 6633570. Stadtgeschichte und Gemäldesammlung, u.a. von Carpaccio; Mo–Fr 9–17, Sa–So 9–13 Uhr.

Ethnologische Ausstellung (Etnološka razstava), Gramšijev trg 4, Tel. 6633586. Typisch istrische Trachten und Einrichtungsgegenstände in schönem gotischen Gebäude; Di–Fr 9–12.30 Uhr.

Im Spätsommer ›Rumena noč‹ (Gelbe Nacht) mit Riesenfeuerwerk.
Theateraufführungen in der Altstadt.

Markt und Fischhalle außerhalb der Altstadt (Pristaniška ul., zwischen Stadttor und Yachthafen). SB-Laden u.a. am Titov trg in der Altstadt. Supermarkt und Shoppingcenter zwischen Altstadt und Autobahn.

Ausflüge nach Italien

Einerseits ist es die besondere Lage der italienischen Großstadt Trieste (Triest), deren Hinterland ja Slowenien ist. Andererseits ist es die besondere Lage der slowenischen Küste, die zwischen den Nachbarstaaten Italien und Kroatien gewissermaßen eingeklemmt ist. Fahrten über die Grenze dürften daher häufiger vorkommen als in den meisten anderen Urlaubsregionen. Immerhin stellt die italienische Grenze durch das Schengen-Abkommen kein Hindernis mehr dar für den freien Personen- und Warenverkehr. Hinzu kommt der Euro als gemeinsame Währung.

Und manchmal ist sogar die Strecke durch das Nachbarland kürzer als der Verbleib auf slowenischem Territorium. Allerdings ist zu beachten, dass in Italien zusätzliche Autobahngebühren anfallen könnten.

▲ Karte S. 176

Triest

Von Koper bietet sich als Ausflugsziel insbesondere Triest (slowen.: Trst) an. Um dem Großstadtverkehr und der schwierigen Parkplatzsuche zu entgehen, bietet sich die Benutzung einer altertümlichen **Straßen-Bergbahn** an. Sie verkehrt seit 1902 auf der teilweise sehr steilen Strecke zwischen dem nördlich gelegenen Städtchen Villa Opicina und der zentralen Piazza Oberdan in Triest. So umgeht man die Innenstadt auf der Autobahn und parkt in Villa Opicina problemlos und gebührenfrei in der langen Allee gegenüber dem Straßenbahndepot.

Triest mit seinen Plätzen und neoklassizistischen Prachtbauten wirkt größer, als es tatsächlich ist. In den späten 1960er Jahren hatte es rund 280 000 Einwohner, jetzt sind es noch 205 000 – mithin nur Dreiviertel der heutigen Bevölkerung von Ljubljana, das seinerseits mit altösterreichischem Charme viel beschaulicher wirkt. Die einst so nachteilige Randlage ohne Hinterland hat sich seit Sloweniens EU-Beitritt 2004 in einen Standortvorteil umgekehrt. Der Hafen von Triest gehört zu den bedeutendsten in Italien. Die umliegenden Gemeinden sind zum Teil zweisprachig, in der Stadt selbst gibt es eine größere slowenische und kroatische Minderheit. Berühmt ist Triest für seine **Kaffeehauskultur**: Einen Besuch wert sind beispielsweise das seit 1830 bestehende Caffè Tommaseo an der gleichnamigen Piazza am Lungomare oder das Antico Caffè San Marco in der Via Cesare Battisti, das 1914 gegründet wurde und Jugendstil-Elemente aufweist. Die bekannten Kaffeeröstereien Illy und Hausbrandt (auch in Slowenien überall präsent) haben ihren Sitz in Triest.

Bei einem **Stadtrundgang** könnte man sich etwa folgende Stellen ansehen: Piazza dell'Unità, gleich nebenan die Oper und die Börse, ferner die Reste des römischen Theaters, die Kathedrale San Giusto, die Synagoge und das Viertel Borgo Teresiano mit dem Canal Grande.

Muggia

Wer die Großstadt scheut und nur ein bisschen italienische Atmosphäre haben möchte, dem sei Muggia (slowen.: Milje) empfohlen. Von Koper gelangt man über den Urlaubsort Ankaran (3300 Einwohner) auf der küstennahen Nebenstraße Nr. 406 zur Landspitze Debeli rtič. Die Straße führt zum Grenzübergang Lazzaretto, und nach drei weiteren Kilometern direkt am Meer entlang kommt man in der Kleinstadt Muggia (13 000 Einwohner) an, von der man über eine Bucht hinweg auf die hässliche Seite von Triest schaut. Am Ortsanfang wird man durch einen sonderbaren einspurigen Tunnel auf die Rückseite des kleinen Stadtzentrums geführt. Am Tunnelausgang geht es auf der Via Roma geradeaus weiter; hält man sich an der nächsten größeren Straßenecke links, so hat man einen großen Parkplatz am Meer vor sich und kann von hier aus durch ein Stadttor sofort die Altstadt betreten. Muggia gehört als einziger Ort Italiens zu Istrien. Es litt noch stärker als Triest über Jahrzehnte unter der abseitigen Lage. Auch heute macht die Stadt mit ihren interessanten Gassen, die zu einer Festung hinauf führen, keinen allzu wohlhabenden Eindruck. Die Häuser sind nicht überrestauriert wie in vielen anderen historischen Zentren, manche Geschäfte und Fassaden wirken wie von Vorgestern. Bei genauerem Hinsehen entdeckt man viele typisch venezianische Architekturmerkmale. Am Rathausplatz stößt man auf eine überraschend kleine Basilika, an die Rathausrückseite schließt sich der ebenfalls kleine Stadthafen an. Bekannt ist Muggia für seinen Karneval.

Izola

Mit seinen eher stillen Gassen tritt Izola (11 000 Einwohner) in der Gunst der Touristen ein wenig hinter Koper und Piran zurück. Eigentlich unbegründet, denn das Erscheinungsbild und die Atmosphäre des Städtchens unterscheiden sich kaum von den Nachbarorten. Hier wie dort gibt es in der schattigen Altstadt interessante Winkel und kleine Plätze zum Verweilen. Wer genau hinschaut, wird so manches hübsche Architekturdetail bemerken. Die vereinzelten Läden schließen während der ausgedehnten Siesta, und eine allgemeine Schläfrigkeit legt sich über alles. Die Autos der Bewohner wurden in Izola jedoch nicht ganz so gründlich aus dem traditionellen Wohnumfeld ausgesperrt wie in den benachbarten Küstenorten, wo touristische Aspekte Vorrang haben. Nach wie vor bedeutend ist die Fischerei und Fischverarbeitung. Die örtliche Meerespromenade und die Marina mit ihren über 600 Liegeplätzen tragen sehr viel zum attraktiven Ortsbild bei. Den Panoramablick vom **Belvedere-Hügel** (an der Straße nach Portorož) sollte man sich nicht entgehen lassen!

Historisches

Wie der Name bereits vermuten lässt, befand sich der Ort einst auf einer Insel (lat. insula, ital. isola), die nahe genug am Festland lag, um Lebensraum und gleichzeitig Schutz zu bieten. Die römische Hafensiedlung Haliaetum, gegründet um 178/177 vor Christus, wurde von der istrischen Urbevölkerung heftig bekämpft. Eine Brücke erleichterte später den Zugang zur Insel. Von 1280 bis 1797 stand die Siedlung unter dem Schutz der Stadtrepublik Venedig. Dennoch war das 13. und 14. Jahrhundert eine Zeit der

bewaffneten Auseinandersetzungen mit den konkurrierenden Städten Koper und Piran. Ab 1499 arbeitete der Kartograph Pietro Coppo in Izola und verfasste ein Werk über die Halbinsel Istrien (eine steinerne Nachbildung seiner Istrien-Karte ist im Park zu sehen).
Um die Mitte des 16. Jahrhunderts fiel fast die gesamte Bevölkerung der Pest zum Opfer, und die einstige Blütezeit war vorüber. Unter Napoleon (ab 1797) ließ man die Stadtmauern einreißen und benutzte den Schutt, um die Insel mit dem Festland zu verbinden. Im 19. Jahrhundert gehörte die Küste dann zum Habsburgerreich.
Eine 1820 entdeckte schwefelhaltige Mineralquelle ermöglichte in der Folgezeit einen bescheidenen Kurbetrieb, den man als Beginn des späteren Tourismus ansehen kann. Aus dem Thermalbad selbst ging allerdings eine örtliche Fischfabrik hervor. Um 1880 hatte Izola etwa 5600 Einwohner, fast ausschließlich Italiener. Mit dem Ende des Ersten Weltkrieges kam der Anschluss an Italien, nach dem Zweiten Weltkrieg von 1947 bis 1954 die Zugehörigkeit zum sogenannten Freien Territorium Triest, anschließend 37 Jahre unter jugoslawischer Flagge. Seit 1991 ist Izola eine der drei Küstengemeinden Sloweniens. Auch hier ist Italienisch offizielle zweite Amtssprache, obwohl es heute nur noch rund vier Prozent der Einwohner als Muttersprache angeben. Doppelt so hoch ist hingegen der Anteil ansässiger Kroaten.

Stadtbesichtigung

In der insgesamt sehenswerten Altstadt mit ihren Gassen, Durchgängen und Innenhöfen treten nur wenige besondere Bauwerke hervor. Wenn man vom Kreisverkehr am Trg republike kommt und sich gleich am Beginn der Altstadt nach links orientiert, gelangt man über die Ljubljanska ulica oder Koprska ulica auf den hübschen **Manziolijev trg**, benannt nach einem der beiden angrenzenden Palazzi aus dem 15. Jahrhun-

Blick vom Belvedere auf Izola

dert. Die **Kirche der heiligen Maria von Haliaetum** (Cerkev Sv. Marije Alietske) stammt aus dem 11. Jahrhundert. Sie besitzt eine Orgel des venezianischen Meisters Pietro Nacchini. Nur ein paar Schritte sind es zum benachbarten Veliki trg, der halbkreisförmig den kleinen **Stadthafen** (Mandrač) umschließt. Auf der Mole kann man ein Stück hinausgehen, um einen Blick auf die gesamte Szenerie einzufangen. Im Hintergrund erkennt man jetzt einen zweiten Kirchturm: Er gehört zu der auf einem Hügel erbauten **Kirche des heiligen Maurus** (Cerkev Sv. Mavra); sie geht auf das Jahr 1547 zurück, der Campanile wurde erst vierzig Jahre später hinzugebaut. Sehenswert sind auch der dreistöckige Palast Besenghi degli Ughi (Besenghijeva palača, Gregorčičeva ulica 76) im spätbarocken Stil, in dem sich heute die Musikschule befindet.

Izola

Vorwahl: 05.

Postleitzahl: 6310.

Touristenbüro: Sončno nabrežje 4, Tel. 6401050. (Ab Sommer 2012: Ljubljanska ul. 17)

In der Hauptsaison muss man ggf. auf die Parkflächen an der Ausfallstraße nach Koper ausweichen.

Busstation am Trg republike; häufige Verbindungen in die anderen Küstenorte.

Katamarane nach Venedig. Marina mit Zollstelle während der Hauptsaison geöffnet.

Hotel Marina, Veliki trg 11, Tel. 6604100, www.hotelmarina.si. Am Stadthafen; komfortabel, teilweise mit Meerblick; DZ ab 110 Euro.

Hotel Belvedere, Dobrava 1a, Tel. 6605100, www.belvedere.si. Schön gelegen oberhalb der Stadt beim gleichnamigen Campingplatz; modernisiert, mit Pool und Sportanlagen, Shuttleservice, Restaurant; DZ ab ca. 95 Euro.

Camping Belvedere, Dobrava 1, Tel. 6605170, www.belvedere.si. Schöne Anlage auf einem Hügel, phantastische Aussicht auf Izola und die Adria; geöffnet April–Sept.

Pizzeria Gušt, Drevored 1. Maja 5. Außerhalb der Altstadt; umfangreiche Speisekarte.

Gostilna Ribič, Veliki trg. Überdachte Außenplätze mit Blick auf den Stadthafen.

Sidro, Sončno nabrežje 24, Tel. 6414711. Attraktive Terrasse in Südwestlage; raffinierte Speisen, gehobene Kategorie.

Ambasada Gavioli, Industrijska cesta 10, Tel. 6418212, www.ambasada-gavioli.com. Sehr beliebte und über die Grenzen hinaus bekannte Disco mit Platz für angeblich 2500 Besucher; regelmäßige Events; im Sommer Fr–Sa geöffnet.

Parenzana-Museum, Ul. Alme Vivoda 3. In einem unscheinbaren Haus wird an die ehemalige Schmalspurbahn entlang der istrischen Küste erinnert; außerdem Modelleisenbahnen; leider unsichere Öffnungszeiten (im Touristenbüro fragen!).

Traditionelles Fischerfest (Ribiška noč) jeweils Ende August.

▲ Karte S. 186

Die Parenzana

Vor etwa 110 Jahren wurde das Projekt einer Schienenverbindung entlang der Westküste Istriens realisiert. Von Triest ausgehend sollten alle nennenswerten Ortschaften bis hinunter nach Parenzo mit der Eisenbahn erreichbar sein. Damals gab es hier überall italienische Namen, und so wurde die neugebaute Lokalbahn Triest–Parenzo einfach die ›Parenzana‹ genannt. Die Endstation heißt heute Poreč und liegt im Staate Kroatien. Es wäre längst eine Dreiländerbahn und obendrein eine Touristenattraktion - wenn es sie noch gäbe.

Am 1. April 1902 startete der Zugbetrieb unter der Regie der kkStB, so die offizielle Bezeichnung der Staatsbahnen in der Westhälfte Österreich-Ungarns. Die Schmalspurbahn dampfte im Triester Bahnhof Sant'Andrea los, unterwegs hielt sie unter anderem in Muggia, Capodistria (heute Koper), Isola (Izola), Portorose (Portorož), Buie (Buje) und Montona (Motovun). Über die Endstation Parenzo (Poreč) hinaus sollte sie ursprünglich sogar bis Canfanaro (Kanfanar) weitergebaut werden, was jedoch unterblieb. Die verwendeten Distanzsteine am Schienenstrang trugen aber von Anfang an die Abkürzung TPC im Hinblick auf die geplante spätere Endstation. Auch der Abzweig nach Umago (Umag) wurde nie gebaut.

Nicht alle Stationen lagen am Meer, die Streckenführung musste auch Siedlungen im istrischen Binnenland berücksichtigen und dabei beträchtliche Höhenunterschiede (zwischen 2 und 293 Metern über dem Meeresspiegel) meistern. Die unabdingbaren Kurven- und Schleifenfahrten zur Umgehung allzu steiler Steigungen waren zeitraubend, der Halt an insgesamt 35 Bahnhöfen ebenfalls. Sage und schreibe sieben Stunden benötigte man für die (nur) 123 Kilometer lange Gesamtstrecke. ›Das Blumenpflücken während der Fahrt ... ‹ - dieser Spruch passt hervorragend angesichts der errechneten Reisegeschwindigkeit von 18 Kilometern pro Stunde, und es wird durchaus von ab- und wieder aufspringenden Passagieren berichtet. Auf diese Weise ließ sich unterwegs ja manches organisieren: Obst klauen, schwarzfahren, austreten. Auch Körpereinsatz und Solidarität waren gefragt, denn es kam vor, dass bergauf sämtliche Fahrgäste aussteigen und schieben mussten - vor allem wenn böse Buben wieder einmal die Schienen mit zerquetschten Feigen beschmiert hatten.

Trotz der dargestellten Schwächen verhalf der Bahnverkehr der Region insgesamt zu einem Aufschwung. Der Warentransport umfasste neben Agrarerzeugnissen, Salinensalz und Fisch auch Baumaterial aus den lokalen Steinbrüchen sowie Schüttgut. Und natürlich musste die Parenzana im Ersten Weltkrieg für Truppentransporte und Nachschub herhalten. Die nachbestellten Lokomotiven wurden indes nicht mehr ausgeliefert. Danach begann schon ein allmählicher Niedergang. Nicht nur die wirtschaftlich schwierige Nachkriegszeit machte den Betrieb zunehmend unrentabel, auch die aufkommende Konkurrenz auf der Straße und durch Küstenschiffe bedrohte den Fortbestand. Den Todesstoß versetzte der Bahn jedoch das faschistische Regime. Die Italiener sahen nämlich in der Stilllegung auch eine hervorragende Möglichkeit, die slowenische und kroatische Bevölkerung des Hinterlandes zu drangsalieren. Eine Verfügung aus Rom beendete kurzerhand den Eisenbahnbetrieb zum 31. August 1935. Eine rapide

Verschlechterung der Lebensumstände zwang daraufhin viele Karstbewohner zur Emigration. Die Gleise wurden demontiert und sollten beim Aufbau einer Bahn im damals italienisch besetzten Abessinien (Äthiopien) wiederverwendet werden. Das Vorhaben scheiterte aber, weil das Transportschiff in den Fluten des Mittelmeeres versank.

Die Hafenstadt Pirano (heute Piran) war mit der Parenzana auf besondere Art verbunden. Ein eigener Durchgangsbahnhof wäre auf Grund der topographischen Situation nicht in Betracht gekommen. Und so ließ man ab 1909 einen Trolleybus als Zubringer zur Bahnstation Santa Lucia (Lucija) beim benachbarten Seebad Portorose (Portorož) fahren. Dessen Technik war jedoch noch nicht ausgereift, und er musste 1912 durch eine gewöhnliche Straßenbahn ersetzt werden. Die einstige Wendeschleife auf dem Tartini-Platz ist in dem heutigen ellipsenförmigen Marmorbelag nachempfunden. Die Tram verkehrte auf ihrer 5,4 Kilometer langen Küstenstrecke noch bis August 1953. Die Waggons wurden anschließend nach Sarajevo abgegeben.

Die Parenzana und die Straßenbahn in Piran – beide Verkehrssysteme hatten während ihrer verhältnismäßig kurzen Existenz wechselnden Staaten gedient: Österreich-Ungarn, Italien und (im Falle der Straßenbahn) auch noch Jugoslawien. Das alles ist längst Geschichte. Von der Gesamtstrecke der Parenzana liegen heute 13 Kilometer auf italienischem, 32 auf slowenischem und 78 auf kroatischem Boden. Seit 2002 – dem 100-jährigen Eröffnungsjubiläum – bemüht man sich um eine Wiederbelebung anderer Art: Mit Hilfe der EU-Tourismusförderung entsteht auf der alten Trasse ein grenzüberschreitender Rad- und Wanderweg unter dem Namen ›Weg der Gesundheit und Freundschaft‹ (slowenisch: *Pot zdravja in prijateljstva*). Die Voraussetzungen sind gut: Trotz der langen Zeit, die seit der Stilllegung ins Land gegangen ist, sind immer noch ungewöhnlich viele Streckenbauwerke vorhanden, darunter fast sämtliche Bahnhofsgebäude in ihrem einheitlichen Baustil. Zur Pilzzucht umfunktionierte Tunnel konnten wiedereröffnet werden, zwei längere (bei Izola und Portorož) erhielten sogar eine Beleuchtung. Auf dem slowenischen und kroatischen Streckenteil ist das Projekt sehr weit gediehen, in Italien besteht das Problem einer relativ starken Überbauung einstiger Strukturen. Der freigegebene Weg ist beschildert.

Die Erinnerung an die Parenzana war unauslöschlich. In der Altstadt von Izola gibt es ein Museum zur Geschichte der Küstenbahn. Von den etwa 23 Lokomotiven, die einst auf der Parenzana ihren Dienst taten, sind insgesamt nur drei erhalten geblieben: Eine davon ist die vor dem Bahnhof in Koper ausgestellte Dampflok U37, gebaut 1908 in Wiener Neustadt; die Baureihe wurde nach der Betriebseinstellung verschrottet. Die neben der Tankstelle in Izola unter Glas ausgestellte Lokomotive P3 ist zwar identisch mit der stärkeren Baureihe der Parenzana, die 1926 in Linz gefertigt wurde, entstammt jedoch österreichischen Beständen. Maschinen dieser Art wurden nach der Stilllegung nach Sizilien und sogar in das kolonisierte Libyen verbracht. Auch am Anfangspunkt der historischen Bahnstrecke, dem Triester Bahnhof Sant'Andrea (1923 in Campo Marzio umbenannt, 1959 geschlossen), befindet sich ein Eisenbahnmuseum, das sich aber leider nicht der Parenzana widmet.

Piran

Das Küstenstädtchen Piran (4100 Einwohner) gehört zu den beliebtesten Touristenzielen Sloweniens. Die außerordentlich pittoreske, saubere Altstadt liegt auf der Spitze einer größeren Halbinsel und ist durch eine Hügelkette mit Verteidigungsanlagen vom Hinterland abgeschnitten. Die Anfahrt erfolgt daher am Meer entlang über Portorož. In der Hauptsaison ist der Besucherstrom gewaltig, und die vor dem Stadtkern angelegten Parkplätze werden knapp.

Häufig wird Piran dargestellt als ein Venedig im Miniaturformat, zwar ohne Wasserstraßen, aber von ebenso musealem Charakter. Das ist zweifellos übertrieben, obgleich es viele historische Berührungspunkte und Ähnlichkeiten im Baustil gibt. Man wird schnell feststellen, dass Piran keine touristische Inszenierung ist, sondern dass es sich um eine durchaus bewohnte Altstadt mit unaufdringlichen Menschen handelt, in der das Leben einfach weitergeht. Im Gegensatz zu der berühmten Lagunenstadt leidet Piran auch nicht unter Beeinträchtigungen wie Überflutung oder Fäulnisgeruch. Und die Preise in den zahlreichen Cafés und Restaurants bewegen auf einem sehr akzeptablen Niveau.

Auf dem Tartinijev trg in Piran

Historisches

Der Ortsname leitet sich vermutlich vom griechischen Wort ›pyr‹ (Feuer) ab, ein Hinweis auf eines antike Leuchtfeuer am Seeweg nach Aegida (heute Koper). Nach der Vertreibung der illyrischen Bewohner errichteten die Römer ab 178 vor Christus mehrere Landgüter; auch Reste eines Hafens wurden gefunden. Der Küstenstreifen wurde von Aquileia aus verwaltet. Im 7. Jahrhundert gehörte Piran zum Kaiserreich Byzanz, slawische Stämme ließen sich nieder. Im Jahr 787 übernahmen die Franken die Herrschaft über das weitgehend brach liegende Istrien und siedelten Menschen aus der Krain und dem nördlichen Küstenhinterland an.

Ab 1210 war Piran ein selbständiges Lehensgut des Patriarchen von Aquileia, der die Einwohner mit hohen Steuerforderungen drangsalierte. Diese konnten sich jedoch durch den damals aufblühenden Salzhandel eine gewisse Unabhängigkeit erkaufen. Doch schon nach einem halben Jahrzehnt wurde die Stadt 1283 von den Venezianern besetzt, die zwar die Kontrolle über die Salinen behalten wollten, aber die weitere kulturelle Entwicklung nicht behinderten. In dieser Zeit entstanden sogar nach und nach die bedeutendsten und schönsten Bauwerke. Die Einwohner genossen diverse Handelsprivilegien und kamen zu Wohlstand. Im Gegensatz zu den Nachbarstädten Koper und Izola unterstützten sie die Venezianer und erlangten dadurch ihre einstige Autonomie zurück.

Erst nach über 500 Jahren endete die Herrschaft Venedigs im Jahr 1797: Die Österreicher besetzten den Küstenstreifen, wurden von 1806 bis 1813 noch einmal kurz Zeit durch Napoleon verdrängt und herrschten dann bis zum

Ende des Ersten Weltkrieges. Es war eine erneute Blütezeit der Stadt: Die habsburgische Verwaltung ließ die Salinenfelder ausbauen, der alte Stadthafen wurde 1894 zugeschüttet (heutiger Tartini-Platz), Handel und Gewerbe wurden gefördert, und nicht zuletzt kam auch der Tourismus in Gang. Die Einwohnerzahl der Gemeinde Piran überstieg eine Zeit lang diejenige von Koper. Eine der weltweit ersten ›gleislosen Bahnen‹ (eine Art Oberleitungsbus) nahm 1909 zwischen Piran und Portorož den Betrieb auf. Nach dem Ersten Weltkrieg ging der Küstenstreifen mit Piran an Italien. Daraufhin verschlechterte sich die wirtschaftliche und kulturelle Situation sehr. Immerhin wurde eine wirksame Küstenbefestigung geschaffen. Ab 1947 gehörte Piran zur sogenannten Zone B des Freistaates Triest, seit 1954 zu Jugoslawien und seit 1991 zum unabhängigen Staat Slowenien. Im vereinten Europa spielen die einstigen Trennlinien und Grenzen nun keine Rolle mehr. Bei der Volkszählung 2002 gaben zwei Drittel der Einwohner Slowenisch als Muttersprache an, sieben Prozent nannten Italienisch.

Stadtbesichtigung

Der **Tartinijev trg** ist das Herz von Piran. Der ovale, von herausgeputzten Fassaden umgebene Platz tangiert den kleinen Hafen und die angrenzende Marina. Über allem thront auf einem Hügel auch noch die Kathedrale. Benannt ist der Stadtplatz nach dem Komponisten Giuseppe Tartini (1692–1770), einem Sohn der Stadt. Ein 1896 aufgestelltes Standbild zeigt ihn in leicht vorgeneigter Pose mit der Geige in der Hand. Zu seinen Füßen ist zu jeder Tageszeit etwas los: Hausfrauen mit Einkaufstaschen, Kinder mit dem Roller, Jugendliche mit Skateboard, Touristen mit der Camera; bisweilen gibt es hier ein Konzert oder

▲ Karte S. 193

Das Venezianische Haus

auch einen Flohmarkt. Die große runde Marmorfläche ist eine Art Bühne für jedermann. In den netten Straßencafés an der Ostseite kann man am Abend die letzten Sonnenstrahlen einfangen.

Unter den stattlichen Gebäuden am Tartinijev trg sticht besonders ein rotes Eckhaus mit weißen Fenstereinfassungen und Stuckverzierungen ins Auge, das gewissermaßen unterhalb der Kathedrale steht. Es ist die ›Benečanka‹, das **Venezianische Haus**, mit einem Souvenirladen der besonderen Art: Salz aus den örtlichen Salinen wird hier in allen Handelsformen und Verpackungen vermarktet. In derselben Häuserreihe steht auch das Geburtshaus Tartinis und die Kirche des heiligen Petrus (Cerkev Sv. Petra). Bei den großen Prachtbauten auf der gegenüberliegenden Platzseite handelt es sich um den Justizpalast und um das Rathaus, in dem sich auch die Touristeninformation befindet.

An die Rathausrückseite schließt sich der Gemüsemarkt (Zelenjavni trg) an. Drei schmale Gassen weisen von hier den Weg in das Innere der Altstadt. Bald stößt man auf den **Prvomajski trg** (auch Trg 1. Maja geschrieben) in der Mitte der bebauten Halbinsel. Im Mittelalter war er einmal das Zentrum der Stadt. Heute bildet er einen starken Gegensatz zu dem glanzvollen und stets belebten Tartinijev trg. Fast die Hälfte der Fläche nimmt eine Zisternenanlage ein, deren Oberkante fast einen Meter über den Boden aufragt und gern als Podium für diverse Aufführungen benutzt wird. Zwei fotogene Statuen an den Stufen hinauf repräsentieren Recht und Gesetz. An der hinteren Ecke des Platzes kann man sehr angenehm vor einem rustikalen Weinlokal sitzen, insbesondere abends bei spärlicher Gassenbeleuchtung. Außer den beiden angrenzenden Kirchen gibt es in diesem Teil der Altstadt, der Punta genannt wird, keine besonderen Blickfänge.

1 Kathedrale Sv. Jurija
2 Minoritenkloster
3 Aquarium
4 Meeresmuseum
5 Tartini-Haus
6 Hotel Max
7 Hotel Tartini
8 Hotel Piran
9 Restaurant Pri Mari
10 Restaurant Fontana
11 Restaurant Neptun
12 Restaurant Sarajevo 84
13 Café Theater

Beim weiteren Spaziergang kommt man früher oder später an der **Meerespromenade** namens Prešernovo nabrežje aus, die sich um die Spitze der Halbinsel herumzieht und im Gegensatz zur gesamten Altstadt leider nicht autofrei gehalten wird. Am Leuchtturm (Svetilnik) neben der Kirche Maria Gesundheit (Cerkev Marije Zdravja) muss man sich entscheiden, ob man an der von Restaurants gesäumten Südseite der Promenade zum Hafen und zum Tartinijev trg zurückkehrt oder an der Nordseite der Halbinsel zur Kathedrale hinaufgeht. Bei der sogenannten Kathedrale handelt es sich genau genommen um die **Kirche des heiligen Georg** (Cerkev Sv. Jurija) von 1637, die durch ihre herausgehobene Lage und Größe die Stadtsilhouette entscheidend mitprägt. Sie steht auf einer Anhöhe, die zum Meer hin eine steile Klippe bildet und in alle Richtungen eine phantastische Aussicht gewährt. Der etwa 50 Meter hohe Campanile ist dem von San Marco in Venedig nachempfunden. An der Position der gewaltigen Heiligenfigur auf der Turmspitze lässt sich die Windrichtung ablesen. Im Inneren entdeckt man die Figur des Heiligen Georg im Kampf mit dem Drachen. Das Baptisterium neben der Kirche wurde um 1650 hinzugebaut; das Delphinornament am Taufbecken gehörte ursprünglich wohl zu einem römischen Denkmal.

Wendet man nun der Georgskirche den Rücken zu und geht die wenigen Stufen der Adamičeva ulica hinab, so gibt es wiederum zwei Wege: Nach links geht es auf der Ulica IX. Korpusa recht steil zur **Stadtmauer** (Mestno obzidje) hinauf, die einen noch wesentlich schöneren Ausblick auf Piran (inklusive der Georgskirche) bietet, oder man folgt nach rechts der Trubarjeva ulica, die direkt zum Tartinijev trg zurückführt.

▲ Karte S. 193

Ausflugsboot im Hafen von Piran

In einer Seitengasse versteckt sich das Minoritenkloster (Minoritski samostan), dessen Kreuzgang im Sommer musikalischen Darbietungen dient.

Um den kleinen **Hafen** herum sind noch zwei Museen erwähnenswert: das Aquarium (Akvarij) und das Meeresmuseum (Pomorski muzej). Der annähernd schachbrettartig angelegte südliche Teil von Piran, der sich am Segelhafen unterhalb des Berges entlangzieht, trägt den Namen Marčana und endet etwa an der Busstation. Auch hier gibt es einzelne Restaurants und ein paar Geschäfte. Über die gesamte Altstadt verteilt sind im übrigen mindestens acht Stadttore und weitere kleinere Kirchen und Palazzi.

Umgebung von Piran

Vom Ortskern aus kann man zwei schöne Spaziergänge unternehmen, immer am Meer entlang und fast ohne Höhenunterschiede. Der eine führt vom Tartinijev trg bis nach Portorož und lässt sich bis zu den Salinen von Sečovlje verlängern (siehe Portorož). Der andere erfolgt in die entgegengesetzte Richtung zu den **Fiesa-Seen** (Jezeri v Fiesi) und eventuell weiter bis zum **Naturschutzgebiet von Strunjan**. Hierzu verlässt man den Tartinijev trg hinter dem roten venezianischen Eckhaus und folgt der Trubarjeva ulica leicht bergauf bis zum Ende. Unweit der Straßenecke gibt es eine Treppe hinab zum Strand. Entlang einer geologisch sehr interessanten Steilkante erreicht man nach kurzer Wanderung einen kleinen Strand und die dahinter liegenden Fiesa-Seen. Aus dem ursprünglichen Süßwasser ist allmählich Brackwasser geworden. Ein Strandhotel bietet Erfrischungen. Mit etwas Geschick kann man den Weg fortsetzen bis zum Naturschutzgebiet bei Strunjan, wo man ebenfalls auf Salinen trifft. Dazu gibt es zwei Möglichkeiten: Entweder man versucht über Steine und Geröll seinen Weg immer am Wasser entlang zu nehmen (wobei der erste Abschnitt recht schwierig und anstrengend ist), oder man geht vom Hotel Barbara zunächst steil bergauf, über den Felsvorsprung von Pacug und folgt der Straße hinab zum Strandbad Sveti Duh und zu den Salinen. Strunjan selbst ist nur eine kleine Siedlung, aber es gibt einige nette Strandcafés. Zurück nach Piran (über Portorož) kann man den Bus nehmen; die Haltestelle befindet sich an der Küstenhauptstraße (Nr. 111), die hier als wunderschöne, fast tunnelartige Pinienallee verläuft.

Piran

Vorwahl: 05.

Postleitzahl: 6330.

Touristenbüro: Tartinijev trg 2, Tel. 6734440.

In Piran autofreier Altstadtbereich. Zufahrt zum Tartinijev trg und zu den Restaurants an der Promenade nur aus Richtung Portorož durch eine Schranke (Ticket ziehen, bei Überschreitung der Verweildauer von maximal 30 Minuten werden sehr hohe Gebühren fällig). Besser ist es, direkt das große Parkhaus in Fornače am südlichen Ortsrand zu nutzen (1,20 Euro pro Stunde) und den kostenlosen Pendelbus zum Tartinijev trg zu besteigen oder zu Fuß zu gehen (10 Minuten). Ein weiteres Parkhaus mit denselben Gebühren befindet sich im Ortsteil Arze oberhalb der Altstadt außerhalb der Stadtmauer; von hier aus gelangt man über die steile Ul. IX. Korpusa hinab auf die Rückseite der Altstadt. Bei mehrtägigen Aufenthalten im Altstadtbereich sind hohe Parkgebühren (12 Euro pro Tag) einzukalkulieren. Das Abstellen von Autos entlang der Straße ist an den Besitz einer speziellen Berechtigung gebunden oder ganz verboten. Die Einhaltung der Regelungen wird überwacht.

Am Südende des Yachthafens, in der Nähe der Altstadtschranke, fahren die Busse der Regionalgesellschaft Veolia ab in alle Küstenorte und nach Ljubljana. An den Bushöfen in Koper und Portorož gibt es dann zahlreiche Umsteigemöglichkeiten.

Der nächste und einzige Bahnhof an der Küste befindet sich in Koper.

Taxistand zwischen Tartinijev trg und Aquarium, Tel. 6730700.

Panoramaschiffe entlang der Küste, Gleitboote auch nach Triest, Poreč, Rovinj. Marina mit Zollstation.

Max, Ul. IX. Korpusa 26, Tel. 6733436, www.maxpiran.com. Schöne Räumlichkeiten in einem 300 Jahre alten Haus am Rand der Altstadt gegenüber der Kathedrale (Glockenschlag ab 6 Uhr morgens); DZ 70 Euro.

Miracolo di Mare, Tomšičeva ul. 23, Tel. 9217660. Beliebte Pension, renoviert, nahe Busstation; unterschiedliche Zimmer; DZ ca. 70 Euro.

Hotel Giuseppe Tartini, Tartinijev trg 1, Tel. 6711000, www.hotel-tartini-piran.com. Gepflegtes Traditionshaus am Hauptplatz, zentrale Lage bedingt evtl. Unruhe, teilweise Meerblick; DZ um 110 Euro, auch Pauschalangebote.

Hotel Piran, Kidričevo nabrežje 4, Tel. 6762502, www.hoteli-piran.si. Gutes Hotel direkt am Meer; DZ ab ca. 105 Euro je nach Ausblick.

Hotel Barbara Fiesa, Fiesa 68, Tel. 6179000. Ruhiges Strandhotel am Süßwassersee, Parkplätze, zu Fuß in die Altstadt etwa 15 Minuten; DZ um 90 Euro.

Alibi Hostel B11 und **B14**, Bonifacijeva ul. 11/14, Mobiltel. 031/363666, www.alibi.si: Mitten in der Altstadt, renoviert, teils mit Dachterrasse; DZ 60 Euro, Schlafplatz 25 Euro.

Pension Val, Gregorčičeva ul. 38a, Tel. 6732555, www.hostel-val.com. Angenehme Herberge mit Küche an der Spitze der Halbinsel; DZ ab 50 Euro.

Camping Fiesa, Tel. 6746230. Relativ einfache Anlage am Süßwassersee.

Mehrere touristische Restaurants mit überdachten Außenplätzen entlang der südwestlichen Meerespromenade bzw. der parallel verlaufenden Gregorčičeva ul. und am Prvomajski trg in der Altstadt.

Gostilna Pri Mari, Dantejeva ul. 17, Tel. 6734735. Nahe Busstation; Spezialitäten Istriens, gehobene Kategorie.

Trattoria Fontana, Prvomajski trg, Mobiltel. 041/695614. Gute italienische Küche in angenehmer Umgebung; mittlere Preislage.

Ivo, Gregorčičeva ul. 31, Tel. 6732233. Gute Küche zu sehr akzeptablen Preisen.

Galeb, Pusterla 5, Tel. 6733225. Kleiner Familienbetrieb an der Rückseite der Halbinsel; preiswert.

Restavracija Neptun, Župančičeva ul. 7, Tel. 6734111. Ein wenig abseits der Touristenströme; vor allem Meeresfrüchte.

Sarajevo 84, Dantejeva ul. Ecke Tomšičeva ul. Im Frühjahr 2011 neu eröffnet; typisch bosnische ›čevabdžinica‹ (Grillstube) mit Außenplätzen, direkt an der Busstation bzw. Yachthafen.

Mehrere Cafés auf dem Tartinijev trg, in den Gassen beim Yachthafen und an der Altstadtpromenade, an deren Nordseite man sogar direkt am Wasser sitzen kann.

Café Teater, Kidričevo nabrežje. Gemütlicher Pub mit Terrasse und Meerblick neben dem Theater, am Beginn der großen Hafenmole.

Café Žižola, Tartinijev trg. Auf die östliche Ecke des Hauptplatzes treffen in der Nebensaison abends die letzten Sonnenstrahlen, bevor es kühl wird.

Cantina, Prvomajski trg 10. Rustikale Weinstube mit Tischen unter Weinranken, hübsch bei abendlicher Beleuchtung.

Meeresmuseum (Pomorski muzej), Cankarjevo nabrežje 3; im Sommer Di–So 9–12 und 17–21 Uhr.

Aquarium (Akvarij) am Beginn der Hafenmole; durchaus sehenswert, jedoch im Verhältnis zur Größe zu teuer (Erwachsene 7 Euro); im Sommer Di–So 9–22 Uhr.

Tartini-Geburtshaus (Tartinijeva hiša), Kajuhova ul. 12; im Sommer tägl. 9–12 und 18–21 Uhr.

Sommerkonzerte im Minoritenkloster. Im Juli Folklorefestival. Stadtfest am 15. Oktober.

An der Uferpromenade gibt es zwar einen Verleih (bei Da Noi, Prešernovo nabrežje), aber sinnvoll ist die Fahrradbenutzung nur für den Küstenweg nach Portorož. Ausgedehntere Fahrradtouren kann man auf der ehemaligen Bahntrasse der Parenzana unternehmen.

Gemüsemarkt auf dem Zelenjavni trg hinter dem Rathaus. SB-Läden in der angrenzenden Levstikova ul. und in der Ul. Svobode beim Yachthafen. Touristisches Spezialgeschäft der Saline Piran im ›venezianischen Haus‹ (Benečanka) am Tartinijev trg.

Portorož

Das traditionelle Seebad Portorož (2900 Einwohner) ist ein Teil der Gemeinde Piran. Ein sehr schöner Uferweg verbindet die beiden völlig unterschiedlichen Orte. Beim weitläufigen Hotelkomplex Bernardin, dessen gepflegte Gärten man durchquert, beginnt der langgezogene Bade-, Sport- und Freizeitbereich. Die Küstenstraße (Obala) geht bald in eine üppig begrünte Allee über, die hangseitig von zwei Dutzend größeren Hotels gesäumt wird. Sie repräsentieren zum großen Teil eine typische Architektur der 1970er Jahre, sind jedoch gründlich renoviert. Meerseitig gibt es entlang der Straße eine Vielzahl von Läden, Cafés und Restaurants mit Grünanlagen und Durchgängen zum Strand. Eine Altstadt oder einen Ortskern sucht man vergeblich. Es ist die aufgelockerte Bauweise eines Erholungsortes. Konkrete Sehenswürdigkeiten fehlen. Einige Villen stehen weiter oben in den Hügeln. Die Obala schlängelt sich um die Bucht herum und mündet an ihrem Südende bei der Marina in die Umgehungsstraße (Nr. 111) ein. Der Name Portorož ist aus dem Italienischen übernommen (ital. Portorose) und bedeutet ganz einfach Rosenhafen. Slowenien besitzt nur dieses eine Seebad. Um 1900 herum hatte es seine Blütezeit. In der Vor- und Nachsaison kann man hier sehr angenehme Tage oder Wochen verbringen bei insgesamt mildem Klima und unbehelligt vom hoch-

Traditionelles Seebad: Portorož

sommerlichen Andrang mit all seinen unschönen Begleiterscheinungen. Indes scheint nicht ganz klar zu sein, welche Zielgruppe man in Portorož eigentlich im Auge hat. Es gibt auf der Angebotsseite von allem etwas. Dem Sozialismus war die einstige Exklusivität suspekt. Kritische Stimmen merken deshalb an, es werde nicht genug darauf geachtet, die billigen Vergnügungen fernzuhalten und damit das traditionelle Niveau des Seebades zu wahren. Wer hier einen Strandurlaub zu machen gedenkt, sollte wissen, dass es sich um eine felsige Küste mit Uferbefestigungen handelt, die allerdings von einem langen aufgeschütteten Sandabschnitt unterbrochen werden. Das ist typisch für den größten Teil der ehemals jugoslawischen Küsten.

Umgebung von Portorož

Jenseits der Marina führt eine schmale Straße auf die hügelige **Seča-Halbinsel** (Rt Seča). Auf einer Anhöhe befindet sich ein Skulpturenpark. Die steinernen, abstrakten Ausstellungsstücke sind frei zugänglich; sie entstanden in den vergangenen 50 Jahren bei regelmäßig veranstalteten internationalen Bildhauertreffen des ›Forma Viva‹-Projektes.

Ein Stück weiter bietet sich ein schöner Blick über den südlichsten Teil der slowenischen Küste mit den **Salinen von Sečovlje**, die bis zum Grenzfluss Dragonja reichen. Die Zufahrt zu den weitläufigen Kanälen, Erdwällen und Verdunstungsbecken ist ausgeschildert. Das 6,5 Quadratkilometer große, geometrisch gegliederte Areal ist als Regionalpark (Krajinski

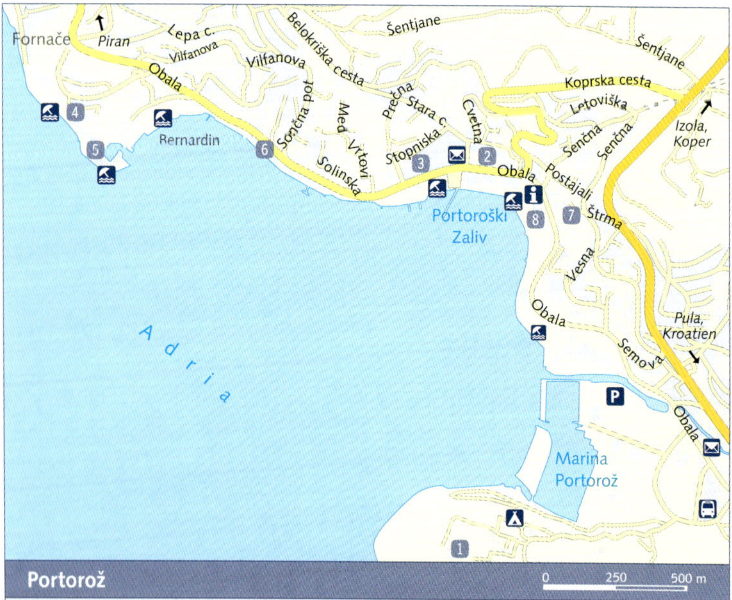

Portorož

1 Skulpturenpark ›Forma Viva‹
2 Palace Hotel
3 Hotels Riviera, Slovenija, Mirna, Neptun, Apollo
4 Grand Hotel Bernardin
5 Hotel Histrion
6 Salzlager
7 Restaurant Staro Sidro
8 Restaurant Majestic

Die Salinen von Sečovlje

park Sečoveljske soline) ausgewiesen und besteht aus zwei Teilbereichen, die noch italienische Bezeichnungen tragen: Lera im Norden, Fontanigge im Süden. Die hiesige Salzgewinnung reicht bis ins 14. Jahrhundert zurück, als man sich in der Sumpflandschaft den Gezeitenwechsel zunutze machte und das bei Flut einströmende Wasser auf abgesperrten Flächen verdunsten ließ. Im Feld Lera wird die traditionelle Methode in den Sommermonaten weiterhin praktiziert und den Touristen gezeigt. Es gibt auch ein kleines **Museum**. Die jährliche Ausbeute wird mit ungefähr 2000 Tonnen angegeben, die in der 1858 erbauten staatlichen Lagerhalle von Portorož (gegenüber dem Hotel Bernardin) zwischengelagert werden. Das Feld Fontanigge wurde bereits in den 1960er Jahren aufgegeben. Halophyten (salzliebende Pflanzen) haben die verfallenen Anlagen längst überwuchert, eine charakteristische Tierwelt fühlt sich hier wohl: bestimmte Krebse, Reiher und auch zahllose Zugvögel.

In der Nähe der Straße, direkt an der kroatischen Grenze, wurde in den 1970er Jahren der kleine Flughafen Portorož (Letališče Portorož) angelegt und in der Folgezeit weiter ausgebaut.

Portorož

Vorwahl: 05.

Postleitzahl: 6320.

Touristenbüro: Obala 16, Tel. 6742220.

An Werktagen während der Nebensaison findet man leicht einen Parkplatz, z.B. entlang der Obala. Bei größerem Besucheransturm wird die Situation schwierig.

Busstation am südlichen Ortsrand mit Verbindungen in alle Küstenorte und auch überregional. Busse nach Piran halten zusätzlich an mehreren Stellen der Uferstraße.

Internationaler Sportflughafen Portorož direkt an der kroatischen Grenze; Tel. 6175140, www.portoroz-airport.si. Regelmäßig interessante Panoramaflüge; gutes Restaurant.

Mobiltel. 031730700.

Gut ausgestattete Marina. Ausflugsschiffe entlang der Küste.

Die Uferstraße (Obala) ist von großen Hotels gesäumt, viele stammen aus den 1970er Jahren und machen einen sehr gepflegten Eindruck. Wer über einen Reiseveranstalter bucht, kann mit Ersparnissen rechnen.

Kempinski Palace Hotel, Obala 45, Tel. 6927000, www.kempinski-portoroz.com. Traditionsreiches 5-Sterne-Hotel, diverse Zimmerkategorien, Suiten, Restaurants, Parkanlage etc.; DZ ab ca. 240 Euro, mit Meerblick ab ca. 290 Euro.

Hotels Riviera (Tel. 6926020), **Slovenija** (Tel. 6925020), **Mirna** (Tel. 6924020), **Neptun** (Tel. 6923020) und **Apollo** (Tel. 6922020), alle am zentralen Teil der Uferstraße (Obala 33), nahe Badestrand; architektonisch ähnlich, komfortabel, mit Sportanlagen; DZ um 190 Euro.

Hotel Histrion bzw. **Grand Hotel Bernardin**, Obala 2, Tel. 6907000 bzw. 6951000, www.h-bernardin.si. Großer, gepflegter Komplex mit Bootshafen, Schwimmhalle, Restaurants und Läden am Uferweg zwischen Portorož und Piran; DZ ab ca. 160 bzw. 220 Euro, außerdem Appartements.

Hotel Marko, Obala 28, Tel.6174000, www.hotel-marko.com. Relativ kleines Traditionshotel, viele Stammgäste; DZ ab 130 Euro.

Pension Forma Viva, Seča 159, Tel. 6770466, www.formaviva-portoroz.si. Ruhige Lage am Hang südlich der Strandmeile, schöne Aussicht; DZ um 60 Euro.

Villa Saline, Seča 119, Tel. 6779400, www.villasaline.com. Ebenfalls abseits des Strandbetriebs; Apartments ab ca. 60 Euro.

In vielen Privathäusern oberhalb der Küste werden Privatzimmer und Ferienwohnungen angeboten (Näheres im Touristenbüro und bei Agenturen).

Camping Lucija, Cesta Solinarjev, Tel. 6906000.

Entlang der innerörtlichen Uferstraße (Obala) besteht kein Mangel an Lokalen aller Art, die meisten davon mit Blick auf das Meer. Am besten spaziert man ein wenig umher und lässt sich spontan irgndwo nieder.

Restaurant Majestic, Obala 18a, Tel. 6746066. Direkt am Badestrand; mit schöner Terrasse, gehobene Kategorie.

Staro Sidro, Obala 55, Tel. 6745074. Oberhalb der Uferstraße; ein wenig anachronistisch, aber in Angebot und Preis überzeugend, gute Weinkarte.

Tomi, Letoviška pot 1, Tel. 6744004. Oberhalb der Stadt; mit Terrasse, sehr beliebt.

Cacao, Obala 14. Trendiges Café und Cocktailbar.

Paprika, Obala 20a. Mischung aus Café und abendlicher Disco, modernes Ambiente, sehr beliebt.

Salinen von Sečovlje, Seča 115, Tel. 6731330, www.kpss.soline.si. Tägl. 8-20 Uhr, Apr.-Okt. 9–17 Uhr.

Souvenirläden, einige Spezialgeschäfte und SB-Markt entlang der Uferstraße.

Abendstimmung an der Adriaküste

»Ljubljana ist ein Konzentrat slowenischen Wesens inmitten einer idyllischen Landschaft mit dramatischer Steigerung erst im weiteren Umkreis.
Es ist eine Welt für sich, die bei aller Aufgeschlossenheit ihr Eigenleben kultiviert.
So beglückt also Laibach mit seinen warmen Farben und seinem barocken Gepräge, mit seiner sympathischen Lebensart und den verträumten Winkeln vor allem den nostalgischen Reisenden.«

Robert Löbl und Ernst Neumayr: Ljubljana oder Laibach?, 1976

Ljubljana – der Mittelpunkt Sloweniens

Die kleine Hauptstadt

Man wird die slowenische Hauptstadt Ljubljana kaum als Metropole bezeichnen, gehört sie doch in dieselbe Größenordnung wie etwa Graz, Wiesbaden oder Münster. Damit läge sie in Deutschland etwa an 22. Stelle. Ihre repräsentative Rolle als Regierungssitz eines souveränen Staates beherrscht sie inzwischen allerdings recht gut – und das ohne allzu tiefgreifende Umgestaltung, ohne zur Schau gestellte Symbole, vielmehr bescheiden, behutsam modernisiert, aber mit Innovationsgeist. Besucher bezeichnen Ljubljana gern als liebenswert, charmant, jugendlich. Gar als Geheimtipp wurde Ljubljana gehandelt, es sei ›ein Prag ohne Massen‹. Doch der Vergleich hinkt: Einerseits hat der Tourismus sehr wohl stark zugenommen, andererseits sind die beiden Hauptstädte im Hinblick auf Glanz und Größe einfach nicht vergleichbar. Tatsächlich sind es weniger die Städtereisenden, die Ljubljana ein zunehmend internationales Gesicht verleihen. Eher liegt es an der großen Zahl von Studenten und daran, dass ein so kleiner Staat wie Slowenien ohnehin stark vom überall nahen Ausland beeinflusst und geprägt wird. Vielleicht ist die heitere Atmosphäre, die man in Ljubljana allenthalben genießt, in gewisser Weise mit der von Prag vergleichbar – die slowenische Hauptstadt ist jedoch wesentlich übersichtlicher. Sie ist schön, aber längst nicht so berühmt. Man kann sie an einem einzigen Tag durchaus gut kennenlernen. Insofern wird Ljubljana wohl kaum zu einem bevorzugten Ziel für Städtetrips an verlängerten Wochenenden werden. Die typischen Tagestouristen und Durchreisenden haben ihre Quartiere häufig außerhalb. Am Abend kann es in der City recht ruhig zugehen, und in der Altstadt halten sich die Einheimischen auch selbst gern auf.

Blick zur Burg von Ljubljana

▲ Karte: hintere Umschlagklappe

Als kultureller, wirtschaftlicher und administrativer Mittelpunkt des Landes liegt Ljubljana sehr verkehrsgünstig in einer Beckenlandschaft am Südrand der Alpen, auf der Grenze zwischen fruchtbarem Ackerland im Norden und einer Moorniederung im Süden. Die Sava tangiert das nördliche Stadtgebiet. Sowohl die Schienenverbindungen als auch die Autobahnen des Landes treffen sich hier in der Hauptstadt. Nach der Fertigstellung eines imposanten Straßentunnels an der nordwestlichen Peripherie besteht nun ein kompletter äußerer Umgehungsring, von dem die Autobahnen nach Villach (über Kranj), nach Graz (über Maribor), nach Zagreb (über Novo mesto), nach Triest und zur Küste abzweigen. Das von der Ljubljanica durchströmte Stadtgebiet ist seit jeher Kreuzung verschiedener Handelswege. Und das Flüsschen, lateinisch Aluviana genannt, könnte auch der Namensgeber der Stadt sein. Andere vermuten, es handele sich einfach um die ›Geliebte (Stadt)‹, was etwa der slowenischen Übersetzung entspräche. Nach einem Stadtbummel wird man geneigt sein, der letzteren Version zuzustimmen …

Die kleinsten Hauptstädte Europas (ohne Zwergstaaten)		
Bratislava	Slowakei	433 000 Einwohner
Tallinn	Estland	410 000 Einwohner
Sarajevo	Bosnien-Herzegowina	305 000 Einwohner
Ljubljana	Slowenien	280 000 Einwohner
Podgorica	Montenegro	143 000 Einwohner
Bern	Schweiz	123 000 Einwohner
Reykjavík	Island	120 000 Einwohner
Lefkosia (Nikosia)	Zypern	100 000 Einwohner
Luxembourg	Luxemburg	85 000 Einwohner

Historisches

Als Mittelpunkt des Herzogtums Krain und aller nachfolgenden politischen Gebilde hat Ljubljana eine äußerst wechselvolle Geschichte hinter sich. Bereits in der zweiten Hälfte des 4. Jahrtausends vor unserer Zeitrechnung entstanden Pfahlbauten im Bereich des Laibacher Moores. Mehr als zweitausend Jahre später folgten illyrische und keltische Ansiedlungen unterhalb des Burghügels. Im Jahre 14 vor Christus legten die inzwischen vorgerückten Römer die Colonia Emona Iulia als Verwaltungssitz an; sie ging jedoch nach einem Ansturm der Hunnen im Jahr 452 unter und kann somit lediglich als eine Vorgängersiedlung der heutigen Stadt bezeichnet werden. Zu Beginn des 7. Jahrhunderts ließen sich slawische Stämme im Bereich der Ruinen nieder. In der Zeit Karls des Großen (um 800) geriet das Gebiet unter fränkische Herrschaft.

Erstmals urkundlich erwähnt wurde Laibach im Jahr 1144 als Burg der Kärntner Herzöge; um 1220 gab es dazu eine Stadt, die seit 1243 Marktrecht besaß. Laibach ging an die Krainer Markgrafen über und war von 1270 bis 1278 in der Hand des böhmischen Königs Ottokar II., der in der Schlacht auf dem Marchfeld umkam. Von da an gehörte die Stadt den

Mestni trg: Blick auf Rathaus, Robba-Brunnen und Dom

Habsburgern, die sie 1335 zur Hauptstadt des Herzogtums Krain machten, das wiederum dem Heiligen Römischen Reich Deutscher Nation angehörte.

Unter wechselnden Territorialbezeichnungen blieb die Krain mit der Stadt Laibach bis zum Ende des Ersten Weltkrieges in österreichischer Hand. In diese rund 600-jährige Epoche fielen einige erwähnenswerte Ereignisse: 1415 wurde ein türkischer Angriff erfolgreich abgewehrt; 1461 wurde die Diözese Laibach eingerichtet; 1511 ereignete sich ein schweres Erdbeben; 1701 wurde die Philharmonie gegründet; zwischen 1773 und 1781 entstand der Gruber-Kanal; 1797 erschien die erste Tageszeitung; 1810 wurde der Botanische Garten eingeweiht; 1849 wurde die Eisenbahnverbindung nach Wien erbaut; 1857 folgte die Fortsetzung nach Triest; 1861 wurde die Straßenbeleuchtung mittels Gaslaternen eingeführt; 1895 zerstörte ein weiteres schweres Erdbeben große Teile der Bausubstanz; 1898 wurde die elektrische Beleuchtung installiert; ab 1901 gab es Straßenbahnverkehr.

Unterbrochen wurde die lange Habsburgerherrschaft lediglich vier Jahre lang (1809 bis 1813) durch den Einmarsch Napoleons, der ›Laybach‹ kurzfristig zur Hauptstadt der neu geschaffenen Illyrischen Provinzen Frankreichs erklärte, die von Kärnten bis zum Süden der dalmatinischen Küste reichten. Das Intermezzo endete mit der Völkerschlacht von Leipzig und dem Ende der napoleonischen Ära. Den anschließenden Jahren der Restauration folgte bald der sogenannte Völkerfrühling, und Laibach war das Zentrum der slowenischen Intellektuellen. Unter Bürgermeister Ivan Hribar bekam die Stadt auch baulich ein neues Gesicht. Nur noch etwa ein Viertel der Einwohnerschaft war von Hause aus deutschsprachig. Bevor nun in großem Umfang der Zuzug aus ländlichen Regionen einsetzte, zählte Ljubljana allerdings nur etwa 46 000 Seelen (Stand 1910). Im 1918 neu gegründeten Königreich der Serben, Kroaten und Slowenen stieg Laibach (nun offiziell Ljubljana) rasch vom Provinzstädtchen zur eleganten Großstadt auf, allerdings politisch zunächst ohne besondere Bedeutung. Bereits 1919 wurde die Universität eröffnet. Die beim Erdbeben von 1895 zerstörten Stadtteile und Gebäude wurden zeitgemäß, zum großen Teil sogar prachtvoll neu errichtet. 1929 wurde Ljubljana Gebietshauptstadt der sogenannten Drau-Banschaft (Dravska banovina) im SHS-Staat. Der fortschreitende Zweite Weltkrieg brachte ab Mai 1941 eine kurze Zugehörigkeit zu Italien und den Status als Hauptstadt der ›Provincia di Lubiana‹. Nach der deutschen Okkupation war der einheimische Widerstand so heftig, dass die Stadt von einem 34 Kilometer langen Stacheldrahtzaun hermetisch abgeriegelt wurde und den Charakter eines riesigen Konzentrationslagers bekam. Nach Kriegsende wurden die deutschsprachigen Einwohner vertrieben und teilweise ermordet.

Ljubljana wurde nun für die Dauer von 45 Jahren zur Hauptstadt der Sozialistischen Republik Slowenien innerhalb der Föderativen Volksrepublik Jugoslawien. In

An der Ljubljanica

▲ Karte: hintere Umschlagklappe

diesem Zeitraum gab es im Stadtbild eine Reihe verkehrstechnischer Änderungen, beispielsweise die Stilllegung des Straßenbahnbetriebes (1958), einen vorübergehenden Obusverkehr (1951 bis 1971), die Konzipierung eines Autobahnringes und die Gestaltung von Fußgängerbereichen. Am 4. Mai 1980 starb der jugoslawische Staatspräsident Josip Broz Tito in Ljubljana.

Seit 25. Juni 1991 ist Ljubljana die Hauptstadt der unabhängigen Republik Slowenien. Die neue Rolle als Regierungssitz, verbunden mit Repräsentionsfunktionen, führt zu weiterer Aufwertung und Internationalisierung der ›kleinen Metropole‹.

Ljubljana – Zahlen und Fakten

Deutscher Name: Laibach
Italienischer Name: Lubiana
Koordinaten: 46°3'N/14°30'O
Gemeindefläche: 275 km²
Einwohner Stadt: 272000
Einwohner inkl. Gemeinde: 280 000
Höhe ü. M.: 298 m
Autokennzeichen: LJ
Internet: www.ljubljana.si
Historische Region: Gorenjska

Der alte Stadtkern

Die historischen Stadtviertel erstrecken sich beiderseits einer Flussschlinge der Ljubljanica und werden im Osten durch den markanten Burgberg, im Westen durch die Geschäftsstraße Slovenska cesta begrenzt. Sie bilden zugleich die Mitte des gesamten Stadtgebietes. Die Flussufer sind stark befestigt und als Promenaden angelegt, an einigen Stellen führen Stufen hinab zu Terrassen und Spazierwegen. So idyllisch war es nicht immer. Vor der Kanalisierung musste man bei Dauerregen mit Überflutungen rechnen, die vom Moorgebiet südlich der Stadt bis hier heranreichten. Als Chronist berichtet Janez Vajkard Valvasor: ›*Anno 1190 im Herbst hat es in die drey Wochen lang so stark geregnet daß sich der Fluß Laybach weit und breit ergossen und man durch die gantze Stadt mit Schiffen fahren müssen. Ja das Wasser ist an vielen Orten bis zu den obern Fenstern gestiegen: Daraus großer Schade entstanden ist.*‹ – und er fährt fort mit allerlei Großbränden und Erdbeben, die sich hier im Laufe der Jahrhunderte ereignet haben. Das Moor wurde später teilweise trockengelegt, und zur Erleichterung der Schifffahrt wurde außerdem hinter dem Burgberg 1750 ein geradliniger Kanal, der Gruber-Kanal (Gruberjev prekop), durchgestochen. Seither befindet sich die Altstadt, ohne dass man es richtig wahrnimmt, zum Großteil auf einer Insel.

Architektonisch ist Ljubljana mit österreichischen Städten vergleichbar, andererseits vermittelt gerade der Altstadtbereich das Gefühl, dass man sich ja bereits am Südrand der Alpen befindet. Trotz einer nicht gerade geringen Niederschlagsneigung spürt man die Nähe des Mittelmeeres. Das sommerliche Leben spielt sich auf den Straßen und Plätzen ab, wo Cafés, Verkaufsstände und vielerlei Open-Air-Darbietungen ihr Publikum anziehen. Besondere Akzente im Stadt-

Am Gornji trg

Die Franziskanerkirche am Prešernov trg

bild stellen die zahlreichen Großbauten des berühmten Architekten Jože Plečnik dar, der die recht provinziell wirkende Stadt nach dem Erdbeben von 1895 in ein ansehnliches Zentrum des Slowenentums verwandelte, wo sich Barock und Jugendstil zu einem harmonischen Gesamtbild zusammenfügen.

Fast alle Sehenswürdigkeiten konzentrieren sich auf einer Fläche von ungefähr einem halben Quadratkilometer. Etliche größere und kleinere Plätze sind gute Orientierungs- und Ausgangspunkte für eine Erkundung zu Fuß oder per Leihfahrrad. Der öffentliche Busverkehr wurde ebenso wie Privatautos komplett aus der Altstadt verbannt.

Prešernov trg

Touristischer Mittelpunkt ist der halbkreisförmige, zum Fluss und Burgberg hin ausgerichtete Prešernov trg (Prešeren-

1 Franziskanerkirche
2 Universität
3 Slowenische Philharmonie
4 Ursulinenkirche
5 Trg francoske revolucije
6 Križanke
7 Stadtmuseum
8 Nationalbibliothek
9 Akademie der Wissenschaften
10 Schusterbrücke
11 Gruber-Palais/Archiv
12 Rathaus/Robba-Brunnen
13 Markt
14 Metzgerbrücke
15 Drachenbrücke
16 Domkirche Sv. Nikolaj
17 Krekov trg
18 Jugendstilhäuser
19 Wolkenkratzer
20 Nationalbank
21 Hauptpost
22 Nationaltheater für Dramen
23 Parlament
24 Cankarjev dom (Kulturzentrum)
25 Nationalmuseum
26 Opern- und Ballethaus
27 Moderne Galerie
28 Nationalgalerie
29 Tivoli-Platz
30 Trg mladinskih delovnih brigad
31 römische Stadtmauer
32 Plečnik-Haus
33 Eisenbahnmuseum
34 Brauereimuseum
35 Experimentierhaus

▶ Karte S. 209

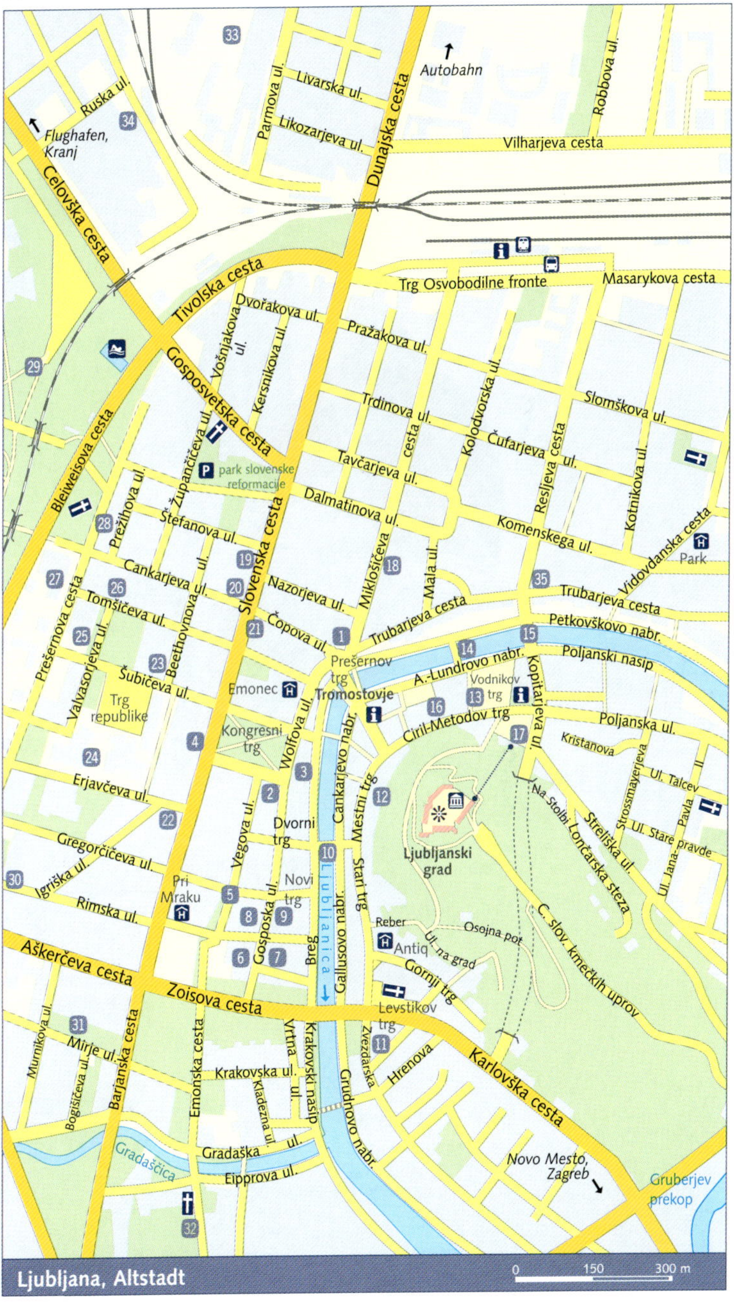

Ljubljana, Altstadt

PRESEREN

Platz). Er trägt nicht etwa den Namen eines Herrschers oder Kriegsherrn, sondern den des slowenischen Nationalpoeten France Prešeren, geboren 1800. Dieser verbrachte die Jahre zwischen 1828 und 1846 in Ljubljana, das damals noch Laibach hieß. Obwohl er gerade hier nicht die besten Lebenserfahrungen machte, erinnert ein mächtiges Denkmal an ihn. Es wurde 1905 von Maks Fabiani und Ivan Zajc geschaffen und würdigt den Dichter in seiner Bedeutung für die slowenische Literatur und als Urheber der Nationalhymne, verdeutlicht durch eine über ihm schwebende Muse mit Lorbeerzweig. Von allen fünf Straßen, die hier aufeinandertreffen, ist das Monument sichtbar. Auf den Stufen unterhalb der Bronzestatue sitzen oft junge Leute, für die der Platz ein beliebter Treffpunkt ist. Ohne den früher sehr störenden Autoverkehr wird er heute auch gern als sommerlicher Veranstaltungsort genutzt.

Die rosarote Barockfassade der **Franziskanerkirche** (Frančiškanski cerkev) dominiert den ganzen Platz. Das nach italienischen Vorbildern gestaltete Bauwerk entstand zwischen 1646 und 1660 und gehört zu einem dahinter liegenden Kloster. Den Hochaltar schuf der Bildhauer Francesco Robba um die Mitte des 18. Jahrhunderts. Vom Treppenaufgang vor dem Kirchenportal hat man einen hübschen Blick über den gesamten Platz sowie auf die Burg im Hintergrund.

Rechts neben der Kirche beginnt die Miklošičeva cesta, die geradewegs zum Bahnhofsplatz führt (etwa 1500 Meter). An der Straßenecke steht ein bemerkenswertes **Jugendstil-Kaufhaus** mit dem heutigen Namen ›Galerija Emporium‹, auf dessen großzügigen Etagen sich teure Boutiquen und Ausstatter eingerichtet haben. Es handelt sich um das von Grund auf restaurierte ehemalige Warenhaus ›Centromerkur‹, das auch als Urbanc-Haus bezeichnet wird.

An der Südseite des Prešernov trg, wo die Wolfova ulica beginnt, sieht man ein stilistisch völlig anderes, aber ebenfalls beachtliches Gebäude: Es ist das sogenannte **Šmalc-Hau**s, das im oberen Teil eine aufwändige blaue und braune Fliesendekoration aufweist. Das weit überstehende Dach erinnert an ein wenig an osmanische Paläste. Neben dem Gebäude wurde ein Miniaturmodell der Stadt Ljubljana aufgestellt.

Einen besonderen Akzent im historischen Stadtbild setzte der bereits erwähnte Architekt Jože Plečnik in Form der **Dreifachbrücke** (Tromostovje), die am Prešernov trg über die Ljubljanica in Richtung Rathaus und Burgberg führt. Ab 1842 hatte zunächst eine Steinbrücke die frühere Holzkonstruktion ersetzt. Sie erwies sich jedoch im Laufe der Zeit, als immer mehr Fahrzeuge in der Stadt unterwegs waren, als zu schmal. Anstatt sie nun abermals abzureißen und durch einen breiteren Flussübergang zu ersetzen, ergänzte Plečnik 1930/31 einfach die vorhandene Steinbrücke beidseitig durch zwei separate Bögen und trennte damit die Fußgänger vom Straßenverkehr. Es heißt, die Maßnahme habe sich damals sehr zum Vorteil der Passanten ausgewirkt. Die drei Brücken verlaufen nicht ganz parallel, sondern nutzen geschickt die Flussbiegung an dieser Stelle, um die vier Straßen, die aus westlicher Richtung in den Platz einmünden, auch optisch zu bündeln.

Gleich jenseits der Brücke befindet sich die **Touristeninformation**.

Denkmal des Nationaldichters France Prešeren

Der Nationaldichter France Prešeren

Wer war eigentlich France Prešeren, dessen Name uns in Slowenien beinahe auf Schritt und Tritt begegnet? Landauf landab sind Straßen und Plätze nach ihm benannt, meistens die größten und schönsten. Das ist nicht so erstaunlich, wenn man weiß, dass es sich um den größten Dichter der Slowenen handelt. Für eine kleine Nation ist ein Meister des Wortes auch ein Identitätsstifter.

France Prešeren (sprich: Franze Preschéren) wurde als Bauernsohn am 3. Dezember 1800 in Vrba bei Bled, damals Herzogtum Krain, geboren. Die Familie hatte insgesamt acht Kinder und lebte in relativ guten Verhältnissen. Nach seiner Schulausbildung in Reifnitz (Ribnica) und Laibach (Ljubljana) ging er als Zwanzigjähriger zum Jura-Studium nach Wien. Nach erfolgter Promotion kehrte er 1828 in seine Heimat zurück. Von 1829 bis 1831 war er als Assistent beim Kaiserlichen Rat Anton von Scheuchenstuel in Laibach tätig. 1832 legte er nach erneutem Umzug die Advokatenprüfung in Klagenfurt ab, musste sich danach jedoch viele Jahre lang mit einer Anstellung in der Kanzlei eines Freundes Dr. Blasius Crobath in Laibach begnügen. Erst nach fünfmaligem Antrag erhielt er die Zulassung als selbständiger Anwalt im Provinzstädtchen Krainburg (Kranj). Da schrieb man bereits das Jahr 1846. Nur drei Jahre später, am 8. Februar 1849, verstarb er hier, resigniert, vereinsamt und seit längerem ernsthaft krank, an einer Leberzirrhose. Mindestens zwei Suizidversuche hatte er bereits hinter sich. Der Grund für sein allzu verspätetes berufliches Vorwärtskommen lag in den Umständen seiner mündlichen Prüfung ehedem in Klagenfurt: Das Protokoll besagt, Prešeren hätte einen Paragraphen zitiert, demzufolge ein Richter zugunsten des Angeklagten auch entlastende Aspekte berücksichtigen müsse – was auf scharfen Widerspruch des Prüfers gestoßen war. Nach heftigem Wortwechsel war er gerade noch mit der Note ›genügend‹ davongekommen.

Als Schriftsteller und Dichter kompensierte er in gewisser Weise seinen beruflichen Misserfolg und genoss im Kreise seiner intellektuellen Freunde ein eher unstetes Leben, wozu regelmäßig auch weinselige Ausschweifungen gehörten. 1833 traf er Julija Primic, Tochter eines sehr reichen Kaufmanns; ihr widmete er eine ganze Reihe von Liebesgedichten, ließ diese sogar veröffentlichen, doch die junge Dame entzog sich seinen Avancen und verlobte sich 1835 anderweitig. Noch auf dem Sterbebett gestand er, sie nie vergessen zu haben. Von 1837 an lebte er mit der wesentlich jüngeren Ana Jelovšek, dem Kindermädchen seines damaligen Arbeitgebers, unverheiratet und von Geldnöten geplagt zusammen. Ana gebar ihm drei Kinder (Rezika 1839–1840, Ernestina 1842–1917, France 1845–1855), bevor sie ihn 1845 verließ. Während der letzten fünfzehn Jahre seines Lebens hat er auch mehrere seiner besten Freunde und Fürsprecher verloren, einige davon unter tragischen Umständen. Das widrige Schicksal zieht sich wie ein roter Faden durch sein literarisches Werk.

Prešeren verfasste bereits während seiner Studentenjahre eine unveröffentlichte Gedichtsammlung, wobei er sich an Valentin Vodnik orientierte. 1830 gelang es ihm, der slowenischsprachigen Dichtung zu einem Durchbruch zu verhelfen, als er zur ersten Ausgabe des Literaturjournals ›*Kranjska Čbelica*‹ (in damaliger Schreibweise ›*Krajnska Zhbeliza*‹, übersetzt ›Das Krainer Bienchen‹) mehrere Werke beisteuerte. Auch in den folgenden drei Ausgaben war er reichlich vertreten. Bereits 1832 äußerte der Linguist Anton Murko, Prešerens Gedichte müssten einem Goethe schmeicheln, wenn er Slowene gewesen wäre. Ab 1833 bezog Prešeren Stellung im sogenannten ABC-Streit: Es ging um die Frage, wie eine vereinheitlichte slowenische Sprache zu Papier gebracht werden sollte. Prešeren befürwortete die Übernahme des tschechischen Alphabets (wegen der Sonderzeichen für die slawischen Zischlaute), kritisierte die Anhänger der kyrillischen Schrift und trat dem ›Illyrismus‹ scharf entgegen, der auf eine Verschmelzung der slowenischen mit der kroatischen Sprache abzielte. In seinem schlimmsten Schicksalsjahr 1835 widmete er eine Elegie seinem Freund Matija Čop, der in der Sava ertrunken war, außerdem 1836 das Epos ›*Krst pri Savici*‹ (Die Taufe an der Savica). Um 1938 legte er eine Sammlung von Volksliedern aus der Krain und der Steiermark an. In der von Janez Bleiweis neugegründeten Zeitschrift ›*Novice*‹ (Titel hier verkürzt) ließ er 1844 ›*Krst pri Savici*‹ nachdrucken, was ihm eine verstärkte öffentliche Wahrnehmung eintrug. Im selben Jahr schrieb er die ›*Zdravljica*‹ (Trinklied auf die Gesundheit), deren siebente Strophe heute die Nationalhymne Sloweniens ist. Interessanterweise wurde gerade dieser Text von der klerikal durchsetzten Zensurbehörde gestrichen, als 1847 ein Sammelband unter dem schlichten Titel ›*Poezije dr. Franceta Prešerna*‹ (Dichtungen von Dr. France Prešeren) in Vorbereitung war. Erst nach der Revolution von 1848 war eine ungekürzte Veröffentlichung in den ›*Novice*‹ möglich.

Prešerens Verdienste um die slowenische Sprache können nicht hoch genug eingeschätzt werden. Er hob sie vom dialektal zersplitterten Idiom der bäuerlichen Unterschicht auf ein Niveau, das den literarischen und wissenschaftlichen Ansprüchen in Europa gerecht wird. Dabei scheute er sich nicht, etwa ein Fünftel seines Gesamtwerkes auf Deutsch – also der Sprache der damaligen Oberschicht – zu verfassen.

Die allgemeine Anerkennung ließ nach Prešerens Tod noch etwas auf sich warten. Erst 1866 erschien eine Neuausgabe seiner Gedichte, in deren Vorwort der hohe ästhetische Wert herausgestellt wird. Im Jahr 2000 feierte man den 200. Geburtstag des Dichters, nachdem man im Jahr 1999 gerade seinen 150. Todestag begangen hatte. Der einstige Marienplatz in Sloweniens Hauptstadt erhielt seinen Namen: Prešernov trg. Bereits seit 1905 steht sein Denkmal hier – und ausgerechnet dieselbe Julija Primic, die den Poeten einst abgewiesen hatte, schaut aus einem stilisierten Fensterrahmen sehnsuchtsvoll zu ihm herüber. Ein Scherz aus späteren Zeiten?

Nein, hinter dem seltsamen Arrangement steckt eine eigene Geschichte: France Prešeren war seinerzeit nämlich nicht der einzige Verehrer der Julija Primic gewesen. Es hatte noch einen Nebenbuhler gegeben, der ihm sogar persönlich bekannt war: der Dichter Victor N. Gaspari. Und Julija hatte sich offenbar wegen der Rivalität von beiden abgewendet. 1894 wurde am einstigen Wohnhaus der Familie Primic in der heutigen Wolfova ulica der besagte Rahmen angebracht, aus dem Julijas Büste in die Ferne schaut. Nur zwei Jahre später schuf ein unbekannter Künstler einen gleichartigen Rahmen mit der Büste Gasparis, der seinen Platz in unmittelbarer Nähe fand, so dass sich fortan beider Blicke kreuzten. Doch schon 1900 verschwand das Dichterbildnis bei Nacht und Nebel, und Julijas Blick ging wieder ins Leere. Nachdem dann 1905 unten auf dem Platz das Prešeren-Denkmal aufgestellt worden war – natürlich ohne einen Bezug zu der Julija-Büste – gab es Anlass zu Fehlinterpretationen. Durch einen Zufall wurde 2006 der Rahmen mit der Gaspari-Büste wiedergefunden ... und damit kam auch die Erinnerung an einen weiteren, lange Zeit vergessenen Dichter zurück. Eine wunderbare Geschichte!

Kongresni trg

Durch die kurze Wolfova ulica gelangt man, parallel zur Uferpromenade, auf den rechteckig angelegten Kongresni trg (Kongressplatz). Er wird eingerahmt von drei der bedeutendsten Bauwerke Ljubljanas. Die vierte Seite nimmt der **Park Zvezda** (Sternpark) mit seinem diagonalen Wegekreuz ein; die hochgewachsenen Bäume versperren zunächst ein wenig den Blick auf die Fassaden. An der Südostecke wurde ein nostalgischer Pavillon errichtet. An der Nordseite steht auf einem Sockel eine goldene **Römerfigur.** Das Original wurde 1836 an genau derselben Stelle gefunden und zunächst für eine Statue des Kaisers Konstantin gehalten. Unter der großen marmorbedeckten Freifläche des Kongresni trg sind die früher dicht an dicht parkenden Autos verschwunden, seit im Jahr 2011 endlich die dringend benötigte Tiefgarage fertiggestellt wurde.

Der Platz selbst wurde 1821 angelegt und nach dem Laibacher Kongress der Heiligen Allianz (Bündnis zwischen Russland, Österreich und Preußen) benannt. Das stattliche weiß-graue Gebäude an der Südseite entstand zwischen 1896 und 1902; es diente ursprünglich als Krainer Landtag und ist heute das Hauptgebäude der 1919 gegründeten **Universität Ljubljana** (Univerza v Ljubljani) mit rund 50 000 Studenten. Den gelblichen Prachtbau der Ostseite des Platzes identifiziert man unschwer als die **Slowenische Philharmonie**. Die Jahreszahl 1701 hoch über dem Portal täuscht: Nicht das Jahr der Einweihung ist gemeint, sondern das Gründungsjahr der Institution. Die Slowenische Philharmonie ging damals aus verschiedenen Musikvereinigungen hervor und zählt heute zu den ältesten der Welt. Berühmte Namen wie Beethoven, Haydn oder Brahms sind in den Mitgliederverzeichnissen zu finden. Das

Blick vom Park Zvezda zum Kongresni trg

Gebäude steht auf den Fundamenten des abgebrannten Landestheaters und stammt von 1891. Um einen besonders hübschen Blick auf die Fassade mit der darüber aufragenden Burg zu erhalten, muss man sich auf die gegenüberliegende Seite des Platzes begeben. Hier steht im übrigen die ungewöhnlich gestaltete **Ursulinenkirche** (Uršulinska cerkev) direkt an der Slovenska cesta, die den historischen Teil der Stadt nach Westen hin begrenzt. Ein nicht näher bekannter Architekt entwarf das Barockgebäude zu Anfang des 18. Jahrhunderts in Anlehnung an den Palladio-Stil Norditaliens. Der Hochaltar im Inneren stammt von Francesco Robba, den Treppenaufgang vor dem Portal entwarf Jože Plečnik. Die mächtige Dreifaltigkeitssäule gegenüber dem Portal wurde aus der Kleinstadt Ajdovščina hierher verfrachtet.

Trg francoske revolucije

An der Rückseite der Universität, vom Kongresni trg bis zur Zoisova cesta, erstreckt sich der südwestliche Teil des einst ummauerten Stadtgebietes. Weil der Kreuzritterorden seit dem frühen 13. Jahrhundert hier ein großes Kloster unterhielt, trägt der ganze Gebäude-

▲ Karte S. 209

komplex um den zentralen Trg francoske revolucije (Platz der Französischen Revolution) nebenher auch noch den Namen **Križanke**. Das ursprüngliche Gemäuer wurde im Laufe der Zeit vielfach verändert und ausgebaut. Jože Plečnik verwandelte die Stätte schließlich in den 1950er Jahren in einen Veranstaltungsort für Konzerte und die alljährlichen Sommerfestspiele. Die erhaltene Klosterkirche stammt von 1714.

Auf dem Trg francoske revolucije steht ein Denkmal mit einem Napoleon-Kopf und Versen des slowenischen Dichters Valentin Vodnik (1758–1819). Es handelt sich dabei um die **Illyrische Säule** (Ilirski spomenik), die 1929 von Jože Plečnik entworfen wurde. Sie sollte an das slowenische Nationalbewusstsein appellieren, das durch Napoleons kurzes Interregnum von 1807 und 1813 Auftrieb erhielt. Die Einrichtung der sogenannten Illyrischen Provinzen bedeutete damals eine Befreiung von der habsburgischen Oberhoheit, zumindest vorübergehend.

Das barocke Palais Auersperg in der Gosposka ulica 15 beherbergt heute das sehenswerte **Stadtmuseum** (Mestni muzej).

Unbedingt ansehen sollte man sich die **National- und Universitätsbibliothek** (Narodna in univerzitetna knjižnica,

Die ungewöhnliche Ursulinenkirche

Die National- und Universitätsbibliothek

NUK) in der unscheinbaren Turjaška ulica. Sie geht bereits auf eine Gründung Maria Theresias im Jahre 1774 zurück. Jože Plečnik gestaltete zwischen 1936 und 1941 einen bemerkenswerten Neubau auf dem Gelände des ehemaligen von Auerspergschen Fürstenhofes (slowenischer Name: Turjak), der beim Erdbeben von 1895 in Schutt und Asche gefallen war. Die Außenfassade besteht aus einem Arrangement von roten Ziegeln und grauen Kalksteinen. Es sollten ausdrücklich nur lokale Materialien verwendet werden. Asketisch-strenge Linien und eine durch und durch stilisierte Innengestaltung machen das vierstöckige Gebäude zum Meisterwerk des großen Architekten. Eine monumentale Treppe aus schwarzem Marmor und ein Säulengang geleiten den Wissbegierigen zum nicht minder imposanten Großen Lesesaal. Riesige Glaswände, Holzvertäfelungen und Türklinken in Form von Pferdeköpfen gehören zu seinen besonderen Ausstattungsmerkmalen. Reste einer römischen Stadtmauer begrenzen den Komplex nach Westen hin. An der hauseigenen Terrasse steht ein Denkmal des Lyrikers Simon Gregorčič (1844–1906), der Weg zur Vegova ulica ist dekoriert mit den Büsten slowenischer Literatur- und Sprachwissenschaftler. Die Bibliothek umfasst über 2,5 Millionen Bände, darunter wertvolle mittelalterliche Handschriften, Renaissancedrucke und Inkunabeln; jedes neuere slowenische Buch ist mit mindestens einem Exemplar hier vertreten. Ein geplanter Erweiterungsbau an der benachbarten Zoisova cesta musste aufgegeben werden, da man auf dem Baugrund wieder einmal römische Ruinen entdeckte.

Nur wenige Schritte weiter östlich am Novi trg (Neuer Platz) befindet sich die **Slowenische Akademie der Wissenschaften und Künste** (Slovenska akademija znanosti in umetnosti). Der Barockplast erhielt sein heutiges Aussehen im späten 18. Jahrhundert. Damals diente er als Sitz der Landstände, hier befand sich der Mittelpunkt der städtischen Aristokratie. Auch die umgebenden Gebäude haben noch ihre Barockfassaden.

Die Ostseite des Novi trg grenzt an die Uferpromenade der Ljubljanica. Vom benachbarten Jurčičev trg (Jurčič-Platz) führt die elegante **Schusterbrücke** (Čevljarski most) hinüber ans rechte Ufer. Auch sie ist ein Werk von Jože Plečnik. Er gestaltete sie in den 1930er Jahren völlig neu. Zuvor war sie Jahrhunderte lang, ähnlich dem Ponte Vecchio in Florenz, mit einer Überdachung versehen, unter der die Schuhmacherzunft werkelte. Am östlichen Brückenkopf durchschritt man damals das größte der Stadttore.

▲ Karte S. 209

Flohmarkt auf der Schusterbrücke

Levstikov trg

Die Sankt-Jakobsbrücke (Šentjakobski most) im Zuge der Zoisova cesta (weitergeführt als Karlovška cesta) kann man als Südbegrenzung des Altstadtbereichs ansehen. Nicht weit von der Brücke liegt am rechten Ljubljanica-Ufer der Levstikov trg (Levstik-Platz) mit der **Kirche Sveti Jakob**. Sie wurde zu Anfang des 17. Jahrhunderts neben das Jesuitenkloster gesetzt, das bereits die ersten Hochschuleinrichtungen beherbergte. Francesco Robba schuf gut hundert Jahre später den Hochaltar. Auf dem Platz steht eine Mariensäule, ursprünglich aus der Zeit nach den Türkenkriegen und 1927 von Jože Plečnik umgestaltet. Beachtenswert ist das im Rokoko-Stil erbaute **Gruber-Palais** (Gruberjeva palača), in dem sich heute das Staatsarchiv befindet. Das von einer Kuppel gekrönte ovale Treppenhaus besitzt eine Kapelle im ersten Stockwerk und ist mit Stuckarbeiten reich verziert.

Gornji trg

Gleich neben dem Levstikov trg beginnt der dreieckige, leicht ansteigende Gornji trg (Oberer Platz). Hier beginnt die Altstadt im engeren Sinne. Und strenggenommen handelt es sich gar nicht um einen Platz, sondern um einen ganzen Straßenzug, der am Fuße des Burgberges verläuft und beidseitig gesäumt ist von hübschen historischen Wohnhäusern. Aus dem beinahe geschlossenen Barock-Ensemble treten einzelne mittelalterliche Bauten mit ihren Giebelansichten hervor. Einige der besten Restaurants findet man hier. Sehenswert ist auch die Kirche **Sveti Florijan** von 1672 mit einer später

Gaststätte am Stari trg

hinzugebauten achteckigen Kapelle. Am oberen Ende des Gornji trg beginnt ein Fußweg hinauf zur Burg. Auch hier hat Jože Plečnik gestalterisch Hand angelegt. Die nördliche Fortsetzung des Straßenzuges, der in zweiter Reihe parallel zur Ljubljanica verläuft, heißt **Stari trg** (Alter Platz). Es ist trotz des Namens ebenfalls nur eine schmale Straße. Als gut besuchte Fußgängerzone verbindet sie eine große Zahl unterschiedlicher Läden, Cafés und Restaurants. Nach etwa 200 Metern zweigt die Gasse namens Pod Trančo nach links zur oben erwähnten Schusterbrücke ab.

Mestni trg

Folgt man weiter geradeaus der Geschäftsstraße, so betritt man den Mestni trg (Stadtplatz), der allmählich etwas breiter wird, aber keineswegs den Charakter eines echten Platzes aufweist. Auch hier dominieren Barockfassaden, im Erdgeschoss überwiegen Boutiquen und teurere Geschäfte. Teilweise besitzen sie interessante architektonische Details. Fast an der Straßenecke der Stritarjeva ulica, von der man wieder zum Prešernov trg und zur Dreifachbrücke (beide oben erwähnt) gelangt, steht das wichtigste Gebäude: das **Rathaus** (Mestna hiša, Rotovž). Ursprünglich 1484 errichtet, wurde es 1718 unter Gregor Maček völlig umgebaut und um einen schönen Arkadenhof erweitert. Im gotischen Saal wurden schon im 16. Jahrhundert Theaterstücke aufgeführt.

Bemerkenswert ist der große Marmorbrunnen vor dem Portal, eines der repräsentativsten Denkmäler in der Stadt. Der Bildhauer Francesco Robba realisierte ihn im Jahr 1751, deshalb wird er auch **Robba-Brunnen** (Robbov vodnjak) genannt. In Form einer Figurengruppe aus Delphinen und Wassermännern symbolisiert er die drei großen Flüsse der Krain, nämlich Sava, Krka und Ljubljanica. Deswegen heißt er auch Brunnen der drei Krainer Flüsse (Vodnjak treh kranjski rek).

Der Mestni trg mit dem Robba-Brunnen

An der Rückseite der Geschäftshäuser, die gegenüber dem Rathaus stehen, liegt der kleine **Ribji trg** (Fischplatz). Er öffnet sich zur Ljubljanica hin. Eine moderne Fußgängerbrücke führt ans andere Ufer und zum Kongresni trg.

Die Fortsetzung des Mestni trg trägt den Namen Ciril-Metodov trg (Kyrill-Method-Platz) mit Bezug auf die beiden Slawenapostel des 9. Jahrhunderts, die sich insbesondere um die Verschriftlichung der slawischen Sprachen verdient gemacht haben. Auch dieser Platz hat eher das Aussehen einer Fußgängerstraße.

Vodnikov trg

Zu den besonders einladenden Plätzen der Stadt gehört zweifellos der Vodnikov trg (Vodnik-Platz), benannt nach dem Dichter Valentin Vodnik. Er liegt ein kleines Stück nordöstlich des Rathauses und der Dreifachbrücke, zwischen Burgberg und Flussufer. Nach dem Erdbeben von 1895 wurde hier durch Abriss ehemaliger Klostergebäude Platz für eine große Zahl von Marktständen geschaffen. An Werktagen herrscht vormittags unter Bäumen und Sonnenschirmen reges Treiben und eine ganz besondere Atmosphäre. Das farbenfrohe Angebot landwirtschaftlicher Erzeugnisse wird heute ergänzt durch kunsthandwerkliche und touristische Artikel in den Randbereichen. Das Ufer der Ljubljanica ist in diesem Abschnitt verstellt von den **Markthallen** (Tržnica). Das sehr langgezogene, säulengeschmückte Bauwerk stammt von Jože Plečnik. Er hatte in der Mitte dieser Kolonnaden in den 1930er Jahren auch eine Fußgängerbrücke hinüber zum anderen Ufer geplant, die sogenannte **Metzgerbrücke** (Mesarski most). Sie wurde jedoch wegen des Zweiten Weltkrieges nicht realisiert. Erst seit Sommer 2010 existiert nun ein solcher Übergang, der im Gegensatz zu den ursprünglichen Entwürfen einen starken Kontrast zur Architektur der Markthallen bildet. Längsseitig mit Stahlseilen bewehrt und mit grotesken Skulpturen von Jakov Brdar dekoriert, spricht die Brücke ganz offensichtlich die jüngere Generation an, die an den Geländern inzwischen mit unzähligen Vorhängeschlössern ihre Freundschaften und Liebschaften besiegelt hat.

▲ Karte S. 209

Die Marktstände, Verkaufswagen und Straßencafés ziehen sich über den angrenzenden **Pogačarjev trg** (Pogačar-Platz) bis zur Dreifachbrücke hin. In entgegengesetzter Richtung enden die Kolonnaden an der **Drachenbrücke** (Zmajski most). Sie wurde 1901 als Ersatz für eine hölzerne Konstruktion erbaut und trug offiziell den Namen des Kaisers Franz Joseph. Mit ihren Jugendstilelementen und den vier äußerst fotogenen Drachenfiguren gehört sie zu den populärsten Objekten in der Hauptstadt. Der Drache ist das Wahrzeichen von Ljubljana.

In unmittelbarer Nähe der Märkte stehen in einem Karree drei der bedeutendsten Bauwerke der Stadt: die **Domkirche des heiligen Nikolaus** (Stolnica Sveta Nikolaja), der **Bischofspalast** (Škofijski dvorec) und das **Priesterseminar** (Semenišče). An der Stelle einer romanischen Kirche, die im 12./13. Jahrhundert von Fischern und Seeleuten zu Ehren ihres Schutzpatrons erbaut worden war, errichtete man zu Beginn des 18. Jahrhunderts die heutige Domkirche, auch Nikolauskathedrale genannt. Die Pläne dazu legte der römische Jesuit Andrea Pozzo vor. Im Kircheninneren beeindrucken die illusionistischen Fresken von Giulio Quaglio. Von der alten Kirche wurde ein gotischer

Markt auf dem Vodnikov trg

FEFERONI

Der Drache an der gleichnamigen Brücke – das Wahrzeichen Ljubljanas

Schlussstein mit Christuskopf in die Außenwand (rechts neben dem Hauptportal) übernommen. Die Kuppel stammt von 1841, die Gestaltung des Haupt- und des Seitenportals erfolgte 1996 zur Erinnerung an den Besuch des Papstes Johannes Paul II. Der Bischofspalast zeichnet sich durch einen sehr sehenswerten Arkadenhof aus. Die Fassade des ursprünglich um ein Stockwerk niedrigeren Gebäudes ist im Zopfstil gehalten. Ein Gang führt hinüber zum Dom. Schon Napoleon soll mehrfach in dem Palast genächtigt haben. Das Priesterseminar hinter dem Dom verfügt über eine wertvolle Bibliothek mit alten Handschriften. Ihr edles Interieur aus Eichenholz und die Deckenfresken mit Allegorien einzelner Wissenschaften stammen von Giulio Quaglio.

Von der Fahrbahn, die den Vodnikov trg tangiert, führt die schmale Študentovska ulica auf den Burgberg hinauf. Man kann auch ein paar Häuser weitergehen und vom Krekov trg (Krek-Platz) die moderne **Standseilbahn** mit Panoramablick nehmen.

▲ Karte S. 209

Der Burgberg

Die beeindruckende Burganlage (Ljubljanski grad) erhebt sich über dem rechten Ufer der Ljubljanica und sollte in einen ausgedehnten Altstadtrundgang unbedingt einbezogen werden. Zwar ist der 376 Meter hohe Burgberg nicht der allerhöchste im Stadtgebiet, aber der fabelhafte Panoramablick über die Dächer der Altstadt ist dennoch den Aufstieg beziehungsweise den Fahrpreis der Standseilbahn wert. Mit dem Auto ist die Zufahrt von der Rückseite über die Streliška ulica möglich. Der Burgberg ist im übrigen untertunnelt: So gelangt man von der Drachenbrücke geradewegs zur Karlovška cesta am Südrand der Altstadt. Bereits zur Zeit der Kelten und Illyrer war der Berg strategisch interessant, und die Römer verstärkten später die vorhandenen Befestigungsanlagen. Im Jahr 1144 wird erstmals eine Burg erwähnt, die zu der Zeit wohl bereits lange existierte. Nach dem Erdbeben von 1511 erhielt sie im Wesentlichen ihr heutiges Gesicht, wenngleich im Laufe der folgenden hundert Jahre noch An- und Umbauten erfolgten. Ähnlich der Burganlage von Krakau (Wawel genannt) war auch die Festung von Ljubljana bis ins 17. Jahrhundert hinein zugleich fürstliche

Im Innenhof der Burganlage

Blick von der Burg über die Stadt

Residenz und Wehranlage mit Kaserne. Danach diente der marode und weitgehend nutzlos gewordene Komplex noch längere Zeit als Gefängnis, ehe er 1905 in städtischen Besitz überging. Ljubljanas berühmter Architekt Jože Plečnik gedachte die ehemalige Festung in eine Art slowenische Akropolis umzuwandeln, was jedoch ein tollkühner Traum blieb. Seit 1963 sind die Gebäude gänzlich unbewohnt. Um 1990 erfolgten umfangreiche Restaurationsarbeiten. Das moderne Konzept verbindet auf dem Burgberg die Bereiche Kunst und Kultur, Tourismus und Gastronomie. Ein Teil der Räumlichkeiten ist nur bei besonderen Anlässen zugänglich.

Für Besichtigungen geöffnet sind heutzutage die gotische **Georgskapelle** (Kapela Sv. Jurija) von 1489, der 1848 errichtete **Aussichtsturm** (Razgledni stolp) sowie die zwei städtischen Trausäle. In einer 3D-Vorführung kann man in die Geschichte von Stadt und Burg eintauchen. Auch ein schönes Café und einen recht gediegenen Souvenirladen gibt es im Burghof.

Die jüngeren Stadtteile

Eigentlich besteht die Altstadt nur aus Burgberg, Dom und Rathaus sowie den Straßen und Plätzen, die sich am rechten Flussufer erstrecken. Das stimmt jedoch nicht mit der touristischen Wahrnehmung überein, denn auch das linke Ufer von der Drachenbrücke über den beliebten Prešernov trg bis zum Universitätsviertel weist ja zahlreiche Sehenswürdigkeiten vergangener Zeiten auf und wird regelmäßig in Besichtigungsgänge einbezogen. Deshalb war oben die Rede vom alten Stadtkern zu beiden Seiten der Ljubljanica.

Die heutige City, also die Neustadt im engeren Sinne, erstreckt sich entlang der Slovenska cesta und westlich davon. Auch hier, abseits der üblichen Besichtigungstour, stehen einige Architekturdenkmäler des 19. Jahrhunderts. Optisch weit weniger gelungene Großbauten aus der sozialistischen Ära heben sich teilweise krass davon ab. Einen kleinen Rest dörflicher Atmosphäre haben die südlichen Vorstädte Krakovo und Trnovo bewahrt.

Trg osvobodilne fronte

Es existiert eine Art innere Ringstraße, die um die Innenstadt herumführt und von der die wichtigsten Ausfallstraßen abzweigen. Ein Orientierungspunkt auf diesem Ring ist der langgezogene Trg osvobodilne fronte (Platz der Befreiungsfront, kurz TOF). Er erstreckt sich unmittelbar vor dem **Hauptbahnhof** (Železniška postaja). Abgesehen von dessen keineswegs hässlicher Fassade hat der Platz wenig zu bieten. Direkt vor dem Portal befinden sich die Haltebuchten des Bushofes. Im Gebäude findet man auch eine Filiale der Touristeninformation. Das sehenswerte **Eisenbahnmuseum** liegt etwa 700 Meter nordwestlich des Platzes in der Parmova ulica 35 (durch die Unterführung der Dunajska cesta, dann links). Wer per Zug oder Überlandbus in Ljubljana eintrifft, kann zur Altstadt gleich eine der Straßen gegenüber dem Bahnhofsgebäude nehmen: Die Resljeva cesta führt geradewegs zur Drachenbrücke; die parallele **Miklošičeva cesta** führt an etlichen sehr bemerkenswerten Jugendstilpalästen, die nach dem großen Erdbeben des Jahres 1895 errichtet wurden, vorbei zum Prešernov trg; zwischen beiden verläuft die Kolodvorska ulica, dem Namen nach die eigentliche Bahnhofstraße.

Auf dem Hauptbahnhof

▲ Karte S. 209

Jugendstil in der Miklošičeva cesta

Slovenska cesta

Die Hauptstraße der Innenstadt beginnt an der Eisenbahnunterführung neben dem Hauptbahnhof und weist zunächst keine nennenswerten Sehenswürdigkeiten auf. Nach etwa einem halben Kilometer in Südrichtung steht rechts an der Ecke Štefanova ulica der sogenannte **Wolkenkratzer** (Nebotičnik). Dass man ihn beinahe übersieht, liegt an seiner geringen Höhe von nur 70 Metern respektive 13 Stockwerken. Er steht auf mittelalterlichem Klostergrund und gilt als sehr erdbebensicher. Als er nach amerikanischen Vorbildern Anfang 1933 fertiggestellt wurde, war er für kurze Zeit das höchste Bauwerk in ganz Mitteleuropa. Seine städtebauliche Bedeutung bestand damals in dem Kontrast zu der recht einheitlichen, von Kirchtürmen geprägten, barocken Silhouette. Heutzutage gibt es natürlich etliche weitere Hochbauten, die beim Blick vom Burgberg viel auffälliger – und nicht unbedingt ästhetischer – sind. Das 2010 neu eröffnete Café im obersten Teil des Wolkenkratzers ist einer der besten Aussichtspunkte in Ljubljana. Knapp 200 Meter weiter südlich kommt man am Sitz der **Slowenischen Nationalbank** (Banka Slovenije) vorbei. Das Vordach über dem Bürgersteig wird von vier steinernen Athleten gestützt. Schräg gegenüber ist das Eckgebäude der **Hauptpost** einen Blick wert. Eine große Kuppel, Stuckarbeiten und Figuren zieren das Dach und die Fassaden. Im weiteren Verlauf der Straße passiert man nun einige größere Läden und ein Kaufhaus, bevor man auf der linken Seite den Kongresni trg und damit das historische Zentrum (siehe oben) tangiert. An der rechten Straßenseite liegt der unscheinbare Plečnikov trg, benannt nach dem vielfach erwähnten Jože Plečnik.

An der Ecke Erjavčeva cesta steht das 1911 fertiggestellte Gebäude des **Nationaltheaters für Dramen** (Narodno dramsko gledališče).

An ihrem Südende stößt die Slovenska cesta wieder auf die innere Ringstraße.

Die Kuppel der Hauptpost

Trg republike

Der große, annähernd quadratische Trg republike (Platz der Republik) liegt etwa 100 Meter westlich der Slovenska cesta an der Rückseite der Ursulinenkirche (siehe oben). Er gilt als das Herz der Neustadt. An seiner Nordseite steht das klotzige Parlamentsgebäude; sehr auffällig an dem 1959/60 errichteten Bau ist das von über 50 Figuren umrandete Portal. Am entgegengesetzten Platzende sieht man das **Kultur- und Kongresszentrum ›Cankarjev dom‹**, das 1982/83 unter dem Architekten Edvard Ravnikar entstand, der auch den gesamten Platz entworfen hatte. Mit einer Kapazität für 5000 Besucher und rund 3800 Quadratmetern Ausstellungsfläche ist es das größte seiner Art in Slowenien. Ein erheblicher Teil der Räumlichkeiten wurde unterirdisch angelegt, um die Dimensionen in erträglichen Grenzen zu halten.

Interessanter ist das **Nationalmuseum** (Narodni muzej) an der benachbarten Prešernova cesta. Es wurde bereits 1821 gegründet und zog 1888 in das gewaltige Neorenaissance-Gebäude. Mit seinen umfangreichen historischen, archäologischen, ethnologischen und naturkundlichen Sammlungen stellt es eine der bedeutendsten Kulturinstitutionen des Landes dar. Ein Denkmal im Museumspark erinnert an den slowenischen Universalgelehrten Valvasor (→ S. 249).

Verlässt man den Trg republike in nördliche Richtung, so steht man bald vor dem **Opern- und Balletthaus** (Opera in balet) mit seiner beeindruckenden Front. Die tschechischen Baumeister Jan Hrasky und Anton Hruby lieferten um 1890 die Pläne. In den ersten 20 Jahren gab es hier Aufführungen in deutscher und in slowenischer Sprache. Das änderte sich im Jahr 1911, als das deutsche Theater eröffnet wurde.

Etwas weiter westlich befindet sich die **Galerie der modernen Kunst** (Moderna galerija) mit Werken slowenischer Künstler des 20. Jahrhunderts und der Gegenwart. Fast daneben residiert auch die **Nationalgalerie** (Narodna galerija); sie bezog den ursprünglich als Mehrzweckbau konzipierten Palast im Jahr 1918. Gezeigt werden Kunstsammlungen vom Mittelalter bis zum 19. Jahrhundert. Zwischen den beiden Galerien führt die Cankarjeva cesta unter der nahen Eisenbahn hindurch direkt in den beliebten **Tivoli-Park** (siehe unten).

Sowohl die Gestaltung des Trg republike als auch mehrere der umgebenden Großbauten (Kongresszentrum, Moderne Galerie, Erweiterung der Nationalgalerie) gehen auf Entwürfe des Architekten Edvard Ravnikar (1907–1993) zurück. Als Professor an der Universität Ljubljana machte er sich um die Adaption skandinavischer Stilelemente verdient, insbesondere Alvar Aalto galt als sein Vorbild.

Trg mladinskih delovnih brigad

An der Südwestecke der Innenstadt zweigt die schnurgerade Tržaška cesta (Triester Straße) von der inneren Ringstraße ab, die hier Bleiweisova cesta heißt. Ein wenig seitlich liegt ein kleiner dreieckiger Platz mit dem unverkennbar sozialistischen Namen Trg mladinskih delovnih brigad (Platz der Jungarbeiterbrigaden), umgeben von Häuserblocks. Als kuriose Sehenswürdigkeit hat man hier zwei alte rot-weiße **Straßenbahnwaggons** platziert, in denen sich ein Café mit Pizzeria befindet. Es soll wohl eine Erinnerung an die ehemalige städtische Tram sein, die von 1901 bis 1958 verkehrte und von der einheimischen Bevölkerung ›*Električna*‹ oder auch ›*Pocestnina*‹ genannt wurde. Angeblich stammen die beiden ausgestellten Wagen aber nicht aus Ljubljana selbst, sondern aus Prag.

▲ Karte S. 209

Krakovo

An ihrem südlichen Ende stößt die Slovenska cesta (siehe oben) wieder auf den inneren Ring. Die Fortsetzung heißt ab hier Barjanska cesta. Zu beiden Seiten liegen die ruhigen Wohnstraßen der Vorstadt Krakovo, die aus einem Fischerdorf hervorgegangen ist. Von der antiken Siedlung Emona ist ein längeres Stück **römische Stadtmauer** (Rimski zid) entlang der Mirje erhalten geblieben. Kaiser Augustus soll beim Baubeginn im Jahre 14 persönlich dagewesen sein. Das gesamte Bauwerk besaß einst vier Haupttore, 26 Türme und einen zusätzlichen Wallgraben. In den 1930er Jahren machte sich Jože Plečnik um die Erhaltung und Präsentation der Ruinen verdient. Im benachbarten **Jakopič-Garten** (Jakopičev vrt) sind römische Fundamente, Mosaiken und Reste einer Kanalisation zu sehen. Benannt ist das kleine Freilichtmuseum nach dem slowenischen Impressionisten Rihard Jakopič (1869 1943), der hier gelebt und gearbeitet hat. Eine noch recht neue Fußgängerbrücke führt von Krakovo zum rechten Ufer der Ljubljanica.

Trnovo

Die Emonska cesta verbindet die beiden stillen Vororte Krakovo und Trnovo. Eine von Jože Plečnik entworfene Brücke mit vier aufgesetzten kleinen Pyramiden führt über die kanalisierte Gradaščica geradewegs auf den hübschen Vorplatz der Kirche von Trnovo. Ursprünglich um die Mitte des 18. Jahrhunderts erbaut, wurde sie 1895 bei einem Erdbeben in Mitleidenschaft gezogen und danach in neoromanischem Stil umgestaltet. Zwei Türme zieren das sehr symmetrische Gotteshaus, welches Johannes dem Täufer gewidmet ist. An der Rückseite der Kirche in der Karunova ulica 4 steht das **Plečnik-Haus** (Plečnikova hiša), das

Eingang zum Friedhof Žale

Ljubljanas Stararchitekt von 1921 bis zu seinem Tod im Jahr 1957 als originelle Wohn- und Arbeitsstätte genutzt hat. Es gehört heute zum Architekturmuseum. Vom Kirchplatz führt die schattige Eipprova ulica am Bach entlang bis zur Einmündung in die Ljubljanica. Am Wege befinden sich etliche angenehme Cafés und Kneipen, die insbesondere an milden Sommerabenden sehr beliebt sind.

Žale

Noch ein ganz besonderes Beispiel der Architektur Jože Plečniks findet man im Nordosten des Stadtgebietes. Vom Hauptbahnhof geht es über die stadtauswärts führende Dunajska cesta, dann nach rechts in die Linhartova cesta, an deren Ende der monumentale Eingang des **Friedhofs Žale** (Pokopališče Žale) zu bewundern ist. Als Krönung seines Schaffens vollendete der große Baumeister hier im Jahr 1940 eine zweistöckige Säulenhalle mit hohem Portal und etlichen Nebengebäuden. Eine schnurgerade Säulenallee geleitet die Besucher zu einem tempelartigen Gebetshaus. In Gestalt mehrerer Kapellen wird die Entwicklung des Totenkultes beeindruckend dargestellt. Neben anderen Persönlichkeiten wurde auch Plečnik selbst hier beigesetzt. Ein kleiner Teil des sehr sehenswerten Friedhofes ist der jüdischen Bevölkerung vorbehalten.

Tivoli

Ljubljanas beliebtester Ausflugsort ist der Tivoli-Park. Insbesondere an sommerlichen Wochenenden zieht es Scharen von Stadtbewohnern hierhin. Das großzügige Areal umfasst mehr als fünf Quadratkilometer und grenzt direkt an die westliche Neustadt. Von der Nationalgalerie (siehe oben) führt eine Promenade unter der Eisenbahn hindurch direkt in die Mitte des Erholungsparks, der 1813 während der kurzen Epoche französischer Administration angelegt wurde. Den Namen wählte man damals in Anlehnung an die Pariser Jardins de Tivoli. Als Jože Plečnik in den 1920er Jahren die Grünanlagen von Grund auf renovieren ließ, schuf er auch den oben erwähnten Zugang: Jakopičevo sprehajališče (Jakopič-Promenade) nennt sich die durch den Park führende Achse, die sich auf dem Stadtplan als geradlinige Verbindung zwischen der Burg und dem Prešernov trg

im historischen Stadtzentrum und dem Tivoli-Schloss (siehe unten) darstellt. Zwischen Wiesen und Wäldchen gibt es Spielplätze, Sportanlagen und verschiedene Freizeitangebote, man kann im Park Fahrräder mieten oder einfach ein Picknick machen.
Auch kulturell Interessierte kommen nicht zu kurz: Das zu Anfang des 17. Jahrhunderts vom Jesuitenorden errichtete **Tivoli-Schloss** (Tivolski grad), auch Schloss Podturn genannt, kam um die Mitte des 19. Jahrhunderts in den Besitz des österreichischen Feldmarschalls Radetzky, der es nach seinen Vorstellungen umgestaltete. Heute beherbergt es das Internationale Graphikzentrum. Am nordöstlichen Rand des Tivoli-Geländes steht das **Cekin-Schloss** (Cekinov grad), in dem sich das **Museum der neueren Geschichte** (Muzej novejše zgodovine) befindet. Nach Westen führt ein längerer Waldweg zum 394 Meter hohen **Aussichtsberg Rožnik**, der einen wunderbaren Blick über die Stadt bietet.
Am Südhang des Berges liegt in einem Naturschutzgebiet der **Zoo** (Živalski vrt). Er ist mit knapp 20 Hektar nicht allzu groß und verfügt über ungefähr 600 Tiere aus 150 Gattungen. Man erreicht ihn zu Fuß in einer halben Stunde vom Stadtzentrum. Mit dem Auto oder der Buslinie 23 geht es über den Večna pot – so heißt die Chaussee, die den Tivoli-Park und die westlich angrenzenden Waldflächen umrundet.

Umgebung von Ljubljana

Das heutige Stadtgebiet wird im Wesentlichen vom Fernstraßenring (*obroč*) begrenzt. Nur einige Vororte an der nördlichen Peripherie (Šentvid, Črnuče, Zalog und andere) liegen etwas isoliert jenseits der Schnellstraße H3. Zum näheren Einzugsbereich der Hauptstadt gehören die Orte Medvode (5200 Einwohner), Mengeš (6100), Domžale (12 000), Trzin (3800), Škofljica (2200), Grosuplje (7100), Ig (2300), Vrhnika (8400) und Brezovica pri Ljubljani (2900) – sie besitzen eine gute Verkehrsanbindung, sind jedoch touristisch uninteressant. Sehenswert sind hingegen die Kleinstädte Kamnik (→ S. 116) und vor allem Škofja Loka (→ S. 120), außerdem einige weniger bekannte Stellen auf dem Lande. Und dank der kurzen Entfernungen und guten Verkehrswege sind die Hauptstädter in der glücklichen Lage, innerhalb einer knappen Stunde entweder mitten in den Alpen oder aber am Mittelmeer zu sein.

Cafés an der Ljubljanica

Nahziele

Šmarna gora liegt etwa acht Kilometer nordwestlich der City auf einem Bergrücken, der die Beckenlandschaften um Kranj und Ljubljana voneinander trennt. Es handelt sich um Sloweniens bedeutendsten Wallfahrtsort. Ausflügler genießen die phantastische Aussicht von der Marienkapelle in 667 Metern Höhe. Die Anfahrt erfolgt über Tacen.
Nach **Polhov Gradec** sind es knapp 15 Kilometer vom Südwesten Ljubljanas. Die Straße Nr. 641 folgt dabei dem Bett der

▲ Karte S. 209

Gradaščica, die im Vorort Trnovo (siehe oben) in die Ljubljanica mündet. Am Ziel erwartet die Besucher eine Burg und römische Ausgrabungen.

In **Bistra** bei Vrhnika, etwa 22 Kilometer südwestlich, existierte von 1255 bis zur Klosterreform 1782 ein großes Kartäuserkloster (Bivši kartuzijanski samostan). Der zinnenbewehrte Gebäudekomplex trug zwar durch Feuersbrünste, Erdbeben und die Angriffe der Osmanen schwere Schäden davon, ist aber dennoch beeindruckend. Bereits 1951 wurde im Hauptgebäude das Technische Museum Sloweniens (Tehniški muzej Slovenije) eingerichtet und ein Teil der umgebenden Forsten samt Sägemühle angegliedert. Als größtes Museum des Landes widmet es sich verschiedensten Bereichen der Technik und verfügt auch über eine Oldtimer-Sammlung. Im Jahr 1999 wurde die Anlage in den Rang eines Kulturdenkmals von nationaler Bedeutung erhoben.

Bei Vrhnika befinden sich auch die Quellen der Ljubljanica, die von hier aus zunächst eine sumpfige Niederung durchströmt, ehe sie bei Črna vas die Karstflüsschen Iška und Ižica aufnimmt und in das Stadtgebiet von Ljubljana eintritt. Das Moor von Ljubljana (Ljubljansko barje) reicht in östliche Richtung bis nach Škofljica und ist naturgemäß dünn besiedelt. Die Eisenbahn nach Postojna quert das Gebiet auf kürzestem Weg. An den Hängen, die den Südrand des Moores bilden, verläuft die Straße Nr. 642 von Vrhnika über Ig nach Črna vas. Der **Berg Krim** (1106 Meter) überragt die Moorlandschaft und fällt an seiner Ostseite steil ab. Hier hat sich die **Iška-Schlucht** (Iški vintgar) eingetieft.

Ljubljana liegt im Zentrum des Landes

Der Mittelpunkt Sloweniens

Ljubljana ist in mancherlei Hinsicht der Mittelpunkt des Landes und liegt als Hauptstadt auch recht zentral. Geometrisch betrachtet stimmt dies jedoch nicht exakt. Als wahrer Mittelpunkt Sloweniens wurde nach schwierigen Berechnungen das Dorf Slivna (130 Einwohner) bestimmt. Es liegt etwa 35 Kilometer östlich von Ljubljana in der Gemeinde Litija (insgesamt 15000 Einwohner). Am 4. Juli 1981 – also rund zehn Jahre vor der Unabhängigkeit – wurde hier ein Gedenkstein mit dem späteren Staatswappen aufgestellt. Als **Geometrischer Mittelpunkt Sloweniens** (Geometrično središče Slovenije), abgekürzt GEOSS, soll er die Verwurzelung der Slowenen auf ihrem Territorium symbolisieren. Eine solche Manifestation ist einmalig in den Staaten der Europäischen Gemeinschaft. Und die große historisch-patriotische Bedeutung kann wohl auch nur ein Bürger dieses kleinen, endlich unabhängig gewordenen Staates empfinden.

Auch die nähere Umgebung des Monumentes ist besonders gut erforscht. Im ›Dom GEOSS‹ werden kleinere Bodenfunde gezeigt, es gibt Literatur und Souvenirs, dazu eine informative, mehrsprachige Internetseite (www.drustvo-geoss.si). Die Anfahrt erfolgt von Ljubljana über die Straße Nr. 108 in Richtung Litija.

Ljubljana-Informationen

Allgemeines

Vorwahl: 01.
Postleitzahl: 1000ff.

Touristeninformation

Es gibt zwei sehr gute städtische Einrichtungen (TIC, www.visit-ljubljana.si), geöffnet tägl. 8–21 Uhr, von Oktober bis Mai 8–19 Uhr. Sie bieten u.a. auch geführte Touren in über 15 Sprachen an, verleihen Fahrräder, vermitteln Unterkünfte und Leihautos, verkaufen originelle Souvenirs und Postkarten. Erkundigen sollte man sich unbedingt nach der ›**Ljubljana Card**‹, die Vergünstigungen in Museen, im Nahverkehr und in zahlreichen Lokalen bietet.

TIC Adamič-Lundovo nabrežje 2 (an der Brücke Tromostovje), Tel. 3061215.

TIC Trg osvobodilne fronte 6 (im Bahnhof), Tel. 4339475.

Außerdem gibt es das **Slowenische Touristenbüro** (STIC, www.slovenia.info) am Krekov trg (gegenüber der unteren Station der Zahnradbahn), Tel. 3064575; mit Internetcafé.

Transport und Verkehr

Autoverkehr

Das Stadtgebiet liegt innerhalb des Fernstraßenringes (*obroč*; bestehend aus den Autobahnen A1 und A2 sowie der Schnellstraße H3; alle vignettenpflichtig!) mit insgesamt knapp 20 Abfahrten.

Die Parkplatzsuche ist werktags nicht ganz einfach, der Altstadtbereich komplett autofrei. Am besten am Rand der City in einer Seitenstraße parken und 10 Minuten Fußweg in Kauf nehmen. Allgemein gilt: **Blau markierte** Parklücken bedeuten Gebührenpflicht (Ticketautomat; Mo–Fr 8–18 Uhr, Sa bis 13 Uhr, So kostenlos). **Gelbe Markierungen** unbedingt meiden (nur Anwohner mit Ausweis), andernfalls drohen Verwarnungen und Strafzettel. Eine Alternative ist die neue Tiefgarage unter dem Kongresni trg (relativ teuer, nahe an den Sehenswürdigkeiten).

▸ Karte S. 209

Stadtbusse

Es gibt keine Straßenbahn oder U-Bahn. LPP betreibt ein dichtes und effizientes Stadtbusnetz. Viele Linien halten vor dem Hauptbahnhof und tangieren die verkehrsfreie Altstadt entlang der Slovenska cesta. An den Haltestellen hängen Linienpläne aus. Vor einer Busfahrt muss man unbedingt an einer Vorverkaufsstelle (Kiosk, Touristenbüro, Automat) eine **Chipkarte ›Urbana‹** (2 Euro) erwerben und mit einem Betrag ab 1 Euro aufladen; per Lesegerät wird im Bus der Fahrpreis abgebucht (0,80 Euro für max. 90 Minuten unbegrenztes Fahren inkl. Umsteigen). **Barzahlung ist nicht möglich**!

Fernbusse

Regional- und Fernbusse diverser Verkehrsbetriebe starten vor dem Hauptbahnhof. Viele innerslowenische und kroatische Ziele, Verbindungen zu südosteuropäischen Großstädten. Ticketverkauf geöffnet bis mindestens 22 Uhr, Infotelefon 2344601, www.ap-ljubljana.si.

Zugverkehr

Hauptbahnhof am Nordrand der City (Trg osvobodilne fronte), erreichbar mit vielen Buslinien. Verkehrsknoten mit Zügen in alle nennenswerten Städte des Landes; etliche internationale Verbindungen. Schnelle InterCity-Verbindung über Celje nach Maribor. Touristenbüro im Bahnhof vorhanden. Auskunft Tel. 2913332, www.slo-zeleznice.si.

Flughafen

Der Flughafen ›Jože Pučnik‹ liegt 25 km nordwestlich bei Kranj, Tel. 04/2061000, www.lju-airport.si. Es gibt keine Bahnanbindung. Flughafenbus und Shuttle ab Bahnhofsvorplatz, abgestimmt auf die Abflugzeiten (Bus ca. 4 Euro, Fahrzeit ca. 50 Min.; Taxi ca. 40–45 Euro, ca. 30 Min.; Shuttle ca. 8 Euro). Neuer Shuttleservice ›GoOpti‹ bietet Transfers auch zu vielen entfernteren Flughäfen jenseits der Landesgrenzen (z.B. Graz, Wien, München, Triest, Bologna, Venedig) zu sehr moderaten Preisen (Tel. 3204530, www.goopti.com).

Schiffe

Ausflugsboote auf der Ljubljanica starten und legen beim Ribji trg an.

Taxi

Im Stadtgebiet verkehren Taxis mehrerer Unternehmen. Nach einer ADAC-Stichprobe im Sommer 2011 bekam der Service in Ljubljana leider die schlechteste Note unter 22 europäischen Großstädten (Grund: Umwege, überhöhte Preise, abgelehnte Fahrten etc.). Uneinheitliche Preise, die auch von Tageszeit und Fahrgastzahl abhängen. Grundgebühr bis ca. 1,50 Euro; Kilometerpreis ca. 0,80–1,70 Euro. Telefon z.B. 2349000 oder 5209704.

Seilbahn

Standseilbahn zur Burg ab Krekov trg im Sommer tägl. 9–23 Uhr. Pro Fahrt 1,50 Euro, Familien- und Kombitickets inkl. Museumseintritt verfügbar.

Fahrradverleih

Es gibt ein neues, äußerst populäres Fahrradausleihsystem namens ›BICIKE(LJ)‹ mit über 30 Selbstbedienungsstationen im Stadtgebiet, u.a. an den Touristenbüros. Zuerst muss man sich registrieren (im Touristenbüro oder online unter www.bicikelj.si) und eine Grundgebühr von 1 Euro pro Woche oder 3 Euro pro Jahr entrichten. Die erste Stunde der Nutzung ist dann kostenlos, die zweite kostet 1 Euro, mit jeder weiteren Stunde steigt der Preis an. Inhabern der ›Ljubljana Card‹ werden zusätzliche Freistunden gewährt. Im Altstadtbereich sind viele Radfahrer unterwegs. Auf den Hauptstraßen bitte Einschränkungen beachten!

Unterkunft

Hotels

Die Hotelpreise in Ljubljana sind auf jeden Fall höher als im Rest des Landes, durchaus vergleichbar mit deutschen Großstädten. Eine gute Alternative sind die zahlreichen gut geführten Hostels (s.u.). Oder man nimmt eine Unterkunft in der näheren Umgebung der Stadt. Mit Bus oder Bahn ist man aus verschiedenen Richtungen sehr schnell in der City der ohnehin nicht allzu großen Hauptstadt.

Hotel Antiq, Gornji trg 3, Tel. 4213560, www.antiqhotel.si. Mitten in der Altstadt, am Fuße des Burgbergs; romantisches Ambiente; auch Apartments verfügbar; DZ ab ca. 150 Euro.

Hotel Slon, Slovenska cesta 34, Tel. 4701100, www.hotelslon.com. Traditionsreiches Vier-Sterne-Haus der ›Best Western‹-Kette, an der Hauptstraße im Zentrum, neben der Hauptpost; mit Gourmet-Restaurant; DZ ab ca. 135 Euro.

Hotel Park, Tabor 9, Tel.3002500, www.hotelpark.si. Zentrale Lage, relativ günstige Preise; DZ ab ca. 85 Euro.

Hotel Stil, Litijska cesta 188, Tel. 5484343, www.hotel-stil.si. Etwa 6 km östlich der Altstadt in bereits ländlicher Umgebung; Parkplätze vorhanden; DZ ab ca. 90 Euro.

Gostilna Pri Mraku, Rimska cesta 4, Tel. 4219600, www.daj-dam.si. Stilvolles Gasthaus im Zentrum; mit positiven Bewertungen; Restaurant, Sommergarten; DZ um 115 Euro.

Hotel Emonec, Wolfova ul. 12, Tel. 2001520, www.hotel-emonec.com. Direkt in der Altstadt; relativ schlichte Einrichtung, dafür preislich attraktiv; DZ ab ca. 68 Euro.

Hotel Center, Slovenska 51, Tel. 5200640, www.hotelcenter.si. Kleiner, neuer Familienbetrieb in sehr günstiger Lage; niedrige Preise, evtl. mit Halbpension; DZ um 60 Euro.

Marta Studio, Tržaška cesta 24 (Eingang von der Rückseite), Tel. 05/9020452, www.martastudio.eu. Etage in einem renovierten Bürgerhaus am südwestlichen Cityrand, 1500 Meter zur Altstadt; komfortabel eingerichtete Räume; gebührenfreies Parken in seitlicher Wohnstraße; DZ ab 55 Euro ohne Frühstück.

Gostilna Stari Tišler, Kolodvorska ul. 8, Tel. 4303370, www.stari-tisler.com. Über 100 Jahre altes Gasthaus unweit des Bahnhofs; 5 einfache Zimmer mit Klimaanlage; DZ 45 Euro.

Prenočišča Šiška, Celovška cesta 166, Tel. 5141607,www.prenocisca-siska.si. 1-Stern-Herberge mit preiswerter Beköstigung, gut 2 km nordwestlich der Innenstadt; DZ ab ca. 35 Euro.

Hostels und Herbergen

Manche Hostels und Herbergen sind nur während der Sommerferien geöffnet. Gemeinschaftsküche, Waschmaschine und Computerecke gehören zum üblichen Standard. In manchen Häusern bekommt man mit dem Jugendherbergsausweis (Hostelling International Card) einen Rabatt. Die Preisangaben beziehen sich hier auf die billigste Unterkunftsart (Mehrbettzimmer ohne Frühstück).

Youth Hostel Park, Tabor 9, Tel. 3002500,www.hotelpark.si. Im Stadtzentrum beim gleichnamigen Hotel; farbenfrohes Ambiente, 2- und 4-Bett-Zimmer mit WC; ab ca. 20 Euro.

Fluxus Hostel, Tomšičeva ul. 4, Tel. 2515760, www.fluxus-hostel.com. Mehrfach ausgezeichnetes Hostel mit schönen, ruhigen Räumen in Altstadtnähe; ab ca. 22 Euro.

Youth Hostel Ljubljana, Litijska cesta 57, Tel. 5480055, www.bit-center.net. Etwa 3 km östlich der City; mit Sportmöglichkeiten; nur Mehrbettzimmer; ca. 20 Euro.

▶ Karte S. 209

Hostel Celica, Metelkova ul. 8, Tel. 2309700, www.hostelcelica.com. Übernachtung in modernisierten und künstlerisch gestalteten Gefängniszellen; sehenswertes Ambiente; ab ca. 16 Euro.

H2Ostel, Petkovškovo nabrežje 47, Mobiltel. 041/720825. Hübsche, kleine Herberge an der Drachenbrücke; ab ca. 15 Euro.

Alibi M14 Hostel, Miklošičeva cesta 14, 2322770, www.alibi.si. In einem Stadthaus zwischen Bahnhof und Altstadt; ab ca. 16 Euro.

Alibi Hostel, Cankarjevo nabrežje 27, Tel. 2511244, www.alibi.si. Mit allerlei Graffiti dekoriertes Haus in zentraler Lage, direkt am Ljubljanica-Ufer; ab ca. 13 Euro.

Aladin Hostel, Tugomerjeva ul. 56, Mobiltel. 041/666477, www.aladin-hostel.com. Im Nordwesten der City am Tivoli-Park; diverse Zimmerarten, Billard, Geldautomat, Parkplätze, sogar kostenloser Shuttleservice vom und zum Bahnhof; ab ca. 13 Euro.

Zeltplätze

Ljubljana Resort, Dunajska cesta 270, Tel. 5683913, www.ljubljanaresort.si. Vier-Sterne-Platz mit 220 Stellplätzen am Sava-Ufer (nördlicher Stadtrand); Spaßbad, Bungalows, Hotel. Übernachtung pro Person ca. 10–18 Euro.

Camp Smlednik, Dragočajna ul. 14a, Tel. 3627002, www.dm-campsmlednik.si. Naturnaher Drei-Sterne-Platz mit 100 Stellplätzen, etwa 18 km nördlich von Ljubljana; ideale Lage auch für Ausflüge nach Škofja Loka, Kranj, Kamnik; Badestrand mit FKK-Bereich, Sportanlagen. Übernachtung pro Person ca. 9 Euro.

Gastronomie

Die Auswahl an Restaurants und Imbissen ist ziemlich groß. Für jeden Geldbeutel und fast alle Vorlieben lässt sich etwas Passendes finden. Wer deftige slowenische Küche probieren möchte, sollte sich nicht vom folkloristischen Ambiente mancher Traditionslokale abschrecken lassen. Beim Rundgang im historischen Viertel gewinnt man schnell einen Überblick und wird sich spontan für das eine oder andere Restaurant entscheiden. Natürlich sind auch die internationalen Fastfood-Ketten am Ort. Geöffnet ist wochentags in der Regel bis mindestens 22 Uhr, freitags und samstags natürlich länger.

Restaurants

Pri Vitezu, Breg 20, Tel. 4266058. Sicher eines der besten Restaurants der Stadt, aber auch teuer; überwiegend italienische Küche; Keller und Gastgarten.

Slon, Slovenska cesta 34, Tel. 4701100. Gediegenes Hotelrestaurant mit überwiegend mediterraner Küche und gutem Service; in der Regel bis Mitternacht geöffnet.

Restavracija Valmarin, Gornji trg 33, Tel. 2565199. Netter Familienbetrieb, spezialisiert auf fangfrische Meeresfrüchte; keinesfalls zu teuer.

Zlata Ribica, Cankarjevo nabrežje 5, Tel. 2410680. Schönes Restaurant mit Außenplätzen im Hof und am Fluss; gute Weinauswahl.

Špajza, Gornji trg 28, Tel. 4253094. Stilvoll-rustikales Restaurant mit romantischem Hof; breitgefächerte Speisekarte; nicht zu teuer.

Valvas'or, Stari trg 7, Tel. 4250455. Chices Restaurant mit einheimischer und mediterraner Küche; auch Außenplätze; zahlreiche positive Kommentare.

Gostilna Figovec, Gosposvetska ul. 1, Tel. 4264410. Alteingesessenes Gasthaus (seit 1786) mit traditioneller slowenischer Küche; auch von Einheimischen gern frequentiert.

Gostilna Šestica, Slovenska cesta 40, Tel. 2420855. Ebenfalls ein Traditionslokal (seit 1776), in dem auch größere Touristengruppen Platz finden; umfangreiche Speisekarte, solide Hausmannskost.

Abecedarium, Ribji trg 2, Tel. 4269514. Restaurant und Café im ältesten Haus der Stadt (erbaut 1528); hier lebte ab 1562 Primož Trubar, bekannt als der Begründer der slowenischen Schriftsprache.

Nebotičnik, Štefanova ul. 1, Mobiltel 040/601787. Café, Lounge und Restaurant auf dem sogenannten Wolkenkratzer; schöner Panoramablick.

Sofra, Dunajska cesta 145, Tel. 5656800. Echt bosnisches (›jugoslawisches‹) Grillrestaurant; Fleischportionen nach Balkanart zu vernünftigen Preisen.

Allegria, Nazorjeva ul. 8, Tel. 4267402. Mediterrane Küche in netter Atmosphäre; unter derselben Adresse auch die **Pizzeria Osmica**, Tel. 4265872.

Foculus, Gregorčičeva ul. 3, Tel. 4219295. Sehr beliebte Pizzeria mit Riesenauswahl (66 Sorten); preiswert.

Cafés

Es gibt eine große Anzahl Straßencafés, insbesondere entlang der Ljubljanica. Manche haben einen eigenen Stil, andere dienen lediglich einer kurzen Erfrischung beim Stadtrundgang. Das Spektrum reicht von der italienisch anmutenden Espressobar bis zur Studentenkneipe. Einige große Hotels besitzen noch ein klassisches Literatencafé.

Zvezda, Wolfova ul. 14, Tel. 4219090. Sehr beliebtes Café mit kreativer Konditorei; nicht ganz billig, aber einen Besuch wert. Eine Filiale befindet sich im Hotel Slon (s.o.).

Plato, Ajdovščina ul. 1, Tel. 2308480. Große Auswahl an Kuchen und Eis in hübscher Umgebung; sonntags leider geschlossen.

Le Petit Café, Trg francoske revolucije 4, Tel.2512575. Durchaus passend zur Adresse bietet dieses Café ein wenig Pariser Flair, die guten Backwaren inklusive.

STA Travel Café, Ajdovščina ul. 1, Tel. 4391690. (Internet)cafè, Imbiss, Reiseagentur, Veranstaltungsort, Treffpunkt; angenehme Dachterrasse.

Cha (Čajna hiša), Stari trg 3, Tel. 2527010. Hübsches Teehaus mit Laden; sonntags geschlossen.

Bars und Kneipen

Die große Zahl von Studenten in der Stadt prägt das Nachtleben stark. Bei Laternenlicht sitzt man entspannt in den Kneipen und Jazzclubs entlang der Eipprova ul. (südlich der Altstadt, bei der Mündung des Flüsschens Gradaščica) und lässt heiße Sommertage ausklingen. Die alternative Szene ist eher entlang der Trubarjeva cesta (Nordrand der Altstadt, jenseits der Ljubljanica) oder beim ehemaligen Kasernengelände an der Metelkova ul. (südöstlich des Hauptbahnhofs) anzutreffen. Aber natürlich bieten auch die stimmungsvoll illuminierte Altstadt um den Mestni trg und die innerstädtischen Ufer der Ljubljanica viele Möglichkeiten für einen abendlichen Drink.

Museen

Burg (Grad); Zugang im Sommer tägl. 9–23 Uhr, Turm und Ausstellungen bis max. 21 Uhr.

Virtuelles Museum zur Stadtgeschichte (Virtualni muzej), in der Burg, Grajska planota 1; Apr.–Sept. tägl. 9–21 Uhr, Okt.–März 10–19 Uhr.

Stadtmuseum (Mestni muzej), Gosposka ul. 15; Di–So 10–18 Uhr.

Nationalmuseum (Narodni muzej), Prešernova cesta 20; tägl. 10–18, Do bis 20 Uhr.

Architekturmuseum, Schloss Fužine (Arhitekturni muzej, Grad Fužine), im Osten der Stadt nahe Autobahnabfahrt Ljubljana-izhod; tägl. 10–15, Sa bis 18 Uhr.

Archäologischer Park, Jakopič-Garten (Arheološki park, Jakopičev vrt), Mirje 4; Apr.–Okt.

Ethnographisches Museum (Etnografski muzej), Metelkova ul. 2; Di–So 10–18 Uhr.

Naturhistorisches Museum (Prirodoslovni muzej), Prešernova cesta 20; tägl. 10–18, Do bis 20 Uhr.

Museum für Neuere Geschichte, Schloss Cekin (Muzej novejše zgodovine, Cekinov grad), Celovška cesta 23; Di–So 10–18, Do bis 20 Uhr.

Geographiemuseum (Geografski muzej), Trg francoske revolucije 7; Mo–Fr 9–19, Sa 8–13 Uhr.

Tabakmuseum (Tobačni muzej), Tobačna ul. 1; Di–So 11–19, So 11–15 Uhr; Eintritt frei.

Brauereimuseum (Pivovarski muzej), Pivovarniška ul. 2; jeden Monat am ersten Di 8–13 Uhr.

Eisenbahnmuseum (Železniški muzej), Parmova ul. 35; Di–So 10–18 Uhr.

Technisches Museum Sloweniens (Tehniški muzej Slovenije), im ehem. Kloster Bistra bei Vrhnika; Kernzeit Di–So 10–16 Uhr, im Sommer bis mind. 17 Uhr, Dez.–Febr. geschlossen.

Schulmuseum (Šolski muzej), Plečnikov trg 1; Mo–Fr 9–16 Uhr.

Sportmuseum (Muzej športa), Kopitarjeva ul. 2-4; Mo–Fr 9–14 Uhr.

Theatermuseum (Gledališki muzej), Mestni trg 17; Mo–Sa 10–13 und Mo–Fr 17–19 Uhr.

Puppentheater (Lutkovno gledališče), Krekov trg 2; Museum Mo–Fr ab 10 Uhr auf Anfrage.

Nationalgalerie (Narodna galerija), Prešernova cesta 24; Di–So 10–18 Uhr.

Moderne Galerie (Moderna galerija), Tomšičeva ul. 14; Di–So 10–18 Uhr.

Stadtgalerie (Mestna galerija), Mestni trg 5; Di–Sa 11–19, So 11–15 Uhr.

Tivoli-Galerie, Graphisches Zentrum (Grafični center), Pod Turnom 3; Mi–So 11–18 Uhr.

Plečnik-Sammlung (Plečnikova zbirka), Karunova ul. 4; nur im Rahmen einer geführten Tour 10–18 Uhr, Mo und Fr bis 15 Uhr, So geschlossen.

Experimentierhaus (Hiša eksperimentov), Trubarjeva cesta 39; Sa–So 11–19 Uhr.

Zoo (Živalski vrt), im Westen der Stadt, Večna pot 70; Buslinie 23 ab Bahnhof (nur Mai–Okt.); tägl. ab 9 Uhr, Nachtführungen Do und Sa 21–23 Uhr.

▶ Karte S. 209

Jugendstil-Kaufhaus ›Galerija Emporium‹

Botanischer Garten (Botanični vrt), im Süden der Stadt, Ižanska cesta 15; Buslinie 3 nach Rudnik; tägl. 7–19 Uhr, im Sommer bis 20 Uhr; Eintritt frei.

Kultur und Festivals

Neben den Sehenswürdigkeiten bietet Ljubljana insbesondere während des Sommers ein sehr vielfältiges Kulturprogramm. Es lohnt sich, gleich bei der Ankunft im Touristenbüro Informationen einzuholen. Hier einige Beispiele:

Festival Ljubljana (jedes Jahr zwischen Juni und September; überregionale Bedeutung; Theater, Oper, Ballett, Ausstellungen, Kleinkunst, Workshops; im Freilichttheater Križanke und auf der Burg)

Internationales Jazz-Festival Ljubljana (Juni/Juli; im Freilichttheater Križanke)

Internationales Festival der Alternativ- und Ethno-Musik ›Druga godba‹ (Ende Mai; im Freilichttheater Križanke)

Internationales Straßentheater-Festival (Juni/Juli; in der Stadtmitte)

Altstadtsommer (Juli/August; im Altstadtbereich)

Internationale Graphikbiennale (September/Oktober in ungeraden Jahren; in der Modernen Galerie und im Kongresszentrum ›Cankarjev dom‹)

LIFFE – Internationales Filmfestival (November)

Weihnachtsmarkt und **Konzerte** (Dezember; im Altstadtbereich)

Silvesterfeier mit Feuerwerk vom Schlossberg

Einkaufen

Mit prächtigen Farben und einer ganz besonderen Stimmung lockt der **Hauptmarkt** um den Vodnikov trg, auf den man im Rahmen eines Altstadtbummels ohnehin gelangen wird.

Um den **Gornji trg** am anderen Ende der Fußgängerzone haben sich einige Boutiquen mit Designermode angesiedelt.

Am **Ljubljanica-Ufer** ist sonntags vormittags in der Regel Flohmarkt, ansonsten trifft man auf die unvermeidlichen Souvenirstände.

Qualitativ hochwertige Souvenirs und Kunstgewerbeartikel werden in einem Laden im **Burghof** angeboten. Man sollte unbedingt die Preise vergleichen und nicht sofort kaufen.

Die größte **Buchhandlung** befindet sich auf der Slovenska cesta 29.

Dolenjska. Bela krajina.
Karstregionen Suha krajina und Kočevski rog.
Thermalquellen, Schlösser, Klöster.
Bären, Wölfe und dunkle Wälder.
Partisanenverstecke und ein Atomkraftwerk.
Richtung Zagreb.

Novo mesto und der Süden

Zwischen Krka und Sava

Zwischen Ljubljana und Zagreb windet sich die Sava durch ein stilles Mittelgebirgsland und trennt die historischen Regionen Štajerska (Untersteiermark) und Dolenjska (Unterkrain). Nur an wenigen Stellen werden die allgemeinen Höhenlagen von etwa 400 bis 700 Metern überschritten. Kurz vor der kroatischen Grenze erreicht der Fluss eine größere Ebene, schiffbar wird er indes erst nach weiteren hundert Kilometern. Von Westen her mündet die Krka ein, die in der Dolenjska entspringt und die Region auf ihrer ganzen Länge von 111 Kilometern durchquert. Beiderseits der nunmehr fertiggestellten Autobahn A2, die dem Lauf der Krka weitgehend folgt, ziehen sich große Wälder hin, unterbrochen von Äckern, Weinbergen und Obsthainen. In den zahlreichen Dörfern gibt es wenig Sehenswertes, und größere Städte fehlen völlig. Die zahlreichen Schlösser, Burgen, Klöster und Thermalquellen sind die eigentlichen Schätze der Region. Um sie zu besuchen, muss man auf die Nebenstraßen abbiegen. Touristen begegnet man hier bislang in nur geringer Zahl.

Novo mesto

Als Zentrum der Dolenjska besitzt Novo mesto (23000 Einwohner) neben Verwaltungsfunktionen auch eine gewisse kulturelle Bedeutung. Erst auf den zweiten Blick entdeckt man den Charme der ruhigen Altstadt, die in einer Flussschleife der Krka liegt. In den Außenbezirken befinden sich bedeutende Industriebetriebe: Das Renault-Mon-

tagewerk ›Revoz‹ ist Sloweniens einzige Autofabrik, das Unternehmen ›Krka‹ ein international tätiger Pharmaziekonzern, außerdem ist der Wohnwagenhersteller ›Adria‹ neben Betrieben der Textil- und Elektrobranche ansässig. Die Umgebung besteht aus waldreichem Hügelland und Weinbergen.

Novo mesto – Zahlen und Fakten

Deutscher Name: Rudolfswerth
Koordinaten: 45°48'N/15°10'O
Gemeindefläche: 299 km²
Einwohner Stadt: 23000
Einwohner inkl. Gemeinde: 37000
Höhe ü. M.: 202 m
Autokennzeichen: NM
Internet: www.novomesto.si
Historische Region: Dolenjska

Historisches

Schon um 1000 vor Christus existierte hier ein Fürstensitz. Um das Jahr 33 vor Christus vereinnahmten die Römer das Gebiet der Unterkrain und gliederten es ihrer Provinz Pannonia Superior an. Während der Völkerwanderungszeit ist keine Siedlungskontinuität nachgewiesen. Unter den vordringenden Slawen entstand dann am Knotenpunkt wichtiger Handelswege eine Siedlung, die im April 1365 von Herzog Rudolf IV. von Habsburg die Stadtrechte erhielt. Daher stammt der deutsche Name Rudolfswerth (-werth bedeutet Insel). Der weniger gebräuchliche Name Neustadtl bringt zum Ausdruck, dass es damals in der Umgebung wohl noch keine städtische Siedlung gegeben hat. Der Marktflecken litt erheblich unter den Türkenheeren und verfiel ab 1579 in Bedeutungslosigkeit, weil die habsburgische Administration zusammen mit dem Militär aus Sicherheitsgründen nach Karlovac verlegt wurde. Erst im 18. Jahrhundert besserte sich die Lage wieder: Die Stadt wurde Verwaltungszentrum der Dolenjska. Seit dem Eisenbahnanschluss im Jahre 1894 entwickelte sie sich bei aller Beschaulichkeit auch zu einem wichtigen Industriestandort. Der Anschluss an die Autobahn A2 (Ljubljana – Zagreb) hat der Stadt weitere Entwicklungsimpulse gegeben.

Stadtbesichtigung

Vom Fluss aus betrachtet präsentiert sich die Altstadt als typische Postkartenidylle. Sie liegt auf einer Anhöhe, die sich als Halbinsel in den Lauf der Krka schiebt. Von Norden her erreicht man zunächst den Novi trg (Neuer Platz), in dessen Umgebung man Parkplätze findet. Aus südlicher Richtung gelangt man über eine historische Straßenbrücke unmittelbar auf den **Glavni trg** (Hauptplatz), den Mittelpunkt der Altstadt.

Das Rathaus von Novo mesto

Der Glavni trg gilt als größter städtischer Platz im ganzen Land. Genau genommen ist es eher eine breite Straße mit einem Belag aus Kopfsteinpflaster, gesäumt von alten Bürgerhäusern aus dem 19. Jahrhundert. Manche besitzen schöne Arkaden, bei anderen hat man den Frevel begangen, die Innenräume auf Kosten dieser Durchgänge zu vergrößern. Breite Bürgersteige mit ausladenden Bäumen führen daran entlang. Am oberen Platzende befindet sich seit 1905 das neugotische **Rathaus** (Rotovž). Vor dem Eingang stehen Büsten der beiden örtlichen Schriftsteller Dragotin Kette (1876–1899) und Janez Trdina (1830–1905). Vom unteren Ende des leicht abschüssigen Platzes geht der Blick über die Krka-Brücke, die zum neueren Stadtteil Kandija hinüberführt und deshalb auch **Kandija-Brücke** (Kandijski most) heißt. Das stählerne Bauwerk ersetzte ab 1898 die frühere Holzbrücke, die sich allerdings nicht genau an derselben Stelle befunden hatte. Mit ihrer 75 Meter langen Bogenkonstruktion gilt der heutige Viadukt als besonderes Kulturdenkmal.

Schräg hinter dem Rathaus ragt die rostige Turmspitze der **Franziskanerkirche** (Frančiškanska cerkev) heraus. Der gelbliche Bauwerk mit seiner etwas verspielten, neugotischen Fassade stammt in seiner ursprünglichen Form aus dem Jahr 1664 und trägt den Namen des heiligen Leonard. Es birgt einige Grabmäler, darunter auch das des kroatischen Generals Ivan Lenković (gestorben 1569), der als Begründer und Befehlshaber der habsburgischen Mili-

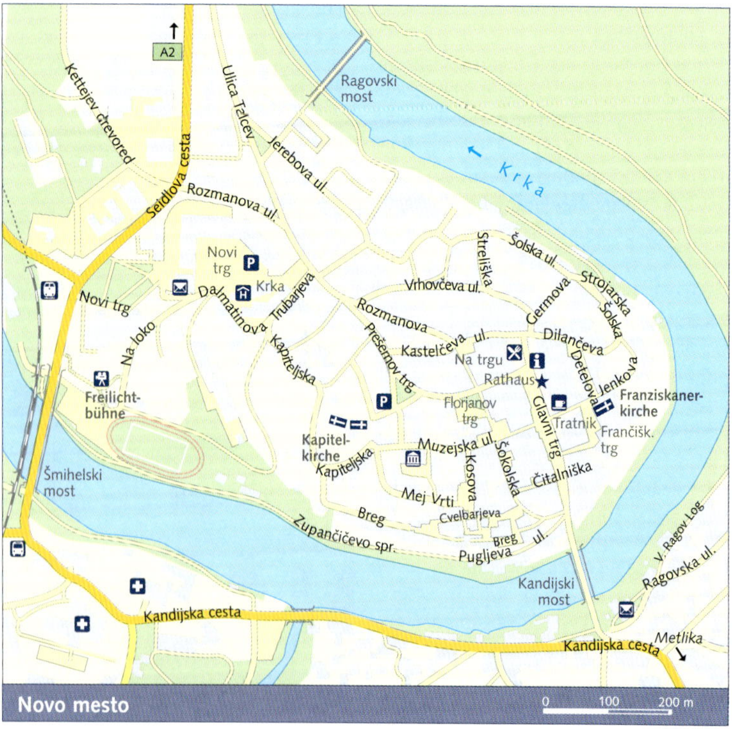

tärgrenze (Vojna krajina) gilt, die einst zur Abwehr der Türken geschaffen wurde. Das Gymnasium – heute als Bibliothek genutzt – einige Schritte nördlich der Kirche entstand bereits 1746 unter Maria Theresia.

Ein Netz beschaulicher Gassen umgibt den Glavni trg. Von der Platzmitte führt die Muzejska ulica bergauf, am **Unterkrain-Museum** (Dolenjski muzej) vorbei, zur höchsten Stelle des Altstadthügels. Hier erhebt sich die **Kapitelkirche** (Kapiteljska cerkev), die dem heiligen Nikolaus geweiht ist. Sie wurde 1429 erbaut und nachträglich im Stil des Barock umgestaltet. Im Inneren gibt es ein berühmtes Altarbild von Tintoretto aus dem späten 16. Jahrhundert, das den Heiligen inmitten von Engeln zeigt.

Einen Besuch wert ist außerdem das Geburtshaus des expressionistischen Malers **Božidar Jakac** (1899–1989), Sokolska ulica 1, in der Nähe der oben erwähnten Brücke. Unter den rund 800 Exponaten befinden sich auch verschiedene Stadtansichten von Novo mesto.

Jenseits der Krka steht etwas versteckt am Ende einer Siedlung das **Schloss Grm** (Grad Grm). Es wirkt vor dem Hintergrund des angrenzenden Automontagewerks seltsam deplatziert.

Novo mesto

Vorwahl: 07.

Postleitzahl: 8000.

Touristenbüro: Glavni trg 6, Tel. 3939263.

Bushof südlich der Altstadt an der Krka-Brücke (Topliška cesta 1, Tel. 3321123): Überlandverkehr des Unternehmens Veolia in alle größeren Orte der Dolenjska und nach Ljubljana; außerdem innerstädtische Linien.

Bahnhof neben der Ljubljanska cesta im Nordwesten der Stadt; außerdem Station Center an der Westseite der Altstadt: Nebenstrecke Novo mesto-Črnomelj-Metlika mit Abzweig nach Sevnica. Tägl. ca. 18 Züge nach Ljubljana, ca. 8 nach Metlika.

Tel. 3325777.

Hotel Krka, Novi trg 1, tel. 3942100, www.terme-krka.si. Relativ neues Hotel unweit der Altstadt; mit Restaurant; DZ ca. 115 Euro.

Jugendherberge, Šegova ul. 115, Mobiltel. 041/734204. Nähe Bahnhof, ca. 20 Min. zur Altstadt.

Hostel Situla, Dilančeva ul. 1, Tel. 394-2000, www.situla.si. Empfehlenswerte Unterkunft mit Cafeteria; zentral gelegen; ca. 15 bis 25 Euro pro Person inkl. Frühstück.

Campingplatz in Otočec, Grajska cesta 2, Mobiltel. 3075165. Geöffnet Mitte Mai bis Ende Sept.

Gostišče na trgu, Glavni trg 30, Tel. 3321882. Café, Eiscafé und Restaurant; beliebt, mit Außenterrasse.

Tratnik, Glavni trg 11, Tel. 3321551. Café und Pizzeria; Außenterrasse, Innenhof, plüschiges Interieur.

Museum der Unterkrain (Dolenjski muzej), Muzejska ul. 7, Tel. 3731130; Di–Sa 9–17, So 9–13 Uhr.

Otočec ob Krki

Im nordwestlichen Teil der Gemeinde Novo mesto liegt die Ortschaft Otočec (750 Einwohner), die auch unter dem älteren Namen Šentpeter geläufig ist. Auf einer Flussinsel der Krka befindet sich Sloweniens einziges **Wasserschloss**. Von beiden Ufern ist es über Brücken zugänglich. Auf Grund seiner malerischen Lage ist es ein sehr beliebtes Ausflugsziel. Älteste Quellen erwähnen bereits 1252 eine Burg an der Stelle. Eine Reihe wechselnder Besitzer gestaltete die Gebäude immer wieder um und bediente sich dabei unterschiedlicher Baustile. Heute besteht die Anlage aus einer Ummauerung mit vier Rundtürmen und einem befestigten Zugang zum Innenhof. Im Westturm befindet sich die Schlosskapelle. Nach umfangreichen Renovierungsarbeiten wird der Komplex heute als Luxushotel genutzt mit Golfplatz und Landschaftspark.

Ganz in der Nähe liegt der Kurort **Šmarješke Toplice** mit 32 Grad warmem Thermalwasser. Es existiert auch ein Waldschwimmbad und ein Naturlehrpfad.

Otočec ob Krki

Vorwahl: 07.

Postleitzahl: 8222.

Schlosshotel Otočec, Grajska cesta 2, Tel. 3075165, www.terme-krka.si. Fünfsterne-Hotel in romantischer Lage; gutes Restaurant und Café im Innenhof; DZ ab 260 Euro.

Camping Otočec, Grajska cesta 2, Mobiltel. 3075165. Geöffnet Mitte Mai bis Ende Sept.

Golfplatz, Bootsverleih und Angelmöglichkeiten am Ort.

▸ Karte S. 236

Grad Otočec: Sloweniens einziges Wasserschloss

Kostanjevica na Krki

In der gesamten Dolenjska ist Kostanjevica na Krki (750 Einwohner) der älteste und kleinste unter den Orten, die einst Stadtrecht besaßen. Vor 1100 entstand die Siedlung. Das denkmalgeschützte Ortsbild ist geprägt von der Lage auf einer künstlichen Flussinsel sowie von zwei gotischen Kirchen am östlichen und am westlichen Rand. Wegen der gelegentlichen Überflutungen spricht man angeblich vom ›Venedig der Dolenjska‹.

Die größte Sehenswürdigkeit ist das 1234 unter dem Kärntner Herzog Bernhard von Spanheim gegründete **Zisterzienserkloster Sancta Maria in Fontis** (auch Fons Beatae Mariae) in exponierter Lage südlich des Ortskerns. Es war ein Tochterkloster des Stiftes Viktring in Klagenfurt. Kaiser Joseph II. verfügte um 1785 die Schließung; seitdem gibt es hier keine Mönche mehr. Die schweren Beschädigungen aus dem Zweiten Weltkrieg sind inzwischen mit großem Aufwand beseitigt worden. Der Klosterkomplex ist wahrlich beeindruckend. Durch ein Renaissanceportal, das von zwei gedrungenen Türmen flankiert wird, betritt man das Gelände. Auch der große dreistöckige Arkadenhof und die Marienkirche sind sehr sehenswert. Die Kunstszene hat sich zwischen den Klostermauern etabliert. Seit Jahrzehnten treffen sich in regelmäßigen Abständen Bildhauer zum Symposium ›Forma Viva‹ und erweitern ständig das Ensemble an bereits vorhendenen Holzskulpturen im Park. Ferner gibt es wechselnde Ausstellungen slowenischer Künstler und eine höchst wertvolle Sammlung alter europäischer Meister des 17. und 18. Jahrhunderts.

Umgebung von Kostanjevica

Etwa einen Kilometer südlich kann man eine interessante **Tropfsteinhöhle** (Kostanjeviška jama) besichtigen. Sie wurde durch einen Starkregen im Jahr 1937 freigespült und ist seit 1971 auf einer Länge von knapp 300 Metern für Besucher zugänglich. Im kühlen Inneren befindet sich neben einem Saal mit Kalksinterfiguren auch ein unterirdischer Teich. An den Gewölbedecken hat sich die wohl größte Fledermauskolonie des Landes entwickelt. Führungen gibt es im Juli und August täglich zwischen 10 bis 18 Uhr, in der Vor- und Nachsaison nur samstags und sonntags.

Etwa acht Kilometer weiter im Hinterland, am Nordrand des Höhenzuges Gorjanci, liegt das abgeschiedene **Kartäuserkloster von Pleterje** (Kartuzijanski samostan). Es wurde zwischen 1403 und 1406 auf Veranlassung des Grafen von Cilli erbaut, bereits 1471 in den Türkenkriegen zerstört, danach in stark befestigter Form wieder errichtet. Nach einer Phase des allgemeinen Niedergangs überließ man den Komplex 1593 den Jesuiten. Seit 1899 sind die Kartäusermönche wieder am Ort und bewirtschaften nun rund 30 Hektar landwirtschaftlicher Fläche. Der Einsiedlerorden existiert bereits seit dem Ende des 11. Jahrhunderts und hat besonders strenge Regeln, wozu insbesondere Zurückgezogenheit, lebenslanges Schweigen und vegetarische Ernährung gehören. Besichtigen kann man nur die unbenutzte Kirche, die noch aus der Anfangszeit des Klosters erhalten blieb, sowie die Sakristei. Die weiteren Räumlichkeiten, Kreuzgänge und Höfe sind der Öffentlichkeit entzogen, werden aber in Form einer Multimedia-Präsentation veranschaulicht. Außerdem gibt es ein kleines **Freilichtmuseum** mit Bauernhäusern und einen Verkauf selbst erzeugter Produkte (Birnengeist, Kräuterlikör, Honig, Wein).

i Kostanjevica na Krki

Vorwahl: 07.

Postleitzahl: 8311.

Touristenbüro: Grajska cesta 45 (im Kloster), Tel. 4988150.

Pension Žolnir, Krška cesta 4, Tel. 4987133, www.zolnir-sp.si. Mit Restaurant; DZ um 50 Euro.

Kmečki hram, Oražnova ul. 11, Tel. 4987078. Gasthaus mit diversen Spezialitäten.

Außerdem zahlreiche Gasthäuser und Weinstuben in der näheren und weiteren Umgebung.

Kloster Kostanjevica, Grajska cesta 45, Tel. 4987335; Di–So 9–18 Uhr.

Kloster Pleterje, Tel. 3081219; Mo–Sa etwa 8–17 Uhr.

Ballonfahrten, Bootsverleih, Angelplätze am Ort. Außerdem reger Badebetrieb auf der nördlichen Inselseite neben der Brücke.

Obstplantagen beim Kloster Pleterje

Brežice

Unweit der Landesgrenze und nur 35 Kilometer von der kroatischen Hauptstadt Zagreb entfernt, liegt Brežice (6600 Einwohner) in einem von Hügeln umgebenen Becken. Am Ortsrand mündet die Krka nach 111 Kilometern Lauf in die Sava. Von der Mitte des 9. Jahrhunderts bis zum Jahre 1490 war die Stadt Rann – so der damalige Name – eine Außenbesitzung oder Exklave des Erzstiftes Salzburg, mehrfach bestätigt durch die deutschen Kaiser. Die letzten elf Jahre dieser langen Zeitspanne erlebte Rann jedoch im Machtbereich des ungarischen Königs Matthias Corvinus. Nach dessen Tod errang das Herzogtum Steiermark die Herrschaft, und das Gebiet um Rann blieb bis 1918 dessen äußerste Südspitze. Von 1941 bis 1945 unternahmen die Nationalsozialisten hier eine gezielte Germanisierung, indem sie Deutschstämmige aus dem Gottscheer Land ansiedelten (→ S. 258). Im Herbst 2010 fand man östlich der Stadt in Mostec ein Massengrab aus dem Sommer 1945, das derzeit als das größte seiner Art in ganz Slowenien gilt: Mehrere tausend vorwiegend deutsche Soldaten und Siedler sowie kroatische Flüchtlinge werden darin vermutet.

Brežice besitzt einen kleinen Altstadtkern und genießt einen Ruf als angenehmer Erholungsort. Besonders sehenswert ist das **Schloss der Grafen von Attems**. Sie bauten die mittelalterliche Burg im 17. Jahrhundert zu einer barocken Residenz aus mit aufwändiger Treppe, dem größten Festsaal des Landes und üppigen Decken- und Wandmalereien, die bukolische Landschaften sowie Götter und Helden der Antike zeigen. Das integrierte **Regionalmuseum** (Posavski muzej Brežice) dokumentiert unter anderem die hiesigen Bauernaufstände, den Partisanenkampf und das Landleben, außerdem werden Werke der barocken Malerei präsentiert. In den Gewölben unter dem Schloss befindet sich eine Kellerei.

Im Gemeindeteil Čatež am rechten Sava-Ufer liegt das **Thermalbad Čateške Toplice** mit über 5500 Quadratmetern Wasserfläche; im Hintergrund blickt man auf den bewaldeten Höhenzug Gorjanci. Zu den Kurbetrieben gehört auch das Hotel Mokrice unmittelbar an der kroatischen Grenze, das im Bauernaufstand von 1573 eine wichtige Rolle spielte; es wurde stilvoll renoviert und beherbergt nun ein Hotel und Restaurant der Spitzenklasse mit angeschlossenem Golfplatz.

Heuschober bei Šentjernej

▲ Karte S. 236

Brežice, Čatež

Vorwahl: 07.

Postleitzahl: 8250 bzw. 8251.

Touristenbüro Brežice: Cesta prvih borcev 22, Tel. 4966995.

Touristenbüro Čatež: Topliška cesta 35, Tel. 4936757.

Busse des Unternehmens Integral steuern die meisten Ortschaften beiderseits der Sava an.

Bahnhof an der Straße nach Krško: Ungefähr jede Stunde ein Zug zwischen kroatischer Grenze und Zidani Most (dort Gabelung in Richtung Ljubljana und Richtung Maribor); Fahrtdauer bis Ljubljana knapp 2 Stunden, bis Maribor 2½.

Hotel Splavar, Cesta prvih borcev 40a, Tel. 4990630, www.splavar.si. Mit Restaurant und Café; DZ ca. 80 Euro.

MC Hostel, Gubčeva ul. 10a, www.mc-brezice.si. Gut ausgestattet (Küche, Café, Sportplatz, Waschsalon u.a.); pro Person 22 Euro ohne Verpflegung, Rabatt für JH-Mitglieder.

Camping Terme Čatež, Tel. 4935000; geöffnet April-Okt.

Ošterija Debeluh, Trg Izgnancev 7, Tel. 4961070. Hochgelobt als eines der besten Restaurants im Lande; gehobenes Preisniveau; sonntags Ruhetag.

Pizzeria Italia, Borštnikova ul. 10, Tel. 4961400.

Entlang der kroatischen Grenze, zwischen Brežice und Bizeljsko, gibt es lokaltypische Weinkeller (*repnica*) in größerer Zahl. Manche sind nur sporadisch geöffnet, z.B. an Wochenenden. Telefonische Anfrage ist ratsam.

Repnica Najger, Brezovica, Hausnr. 32, Tel. 4951115.

Repnica Balon, Brezovica, Hausnr. 33, Tel. 4951181.

Vino Graben, Bizeljsko, Kumrovška cesta 6, Mobiltel. 030/611010, www.vinograben.com.

Tourist Farm Pudovi, Stara vas, Hausnr. 89, Mobiltel. 031/484003.

Posavje-Museum (Posavski muzej), Brežice, Cesta prvih borcev 1, Tel. 4660511; Mo-Fr 8–14, Sa-So 10–14 Uhr.

Musikfestival SEVIQC (lat.: Semper viva quam creata) in Brežice; www.seviqc-brezice.si.

Krško

Das Atomkraftwerk lässt Krško (7000 Einwohner) hinreichend unattraktiv erscheinen, so dass die kleine Industriestadt in den wenigsten touristischen Publikationen erwähnt wird. Sie liegt am südlichen Ende des Sava-Tales, wo der Fluss in das Krško-brežiško polje (Becken von Krško und Brežice) eintritt, und hat durchaus einige schöne Stellen. Es gibt drei Kirchen und ein Kapuzinerkloster. Das Kraftwerk wurde 1981 in Betrieb genommen und seither in slowenisch-kroatischer Kooperation genutzt. Wegen diverser Störfälle und weil eine latente Erdbebengefahr unterstellt wird, ist es nicht unumstritten. Zurzeit deckt Krško jeweils 15 bis 20 Prozent des Stromverbrauches der beiden beteiligten Staaten. Auf der Internetseite des Kraftwerks (www.nek.si) kann man weitere Einzelheiten erfahren; es gibt auch ein Besucherzentrum.

Krško besitzt auf Grundlage einer längst überholten Verwaltungsgliederung immer noch ein eigenes Autokennzeichen (KK), obwohl der Ort im heutigen Slowenien nicht als Stadtgemeinde eingestuft ist. Mindestens zwei berühmte Männer werden mit dem ehemaligen Ortsnamen Gurkfeld in Verbindung gebracht: Der slowenische Bibelübersetzer Jurij Dalmatin erblickte hier um 1547 das Licht der Welt; der Universalgelehrte Janez Vajkard Valvasor verbrachte hier die letzten Lebensjahre bis zu seinem Tod 1693.

Das Atomkraftwerk Krško

In der Gemeinde Krško (insgesamt 26 000 Einwohner) kann man noch bescheidene **Reste der römischen Siedlung Neviodunum** mit Flusshafen besichtigen; sie befinden sich in Drnovo nahe der Autobahnabfahrt Krško. Weiter nördlich, im Sava-Tal, erwartet den Besucher die **Festung Rajhenburg** oberhalb von Brestanica (1000 Einwohner). Ihre Geschichte lässt sich bis ins Jahr 895 zurückverfolgen; keine andere Burg in Slowenien ist zu einem so frühen Zeitpunkt schriftlich erwähnt worden. Das heutige Erscheinungsbild verdankt sie diversen Baumaßnahmen aus der Zeit um 1600. Die Anlage wurde im Zweiten Weltkrieg von den Nationalsozialisten als Sammelstelle für die Deportierten aus der Region missbraucht. Im Hügelland der Umgebung gedeiht Wein und Obst. Es gibt zwei ausgewiesene **Weinstraßen**: die ›Bizeljsko-sremiška vinska cesta‹ im Nordosten und die ›Gornjedolenjska vinska cesta‹ im Südwesten jenseits des Flusses.

Krško

Vorwahl: 07.

Postleitzahl: 8270.

Touristenbüro: Valvasorjevo nabrežje 2-4, Tel. 4902221.

Bahnhof an der Ostseite der Sava-Brücke: Werktags bis zu 24 Züge zwischen Ljubljana und Dobova (kroat. Grenze), etliche davon weiter nach Zagreb. Richtung Celje und Maribor in Zidani Most umsteigen.

Mobiltel. 040/645724.

Hotel City, Trg Matije Gubca 3, Tel. 4880300, www.city-hotel.si. Fast am Bahnhof; größtes und ältestes Haus am Platz, teilweise renoviert, mit Restaurant und Parkplatz; mittlere Preislage.

Apolon, Dalmatinova ul. 3, Tel. 4902360. Auf der westlichen Sava-Seite in Richtung Celje gelegen; empfehlenswertes Restaurant mit Terrasse und Spielplatz.

Pizzeria Fontana, Dalmatinova ul. 2, Tel. 4922200. Gleich nebenan, ebenfalls mit Außenplätzen.

Stadtmuseum (Mestni muzej), Valvasorjevo nabrežje 4; Di–Sa 12–18, Sa 14–18 Uhr; Eintritt frei.

Riesiges Einkaufszentrum in Leskovec pri Krškem (südwestlich in Richtung Autobahn).

▶ Karte S. 236

Kernkraft vom Sava-Ufer

Am Ufer der Sava in Krško wurde in den späten 1970er Jahren Jugoslawiens erstes Kernkraftwerk errichtet. Und es blieb auch das einzige. Etwa hundert Kilometer weiter flussabwärts beim Dorf Prevlaka, am kroatischen Abschnitt der Sava, sollte 1985 mit dem Bau eines zweiten Kernkraftwerkes begonnen werden. Auf Grund der Reaktorkatastrophe von Černobyl' im April 1986 wurde das Projekt damals eingestellt. Es gab jedoch noch weitere Gründe, nämlich die damals bereits sehr hohe Auslandsverschuldung Jugoslawiens sowie politische und ökologische Bedenken. Auch die Planungen für drei weitere solcher Anlagen in Serbien, Makedonien und Montenegro wurden nicht weiter verfolgt.

Das von Slowenien und Kroatien – nun als unabhängige Staaten – gemeinsam betriebene Kernkraftwerk von Krško (Nuklearna elektrarna Krško, NEK) ging 1981 in Betrieb. Bis 1989 musste der 730-Megawatt-Druckwasserreaktor US-amerikanischer Bauart mehr als 70-mal abgeschaltet werden. Kritisch angemerkt wird zudem, dass bis 1989 gar keine offizielle Betriebserlaubnis vorgelegen habe. Die Nutzungsdauer wurde ursprünglich mit 40 Jahren angegeben, inzwischen wird aber eine Verlängerung bis zum Jahr 2043 angestrebt. Zusätzlich ist der Bau eines zweiten, leistungsstärkeren Reaktorblocks ab 2013 im Gespräch, eventuell mit einem italienischen Partner. Nach der Katastrophe im japanischen Fukushima im März 2011 und dem deutschen Beschluss, aus der Nutzung der Kernenergie auszusteigen, gab es zunehmend Kritik an solchen Planungen.

Janez Vajkard Valvasor (→ S. 249), der 1693 in Krško seine letzten Lebensmonate verbrachte, stimmt den Leser ein wenig nachdenklich, schrieb er doch über den späteren Reaktorstandort: ›*Wie kein Ort, unter der Sonnen anzutreffen, der für Unglücks-Fällen, privilegirt wäre; also hat auch dieser dergleichen etliche gesehn.*‹ – ein ungutes Omen? Valvasor meint vor allem die immer wiederkehrende Pest.

Ob Krško und damit auch die Atomanlage durch größere Erdbeben – in Slowenien ist durchschnittlich alle 200 Jahre damit zu rechnen – gefährdet ist, lässt sich schwer sagen. Es gibt dazu widersprüchliche Meinungen und Gutachten. Die Internationale Atomenergiebehörde IAEO hat sich bezüglich der Sicherheit positiv geäußert und die Einhaltung der entsprechenden Standards bestätigt. Andererseits machen einige Störfälle (zuletzt 2008) skeptisch, bei denen es auch zu Kühlwasserverlusten im Primärkreislauf kam. Radioaktivität sei dabei nicht freigesetzt worden. Und nach offiziellen Stellungnahmen soll keine Gefahr für die Umgebung bestanden haben. Man weiß, dass derartige Beschwichtigungen immer – und manchmal vorschnell – erfolgen. Der Laie kann das kaum beurteilen, und es soll an dieser Stelle auch nicht geschehen.

Seit der Inbetriebnahme hat Krško rund 120000 Gigawattstunden (GWh) an elektrischer Energie ins Netz eingespeist. Das entspricht etwa 40 Prozent des gesamten slowenischen Bedarfs. Da jedoch die Hälfte davon an den kroatischen Partner Hrvatska Elektroprivreda (HEP) weitergeleitet wird, deckt das Kernkraftwerk letztlich ein Fünftel des inländischen Strombedarfs ab.

Sevnica

Am Sava-Abschnitt vor der kroatischen Grenze berührten sich innerhalb des Habsburgerreiches die Regionen Unterkrain und Steiermark. Eine der größeren Ortschaften am steiermärkischen Flussufer war Lichtenwald, heute Sevnica (4900 Einwohner). Im 14. Jahrhundert war es ein wichtiger Marktort, der jedoch in der Folgezeit sehr unter den ständigen Überfällen türkischer Heere zu leiden hatte und stetig an Bedeutung verlor. Später konnte sich die Reformation von hier verbreiten, als der slowenische Bibelübersetzer Jurij Dalmatin in der Stadt predigte und wirkte. Auch die nationale Bewegung der Slowenen um die Mitte des 19. Jahrhunderts hatte in Sevnica einen ihrer Schwerpunkte. Mit dem Eisenbahnanschluss 1862 ging eine Belebung der lokalen Wirtschaft einher. Im Zweiten Weltkrieg wurden, wie auch in den Nachbarorten an der Sava, die meisten der ansässigen Slowenen deportiert und Deutschstämmige aus dem Gottscheer Land (→ S. 258) angesiedelt. Sehenswert ist die mächtige **Burg** (Sevniški grad) oberhalb der Stadt. Sie besitzt vier Ecktürme und einen Innenhof mit Arkadengängen auf zwei Etagen. Im Gewölbekeller sind Fresken biblischer Motive zu sehen. Teile der Anlage dienen als Museum zum Schul- und zum Feuerwehrwesen sowie zur Dokumentation der Vertreibungen im Zweiten Weltkrieg.

Sevnica

Vorwahl: 07.

Postleitzahl: 8290.

Touristenbüro: Boštanj 80, Tel. 8165462.

Etwa jede Stunde ein Zug zwischen kroatischer Grenze und Zidani Most (dort Gabelung in Richtung Ljubljana und Richtung Maribor); Fahrtdauer bis Ljubljana ca. 1,5, bis Maribor 2 Stunden.

Hotel Ajdovec, Trg svobode 1, Tel.8161060. Einziges Hotel im Ortsbereich, gegenüber dem Bahnhof; einfache Ausstattung.

Gostilna Vrtovšek, Cesta na grad 24, Tel. 8160290. Alteingesessenes Lokal mit typisch slowenischer Küche.

Café in der Burg mit schöner Aussicht.

Burg Sevnica (Sevniški grad), Cesta na grad 17; Besichtigung Mo–Do nur nach Voranmeldung unter Tel. 8165440, Fr 15–18, Sa–So 13–18 Uhr.

Jährlich regionales Salami-Festival (›Salamijada‹), 2012 bereits zum 50. Mal.

Mokronog

▲ Karte S. 236

Die Gemeinde Mokronog-Trebelno (insgesamt 2900 Einwohner) entstand erst 2007 durch Abspaltung vom Gemeindegebiet der nahen Kleinstadt Trebnje an der Autobahn A2. Mokronog (700 Einwohner) selbst liegt an der Straße Nr. 215, die zusammen mit einer Eisenbahn-Nebenstrecke die Mirenska dolina (Mirna-Tal) erschließt. Der Ort wurde ab 1137 urkundlich erwähnt und trug lange den mittelalterlichen Namen Castrum Nazenfuez; in variierenden Schreibweisen wurde Bezug genommen auf

Die Burg von Sevnica

den hohen Grundwasserspiegel, der die Keller zeitweise flutete und so zu ›nassen Füßen‹ führen konnte. Das ebenfalls im Ortsnamen angedeutete Schloss existierte bereits vor 1256, wurde jedoch durch Erdbeben und diverse Bauernaufstände zerstört. Die Grafen aus dem nahe gelegenen Gurkfeld (heute Krško) bauten es zwar als Residenz wieder auf, doch beim Abwehrkampf der Partisanenverbände gegen die italienische Besatzungsmacht brannte das Bauwerk im Zweiten Weltkrieg komplett aus. Heute ist eine Ruine zu besichtigen. Mokronog ist ein Standort der Lederverarbeitung. Oberhalb des Ortes beginnt die Weinstraße ›Gornjedolenjska vinska cesta‹, die bis in die Gegend von Krško an der Sava führt.

Bogenšperk

In der Gemeinde Šmartno pri Litiji (5400 Einwohner), etwa 35 Kilometer östlich von Ljubljana, trifft man auf die am besten erhaltene Burg Sloweniens. Bogenšperk ist eng mit dem Namen des bedeutenden Gelehrten Janez Vajkard Valvasor verbunden und gehört zu den wichtigsten Kulturdenkmälern des Landes. Auf einem Bergrücken in 412 Metern Höhe thront das dreistöckige Renaissance-Bauwerk, dessen vier Türme und Gebäudeflügel einen arkadengesäumten Innenhof umschließen. Der Nordturm als ältester erhaltener Teil war ursprünglich ein separater Wehrbau. Der südöstliche Turm brannte 1759 nach einem Blitzeinschlag ab und wurde in verringerter Höhe wieder errichtet. Der Graben um das Schloss wurde in mühsamer Arbeit direkt aus dem anstehenden Gestein gehauen; eine Holzbrücke führt darüber hinweg. Besichtigen kann man heutzutage die Arbeits- und Sammlungsräume Valvasors (Graphiken, Kartographie), eine Ausstellung von Volkstrachten, eine Jagdausstellung, eine Sammlung zum Thema Aberglauben und Hexerei, das Ortsmuseum sowie die Schlosskapelle. Jedes Jahr Anfang September wird ein großes Ritterfest veranstaltet.

▲ Karte S. 236

Historisches

Wann genau mit dem Bau begonnen wurde, ist nicht bekannt. Im Jahr 1533 wird die Burg unter dem Namen Wagensperg schriftlich erwähnt. Die Bezeichnung bezieht sich auf die Adelsfamilie von Wagen. Der eingangs erwähnte Freiherr von Valvasor erwarb das Bauwerk 1672, um darin seine umfangreiche Bibliothek unterzubringen und eine graphische Werkstätte zur Illustration seiner eigenen Bücher einzurichten. Dazu ließ er die Burg an mehreren Stellen umbauen. Sein Arbeitszimmer richtete er im ersten Geschoss des Südwestturmes ein. Damals gab es eine kleine Gartenanlage und einen Fischteich, erst später erfolgte die Umgestaltung zu einem Landschaftspark. Valvasor hatte so viel Geld in seine Studien und in die Herausgabe seines umfangreichen topographisch-historischen Lebenswerkes ›*Die Ehre deß Hertzogthums Crain*‹ gesteckt, dass er sich 1690 gezwungen sah, die wertvolle Bibliothek an den Erzbischof von Agram (heute Zagreb) zu veräußern. Zwei Jahre später musste er zur Tilgung seiner Schulden das gesamte Schloss verkaufen und verstarb bald darauf. Nach etlichen weiteren Besitzerwechseln waren die Fürsten von Windischgrätz ab 1853 Schlossherren und blieben es bis 1943. Nach Kriegsende dienten die äußerlich weitgehend unversehrten Gebäude zunächst als Militärkrankenhaus, ab 1957 zogen vorübergehend Jesuiten ein und begannen mit Renovierungsarbeiten. Seit 1972 wird die Anlage abschnittsweise grundsaniert.

Der Universalgelehrte Janez Vajkard Valvasor

Janez Vajkard Valvasor oder Johann Weichard von Valvasor? Schon die beiden Namensversionen – slowenisch und deutsch – lassen ahnen, dass es sich um einen Mann handelt, dessen ›Nationalität‹ sich nach heutigen Kriterien schwer festlegen lässt. Geboren wurde er im Mai 1641 – also während des Dreißigjährigen Krieges – als zwölftes Kind des Freiherrn Bartholomäus Valvasor, höchstwahrscheinlich in Laibach (Ljubljana). Der Großvater war als Diener eines reichen norditalienischen Kaufmannes per Testament zum Schlossherrn in der Krain aufgestiegen. Die Tatsache, letztlich nur von einem Diener abzustammen, verleugnete Janez Vajkard, indem er den Großvater später als Vetter des verstorbenen Kaufmannes bezeichnete und damit eine Verwandtschaft vortäuschte. Das Herzogtum Krain (also ein Kerngebiet Sloweniens) gehörte damals zu den habsburgischen Landen, die wiederum Teil des Heiligen Römischen Reiches Deutscher Nation waren.

Janez Vajkard Valvasor fühlte sich als Angehöriger der krainischen Oberschicht dem deutschen Kulturraum eng verbunden, doch beherrschte er im Gegensatz zu den meisten seines Standes auch die slowenische Sprache. Durch historische und topographische Studien an verschiedenen Universitäten, als Offizier in den Türkenkriegen und auf Bildungsreisen, die ihn über Frankreich und Italien nach Nordafrika führten, erwarb er sich ein sehr umfangreiches Wissen. Er beobachtete, beschrieb und skizzierte Landschaften, Bauwerke und kulturelle Eigenheiten. 1681 fasste er seine Erkenntnisse in der ›*Topographia Archiducatus Carinthiae modernae*‹ zusammen und fügte dem lateinischen Titel erläuternd hinzu: ›*das ist Controfee aller Stätt, Märckht, Clöster undt Schlösser, wie sie anietzo stehen in dem Ertzherzogthumb Khärnten*‹. Obwohl zu Valvasors Zeit Latein die Sprache der Wissenschaft war, schrieb er auf Deutsch.

Angesichts der um sich greifenden Pest erstellte er 1682 ein Panoptikum menschlicher Todesarten unter dem wiederum lateinischen Titel ›*Theatrum mortis humanae tripartitum*‹ mit dem Zusatz ›*Schau-Bühne des menschlichen Todts in drey Theil, mit schönen Kupffer-Stichen geziehrt*‹. Er entwarf – sehr erstaunlich zu seiner Zeit – Pläne für einen Tunnel unter dem Loibl-Pass. Den Alchimisten, die aus billigeren Substanzen Gold und Silber erschaffen wollten und auf der Suche nach dem Stein

Burg Bogenšperk im 17. Jahrhundert

der Weisen waren, trat er mit deutlichen Worten entgegen: ›*Ihrer Viele stehen in der Meynung, man mache, aus diesem Quecksilber zu Ydria, auch rechtes Silber. Welch eitler Wahn*‹ und weiter ›*ja daß sowol manche gelehrte, als hochfürnehme Leute sich, mit dieser vergeblichen, und Lufft-fischenden Mühe, beschäfftigen, wie sie, aus besagtem Mercur, nicht allein ein Silber, sondern gar den Lapidem Philosophorum oder Weisen-Stein, bereiten mögen: von welchem Weisen-Stein doch gleichwol die Natur nichts weiß, und der keinen andren Grund hat, als betriegliche Einbildung*‹. Wegen seiner überzeugenden Darstellung der Karsthydrologie am Beispiel des Zirknitzer Sees (Cerkniško jezero) wurde er nach einer längeren Korrespondenz sogar in die Londoner Royal Society aufgenommen. Seine sachliche, auf Beobachtungen beruhende Vorgehensweise, weitgehend unbeeinflusst von Aberglauben und volkstümlichen Erklärungsversuchen, machten ihn zu einem Vorreiter der modernen naturwissenschaftlichen Forschung. Über sich selbst schrieb er einmal in einem Brief in lateinischer Sprache: ›*Ego, ut Sine laude dicam, Primus sum curiosus in patria*‹ (Ich bin, das sage ich ohne Eigenlob, der erste in meinem Vaterland, der wissbegierig ist).

Valvasor gelangte damals zu der Einschätzung, ›*daß diß vortreffliche Hertzogthum, Crain, samt seiner Ruhm-Beschaffenheit, ob es gleich ein schönes Kleinod unter den Keyserlichen Erbländern ist, dennoch, bey vielen Ausländern, in einer tieffen Unkenntniß eingewickelt läge*‹. Und er machte sich an eine Herkulesaufgabe: Auf mehr als 3500 großformatigen Seiten, die nach heutigem Standard gut und gerne 10000 Buchseiten entsprächen, verfasste er eine Art Bestandsaufnahme der slowenischen Kernlande unter dem Titel ›*Die Ehre deß Hertzogthums Crain*‹. Darin enthalten sind 552 Kupferstiche, zu deren Anfertigung er in seiner Heimat zuerst einmal die technischen Voraussetzungen schaffen und geeignete Künstler engagieren musste. Das Mammutwerk erschien schließlich 1689, gedruckt bei dem Verleger Wolfgang Moritz Endter in Nürnberg. Gegen Ende seines Lebens stellte sich heraus, dass der ›krainische Herodot‹, wie er bisweilen genannt wurde, sich finanziell übernommen hatte. Zu groß waren die Aufwendungen für seine umfangreichen Recherchen und die graphische Umsetzung. 1693 war er bankrott, musste sein Schloss verkaufen und verstarb kurze Zeit später in seinem Ausweichquartier in Gurkfeld (Krško), dem hintersten Zipfel der Krain. An Valvasor erinnerte die 20-Tolar-Note, deren Rückseite die lateinische Inschrift ›*dulcis ex labore fructus*‹ (süß ist die Frucht der Arbeit) trug, die seinem Hauptwerk entnommen ist. Außerhalb Sloweniens ist der Universalgelehrte nahezu unbekannt geblieben.

Die Burg Bogenšperk gehörte einst dem Universalgelehrten Valvasor

Stična

Nicht weit von der Autobahnausfahrt Ivančna Gorica an der A2 (etwa 30 Kilometer südöstlich von Ljubljana) befindet sich die berühmte **Zisterzienserabtei** Stična (Cistercijanska opatija Stična oder Stiški samostan). Es handelt sich um die älteste Klosteranlage Sloweniens; auch heute leben hier einige Mönche und Priester. In den rund 875 Jahren seines Bestehens hatte Stična einen großen Einfluss auf die religiöse und kulturelle Entwicklung der historischen Landschaft Krain. Die romanischen Grundstrukturen der Gebäude werden an vielen Stellen von barocken Ausschmückungen überlagert. Trotz der mannigfachen Um- und Anbauten, Zerstörungen und Renovierungen gehört der Komplex zu den bedeutenden Sehenswürdigkeiten des Landes. Wenn man alle zugänglichen Teile besichtigen möchte, muss man sich nach den Betzeiten richten und möglichst vor 17 Uhr eintreffen.

Historisches

Der Patriarch von Aquileia namens Peregrin, der damals zugleich Markgraf der Krain war, gab 1136 die Stiftungsurkunde des Klosters heraus. Die Vorfahren der Slowenen sollten zum Christentum bekehrt werden. Schon von Pippin und Karl dem Großen war in der sogenannten Windischen Mark (Slovenska krajina) Land für Missionszwecke ausgewiesen worden. Das abgelegene Waldgebiet am Bach Stičnica gehörte damals den Herren der nahen Burg Weichselberg (Višnja gora); die drei Brüder Heinrich, Dietrich und Mainhalm gaben es her im Tausch gegen Ländereien bei der Ortschaft Sankt Veit (Šentvid pri Stični), wo sich auch die zugewanderten Mönche anfangs niederließen und eine Art Urpfarre bildeten.

Die gemäß den Ordensregeln komplett ummauerte Klosteranlage war innerhalb weniger Jahre bezugsfertig und vergrößerte sich danach unter den einzelnen Äbten kontinuierlich. So konnten beispielsweise 1156 Klosterkirche und Hauptaltar eingeweiht werden, diverse Seitenaltäre folgten bis etwa 1335. Das Kloster profitierte von zahlreichen Zuwendungen in Form von Land und Vermögenswerten, hinzu kamen gewisse Privilegien (Gerichtsbarkeit, Jagd- und Fischereirechte) und ergiebige Geldquellen. Vielen Wohltätern war an einer späteren Beisetzung im Klosterbereich gelegen. Weniger bekannt ist, dass das Kloster in den 1350er Jahren versuchte, seine eigene Steuerlast auf die Bauern abzuwälzen, die sich daraufhin erhoben; der Abt ließ die Revolte auf grausame Weise ersticken. Auch im 17. Jahrhundert gab es immer wieder Aufstände der Untertanen gegen klösterliche Willkür.

Schwere Belastungen bedeuteten die Belagerungen durch Türkenheere in den Jahren 1471, 1475, 1492 und erneut 1528. Mindestens zweimal wurden die

Im Kreuzgang des Klosters Stična

Gebäude dabei zerstört, die Mönche ermordet und Dokumente und Kunstwerke verbrannt. Die inzwischen erstarkten Habsburger konfiszierten ab 1526 in großem Umfang Wertgegenstände, um die Landesverteidigung zu finanzieren. Kaiser Joseph II. ließ per Dekret von 1782 eine große Zahl von Klöstern auflösen, die er für Horte des Aberglaubens oder des nutzlosen Wohllebens ohne gesellschaftliches Engagement hielt. Im Falle des Klosters Stična bedeutete diese Maßnahme auch den Verlust des kulturellen Mittelpunktes der Krain und seiner zahllosen wertvollen Kulturgüter.

1898 wurde das aufgelassene Kloster Sittich – so der deutsche Name – durch Zisterzienser vom Bodensee neu eröffnet. Da diese Mönche der slowenischen Sprache nicht mächtig waren, bestand von Anfang an ein Kommunikationsproblem mit der ansässigen Bevölkerung. Im Ersten Weltkrieg mussten fast alle Glocken zur Herstellung von Kanonenrohren herausgegeben werden. Erneut brachen unruhige Zeiten an, die nach einer italienischen Besatzung schließlich in der Enteignung durch die jugoslawischen Kommunisten gipfelten. Erst ein Gesetz von Ende 1991 regelte die Rückübertragung der Ländereien und Güter an den Orden.

Žužemberk

Die Region am Oberlauf der Krka ist landschaftlich sehr reizvoll. Sie wird als Suha krajina (Dürre Mark) bezeichnet, ein Hinweis auf den Mangel an Oberflächenwasser im Karst. Nach Süden hin geht sie in die Gebirgswälder des Kočevski rog (Hornwald) über. Von Dolenjske Toplice sind es ungefähr 25 Kilometer am Fluss entlang (Straße Nr. 216) bis zur **Krka-Quelle** (Izvir Krke) in einer Karsthöhle bei der gleichnamigen Ortschaft. Unterwegs kommt man an einigen historischen Bauwerken vorbei.

▲ Karte S. 236

Die Burgruine Žužemberk

Bei **Soteska** steht eine Festungsruine oberhalb einer Schlucht; in **Dvor** ist als besonderes Industriedenkmal ein historischer Verhüttungsofen für Eisenerze erhalten geblieben.

Žužemberk (1000 Einwohner) ist die interessanteste Ortschaft am Weg und Mittelpunkt der kleinen Region. Der 1246 erstmalig erwähnte Marktflecken an der Krka besitzt eine imposante Burg, die lange Zeit im Besitz der Herren von Auersperg gewesen war. Sie überstand die Angriffe der Türkenheere, brannte aber im Zweiten Weltkrieg aus, als einheimische Partisanen die hier einquartierten italienischen Besatzungstruppen vertreiben wollten. Im Februar 1945 bombardierten die Allierten den Ort noch und vernichteten dabei auch die prächtige **Pfarrkirche Sveti Mohor in Fortunat**, die nun seit einigen Jahren originalgetreu wieder aufgebaut ist. Von der **Burg** sind der Mauerring und mehrere Rundtürme erhalten, weitere Restaurationsarbeiten sind im Gange.

Einige kleinere Wasserfälle, die sich an Kalksteinbarrieren gebildet haben, und der große Fischreichtum machen die Krka zu einem Dorado für Kanu- und Kajakfreunde sowie Angler.

Die Klosterreform von 1782

Im Zeitalter der Aufklärung (18. Jahrhundert) richtete sich die Sehnsucht der Menschen auf ein würdiges Leben im Diesseits. Der Klerus, meist im Schulterschluss mit den Herrschenden, vertröstete jedoch die verarmte und unterdrückte Bevölkerung, insbesondere die Bauern, auf ein besseres Leben nach dem Tod. Die Klöster waren häufig Zufluchtsorte von Menschen geworden, die ihre triste irdische Existenz ohne allzuviel Anstrengung mit diversen Annehmlichkeiten bereichern wollten. Das gottgefällige und asketische Dasein hinter Klostermauern war vielerorts einem üppigen Leben auf Kosten der Untertanen gewichen, nicht selten im geselligen Miteinander von Adel und Geistlichkeit.

Die offensichtlichen Missstände in der Ordensdisziplin und die Neigung zum Aberglauben boten dem fortschrittsorientierten Kaiser Joseph II. (1741–1790) den Anlass zu einer tiefgreifenden Klosterreform ohne Rücksicht auf Tradition und Alter der Einrichtungen. In einem Edikt vom 12. Januar 1782 ordnete er die Auflösung aller ›nutzlosen‹ (volkswirtschaftlich unproduktiven) Klöster an, womit insbesondere die kontemplativen Orden gemeint waren. Jene, die zum Wohle der Gesellschaft beitrugen (zum Beispiel durch Schulunterricht, Krankenbetreuung oder Seelsorge), wurden unter bischöfliche Aufsicht gestellt und in ihren inneren Angelegenheiten stark reglementiert. Um überhaupt zu überleben, entschlossen sich nun auch viele öffentlichkeitsscheue Klöster eilends zum Dienst an den Menschen. Eines der Hauptziele dieser josephinischen Reformen war die Einführung eines sogenannten Religionsfonds, gespeist aus dem Verkauf klösterlicher Besitztümer, um die Seelsorge in den Gemeinden auszubauen. Weltferne Geistliche aus den Klöstern sollten nun vor Ort in den Pfarreien tätig werden und sich um die

Die Zisterzienserabtei Stična

Probleme der Bevölkerung kümmern. Dafür wurde ihnen eine angemessene Pension in Aussicht gestellt. Bis 1784 wurden auf diese Weise in den habsburgischen Erblanden mehr als 700 Klöster mit über 7300 Mönchen und Nonnen aufgelöst. Auch Stična, Kostanjevica, Žiče und andere im heutigen Slowenien gehörten dazu.

Eine Schattenseite der kaiserlichen Maßnahmen bestand im schmerzlichen Verlust zahlreicher Kulturgüter und Wertgegenstände. Längst nicht alle der konfiszierten – und durchaus auch katalogisierten – Handschriften, Bücher, Briefe, Urkunden und Kunstwerke gelangten an ihre vorher festgelegten Bestimmungsorte. Vieles ist verschollen. Anderes ging geradewegs nach Wien, insbesondere an die Hofbibliothek. Manches gehört heute zu den Beständen der Universitätsbibliothek von Ljubljana.

In seinem Bemühen, den Einfluss von Adel und Klerus zu beschneiden, hatte Kaiser Joseph II., der sich selbst als Diener des Staates verstand, zuvor schon andere einschneidende Regelungen erlassen: Im sogenannten Untertanenpatent von 1781 war die Leibeigenschaft aufgehoben worden; das aus demselben Jahr stammende Toleranzpatent hatte das Glaubensmonopol der katholischen Kirche umgewandelt in ein Miteinander der christlichen Religionen unter Vorrang des Katholizismus. Und nicht nur in seiner Religionspolitik, die sogar als ›Josephinismus‹ bezeichnet wurde, sondern auch in vielen andere Bereichen setzte er als aufgeklärter Absolutist neue Maßstäbe, bei denen eine gewisse Pedanterie nicht zu leugnen ist. Am Ende seiner insgesamt nur zehn Jahre währenden österreichischen Regierungszeit vereinsamte der ›Volkskaiser‹ immer mehr und sah sich gezwungen, einige seiner Reformen zurückzudrehen. Kurz vor seinem Tod (1790) ereignete sich noch die Französische Revolution, die den Absolutismus beseitigte. Es gibt nicht wenige, die der Auffassung sind, dass Josephs besonnener Regierungsstil ein Überspringen des revolutionären Funkens nach Wien verhindert habe.

Die Ruine des ehemaligen Klosters Žiče

Kočevski rog und Bela krajina

Im Südwesten der Dolenjska erstreckt sich der Höhenzug Kočevski rog (Hornwald) parallel zu einigen weiteren Bergketten. Höchster Punkt ist der Veliki rog mit 1099 Metern. In der sehr einsamen, verkarsteten Bergregion gibt es kaum Oberflächengewässer und nur eine einzige Asphaltstraße (Nr. 214). Das dicht bewaldete, nahezu urwaldartige Gelände mit zahlreichen Senken und Felswänden bot im Zweiten Weltkrieg ausgezeichnete Verstecke für Titos Partisanen. Heute ist es ein Paradies für Naturfreunde und Wanderer.

Ganz im Süden schließt sich die deutlich tiefer gelegene Bela krajina (Weißmark oder Weißkrain) an. Der Landstrich war bis weit ins 12. Jahrhundert in kroatischer Hand. Heute wird er meist als Teilgebiet der Dolenjska angesehen. Der Name nimmt möglicherweise Bezug auf die zahlreichen Birken, die hier mit ihren weißen Stämmen zu einem besonderen Landschaftsbild beitragen.

Dolenjske Toplice

Etwa 12 Kilometer südwestlich von Novo mesto liegt Dolenjske Toplice (750 Einwohner) etwas abseits der Krka; es ist der älteste Kurort Sloweniens. Bereits im 13. Jahrhundert war die Heilwirkung der örtlichen Quellen bekannt, deren calcium- und magnesiumreiches Wasser eine Temperatur von bis zu 38 Grad Celsius hat. 1658 eröffnete das Fürstenhaus von Auersperg eine erste Kuranlage, und heute kann man in einer modernen Badelandschaft entspannen.

■ Umgebung von Dolenjske Toplice

Nicht weit entfernt erstreckt sich die Bergkette des **Kočevski rog** (Hornwald) mit dichten, urwüchsigen Wäldern. Beim Dorf Podturn führt eine vielfach gewundene Straße bergauf zum ehemaligen **Partisanenlager ›Baza 20‹** (Basis 20). Es diente als Quartier für große Teile der Befreiungsfront Jugoslawiens sowie kommunistische Funktionäre und Aktivisten. Bis zu 180 Personen sollen hier in 26 Gebäuden gelebt und gearbeitet haben. Das unwegsame Gelände zwischen Dolinen war aus der Luft nicht auszumachen, da ein dichtes Blätterdach alles abschirmte. Die Werkstätten, Druckereien, Nachschublager, ein Bunker und zwei Lazarette aus den Jahren 1943/44 sind in der Umgebung verteilt. Rechtzeitig vor dem völligen Verfall begann man in den 1950er Jahren mit der Sanierung der Baracken, und sie waren sicher Jahrzehnte lang ein gängiges Ziel von Schulausflügen. Heute gibt es für Touristen in Baracke 16 eine Ausstellung über das Partisanenleben. Wenn man erfährt, dass hier bei Kriegsende auch Massenerschießungen vermeintlicher Kollaborateure stattgefunden haben, kann man

Im Hornwald (Kočevski rog)

dem Schriftsteller Karl-Markus Gauß nur zustimmen, der den Kočevski rog treffend als ›verschwiegenen Ort der slowenischen Geschichte‹ beziehungsweise ›Ort der verschwiegenen slowenischen Geschichte‹ bezeichnet.

Vom Partisanenlager führt die kurvenreiche Straße Nr. 917 in westlicher Richtung weiter über den Kamm des Gebirgszuges (Gipfel Veliki rog, 1099 Meter) und kommt schließlich nach mehr als 25 Kilometern in Kočevje aus. Unterwegs wähnt man sich fern der Zivilisation: Etwa 90 Prozent der Strecke sind ohne Asphaltbelag, es ist so gut wie kein Haus zu sehen, der Verkehr tendiert gegen Null. Man folge immer der Beschilderung ›Rog‹.

An der größeren Straße Nr. 216 nach Črnomelj passiert man knapp zehn Kilometer südlich von Dolenjske Toplice das beliebte **Wintersportgebiet von Črmošnjice** mit mehreren Skiliften sowie guten Wander- und Mountainbike-Strecken. Nicht unterschätzen sollte man die Größe und Einsamkeit des Gebirgswaldes; deshalb unbedingt geeignetes Kartenmaterial mitnehmen!

Auf dem Gelände des Partisanenlagers ›Baza 20‹

▲ Karte S. 236

Kočevje

Auf der Straße Nr. 106 gelangt man von Ljubljana geradewegs in die Dolenjska. Unterwegs kann man an der **Burg Turjak** (Turjaški grad) einen kurzen Zwischenstopp einlegen. Ein kleines Stück weiter, in **Rašica**, steht bei einer Wassermühle das Geburtshaus des Primož Trubar. Kurz vor dem Straßendorf Ribnica kann man abbiegen zur **Wallfahrtskirche Nova Štifta** mit achteckigem Grundriss.

Weiter geradeaus kommt man nun in das historische Gottscheer Ländchen mit dichten, dunklen Wäldern, in denen eine beachtliche Zahl von Braunbären lebt. Der zentrale Ort heißt heute Kočevje (8900 Einwohner) und ist trotz seiner Lage in einer Schleife des Karstflusses Rinža recht unansehnlich, vor allem fehlt es an jeglicher Urbanität. Ein paar klotzige, in die Jahre gekommene Zweckbauten stehen in einer durch und durch bäuerlichen und traditionell auf Selbstversorgung ausgerichteten Umgebung. Der Schriftsteller und Essayist Karl-Markus Gauß beschrieb das Ortsbild um das Jahr 2000 herum mit deutlichen Worten: ›*Ob Kočevje jemals eine schöne Stadt war, ist zu bezweifeln, zweifellos aber war sie nie so hässlich wie jetzt. Ihre deprimierende Hässlichkeit fällt einem sogleich ins Auge, wenn man von den Rändern eines ziellos gewachsenen Straßendorfes zu den Silos des realsozialistischen Wohnbaus und von dort in eine Innenstadt gelangt, die seltsam lieblos*‹ daliegt, ›*als hätten die Bewohner wenig Sympathie für sich selbst*‹. Eine recht balkanische Atmosphäre beherrscht den Ort, in den selten genug Besucher von auswärts kommen.

Die Stadtmauer aus den Zeiten der Türkenkriege wurde bereits im 18. Jahrhundert wieder abgebrochen, um die Bebauung zu erleichtern. Der einstige Mittelpunkt von Kočevje, das Schloss der Grafen von Auersperg, wurde im

Burg Turjak

Zweiten Weltkrieg nach zähem Häuserkampf zwischen den vorrückenden Italienern und den einheimischen Partisanen gesprengt. An seiner Stelle repräsentierten fortan ein düsteres Kaufhaus und ein riesiges Kriegerdenkmal eine neue Zeit. Oberhalb der Stadt erblickt man die kahle **Ruine der Burg Fridrihštajn** (Friedrichstein), die zwischen 1422 und 1425 erbaut wurde.

Sehenswert ist in Kočevje das **Regionalmuseum ›Šeškov dom‹** mit seiner Ausstellung ›Das verlorene Erbe der Gottscheer Deutschen‹ (→ S. 258). Die Gemeinde Kočevje ist dünn besiedelt: Insgesamt 16 500 Einwohner verteilen sich heute auf 564 Quadratkilometern – keine andere slowenische Gemeinde hat eine derart große Fläche. Die Holzbearbeitung ist ein wichtiger Wirtschaftszweig.

Im ausgedehnten Wegenetz des Kočevski rog (Hornwald) und der Goteniška gora (Göttenitzer Berge) kann man hervorragend Wanderungen oder Fahrradtouren unternehmen. Es ist ziemlich unwahrscheinlich, dass man dabei einen Bären zu Gesicht bekommt.

Kočevje

Vorwahl: 01.

Postleitzahl: 1330.

Touristenbüro: Trg zbora odposlancev 18b, Tel. 8954979.

Busstation an der Reška cesta: Die Busse des Unternehmens Integral fahren überwiegend nach Ljubljana. Auf der Bahnstrecke keine Personenzüge!

Hotel Valentin, Trg zbora odposlancev 64, Tel. 8951286. In der Ortsmitte; ziemlich triste Herberge mit Restaurant.

Gostišče Veronika, Ljubljanska cesta 35, Tel. 8953017, www.artplet.si. Angenehme Unterkunft in einem historischen Stadthaus; gute Küche; DZ ca. 80 Euro.

Museum ›Šeškov dom‹, Prešernova ul. 11, Tel. 8950303; Mo–Fr 8–15 Uhr.

Die Deutschen von Gottschee

Über sechs Jahrhunderte lang, von etwa 1330 bis 1941, war das Gebiet um die Kleinstadt Kočevje eine deutsche Sprachinsel innerhalb einer slawischen Umgebung. Die Oberkärntner Grafschaft Ortenburg besaß hier in den menschenleeren, verkarsteten Urwäldern der Unterkrain ein Lehen, das durch Kolonisten nutzbar gemacht werden sollte. Aus Osttirol und Kärnten, aber auch aus Schwaben und Franken kamen die ersten Siedler in das etwa 850 Quadratkilometer große, vollständig bewaldete Gebiet zwischen den Flüssen Krka und Kolpa. Rund um den Gebirgszug Kočevski rog (Hornwald) rodeten sie allmählich immer größere Flächen, legten Äcker an und gründeten den zentralen Ort Gottschee, der zunächst nur ein Marktflecken war, im Jahr 1471 aber das Stadtrecht erhielt. Ab 1492 nutzten viele der Gottscheer Männer das von Kaiser Friedrich III. gewährte Privileg des Wanderhandels: Über fünf Jahrhunderte blieb ihr saisonales Wandern und Hausieren in weiten Teilen der Alpen ein wichtiger Zusatzerwerb für die Familien daheim, und es garantierte zugleich ein Minimum an Kontakt mit dem Kernraum der deutschen Sprache. Da waren die Gottscheer längst bekannt für ihr altertümliches und aus vermischten Dialekten hervorgegangenes Deutsch, an dem sie in ihrer Isolation festgehalten hatten.

Ausgeplündert und gebrandschatzt in den Türkenkriegen, verarmte der Landstrich noch weiter durch die Gier der Habsburger. Nach dreihundert Jahren kam die Kolonisation praktisch zum Erliegen. Doch ab 1641 bestimmten die Grafen von Auersperg die weitere Entwicklung, die nun in einem entschlossenen inneren Ausbau der Kolonie bestand. Am Ende des 17. Jahrhunderts beschreibt der slowenische Universalgelehrte Janez Vajkard Valvasor die Gottscheer als ebenso furchtsamen wie frommen Menschenschlag mit einem gewissen Hang zur Bildung, und obgleich ›*sie zum leiblichen Kriege so sonderliche Lust nicht tragen, sind sie dennoch tüchtig zum Streite wider die Feinde des Gemüts, nämlich die Unwissenheit, Wildheit und Ruchlosigkeit*‹.

Beim Höchststand um 1875 lebten rund 28 000 Menschen in den 180 Dörfern des Gottscheer Landes. Rund die Hälfte des Waldes wurde im Laufe der Zeit gerodet. Wiederholte Wirtschaftskrisen veranlassten nun viele Familien auszuwandern. Schon 1920 dürften mehr Gottscheer in den USA als im angestammten Ländchen gelebt haben. Im Königreich Jugoslawien ging es zunehmend nationalistisch zu, der Deutschunterricht an den Schulen wurde immer stärker eingeschränkt. Die Gottscheer, die sich für großdeutsche Propaganda kaum jemals interessiert hatten und unter ›Heimat‹ stets nur ihr kleines, enges Siedlungsgebiet verstanden hatten, wurden nun drangsaliert mit der nationalsozialistischen Parole ›Heim ins Reich!‹ – ein Reich freilich, dem sie als altösterreichische Volksgruppe nie angehört und als dessen Außenposten sie sich, von einzelnen Eiferern abgesehen, nie verstanden hatten. Ungeachtet ihrer bereits 600-jährigen Siedlungsgeschichte sollten sie entsprechend dem Deal der Achsenmächte zügig Platz machen für Mussolinis Expansion nach Osten.

Aus Resignation und Angst vor dem Verlust ihres sozialen Umfeldes fügten sich schließlich fast 95 Prozent der damals etwa 12 500 Gottscheer und ließen sich im Winter 1941/42 umsiedeln. Entgegen ursprünglicher Zusagen, sie bekämen irgendwo in Osttirol ein neues zusammenhängendes Siedlungsgebiet, ging die Reise jedoch nur gut 50 Kilometer weit nach Nordosten: Dort sollte nämlich das Gebiet um die Städte Gurkfeld (heute Krško) und Rann (heute Brežice) dem Deutschen Reich angegliedert werden, und die herangeschafften Gottscheer konnte man als ›Volksdeutsche‹ etikettieren. Sie bekamen die Häuser und Höfe der kurz zuvor deportierten 46 000 Slowenen zugewiesen. Spätestens zu diesem Zeitpunkt war allen Gottscheern klar, dass sie als nationale Minderheit aufs Übelste missbraucht worden waren. Die jugoslawischen Partisanen übten grausam Rache an ihnen. 1945 flohen die meisten nach Österreich oder Deutschland. Über Jahrzehnte war dann in Jugoslawien Stillschweigen verordnet über das Schicksal der deutschsprachigen Minderheit.

Schätzungsweise 400 bis 650 Gottscheer waren 1942 in ihrer Heimat verblieben, hatten sich irgendwie arrangiert und über die schwierigen Zeiten gerettet. Die für kurze Zeit herrschenden Italiener, insbesondere aber die jugoslawischen Kommunisten hätten die Äcker, Obstgärten, Häuser und Sägewerke der verschwundenen Deutschen weiternutzen können, aber aus ideologischer Borniertheit ließ man alles verfallen und sprengte bestimmte Gebäude. Schließlich wanderten sogar viele der ansässigen Slowenen aus der ›vergessenen‹ Gegend um Kočevje ab. Heute sind die Ruinen überwuchert, teilweise unauffindbar, und der Wald hat 80 Prozent der Flächen zurückerobert. Nur ein knappes Drittel der entvölkerten und zerstörten Ortschaften ist wieder aufgebaut worden. Einzelne große Bereiche wurden ab 1950 planmäßig evakuiert und der Allgemeinheit entzogen. Fortan standen sie als streng gesicherte Sperrgebiete für das Militär oder auch als Jagdrevier für die Privilegierten zur Verfügung. Eine solche Zone gab es beispielsweise westlich von Kočevje entlang der Nebenstraßen Nr. 654 und 655, wo niemand zu sagen vermochte, was in den entvölkerten Orten Kočevska Reka (vormals Rieg) und Gotenica (vormals Göttenitz) eigentlich vor sich ging. Nachdem sie in den 1990er Jahren wieder zugänglich waren, stieß man dort jedenfalls auf sonderbare Installationen und überdimensionierte Betonpisten. Nun soll naturnaher Tourismus den Landstrich wiederbeleben.

Tafel des ›Gottscheer Altsiedlervereins‹ in Občice

Die letzten gebürtigen Gottscheer sind nahezu völlig in der slowenischen Bevölkerung aufgegangen, wozu auch politischer Druck und mancherlei Diskriminierungen beigetragen haben. Die Nachkommen unterhalten heute zwei kulturelle Organisationen: den ›Verein Peter Kosler‹ in Ljubljana und den ›Gottscheer Altsiedlerverein‹ in Občice (bei Dolenjske Toplice). Beide wollen eine offizielle Anerkennung der deutschsprachigen Minderheit in Slowenien erreichen. Es könnte sein, dass sich nun nach Jahrzehnten zumindest eine objektive Sicht auf die Ereignisse durchsetzt.

Metlika

Das Becken von Metlika liegt gut 20 Kilometer südöstlich von Novo mesto am Endpunkt der kurvenreichen Straße Nr. 105. Unterwegs überquert man am 615 Meter hohen Vahta-Sattel den Höhenzug Gorjanci. Am Ortsende von Metlika (3300 Einwohner) trifft man auf den slowenisch-kroatischen Grenzfluss Kolpa (kroat.: Kupa). Die Gegend war schon in der Hallstatt-Zeit besiedelt. Metlika verfügt seit 1335 über Stadtrechte und ist einer der beiden Hauptorte der Bela krajina (Weißkrain). Im 15. und 16. Jahrhundert fielen die Türken mehrfach ein, und 1705 zerstörte ein Großbrand sämtliche Gebäude. Die gesamte heutige Altstadt ist also nicht älter als dreihundert Jahre. Sie liegt auf einem Hügel; er wird beherrscht von einer barocken Kirche, deren Inneneinrichtung jedoch aus dem 19. Jahrhundert stammt. Am Hauptplatz steht auch ein großes Gebäude, das einst dem Deutschen Ritterorden gehörte. In der nahen Burg befindet sich das **Regionalmuseum der Bela krajina** (Belokranjski muzej) und ein kleines Feuerwehrmuseum, außerdem kann man sich in den Kellergewölben über die Weinbautradition des Ortes informieren. Das Nachbardorf **Rosalnice** ist ein Pilgerort mit drei gotischen Kirchen unterschiedlicher Bauweise. Auch Folklore gehört hier noch zum Alltagsleben: Es gibt regionaltypische Lieder, Musikinstrumente, Stoffmuster, Bast- und Keramikerzeugnisse sowie Weinsorten.

In Metlika

Karte S. 236

Črnomelj

Die Kleinstadt Črnomelj (5800 Einwohner) liegt zwischen den beiden Flüsschen Lahinja und Dobličica im Südostzipfel Sloweniens. Trotz seiner abseitigen Lage besitzt der Ort eine gewisse Bedeutung als Mittelpunkt der Bela krajina. Im 13. Jahrhundert residierte hier ein Bischof, 1407 wurde das Stadtrecht verliehen. Bereits vor den Türkenkriegen legten die Bewohner Stadtmauern und einen Graben an. Derart gerüstet war Črnomelj ab 1529 ein militärischer Stützpunkt, von dem alle Angriffe aus Richtung Balkan abgewehrt wurden. Der daraufhin einsetzende wirtschaftliche Aufschwung dauerte bis 1579 und endete mit der Verlegung der Truppen in die neue Stadt Karlovac im heutigen Kroatien. Bis zur Errichtung der Eisenbahn von Novo mesto nach Karlovac im 19. Jahrhundert blieb es still. Nach der Kapitulation Italiens im Zweiten Weltkrieg war Črnomelj das Hauptquartier der nationalen Partisanenbewegung.

Sehenswert sind die kleine **Altstadt** und das **Stadtmuseum**, das sich in der Burg befindet. Aus verschiedenen Siedlungsphasen existieren Fundamente, die man durch einen gläsernen Boden betrachten kann. In einer Grünanlage vor dem Bahnhof ist eine besonders gut erhaltene Dampflokomotive aufgestellt (JŽ 25-018, Baujahr 1921).

Im südlichsten Zipfel der Bela krajina liegt das Quellgebiet der Lahinja. Bei der Ortschaft **Dragatuš**, östlich der Straße Nr. 218, gibt es einen schönen **Naturpark** mit einer interessanten Fauna (Eisvogel, Amphibien).

Alte Dampflok in Črnomelj

Metlika, Črnomelj

Vorwahl: 07.

Postleitzahl: 8330 bzw. 8340.

Touristenbüro Metlika: Mestni trg 1, Tel. 3635470.

Touristenbüro Črnomelj: Trg svobode 3, Tel. 3056530.

Busse von Veolia, Integral und MPOV verkehren zwischen den Orten der Bela krajina und Novo mesto.

Beide Orte liegen an einer Nebenstrecke von Novo mesto zur kroatischen Grenze: tägl. ca. 10–12 Zugpaare, mehrere davon weiter bis Ljubljana.

Hotel Bela krajina, Metlika, Cesta bratstva in enotnosti 28, Tel. 3635280. Zeitgemäß und zweckmäßig; DZ um 70 Euro.

Camping Podzemelj, an der Straße Nr. 218 zwischen Metlika und Črnomelj, Tel. 3069572. Direkt am Ufer der Kolpa; geöffnet Mai–Sept.

Gostilna Müller, Črnomelj, Ločka cesta 6, Tel. 3567200. Südlich der Altstadt, mit Blick auf den Fluss.

Kmetijska zadruga, Metlika, Cesta bratstva in enotnosti 68. Degustation, Verkauf, kleine Gerichte.

Črnomeljska klet, Črnomelj, Ul. Mirana Jarca 2, Tel. 3061100. In der Altstadt; Weinkeller der Bela krajina mit Informationsbüro und Degustation.

Museum der Bela krajina, Metlika, Trg svobode 4; Mo–Sa 9–17, So 10–14 Uhr.

Feuerwehrmuseum, Metlika, Trg svobode 5; Di–Sa 9–14, So 9–12 Uhr.

Sommerkonzerte im Schloss von Metlika. Folklore-Festival ›Jurjevanje‹ in Črnomelj jährlich Mitte Juni.

Entlang der Kolpa findet man Kanuverleiher; außerdem Angelmöglichkeiten.

Štajerska. Koroška.
Ostalpen und Pohorje. Flusstäler und Almen.
Kurbäder, Festungen, Bergbauorte.
Brauereitradition und Haushaltstechnik.
Erinnerungen an Römer und Titos Kindheit.
Zwischen Ljubljana und Maribor.

Celje und der Norden

Von der Savinja zur Sava

Der Alpenfluss Savinja, der nahe der österreichischen Grenze entspringt, tritt von Nordwesten her in das langgestreckte Becken von Celje ein, das als bedeutendstes Hopfenanbaugebiet des Landes bekannt ist. Im Stadtgebiet von Celje knickt der Fluss plötzlich in Südrichtung ab und bildet ein enges, landschaftlich eindrucksvolles Tal, das einen wichtigen Verkehrsweg darstellt. Für die Haupteisenbahnstrecke Ljubljana–Maribor wirkt es wie ein Nadelöhr. Bei Zidani Most mündet die Savinja schließlich in das nicht minder stimmungsvolle Sava-Tal ein. Den Lauf beider Flüsse bestimmt bis hierhin ein hoher Gebirgsstock mit den Gipfeln Javor (1133 Meter) und Mrzlica (1122 Meter), der etliche Bergbaustandorte aufweist.

Celje

Sloweniens drittgrößte Stadt liegt im Herzen des Landes, ungefähr in der Mitte zwischen ihren größeren Schwestern Ljubljana und Maribor, umgeben von mehreren bewaldeten Bergketten. Die West-Ost-Autobahn A1 tangiert den nördlichen Stadtrand. Im Stadtgebiet münden die Flüsse Voglajna und Ložnica in die Savinja ein. In alle Richtungen gibt es interessante Ausflugsmöglichkeiten.

Wahrscheinlich gehört Celje (38 000 Einwohner) nicht zu den Städten, in die man sich auf Anhieb verliebt. Der Stadtrand wirkt zunächst trist und nichtssagend, teilweise von unschönen Zweckbauten und Fabriken durchsetzt. Sobald man anhand der Gebäude die Innenstadt erahnt, ist man auch schon mit der Parkplatzmisere konfrontiert. Dennoch lohnt sich der Besuch des historischen Stadtkerns. Hier erlebt man Celje von seiner schönsten Seite – kleinstädtisch, beschaulich, ein wenig antiquiert. Fast alle Sehenswürdigkeiten sind auf weniger als einem halben Quadratkilometer konzentriert. Die markante Burgruine thront hingegen gut sichtbar auf einem bewaldeten Berg am südöstlichen Stadtrand.

Celje – Zahlen und Fakten

Deutscher Name: Cilli
Koordinaten: 46°14'N/15°16'O
Gemeindefläche: 95 km²
Einwohner Stadt: 38000
Einwohner inkl. Gemeinde: 50000
Höhe ü. M.: 240 m
Autokennzeichen: CE
Internet: www.celje.si
Historische Region: Štajerska

Historisches

Das Becken von Celje war bereits in der frühen Eisenzeit (Hallstatt-Zeit) besiedelt. Die im 4. Jahrhundert vor Christus eindringenden Kelten gaben einer Siedlung den Namen Kelea, und die nachfolgenden Römer benutzten ihn weiter in der Version Celeia beziehungsweise Municipium Claudia Celeia. Die Stadt in der Provinz Noricum wurde im 1. Jahrhun-

In der Fußgängerzone von Celje

▲ Karte S. 265

dert nach Christus als wohlhabend und gut ausgestattet beschrieben: Mit ihren Mauern, Türmen, Tempeln, Thermen, großen Plätzen und mehrgeschossigen Palästen nannte man sie gelegentlich ›Troia secunda‹ (zweites Troja). Celeia lag an der Römerstraße von Aquileia nach Pannonien. 451 zerstörten die Hunnen die ganze Pracht. Die Zugehörigkeit zum Slawenreich Karantanien im 7. bis 9. Jahrhundert ist fraglich, da Unklarheit über dessen Südausdehnung besteht.

Im Jahr 976 kam das Gebiet zum neu entstandenen Herzogtum Kärnten. Die Chronik des Abtes Wolfhold von Admont erwähnt zu Anfang des 12. Jahrhunderts erstmalig einen Ort namens Cylie, der in späterer Zeit als Cilli wiedergegeben wurde. Ab 1180 war Cilli selbst Sitz von Herzögen und geriet 1311 durch Grenzverschiebungen in die Steiermark. Von 1341 bis 1456 hatte es den Status einer reichsunmittelbaren Grafschaft mit Markt- und schließlich auch Stadtrecht. Durch einen Mord erlosch 1456 die Dynastie der mächtigen Grafen von Cilli, und die Stadt ging an die aufstrebenden Habsburger über, die bereits in den anderen Gebieten der Steiermark das Sagen hatten. Bei der überwiegend deutschspra-

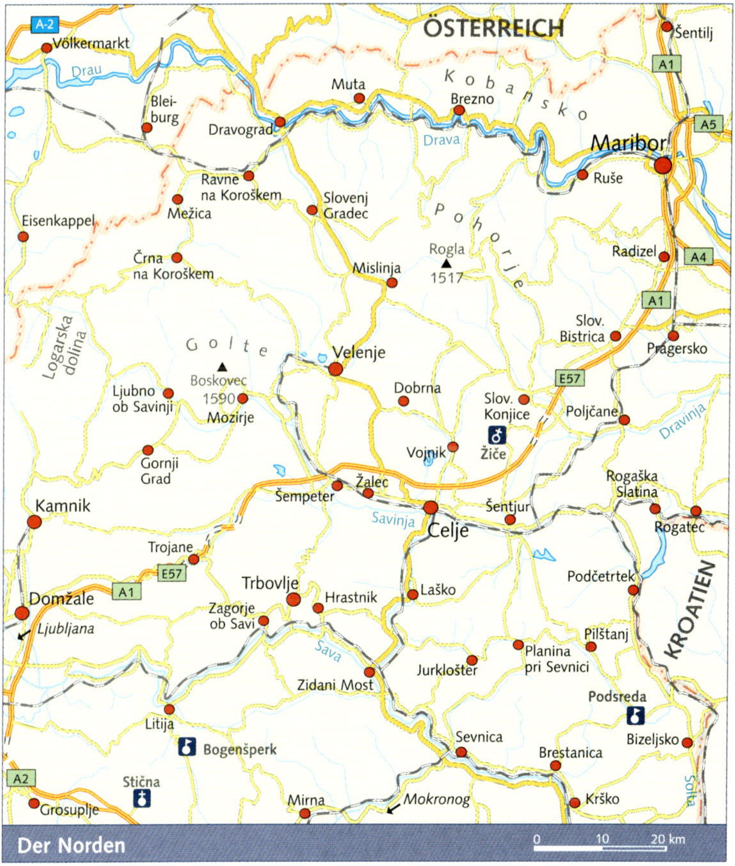

chigen Stadtbevölkerung und beim Adel fand die Reformation im 16. Jahrhundert großen Widerhall, Cilli wurde vorübergehend fast vollständig evangelisch. Im Zuge der folgenden Gegenreformation ließ der österreichische Erzherzog und spätere Kaiser Ferdinand ein Kapuzinerkloster errichten.

Ab Frühjahr 1846 war Cilli, mit nunmehr rund 2000 Einwohnern, vorläufiger Endpunkt der neu eröffneten Eisenbahnstrecke von Wien nach Triest (Südbahn); drei Jahre später erfolgte die Verlängerung bis Laibach. Die Wiener Oberschicht entdeckte die Stadt als angenehmes Ferienziel, und so entstanden schöne Badeanstalten, Kaffeehäuser und Parkanlagen. Es gab jedoch immer wieder Auseinandersetzungen zwischen Slowenen und Deutschen; letztere machten bei der Volkszählung von 1910 zwei Drittel der Bevölkerung aus. Dennoch wurde die Untersteiermark nach dem Zusammenbruch der Donaumonarchie ein Teil des SHS-Staates und späteren Jugoslawiens. Bedingt durch die rasche Industrialisierung verdreifachte sich die Einwohnerzahl zwischen den Weltkriegen.

1941 besetzte die deutsche Wehrmacht Celje, das daraufhin mehrfach Ziel von Luftangriffen der Alliierten wurde. Es kam zu zahlreichen Internierungen, Deportationen und Ermordungen. Im Gegenzug rächten sich auch die Partisanen an den Volksdeutschen und an Mitgliedern der slowenischen ›Heimwehr‹ (*domobranci*), die als Kollaborateure galten. Eine unbekannte Zahl von Opfern wurde in Massengräbern verscharrt. Erst nach dem Ende der sozialistischen Ära war es wieder möglich, offen über die Geschehnisse zu sprechen. 1991 wurde ein Mahnmal aufgestellt.

Während der Zugehörigkeit zum Staat Jugoslawien ging die Industrialisierung der Stadt zügig weiter, die Einwohnerschaft verdoppelte sich abermals. Die Unabhängigkeit Sloweniens bedeutete dann den Verlust des angestammten Binnenmarktes und führte zu einem wirtschaftlichen Einbruch, der inzwischen überwunden ist.

Die Altstadt

Der historische Stadtkern ist recht übersichtlich, die Fußgängerzone besteht aus zwei einander kreuzenden Geschäftsstraßen: Die Prešernova ulica beginnt am Bahnhof, die Stanetova ulica führt zum Glavni trg (Hauptplatz) nicht weit vom Ufer der Savinja.

Der kleine, nahezu dreieckige **Glavni trg** ist gewissermaßen das Herz der Altstadt. Umgeben von einigen hübschen Bürgerhäusern des 16. bis 18. Jahrhunderts erstrahlt die goldene Figur der 1776 errichteten Mariensäule.

Die Südostecke des Platzes geht gleich in den benachbarten **Slomškov trg** (Slomšek-Platz) über, benannt nach dem 1999 heilig gesprochenen Bischof Anton Martin Slomšek. In der Mitte des fotogenen Platzes steht die **Kathedrale Sveti Danijel**. Sie geht auf das Jahr 1306 zu-

1 Kathedrale Sv. Danijel
2 Wasserturm
3 Alte Grafei/Stadtschloss/ Regionalmuseum
4 Fürstenhof/Unteres Schloss
5 Volkshaus
6 Slowenisches Volkstheater
7 ehemalige Volkssparkasse
8 Marienkirche/Minoritenkloster
9 Magistrat/Museum für Neuere Geschichte
10 Celjski dom/Hotel Evropa
11 Kirche Sv. Cecilija/Kapuzinerkloster
12 Herkulestempel
13 Alte Burg

▸ Karte S. 267

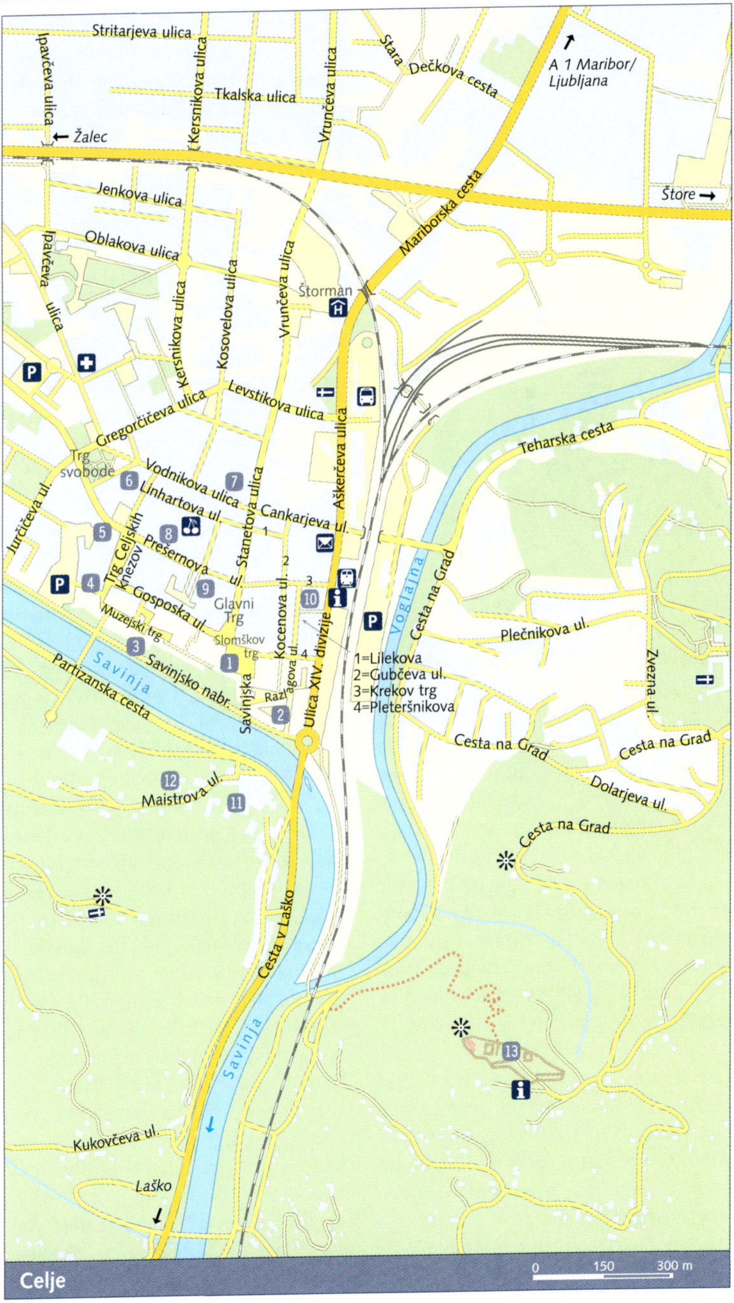

Celje

Celje und der Norden

Die Mariensäule am Glavni trg

rück und gehört damit zu den ältesten Bauwerken der Stadt. Um 1400 ließen die Grafen von Cilli einige Um- und Anbauten im gotischen Stil vornehmen, so entstand auch die Marienkapelle mit ihren Deckengemälden. Seit 2006 ist die Kirche ein Bischofssitz. In der äußersten Ecke der Altstadt trifft man auf den massigen **Wasserturm** (Vodni stolp) von 1473, der in die einstige Stadtmauer integriert war. Zum Savinja-Ufer sind es nur ein paar Schritte.

Durch eine schmale Gasse gegenüber dem Portal der Kathedrale gelangt man zum Muzejski trg (Museumsplatz). In der **Alten Grafei** (Stara grofija), dem Stadtschloss, befindet sich das **Regionalmuseum** (Pokrajinski muzej) mit sehr sehenswerten Ausstellungen zur Archäologie und Stadtgeschichte von der Römerzeit bis heute. Schon die zweigeschossige Fassade mit ihren Arkadengängen ist beeindruckend, im Inneren erwartet den Besucher eine phantastische Holzdecke mit Gemälden aus dem Bereich der Mythologie. Eine raffinierte Maltechnik spielt mit der Perspektive und bewirkt optische Täuschungen. Der Palast wurde um 1580 unter den Grafen von Thurn erbaut. Gleich daneben liegt die moderne Zentralbibliothek. Ein Durchgang führt geradewegs an das attraktiv gestaltete Ufer der Savinja (Savinjsko nabrežje) mit Fußgängerbrücke hinüber in den ausgedehnten Stadtpark (Mestni park).

▲ Karte S. 267

In der Südwestecke des historischen Stadtkerns liegt der Trg Celjskih knezov (Platz der Fürsten von Celje) – während des Sozialismus hieß er Trg svobode (Freiheitsplatz). Er wird beherrscht von zwei bedeutenden Bauwerken: An einer der Längsseiten erstreckt sich der **Fürstenhof** (Knežji dvorec), auch Unteres Schloss (Spodnji grad) genannt. Im 14. Jahrhundert errichtet, fristete der repräsentative Bau seit den Zeiten Maria Theresias eine unwürdige Existenz als Kaserne. Erst der unabhängige slowenische Staat verhalf dieser symbolträchtigen Stätte des Slowenentums wieder zu einem gewissen Glanz. Im renovierten Teil des Komplexes befinden sich Ausstellungen zur Gegenwartskunst. An der Stirnseite des Platzes steht das **Volkshaus** (Narodni dom), einst Kulturhaus des slowenischen Bevölkerungsteils, heute Rathaus der Stadt. Es wurde 1895/96 von dem tschechischen Architekten Jan Vladimir Hrásky im Stil der Neorenaissance entworfen. Das bemerkenswerte Haus gegenüber nennt sich Palais Prothasi (Prothasijev dvorec) und stammt etwa von 1770.

Die Gledališka ulica neben dem Rathaus führt zur Rückseite des **Slowenischen Volkstheaters** (Slovensko ljudsko gledališče), das 1885 erbaut wurde. Die Gebäudefront schaut auf eine große Grünanlage. Auf der Vodnikova ulica geht es, vorbei an Resten der Stadtmauer, zurück in die Fußgängerzone. An der Ecke Stanetova ulica steht das Gebäude der **ehemaligen Volkssparkasse**, heute Banka Celje, realisiert vom großen slowenischen Baumeister Jože Plečnik im Jahr 1929.

Nun kann man den oberen Teil der Geschäftsstraße entlangschlendern bis zur Kreuzung mit der ebenfalls autofreien Prešernova ulica: Rechts kommt man zu einer platzartigen Erweiterung mit der Marienkirche (Marijina cerkev) und dem dazugehörigen **Minoritenkloster** (Minoritski samostan) aus dem 13. Jahrhundert. Nach der Auflösung des Ordens im Jahr 1808 wurden die Mönchszellen kurzerhand als Gefängniszellen weiterbenutzt. Während der deutschen Besatzungszeit diente der Bau als Kerker und Folterstätte der Gestapo. Im ›Stari pisker‹ wurde eine Gedenkstätte zur Erinnerung an das dunkle historische Kapitel eingerichtet.

Im Magistratsgebäude gegenüber dem Kloster befand sich von 1962 bis 1991

Das Kulturhaus ›Celjski dom‹

Arkadengänge im Fürstenhof

ein Revolutionsmuseum. Heute ist es das **Museum für Neuere Geschichte** (Muzej novejše zgodovine): Zu sehen sind Interieurs aus Bürgerhäusern, das sogenannte Gläserne Fotostudio des Fotographen Josip Pelikan und das sehr liebevoll gestaltete Museum für Kinder, genannt ›Hermanns Höhle‹ (Hermanov brlog).

Folgt man von der vorgenannten Straßenecke der Prešernova ulica in die entgegengesetzte Richtung, so erreicht man nach etwa 200 Metern das sehr auffällig gestaltete Gebäude namens **›Celjski dom‹** am Krekov trg. 1905/06 setzte der Wiener Architekt Peter Paul Brang seinen Entwurf eines repräsentativen Domizils für den deutschsprachigen Teil der örtlichen Einwohnerschaft um, gewissermaßen als Pendant zu dem zehn Jahre früher realisierten Kulturhaus der Slowenen (siehe oben). Den Stilmix mit Türmen und diversen Jugendstilanklängen mag man arg übertrieben finden, die Symbolwirkung hingegen war durchaus beabsichtigt – und das Haus behielt sie über die Jahrzehnte: Nach der Loslösung von Österreich-Ungarn wurde es 1919 vom jugoslawischen Staat konfisziert und erhielt seinen heutigen Namen. Erst während der Nazi-Zeit kam es noch einmal in deutsche Hände. Heute beherbergt es kulturelle Einrichtungen und wird als Veranstaltungsort genutzt. Auf dem Platz erinnert seit 2010 ein lebensgroßes Denkmal an die Reiseschriftstellerin Alma Karlin (→ S. 273).

Schräg gegenüber liegt der **Bahnhof**, der bereits 1846 in Betrieb genommen wurde. Mit seinen Gleisanlagen und dem Flüsschen Voglajna an der Rückseite begrenzt er den historischen Stadtkern. Im hinteren Bahnsteigbereich ist eine restaurierte Dampflok zu bestaunen (Betriebsnummer JŽ 25-002, Baujahr 1922, außer Betrieb seit 1978).

Der Burgberg

Die Sehenswürdigkeiten des südöstlichen Stadtrandes liegen am Zusammenfluss von Voglajna und Savinja. In jedem Fall muss man eine Brücke benutzen: Entweder hält man sich vor dem Bahnhofsgebäude rechts und folgt der Ulica XIV. divizije ungefähr 350 Meter bis zum Kreisverkehr an der Savinja-Brücke, oder man benutzt die Fußgängerbrücke nahe der Alten Grafei (siehe oben). Auf einem Hügel oberhalb der Flussbiegung,

Aufgang zum Kapuzinerkloster

Die Burg thront hoch über Celje

wo die Straße Nr. 5 nach Laško beginnt, steht das **Kapuzinerkloster** (Kapucinski samostan) mit der Kirche Sveta Cecilija. Die Anlage wurde 1609 bis 1615 erbaut. Zwischen den Häusern an der Partizanska cesta führt eine überdachte Treppe hinauf. Auf der Anhöhe findet man auch noch die Ruinen eines Herkulestempels (Heraklejevo svetišče).

Die **Alte Burg** (Stari grad, auch Celjski Grad) liegt auf der gegenüberliegenden Flussseite – genauer gesagt jenseits der beiden Flüsse, denn vor der Einmündung gibt es noch eine Halbinsel. Um hinüber an den Burgberg zu gelangen, muss man zunächst der Landstraße nach Laško knapp einen Kilometer weit folgen. Von der Altstadt aus kann man auch links vom Bahnhof die Unterführung der Cankarjeva ulica wählen und dann dem

▲ Karte S. 267

jenseitigen Ufer der Voglajna folgen. Der Burghügel (Grajski hrib) überragt die Umgebung um etwa 150 Meter und kann von zwei Seiten angegangen werden, nur leider nicht auf direktem Weg. Falls man nicht gleich auf der weit ausholenden Cesta na Grad hinauffährt, wird es ein längerer Fußmarsch. Die Burg von Celje, historisch Obercilli, stammt vom Anfang des 13. Jahrhunderts und galt lange als die gewaltigste Festung im weiten Umkreis. Sie verfügte bei ihrer endgültigen Fertigstellung über eine Vorburg, zwei Wehrmauern und zwei mächtige Türme. In späteren Zeiten zogen die Grafen von Cilli es vor, unten in der Stadt zu residieren. Nach einigen Umbauten büßte die Burg allmählich auch ihre strategische Bedeutung ein und verfiel spätestens ab dem 17. Jahrhundert. Seit 1994 wird sie schrittweise restauriert. Ein Besuch der Burg lohnt sich nicht zuletzt wegen der herrlichen Aussicht auf die Stadt und ihre Flüsse.

Umgebung von Celje

Ein beliebtes Naherholungsziel nur wenige Kilometer nördlich von Celje ist der **Šmartinsko jezero** (See von Šmartno): Sloweniens größter Stausee wurde um 1970 angelegt und besitzt zahlreiche Buchten; umgeben von weitgehend intakter Natur kann man Angeln, Baden, Wassersport betreiben oder auch Ausflüge per Dampfschiff unternehmen.

Die regionale Tourismuswerbung weist auch auf zwei benachbarte Orte hin: **Vojnik** (2300 Einwohner) ging aus einer Festung namens Hoheneck hervor und erstreckt sich mit seinen drei Kirchen entlang der Nebenstraße Nr. 430 in Richtung Pohorje-Massiv. **Štore** (1900 Einwohner) liegt im Tal der Voglajna an der Straße Nr. 107; der Bahnanschluss begünstigte einst den Aufbau eines Stahlwerkes. Reizvoll ist vor allem das bergige Hinterland.

Nur etwa fünf Kilometer südlich der Burg Celje befindet sich das kleine **Skigebiet Celjska koča** um den 834 Meter hohen Gipfel Tovsti vrh. Eingebettet in das dahinterliegende Mittelgebirgsland liegt das Dorf **Svetina** (100 Einwohner), das wegen seiner besonderen Schönheit ausgezeichnet wurde. Es ist die Heimat der Alma Karlin (1889–1950), die schon nach dem Ersten Weltkrieg als meistgelesene deutsche Reiseschriftstellerin hervortrat. Von ihrer Weltreise, die sie zwischen 1919 und 1928 unternahm, schickte sie regelmäßig Eindrücke an die damalige ›Cillier Zeitung‹, nach ihrer Rückkehr verfasste sie Romane und Gedichte (→ S. 273).

Celje

Vorwahl: 03.

Postleitzahl: 3000.

Touristenbüros: Krekov trg 3 (Bahnhofsvorplatz), Tel. 4287936.

Cesta na Grad 78 (Auffahrt zur Burg), Tel. 5443690.

Um die Altstadt herum gibt es zwar mehrere Parkplätze, oft sind sie jedoch komplett besetzt. Chancen hat man evtl. an der Gregorčičeva ul. gegenüber dem Theater oder ein Stück weiter an der Jurčičeva ul. – beide am westlichen Altstadtrand. Am anderen Ende der Altstadt, neben dem Bahnhof gibt es auch große Parkflächen.

Stadtbusse des Unternehmens Izletnik halten u.a. vor dem Bahnhof. Die Regional- und Fernbusse nutzen die Busstation an der Aškerčeva ul. 20 (250 m weiter nördlich): Mo–Fr ca. 8x nach Ljubljana, ca. 10x nach Laško, ca. 5x nach Maribor.

Bahnhof direkt am östlichen Altstadtrand, Krekov trg 1. Alle Züge der Strecke Maribor–Ljubljana halten in Celje (Mo–Fr ca. 20–25 Verbindungen, davon 3–5 weiter nach Koper). Häufige Regionalzüge nach Laško und Velenje. Gute Verbindungen auch nach Zagreb, Belgrad, Budapest.

Im Umkreis von max. 120 km gibt es vier internationale Flughäfen (Ljubljana, Zagreb, Graz, Klagenfurt).

Tel. 5483300, 1490810 oder 1205060.

Hotel Evropa, Krekov trg 4, Tel. 4269000, www.hotel-evropa.si. Bestes Hotel der Stadt (seit 1873); zentrale Lage; gutes Restaurant; DZ um 100 Euro.

Hotel Štorman, Mariborska cesta 3, Tel. 4260426, www.storman.si. Ebenfalls günstig gelegen (Nahe Messe und Busstation); gutes Restaurant; preislich attraktiv; DZ ab ca. 70 Euro.

Gostišče Hochkraut, Tremerje 2 (3 km südl. von Celje, an der Savinja), Tel. 4279100, www.hochkraut.com. Modernes Haus mit Wellnessbereich und Restaurant; DZ ca. 70 Euro.

MCC Hostel, Mariborska cesta 2, Tel. 4908740, www.mc-celje.si. Neueröffnung 2011; mit Fahrradverleih; pro Person ab 17 Euro.

Hotelrestaurant Evropa, Krekov trg 4, Tel. 4269000. Stilvoll, für gehobenere Ansprüche.

Hotelrestaurant Štorman, Mariborska cesta 2, Tel. 4260426. Ebenfalls gute Küche und gepflegtes Ambiente.

▶ Karte S. 267

Gostilna Francl, Zagrad 77, Tel. 4926460. Etwas außerhalb, südlich der Burg; slowenische Spezialitäten; von Einheimischen sehr empfohlen; evtl. reservieren.

Gostilna Amerika, Mariborska cesta 79, Tel. 5419320. Der Name täuscht, denn seit über hundert Jahren wird deftige Balkanküche (Grillfleisch) aufgetragen; Fr–Sa oft Live-Musik.

Gostilna Mlakar, Teharska ul. 26, Tel. 5488090. Ebenfalls am Südrand der Stadt, jenseits der Savica; herzhafte regionale Küche in rustikaler Umgebung; So geschlossen.

Restavracija Interspar, Mariborska cesta 100, Tel. 4267650. Eher eine Art Mensa; sehr preisgünstige Speisen, relativ teure Getränke.

Kavarna Oaza, Glavni trg 13, Mobiltel. 040/337995. Modernes Café am Hauptplatz; beliebte Außenplätze.

Kavarna Evropa, Krekov trg 4, Tel. 4269000. Wohl schönstes Café der Stadt.

Café Veronika, Cesta na Grad 78 (am Aufgang zur Burg).

Regionalmuseum (Pokrajinski muzej), Muzejski trg, Tel. 4280950; Di–So 10–18 Uhr, Nov.-Febr. nur Di–Fr 10–16, Sa 9–13 Uhr. Mit Dauerausstellung über Alma Karlin.

Museum für Neuere Geschichte, Prešernova ul. 17, Tel. 4286410; Di–Fr 10–14, Sa 9–13 Uhr.

Gedenkstätte Stari pisker, Prešernova ul. 20; gleiche Tel.nr. und Öffnungszeiten.

Im Sommer samstags Kunstgewerbe- und Trödelmarkt auf dem Glavni trg.

Im August großer mittelalterlicher Marktplatz auf der Burg.

Die Reiseschriftstellerin Alma Karlin

Lange Zeit war sie gewissermaßen verschollen, man hörte nichts über sie. Die Rede ist von einer Frau, die ihrer Zeit voraus war und in den 1920er Jahren die halbe Welt bereiste. Nicht etwa, dass ihr unterwegs etwas Schlimmes zugestoßen wäre – nein, es waren vor allem nationalistische Borniertheit, aber auch persönliche Eigentümlichkeiten, die sie in der Versenkung verschwinden ließen.

Alma Maximiliane Karlin wurde 1889 in Celje, damals Cilli, geboren als Tochter einer gutgestellten deutschsprachigen Familie. Der Vater Jakob Karlin, Major in der k.u.k. Armee, war bereits im 60. Lebensjahr. Die Mutter Vilibalda Miheljak, auch schon 45, unterrichtete an einer Mädchenlehranstalt. Alma war von Geburt an gehbehindert und schwach, hinzu kam eine Fehlstellung der Augen. Später beschrieb sie sich selbst ganz nüchtern als ›*ein Wesen weiblichen Geschlechts*‹. Niemand hätte geglaubt, dass sie ihre schwerwiegenden physischen Beeinträchtigungen dereinst durch Willensstärke, Talent und erstaunliche Unternehmungen sogar überkompensieren würde. Auch ließen die Zeitumstände nichts Gutes ahnen, geriet sie doch in eine Epoche des Umbruchs, in der sich die hergebrachte Ordnung der Donaumonarchie schließlich auflöste.

Zunächst durfte sie nach dem Tode des Vaters als Achtjährige zwei Tanten auf einer Reise durch die Nachbargebiete Dalmatien, Herzegowina, Tirol, Bayern und den Nordosten Italiens begleiten. Unterwegs soll sie mit großer Neugier alle möglichen Museen, Galerien und sonstigen kulturellen Stätten aufgesucht haben. Während langwieriger orthopädischer Therapien begann sie Englisch und Französisch zu lernen und verfasste erste Kurzgeschichten und Gedichte. In Graz beendete sie die Höhere Schule. An der Londoner Society of Arts legte sie 1913, nach einem einzigen Studienjahr, Examina in acht weiteren Sprachen ab. Ihr Wochenplan soll etwa folgendermaßen ausgesehen haben: montags Norwegisch und Sanskrit, dienstags Französisch, mittwochs Englisch und Latein, donnerstags Dänisch, freitags Schwedisch und Italienisch, samstags polyglotte Treffen mit Freunden, sonntags Russisch und Spanisch. Ihr besonderes Rezept: Jeden Morgen dasselbe Gedicht in einer anderen Sprache auswendig lernen!

Das schon damals multiethnische London und die eigenen Reiseerfahrungen (siehe oben) hatten in ihr den Wunsch reifen lassen, die Kulturen der Welt kennenzulernen und darüber zu berichten. In ihren eigenen Worten hieß das: ›*Was mich da zwang, war nicht Abenteuerlust; es war der Ruf einer gestellten, unabweisbaren Aufgabe.*‹

Eine Episode in Almas Leben blieb wohl die Verlobung mit einem chinesischen Offizier, die sie auf Drängen ihrer Mutter zurücknahm. Nun zwang der Ausbruch des Ersten Weltkrieges sie England zu verlassen. Doch sie blieb nur kurz in Celje und hielt sich dann bis 1919 in Schweden und Norwegen auf. Als sie zurückkehrte, existierte die österreich-ungarische Monarchie nicht mehr. Die Landkarte Mitteleuropas hatte sich grundlegend verändert. Eine Definition von Heimat war schwierig geworden. ›*Ich war fast ohne Willen und Wollen Staatsbürgerin eines fremden Landes geworden*‹, notierte sie. Um Geld zu verdienen, betrieb Alma vorübergehend eine Sprachenschule. Noch im November desselben

Jahres realisierte sie ihren lange gehegten Plan und verließ Europa an Bord eines Dampfers, der sie von Triest nach Peru brachte. Nach eigener Darstellung betrug ihre Barschaft 130 Dollar und 950 Mark, letztere hochinflationär. Als weitere Stationen ihrer Weltreise seien genannt: Panama, Mexiko, Kalifornien, Hawaii, Japan, China, Ostasien, Australien, Südpazifik, Indien, Pakistan. Nirgendwo hielt sie sich allzu lange auf, sie wollte unterwegs nicht sesshaft werden. An verschiedenen Orten arbeitete sie als Übersetzerin und lieferte Beiträge für Zeitungen. Die gesamte Reise zog sich hin bis Januar 1928 – geplant waren eigentlich drei Jahre – und hätte sicher noch deutlich länger gedauert. In Karachi erhielt sie vom Totenbett ihrer Mutter ein Fernschreiben, sie möge doch heimkehren. Und sie tat es. Später resümierte sie: ›*Von all dem was ich in 1919 aus der Heimat mitgenommen hatte, habe ich nach unzähligen Leiden und Gefahren bei meiner Rückkehr in 1928 nichts zurückgebracht als mich selbst und – meine geliebte Schreibmaschine: beide arg gebrochen, dennoch mit dem Bewusstsein, wenn nicht den Lohn, so doch mein Ziel erreicht zu haben.*‹

So verbrachte sie die Jahre bis 1934 in Celje mit der schriftstellerischen Umsetzung ihrer Erlebnisse und Beobachtungen. Sie avancierte schnell zu einer Art Kultautorin im deutschsprachigen Raum, und wäre es nach Selma Lagerlöf gegangen, wäre ihr vielleicht der Literatur-Nobelpreis zuteil geworden. In ihrer slowenischen Heimat hingegen gab es nun große Vorbehalte gegen die deutsch-österreichische Kultur, die jugoslawischen Kommunisten untermauerten die Ablehnung auch ideologisch, aber auch den deutschen Besatzern war die kosmopolitische Alma Karlin suspekt. Sie widersetzte sich den Nazis und nahm Verfolgte auf, landete deswegen im Gestapo-Gefängnis von Celje und wäre beinahe in das KZ Dachau deportiert worden. 1944 floh sie zu den Partisanen. Nach dem Krieg gab es kaum noch Deutschsprachige auf slowenischem Boden, ein Minderheitenstatus stand nicht zur Diskussion. Verarmt und einsam starb die Autorin 1950 in Pečovnik bei Celje und wurde im Dorf Svetina beigesetzt.

Ihr unabhängiger Geist und ihr unkonventioneller Lebenslauf erschienen zu exotisch und passten schlecht in die moralisch und materiell eingeengte Nachkriegszeit. Mit ihrer Hinwendung zum Theosophischen und Okkulten und einer einseitig-kritischen Sicht auf die Geschlechter wurde Alma Karlin vom Volk letztlich nicht mehr verstanden. Sie als eine Wegbereiterin emanzipatorischer oder feministischer Strömungen darzustellen, kam den Kommunisten wohl nicht in den Sinn. Nach dem Zweiten Weltkrieg geriet sie in Vergessenheit. Von ihrem dreiteiligen Reisebericht (›*Einsame Weltreise*‹, ›*Erlebte Welt*‹, ›*Im Banne der Südsee*‹) erschien in Jugoslawien 1969 der erste Teil unter dem slowenischen Titel ›*Samotno potovanje*‹. Und bis in die 1990er Jahre wurde kein einziges ihrer zahlreichen weiteren Werke in die Landessprache übersetzt. Im heutigen Slowenien findet sie nun verstärkt Gehör – und wird dabei als Slowenin (zugegeben: mit deutscher Muttersprache) vereinnahmt. Immer noch tauchen bislang unveröffentlichte Notizen und Texte auf, und sie erscheinen zuallererst als slowenische Übersetzungen.

Laško

Die Gemeinde Laško (insgesamt 14 000 Einwohner) umfasst das landschaftlich schöne Tal der Savinja südlich von Celje und reicht bis zur Mündung in die Sava. Unterwegs gibt es nur wenige Abzweigungen von der Straße Nr. 5. Der Ort Laško liegt am Fuße des Aussichtsberges Hum. Es ist ein angenehm-nostalgischer Kurort mit einer bescheidenen Altstadt, hervorgegangen aus dem Marktflecken Tüffer. Die **Kirche Sankt Martin** besitzt einen mächtigen romanischen Turm, während das Schiff gotischen Stil repräsentiert. Oberhalb des Ortes thront die **Burg Tabor**, die seit dem 18. Jahrhundert verfallen war und nun originalgetreu restauriert ist. Im Inneren befindet sich ein modernes Restaurant. Das Thermalwasser von Laško hat eine Temperatur von 32 bis 35 Grad Celsius; es wird insbesondere bei rheumatischen Erkrankungen, Nervenleiden und Kreislaufproblemen empfohlen. Noch beliebter ist indes das Bier der örtlichen Brauerei: Die beiden Sorten ›Laško pivo‹ und ›Zlatorog‹ gibt es in ganz Slowenien. Und auch das alljährliche Stadtfest steht unter dem Motto ›*pivo in cvetje*‹ (Bier und Blumen).

Die Kirche Sankt Martin in Laško

Das Kartäuserkloster in Jurklošter

Umgebung von Laško

Zum Gemeindegebiet gehört auch das Heilbad **Rimske Toplice** (Römerbad) ein Stück weiter am Fluss entlang. Wie der Name vermuten lässt, wurden die ersten Wasserbecken hier vor rund 2000 Jahren angelegt. Das lokale Wasser ist schwach radioaktiv. Nach seiner Blütezeit diente der kleine Kurort, der wenig mehr als 800 Einwohner hat, längere Zeit der Erholung jugoslawischer Armeeangehöriger. Dabei wurden die Anlagen ziemlich heruntergewirtschaftet. Inzwischen wurde aber wieder investiert, beispielsweise in das schöne Thermalfreibad ›Aqua Roma‹. Interessant sind auch die vielen exotischen Bäume, die wohlhabende Kurgäste im Laufe der Zeit anpflanzen ließen.

Von Rimske Toplice führt ein Sträßchen (Nr. 680) am Bach Gračnica entlang nach Osten: Nach etwa 17 Kilometern erreicht man **Jurklošter**, umrahmt von bewaldeten Bergen. Die Ruine des hiesigen Kartäuserklosters stammt aus dem 12. Jahrhundert.

Den Abschluss des Savinja-Tales bildet die Ortschaft **Zidani Most** (350

Einwohner). Trotz der geringen Größe handelt es sich um einen bedeutenden Verkehrsknotenpunkt des Landes, was sich an den insgesamt sechs Flussbrücken im Umkreis erkennen lässt. Der örtliche Bahnhof am Zusammenfluss von Savinja und Sava wurde 1849 an der Strecke Wien–Ljubljana–Triest (altösterreichische ›Südbahn‹) erbaut. Seit 1862 gibt es einen Abzweig nach Zagreb (›Kroatische Bahn‹), der später bis Belgrad verlängert wurde. In dem engen Tal bilden zwei aufeinanderzulaufende Brücken über die Savinja hinweg ein ungewöhnliches Gleisdreieck mit engem Kurvenradius. Die Straße Nr. 5 wechselt die Flussseite und schlängelt sich darunter hindurch – ein Engpass für den Lastwagenverkehr durch das Savinja-Tal. Direkt am Bahnhof Zidani Most kann man die seltsame Verkehrsführung genauer studieren. Und wenn mittags gegen 13 Uhr (nach derzeitigem Fahrplan) fast gleichzeitig Züge aus allen drei Richtungen eintreffen, wirkt die Szenerie wie eine überdimensionale Modelleisenbahn. Auch die Straße Nr. 108 zweigt hier ab und verläuft im Sava-Tal stromaufwärts bis fast nach Ljubljana.

Karte S. 265

Der Bahnhof Zidani Most

Laško

Vorwahl: 03.

Postleitzahl: 3270.

Touristenbüro: Trg svobode 8, Tel. 7338950.

Busse des Unternehmens Izletnik sowie Eisenbahn durch das Savinja-Tal; Bahnhof an der Hauptstrecke von Ljubljana nach Maribor (häufige Verbindungen).

Hotel Hum, Trg svobode 1, Tel. 7348800. Gegenüber der Altstadt; nüchtern und zweckmäßig; DZ ab ca. 60 Euro.

Hotel Savinja, Valvasorjev trg 1, Mobiltel. 059/221076, www.savinja-lasko.si. Mit Restaurant, Pub und Außenterrasse; DZ ab ca. 60 Euro.

Restaurant Grad Tabor, auf der Burg, Tel. 5731600. Mittelalterliches Ambiente, nicht ganz billig.

Besichtigung der örtlichen Brauerei über das Touristenbüro.

Bier- und Blumenfest jährlich Mitte Juli.

Trbovlje

Trbovlje (15 000 Einwohner) wird in kaum einem Reiseführer erwähnt – eigentlich ein uninteressanter Zechenstandort. Und doch besitzt die immerhin neuntgrößte Stadt Sloweniens eine Besonderheit, allerdings von zweifelhaftem touristischen Wert: einen ungewöhnlich hohen Schornstein, der als der höchste in ganz Europa gilt! Trbovlje liegt ziemlich versteckt in einem nördlichen Seitental der Sava, wo bereits seit 1804 Kohle abgebaut wird. Um die Umweltbelastung durch die Abgase des örtlichen Wärmekraftwerkes in dem engen Tal möglichst gering zu halten, wurde hier 1976 ein über 360 Meter hoher Schlot gebaut (zum Vergleich: Kölner Dom 157 Meter). Während der Bahnhof und große Industrieanlagen am Taleingang nahe an der Sava liegen, zieht sich die Stadt bandartig und sehr weit in das schmale Seitental hinein. Mit ihrem geschäftigen Zentrum wirkt sie deshalb größer, als die Einwohnerzahl vermuten lässt. Neben historischen, aber überwiegend unansehnlichen Bergarbeitersiedlungen und sozialistischen Zweckbauten gibt es zwei mittelalterliche Kirchen und das **Museum der Region Zasavska** (Zasavski muzej Trbovlje) mit Zeugnissen der Lokalgeschichte.

Zusammen mit den benachbarten, ebenso gesichtslosen Orten **Hrastnik** und **Zagorje ob Savi** bildet Trbovlje das industrielle Zentrum der oberen Sava-Region (Zasavska). Die regionale Hauptstraße (Nr. 108) und die seit 1849 bestehende Eisenbahnstrecke verlaufen im eindrucksvollen Tal der Sava. Im nördlichen Hinterland, wo die Berge Javor und Mrzlica jeweils über 1100 Meter erreichen, gibt es nur die Passstraße (Nr. 427) nach Prebold und Šempeter nahe der Autobahn A1: Die Strecke ist kurvenreich und schmal, aber inzwischen durchgehend asphaltiert.

Šempeter

Wirklich Großartiges haben die Römer auf slowenischem Boden zwar nicht hinterlassen, doch an mehreren Stellen trifft man auf Zeugnisse ihrer langen Präsenz. Neun Kilometer westlich von Celje, an der Autobahn A1, liegt die Ortschaft Šempeter, eigentlich Šempeter v Savinjski dolini (Sankt Peter im Tal der Sann) zur besseren Unterscheidung von mehreren gleichnamigen Orten. Die Gegend ist ein bedeutendes Hopfenanbaugebiet. Hier wurden 1952 bei Straßenbauarbeiten zunächst römische Marmorreliefs gefunden, bei weiteren Grabungen schließlich die Ruinen einer ganzen **römischen Nekropole** (Rimska nekropola) aus dem 1. bis 3. Jahrhundert: In einem archäologischen Park sind heute entlang eines 315 Meter langen Gehweges etwa 100 gut erhaltene Grabstätten zu sehen. Jenseits der nahen Autobahn A1 in geringer Entfernung lohnt die **Pekel-Höhle** (Jama Pekel) mit einem vier Meter hohen Tropfsteinwasserfall einen Besuch.

Über Prebold (1700 Einwohner, Gemeinde insg. 4900) führt die inzwischen komplett asphaltierte, dennoch ein wenig abenteuerliche Gebirgsstraße Nr. 427 hinüber ins Sava-Tal (siehe oben).

Industrieanlagen in Trbovlje

In Šempeter

Šempeter

Vorwahl: 03.

Postleitzahl: 3311.

Touristenbüro: Ob rimski nekropoli 2, Tel. 7002056.

Tagsüber etwa 8–10 Verbindungen auf der Nebenstrecke Celje–Velenje.

Garni Sport Hotel, 3312 Prebold, Graščinska cesta 9, Tel. 03/7034060, www.garnisporthotel.com. Etwa 6 km südwestlich an der Gebirgsstrecke nach Trbovlje; angenehme Lage, aber teilweise renovierungsbedürftig, ohne Restaurant; DZ 60 Euro.

Restaurant Štorman, Rimska cesta 10, Tel. 7038300. An der Landstraße nach Celje; vielfältige Speisekarte, gute Qualität, relativ preiswert.

Pizzeria Nekropolis, Petrov trg 7, Tel. 5701521. Italienisches Restaurant mit überdachter Terrasse, neben der Nekropole.

Römische Nekropole, Tel. 7002056; Mai–Okt. tägl. 10–18 Uhr, im Winter nur Sa–So 10–16 Uhr.

Trojane

Eine weitere römische Stätte an der antiken Straße von Emona nach Celeia (Ljubljana – Celje) war der Militär- und Handelsposten Atrans, heute Trojane, 36 Kilometer westlich von Celje. Über den 609 Meter hohen Pass am Berg Užak gelangte man relativ leicht nach Osten in die benachbarte Provinz Noricum. So konnte unter östlicher Umgehung der Alpen der Bernsteinhandel zwischen dem Ostseeraum und der Adria florieren. Die Überreste des Municipium Atrans sind zu besichtigen. Über die Jahrhunderte blieb der Ort eine wichtige Raststation; schließlich entwickelte er sich auch zu einem Ausflugsziel. Der umtriebige Verband der hiesigen Gastwirte soll bereits im Jahr 1913 aus Wien drei Reisebusse beschafft haben, um mit einem täglichen Linienverkehr zwischen Ljubljana und Celje zusätzliche Kundschaft nach Trojane zu holen. Die Rast unterwegs war sicherlich willkommen, brauchte man damals doch insgesamt drei Stunden. Auch der heutige Gasthof ist sehr beliebt.

▲ Karte S. 265

Von der Savinja zur Meža

Es gibt zwei interessante Strecken von Celje nordwärts. Die Landstraße Nr. 430 führt aus dem Stadtgebiet über Vojnik geradewegs in das Pohorje (Bachergebirge). Bedeutender ist die Durchgangsstraße Nr. 4, die von der Autobahnabfahrt Zalec bis zur österreichischen Grenze verläuft. Sie folgt dabei etwa 25 Kilometer lang dem Lauf der Mislinja, die ihrerseits den Westrand des Pohorje markiert. Kurz vor Dravograd vereinigt sie sich mit der Meža, um in die Drava zu münden. Alle drei Flusstäler sind seit altersher wichtige Verkehrswege in der von hohen Gebirgszügen dominierten Landschaft. Allerdings existiert die Eisenbahnstrecke zwischen Velenje und Dravograd heute nicht mehr.

Die Region um Dravograd heißt Koroška (Unterkärnten) und ist die mit Abstand kleinste unter den historischen Landschaften Sloweniens. Brauchtum und Dialekt sind hier noch sehr lebendig, und wegen der abseitigen Lage scheinen die Verbindungen nach Österreich im Alltag nach wie vor eine große Rolle zu spielen. Besonders malerisch und einsam sind die östlichen Ausläufer der Karawanken zwischen den Oberläufen von Savinja und Meža. Am besten entscheidet man sich bereits in Velenje für einen solchen Abstecher.

Velenje

Die fünftgrößte Stadt Sloweniens ist ziemlich unbekannt. Velenje entstand erst nach 1950 als sozialistische Bergarbeiterstadt bei einem bereits 1767 entdeckten Kohlevorkommen und hat heute rund 26 000 Einwohner. Obwohl der Ortsname schon 1264 auftauchte, gibt es neben dem Burgareal so gut wie keine historischen Gebäude. Der einstige Marktflecken war 1801 einem Großbrand zum Opfer gefallen, und der ab Mitte des 19. Jahrhunderts intensivierte Bergbau hatte zunächst wenig Einfluss auf die Kleinsiedlung. Zum Abtransport der Kohle wurde 1891 eine Eisenbahnstrecke nach Celje in Betrieb genommen, von 1899 bis 1970 existierte auch eine Fortsetzung in nördlicher Richtung nach Dravograd (verlängerte Lavanttalbahn). Die ursprünglich abgrenzende Bezeichnung Novo Velenje meint fast die ganze heutige Stadt, da es praktisch keine Altstadt gibt. Velenje ist weitgehend durchgeplant, von großen Wohnblocks, Ladenzeilen und Grünflächen geprägt und besitzt auch keine typische City. Eingerahmt wird das Ganze von Industrieanlagen und eintönigen Vorortsiedlungen. Ursprünglich sollte hier ›*für die Bergarbeiter, da sie die Hälfte des Tages unter der Erde verbringen, ein Wohnort voller Licht und Sonnenschein*‹ entstehen – so lautete zumindest das Motto der

Im unteren Meža-Tal

Die Burg Velenje

Stadtplaner. Aber aus den verschiedensten Gründen rückten sie dann von dem modernistischen Gesamtkonzept ab. Allein mehr als 20 überdimensionierte Hochhausklötze wurden am Ende der 1960er Jahre in kürzester Zeit errichtet. Es entstand eine in ihrer Struktur zwar bemerkenswerte, doch gleichzeitig seelenlose Wohnstadt, die in den 1980er Jahren berüchtigt war für ihre Luftverschmutzung.

Neben der Zeche und einem großen Heizkraftwerk ist der slowenische Haushaltsgerätehersteller ›Gorenje‹ (an der Straße nach Šoštanj) seit Jahrzehnten der wichtigste Arbeitgeber in der Stadt. Gegründet wurde das Unternehmen im Jahr 1950 als Landmaschinenfabrik im acht Kilometer westlich gelegenen Ort Gorenje, der als Namensgeber diente. Nach dem 1960 erfolgten Umzug nach Velenje begann ein starkes Wachstum, der ganze jugoslawische Binnenmarkt wurde mit Herden, Kühlschränken, Waschmaschinen und anderen Geräten versorgt. Heute gehen rund 90 Prozent der Produktion in den Export, davon bereits zwei Drittel in die Staaten der EU.

▲ Karte S. 265

Nach dem Tod des jugoslawischen Staatsgründers Tito hatte Velenje, wie etliche weitere Orte im Vielvölkerstaat, einen ehrenden Namenszusatz erhalten und hieß von 1981 bis 1991 Titovo Velenje. Im unabhängigen Slowenien wurde die Änderung rückgängig gemacht.

Sehenswürdigkeiten

Die touristische Bedeutung ist naturgemäß gering: Velenje ist einfach kein Urlaubsort, wenngleich sich der Gesamteindruck verbessert hat. Modernisierungsmaßnahmen und ein respektables Freizeitangebot lassen heutige Besucher vielleicht mit mehr Wohlwollen urteilen. Besuchenswert ist auf jeden Fall die prächtige **Burg**, die oberhalb einiger älterer Gebäude (Staro Velenje) steht und zu den schönsten des Landes gehört. Sie stammt aus dem 13. Jahrhundert und ist von mehreren runden Wehrtürmen umgeben. Das weiße Renaissance-Bauwerk gehörte zeitweise den Burgherren von Ptuj. Im Inneren befinden sich verschiedene beachtenswerte Museen und Ausstellungen, unter anderem eine Afrika-Sammlung mit Elefantenskelett, historische Fotos aus der Region und moderne Malerei.

Im Kurort Dobrna

An der oberen Savinja bei Ljubno

Außerdem gibt es in Velenje das preisgekrönte **Slowenische Bergbaumuseum** (Muzej premogovništva Slovenije), das die Entwicklung und Sozialgeschichte des örtlichen Bergbaus veranschaulicht. Für den etwa eineinhalbstündigen Rundgang durch die hergerichteten Stollen in 180 Metern Tiefe wird Schutzkleidung zur Verfügung gestellt.

Inmitten einer Parkanlage liegt die **Villa Herberstein**. Das Gebäude aus dem 17. Jahrhundert ist heute im Besitz des einheimischen Unternehmens ›Gorenje‹ und beherbergt neben einem Hotel auch ein vornehmes Restaurant. An der Straße Nr. 4 nach Slovenj Gradec ist die **Ruine der Burg Šalek** zu sehen. Am westlichen Stadtrand (Straße Nr. 425/426) liegen drei größere Seen.

Umgebung von Velenje

Dobrna ist ein kleiner, abgelegener Kurort etwa 14 Kilometer südöstlich von Velenje (Straße Nr. 4, dann 429 in Richtung Vojnik). Im waldreichen Hügelland am 1273 Meter hohen Paški Kozjak sollen schon die Römer auf Thermalquellen gestoßen sein. Seit dem 15. Jahrhundert hat sich der Kurbetrieb allmählich entwickelt, der auf die längste Tradition in ganz Slowenien zurückblicken kann. Große Persönlichkeiten der k.u.k Monarchie weilten an den Thermen des kleinen Ortes, der heute etwa 550 Einwohner hat. Das unlängst renovierte Kurhaus stammt von 1624. Der Kurgarten ist nach chinesischen Feng-Shui-Prinzipien ausgerichtet. Sehenswert sind außerdem die Schlossruinen von Dobrna und Novi grad.

Am westlichen Stadtrand von Velenje führt eine Stichstraße über Šoštanj zum Heilbad **Topolšica**.

Die gut ausgebaute Straße Nr. 4 folgt dem Verlauf der einstigen Eisenbahn über Slovenj Gradec bis nach Dravograd an der österreichischen Grenze.

Eine touristisch fast unberührte Nebenstraße (Nr. 425) führt in großem Bogen zum selben Ziel. Sie geht nordwestlich von Velenje mit zahlreichen Kurven in die östlichen Karawanken: Über Zavodnje und einen 1084 Meter hohen Pass kommt man nach etwa 30 Kilometern zunächst in Črna na Koroškem heraus. Parallel zur österreichischen Grenze, die auf dem Gebirgskamm verläuft, folgt man nun nordwärts dem weiteren Verlauf des Meža-Tales und ist nach weiteren 10 Kilometern in der Ortschaft **Mežica**. Die örtlichen Blei- und Zinkgruben haben bis zu ihrer Stilllegung 1994 die Umwelt großräumig zerstört, so dass Einheimische vom ›Tal des Todes‹ sprachen. Nach nochmals vier Kilometern erreicht man dann die Straße Nr. 226, die den Grenzübergang bei Bleiburg/Österreich mit Dravograd beziehungsweise mit Slovenj Gradec verbindet.

Eine weitere, etwas besser ausgebaute Strecke (Nr. 426) verlässt Velenje letztlich ebenfalls in westlicher Richtung: Über Mozirje gelangt man in die Gemeinde **Ljubno** am Oberlauf der Savinja. Ganz in der Nähe liegt das Wintersportgebiet Golte mit dem Gipfel Boskovec (1590 Meter). An der Abzweigung bei Radmirje muss man sich entscheiden, ob die Fahrt nördlich oder südlich der Kamniške Alpe (Steiner Alpen) fortgesetzt werden soll: Als Straße Nr. 428 geht es weiter bergauf zur Logarska dolina (→ S. 118); die Straße Nr. 225 führt hinab nach Kamnik (→ S. 116) und in die Gegend von Ljubljana.

Velenje

Vorwahl: 03.

Postleitzahl: 3320.

Touristeninformation: Šaleška cesta 3, Tel. 8961860.

Busse vom Bahnhof u.a. nach Ljubljana, Maribor, Celje, Slovenj Gradec (Unternehmen Izletnik).

Endstation der Nebenstrecke Celje–Velenje (tagsüber ca. 8 Züge).

Hotel Razgoršek, Stari trg 33, Tel. 8983630, www.hotelrazgorsek.com. Unterhalb der Burg; DZ um 75 Euro.

Camping Jezero, am Seeufer, Tel.8996480; Juni–Sept.

Gostilna Lipa, Šalek 15, Tel. 8974494. Unterhalb der Burg; Spezialität Grillgerichte.

Restavracija Jezero, Koroška cesta 71, 5866462. Am Seeufer.

Burgmuseen, Ljubljanska cesta 54; tägl. 9–19 Uhr.

Bergbaumuseum, Stari Jašek, Koroška cesta; Gruppenführungen Di–So 9.30–15.00 Uhr, auch Einzelbesuche möglich (tel. Absprache unter 5870997); nicht für Kinder unter 4 Jahren; gutes Schuhwerk zu empfehlen.

Im Burghof finden regelmäßig Konzerte und andere kulturelle Veranstaltungen statt. Pippi-Langstrumpf-Festival jährlich im September (größtes Kinderfestival Sloweniens, seit 1990).

Slovenj Gradec

▲ Karte S. 265

Die vormals steiermärkische Kleinstadt (7700 Einwohner) wurde durch eine Verwaltungsreform der historischen Region Koroška (Unterkärnten) zugeordnet und ist nun deren kulturelles Zentrum. Es ist die kleinste der elf Stadtgemeinden Sloweniens. Der deutschsprachige Name Windischgraz oder Windischgrätz lässt vermuten, dass es sich einst um eine windische, das heißt (in abwertendem Sinne) slowenische, Festung handelte. Auf jeden Fall war hier der Stammsitz der seit 1220 bekannten österreichischen

Auf dem Hauptplatz von Slovenj Gradec

Fürstensippe Windisch-Graetz. Die Realität der letzten Jahrhunderte sah so aus, dass eine überwiegend deutschsprachige Stadtbevölkerung von slowenischen Dörfern umgeben war und nach dem Zusammenbruch der Donaumonarchie (1918) abwanderte. Die verbliebenen Deutschen wurden 1945 aus dem neu gegründeten Staat Jugoslawien ausgewiesen.

Slovenj Gradec ist eine sehr alte Stadt. Sie erhielt bereits 1267 die Stadtrechte. Im Mittelalter entwickelte sich das lokale Kunsthandwerk (Schnitzereien), das bis heute ausgeübt wird und nun die Grundlage für einen bescheidenen Tourismus bildet. Am Stadtrand gibt es einige Textil- und Metallbetriebe. Idyllisch ist die Lage im Tal der Mislinja.

Sehenswert ist vor allem der hübsche alte Stadtkern um den langgestreckten Hauptplatz (Glavni trg) mit dem Rathaus. Hier befindet sich auch die Touristeninformation und das **Kärntner Regionalmuseum** (Koroški pokrajinski muzej). Davor steht die lebensgroße Skulptur ›Venezianisches Pferd‹ von Oskar Kogoj. Im Haus Nummer 40 erblickte der Komponist Hugo Wolf (1860–1903) das Licht der Welt; heute befindet sich darin die Musikschule und seit 2011 auch ein kleines Museum. Einen Blick wert sind darüberhinaus das **Schloss Rotenturm** sowie die beiden Kirchen Sankt Elisabeth (Sveta Elizabeta) und Heiliggeist (Sveti Duh) in der kurzen Fußgängerzone gegenüber der erwähnten Pferdeskulptur.

Im südwestlichen Ortsteil Stari trg, ein wenig außerhalb, kann man von der Kirche aus einen Kreuzweg hinauf steigen.

Slovenj Gradec

Vorwahl: 02.

Postleitzahl: 2380.

Touristeninformation: Glavni trg 24, Tel. 8812116.

Kein Eisenbahnanschluss. Busse des Unternehmens Koratur in die Orte der näheren Umgebung; Linienverkehr auch nach Maribor und Ljubljana.

Hotel Slovenj Gradec, Glavni trg 43, Tel. 8838946, www.kope.si. Zentral gelegenes Mittelklassehotel; DZ ab ca. 70 Euro.

Gostilna Murko, Francetova cesta 14, Tel. 8838103. Gut besucht und preiswert. Weitere, überwiegend einfache Lokale und Pubs um den Glavni trg herum.

Museum von Unterkärnten (Koroški muzej), Glavni trg 24; Di–Fr 8–18, Sa–So 10–17 Uhr.

Auf ehemaliger Bahntrasse zwischen Slovenj Gradec und Mislinja entsteht ein Fahrradweg.

Brücke über die Drava in Dravograd

Dravograd

Der erste Ort südlich der österreichischen Grenze liegt an der Mündung der Meža (Mieß) in die Drava (Drau). Dravograd (3400 Einwohner) gliedert sich in den älteren Ortsteil Podgrad unterhalb der Burgruine und einen neueren namens Meža jenseits des Flusses. Als Kreuzungspunkt der Römerstraßen nach Celeia (heute Celje) und Poetovio (heute Ptuj) besaß Dravograd schon im Altertum eine gewisse Bedeutung. Der mittelalterliche Marktflecken wurde ab dem 16. Jahrhundert durch den Bau eines Flusshafens zu einem regionalen Warenumschlagplatz, an dem auch Wegezoll erhoben wurde. Holzflößerei war bis ins 20. Jahrhundert hinein üblich. Seit 1863 besteht die Eisenbahnstrecke Klagenfurt–Dravograd–Maribor; die kreuzende Strecke von Lavamünd nach Süden kam 1878 hinzu (verlängerte Lavanttalbahn) und wurde 1899 bis Velenje weitergeführt, 1970 jedoch stillgelegt. In dieselben vier Richtungen gehen Landstraßen von Dravograd aus, die jeweils Flusstälern folgen. Wegen der dazwischen aufragenden Gebirgszüge gibt es über längere Strecken keine weiteren Querverbindungen.

▲ Karte S. 265

Nach der Sprengung sämtlicher Flussbrücken beim Einzug der deutschen Wehrmacht im Frühjahr 1941 geriet der ohnehin abseits gelegene Ort in eine schwierige Situation. Heute ist Dravograd einer der typischen grenznahen Einkaufsorte, deren Attraktivität vor allem im Preisgefälle bestimmter Waren liegt. Die romanische **Kirche Sankt Veit** (Sveti Vid) von 1177 gilt als das vermutlich älteste Gotteshaus in Slowenien.

Wer von Dravograd die Straße Nr. 1 entlang der Drava nach Maribor wählt, kann einen Zwischenhalt einlegen an der interessanten **Rundkirche von Muta,** die Johannes dem Täufer gewidmet ist (Rotunda Svetega Janeza Krstnika). Das mit Holzschindeln gedeckte Kleinod unweit der Bistrica-Mündung stammt aus dem 14. Jahrhundert.

Dravograd

Vorwahl: 02.

Postleitzahl: 2370.

Touristenbüro: Trg 4. julija 50, Tel. 8710285.

Landschaftlich schöne Bahnstrecke nach Maribor (4–5 Züge täglich, Fahrtdauer ca. 1,5 Std.); in Gegenrichtung Zugverkehr über Ravne na Koroškem bis Prevalje (davon 2 Züge tägl. weiter nach Bleiburg/Österreich). Keine direkte Gleisverbindung nach Celje und Ljubljana.

Das gastronomische Angebot in Dravograd ist bescheiden.

Gostilna Šarman, 2363 Podvelka (knapp 30 km östlich, an der Drava), Tel. 04/1570028 und 02/8769800, www.dravski-splavarji.com. Der Gasthof bietet auch 2–4-stündige Floßfahrten auf der Drava an; Di–So 9–22 Uhr, Mo geschl.

In Ravne na Koroškem

Ravne na Koroškem

Farbenfroh bemalte Hausfassaden zeichnen den Industrieort Ravne na Koroškem (8500 Einwohner) aus. Unweit der österreichischen Grenze gelegen, jeweils zehn Kilometer von Dravograd und von Slovenj Gradec entfernt, ist man hier weit abseits der innerslowenischen Verkehrsachsen. Aus dem lokalen mittelalterlichem Schmiedehandwerk entwickelten sich einst die Stahlwerke und Waffenfabriken in Ravne und im Nachbarort Prevalje. Mit dem Niedergang der Schwerindustrie verloren viele Einwohner ihre Arbeit und wanderten ab. Inzwischen hat man sich auf die Produktion von Edelstahl spezialisiert und einige andere Branchen angesiedelt. Im Kärntner Museum (Koroški muzej) in Ravne kann man sich über die sozialen und kulturellen Hintergründe informieren. Im Rahmen der ›Forma Viva‹-Symposien, bei denen Bildhauer alle zwei Jahre an verschiedenen Orten in Slowenien zusammenkommen, um mit ortstypischen Materialien zu arbeiten, werden in Ravne typischerweise Eisenskulpturen geschaffen.

Sotla-Tal und Pohorje

Das folgende Kapitel fasst zwei unterschiedliche Gegenden zusammen, die sich in Nord-Süd-Richtung erstrecken und im Bereich der Autobahn A1 aneinanderstoßen. Im südlichen Teil bildet die Sotla auf ganzer Länge die Grenze zu Kroatien und mündet schließlich in die Sava. Die parallel verlaufende Eisenbahn fährt praktisch auf der Außengrenze der Europäischen Gemeinschaft, und manche Bahnübergänge ins Nachbarland sind deswegen gesperrt. Durch den Gebirgszug Kozjansko ist das Flusstal aber auch vom slowenischen Hinterland weitgehend isoliert, und man hat auf der Landstraße Nr. 219 zwischen Podčetrtek und Bizeljsko ein wenig das Gefühl, in einem Korridor unterwegs zu sein. Noch weiter südlich kommt man in ein bedeutendes Weinbaugebiet, das sich bis Brežice an der Sava hinzieht.

Den nördlichen Teil quert die Straße Nr. 107, auf der man geradewegs nach Celje gelangen kann, und nach weiteren

Weinkeller in Bizeljsko

▲ Karte S. 265

Kuranlagen in Rogaška Slatina

20 Kilometern Hügellandschaft kommt man in Slovenska Bistrica am Fuße des Pohorje aus. Nordwestlich der Autobahn A1 führen mehrere malerische Nebenstraßen in das Gebirge hinein, das mit guten Wintersportmöglichkeiten und einer phantastischen Aussicht lockt. In zahlreichen Kurven geht es am Ende auf das Rogla-Plateau hinauf.

Das Pohorje ist ein waldreicher, sehr dünn besiedelter Gebirgsstock mit vergleichsweise hohen Jahresniederschlägen. Wegen des wasserundurchlässigen Untergrundes gibt es hier ein dichtes Netz von Quellen und Bächen, sogar Moore. Auf alten Rodungsflächen wird Alm- und Weidewirtschaft betrieben, an anderen Stellen sind Naturschutzgebiete ausgewiesen. Die Holzkohleherstellung (Köhlerei) früherer Zeiten wurde aufgegeben. Die Natur im Pohorje zeigt sich sehr vielfältig, botanisch interessant sind insbesondere die Baumriesen. Und Pilzsammler zieht es wegen der überreichen Ausbeute hierher.

Rogaška Slatina

Sloweniens größtes und traditionsreichstes Kurbad, Rogaška Slatina (4800 Einwohner), liegt ganz nah an der kroatischen Grenze. Die geschützte Lage zwischen den südlichen Ausläufern der Alpen und einigen knapp tausend Meter hohen bewaldeten Bergen bewirkt ein sehr angenehmes Klima. Schon die Römer hatten sich gern hier aufgehalten, und Paracelsus wusste im 16. Jahrhundert um die positiven Eigenschaften des hiesigen Mineralwassers. 1685 beschrieb der Arzt Johann Benedikt Gründel die Heilwirkung ausführlich anhand zahlreicher Beispiele. Außerordentlich hoch ist insbesondere der Magnesiumgehalt des sogenannten ›Donat‹-Wassers, mit dem unter anderem Stoffwechsel- und Verdauungsstörungen behandelt werden.

Im Jahr 1803 begann unter dem Grafen Attems der Bau zeitgemäßer Kuranlagen: Trinkhalle, Konzertpavillons, Therapie- und Sporteinrichtungen, dazu vornehme Hotels und ein Casino. In den klassizistischen Bauwerken zwischen Parks und Promenaden verkehrten die bekanntesten Gesichter des damaligen europäischen Hochadels. Nach wie vor verströmt dieses stilvolle ›Karlsbad südlich der Alpen‹ die typische Atmosphäre der Donaumonarchie. Rogaška Slatina ist außerdem für seine kunstvollen Glaswaren bekannt, die aus der örtlichen Glasbläsertradition – früher handelte es sich um Mineralwasserflaschen – hervorgingen.

Umgebung von Rogaška Slatina

Die Umgebung des Kurortes lädt zu ausgedehnten Wanderungen und Fahrradtouren ein. Im benachbarten Grenzort **Rogatec** kann man ein Freilichtmuseum und das **Schloss Strmol** besuchen. Etwa zehn Kilometer nordwestlich von Rogaška Slatina steht auf einem Hügel die barocke **Wallfahrtskirche Sladka gora** mit überaus reicher Freskenmalerei. Wenige Kilometer weiter in Richtung Poljčane erstreckt sich der **Landschaftspark Boč** am gleichnamigen, 980 Meter hohen Berg.

In **Šmarje pri Jelšah**, 14 Kilometer nach Westen, steht eine weitere barocke Wallfahrtskirche auf einem Kalvarienberg; den Kreuzweg hinauf säumen zahlreiche Statuen.

Rogaška Slatina

Vorwahl: 03.

Postleitzahl: 3250.

Touristenbüro: Zdraviliški trg 1, Tel. 5814414.

Die Ortsmitte ist weitgehend autofrei. Die Parkplätze entlang der Kidričeva ulica (Richtung Bahnhof) reichen nicht immer aus.

Busstation: Kidričeva ul. 1, Tel. 8192510 (Unternehmen Izletnik, Linienverkehr nach Celje und in die Umgebung).

Bahnhof: Kidričeva ul. 29, Tel. 5814939 (Nebenstrecke Celje–Rogatec, 5–7 Zugpaare tägl.).

Die meisten Hotels im Ort sind der oberen Kategorie zuzurechnen. Privatzimmer in der nahen Umgebung (ab ca. 50 Euro) vermittelt das Touristenbüro.

Hotel Slovenija, Celjska cesta 1, Tel. 8115000, www.terme-rogaska.si. Traditionshaus an der Promenade; DZ um 110 Euro.

Hotel Slatina, Celjska cesta 6, Tel. 8184100,www.hotelslatina.com. Nur ein paar Schritte weiter; etwas einfachere Ausstattung; DZ ab ca. 100 Euro.

Hotel Zagreb, Zdraviliški trg 6, Tel. 8114000, www.rogaska.si. Gehört zu einem größeren Komplex, ebenfalls zentrale Lage; DZ ab 115 Euro.

Gostišče Bohor, Kidričeva ul. 23, Tel. 5814100. Mit Pizzeria; preisgünstig.

Restavracija Attems, Zdraviliški trg 22, Mobiltel. 051/200600. Im großen grünen Jugendstilpavillon ›Tempel‹, mit Außenplätzen; auch Pizza.

Restavracija Sonce, Celjska cesta 9a, Tel. 8192160. Ebenfalls in historischem Gebäude; gute slowenische Küche.

Freilichtmuseum (Muzej na prostem), Rogatec, Ptujska cesta 2; April-Okt. Di–So 10–18 Uhr.

Es finden regelmäßig Kurkonzerte statt.

Dekorative Glaserzeugnisse der Firma Rogaška (Verkaufsräume am südlichen Ortsende, Ul. talcev 1).

Podčetrtek

Die Gemeinde Podčetrtek (insgesamt 3300 Einwohner) besteht aus 26 kleineren Ortschaften und Weilern, die im dünn besiedelten Tal des Grenzflusses Sotla verteilt liegen und zum **Kozjanski-Naturpark** gehören. Die hügelige Gegend am Übergang von den Alpen zur Pannonischen Ebene ist reich an Wäldern, Weinbergen und Wasserläufen. Neben einer üppigen Flora und Fauna gibt es Bau- und Kulturdenkmäler aus den unterschiedlichsten Epochen, darunter allein fünf Burgen und mehr als dreißig Kirchen. Der Hauptort Podčetrtek (550 Einwohner) liegt ungefähr 20 Kilometer südlich von Rogaška Slatina an der Straße Nr. 219, die von einer Eisenbahnlinie begleitet wird. Der Ortsname lässt Rückschlüsse zu auf einen historischen Markttag (*četrtek* heißt Donnerstag). Auf einer Anhöhe mit schöner Aussicht steht die **alte Burg** (Stari grad) aus dem 12. Jahrhundert, die zuletzt der Adelsfamilie Attems gehörte und 1945 aufgegeben werden musste.

▶ Karte S. 265

Das Heilbad **Atomske Toplice** trägt seit dem Jahr 2000 den freundlicheren Namen **Olimia**. Es liegt nur einen Kilometer von Podčetrtek entfernt direkt an der kroatischen Grenze. Die Anlage stammt aus den 1980er Jahren und gilt derzeit als eines der schönsten slowenischen Bäder mit phantasievoll gestalteten Außenlagen und einer riesigen Saunalandschaft. Das schwach radioaktive Thermalwasser kommt aus einer Tiefe von rund 500 Metern und misst 30 bis 36 Grad Celsius.

Umgebung von Podčetrtek

Olimje liegt drei Kilometer westlich von Podčetrtek: Hier trifft man auf ein stattliches Schloss mit auffällig schwarz-weißer Fassade (→ Foto S. 17). Es ging aus einer vermutlich im 12. Jahrhundert errichteten Burg hervor. Paulinermönche bauten um 1675 noch eine Kirche an. Infolge einer Verfügung Kaiser Josefs II. endete der Klosterbetrieb 1782 und wurde erst 1990 von Minoriten wieder aufgenommen. Der Südturm beherbergt die älteste Apotheke des Landes voller beeindruckender Fresken, die sich heilkundlichen Themen widmen; auch das historische Inventar ist erhalten.

Die Burg von Podčetrtek

Olimje
Cerkev
Šola
Občina
Pošta
Center
Muzej
ZORIN

Wein- und Obstanbau in Bizeljsko

Weiter südlich im Gemeindegebiet führt eine Bergstraße (Nr. 422) vom Sotla-Tal hinauf zur **Burg Podsreda** (*sreda* deutet auf einstige Mittwochsmärkte hin), die als die schönste des Landes gilt (Abbildung → S. 262). Oberhalb des Flüsschens Bistrica ragt sie aus dem Laubwald empor. Um den äußerlich schlichten, im ursprünglichen Stil renovierten Bau ranken sich vielerlei Schauergeschichten. Den romanischen Rittersaal, die Kapelle sowie eine Galerie kann man besichtigen. Im Ort Podsreda steht die alte **Levstik-Wassermühle** (Levstikov mlin); auch das **Informationsbüro der Naturpark-Verwaltung** (Tel. 03/8007100) kann man hier aufsuchen. Im 1996 eröffneten ›Slowenisch-bayrischen Haus‹ finden Ausstellungen statt.

Im unteren Bistrica-Tal, bei der Einmündung in die Sotla, verbrachte der ehemalige jugoslawische Staatslenker Josip Broz Tito seine Kindheit. Geboren wurde er am 7. Mai 1892 auf der anderen Seite der heutigen Grenze im kroatischen **Kumrovec** (das Geburtshaus ist zu besichtigen). Seine Mutter Marija Javeršek war Slowenin und stammte von einem Gehöft bei der Ortschaft Trebče nahe Podsreda. Nach dem Tode Titos am 4. Mai 1980 wurde beschlossen, das hiesige Naturparkgebiet gleichzeitig zu einem Erinnerungspark (Spominski park Trebče) zu machen. Dieser Status wurde im unabhängigen Slowenien 1996 allerdings wieder aufgehoben. Ganz im Südosten des Kozjansko-Naturparks sind noch die Burgen von **Kunšperk** und **Bizeljsko** zu sehen.

▲ Karte S. 265

Podčetrtek

Vorwahl: 03.

Postleitzahl: 3254.

Touristeninformation: Škofja gora 1, Tel. 8109013.

Regionalzüge von Podčetrtek bzw. Atomske Toplice nach Celje (ca. 7x tägl.). Busverkehr in der näheren Umgebung ab Busstation Ecke Tržaška cesta.

Aparthotel Barbara, Zdraviliška cesta 27a, Tel. 8183800, www.aparthotel-barbara.si. Relativ preiswert, italienisches Restaurant.

Domačija Haler, Olimje 6, Tel. 8121200, www.haler-sp.si. Am Kloster Olimje; mit Hausbrauerei; Zimmer und diverse Apartments; DZ ab ca. 50 Euro.

Gostišče Ciril, Zdraviliška cesta 10, Tel. 5829109, www.ciril-youthhostel-bc.si. Jugendherberge; Übernachtung mit Frühstück ab 17 Euro.

Avtokamp Natura, Zdraviliška cesta 24, Tel. 8297000.

Empfehlenswert sind die Restaurants der o.g. Unterkünfte.

Kloster Olimje, Olimje 82, Tel. 5829172; Führungen Mo-Sa 9–19, So 13–19 Uhr.

Das ehemalige Kartäuserkloster Žiče

Slovenske Konjice

An der Autobahn A1, etwa 20 Kilometer von Celje in Richtung Maribor, liegt die Kleinstadt Slovenske Konjice (4800 Einwohner) im Tal des Flüsschens Dravinja. Im Nordwesten des Ortes erhebt sich das Pohorje-Gebirge, nach Süden hin bildet der bewaldete Bergrücken Konjiška gora mit einer maximalen Höhe von 1012 Metern eine Barriere, durch die zwei Autobahntunnel führen.

Den schmalen **alten Marktplatz** (Stari trg) im Ortskern durchströmt ein kanalisierter Bach, der von kleinen Brücken überquert wird. An den beiden Seiten steht ein Ensemble hübscher Bürgerhäuser. Sie alle wurden nach dem Großbrand von 1786 erbaut und im 19. Jahrhundert teilweise dem Zeitgeschmack angepasst. Am oberen Platzende sieht man das kleine **Schloss Trebnik**, seitlich davon die gotische Pfarrkirche Sankt Georg (Sveti Jurij) aus dem 12./13. Jahrhundert, an die eine barocke Kapelle anschließt. Über die sogenannte Pferdebrücke gelangt man auf den heutigen **Stadtplatz** (Mestni trg) jenseits der Dravinja. Die Cafés im Ort sind für ihre guten Backwaren bekannt.

Die Altstadt besaß keinen Mauerring. Während der Türkenangriffe diente die Georgskirche als Refugium. Auf dem Pristava-Hügel oberhalb der Stadt thront die **Burgruine**, die zuerst (von 1148 bis 1329) den Herren von Gonobitz gehörte. Ihr Name ist über die Zeiten in vielerlei Schreibweisen überliefert und stand als deutschsprachiger Ortsname in Verwendung. Um 1515 gab es lokale Bauernaufstände. Nachdem der spätere Burgbewohner Hans Erasmus von Tattenbach im Jahr 1671 als Rädelsführer einer Verschwörung gegen die inzwischen herrschenden Habsburger hingerichtet worden war, verfiel das Bauwerk allmählich. 1828 wurde es vom Fürstenhaus Windisch-Graetz erworben und 1945 vom jugoslawischen Staat enteignet.

Eine interessante Episode in der Stadtgeschichte war die Existenz einer Schmalspurbahn. Sie wurde Ende 1892 unter dem liebevollen Namen ›Konjičanka‹ in Betrieb genommen, während die 46 Jahre zuvor fertiggestellte Eisenbahn Wien–Triest in 15 Kilometern Entfernung östlich an der Stadt vorbeiführte. In Poljčane gab es eine Umsteigemöglichkeit; 1921 wurde die Kleinbahn noch bis Zreče verlängert, jedoch 1963 auf ganzer Länge eingestellt. Heute ist nichts mehr davon zu sehen.

Umgebung von Slovenske Konjice

Der **Naturpark Škalce** am Ortsrand lockt mit Weinbergen und Rosenstöcken. Auch Slovenske Konjice ist ein idealer Ausgangspunkt für Exkursionen in das nahe Pohorje-Gebirge: Über Zreče (Thermalbad) gelangt man auf der schmalen Straße Nr. 701 bis zum 1517 Meter hohen **Rogla-Gipfel**, wo es beste Wintersport- und Wandermöglichkeiten gibt sowie eine herrliche Aussicht. Einige Kilometer weiter auf derselben Straße passiert man die Seen und das **Moorgebiet von Lovrenc** (Lovrenška jezera, Lovrenško barje) auf dem Bergrücken Planika. Bei einer etwa zweistündigen Rundwanderung über stille Torfmoore, Wiesen und hölzerne Stege, verbunden mit Fernsicht und klarer Luft, fühlt man sich in weit nördlichere Gefilde versetzt.

Unbedingt einen Abstecher wert ist auch die imposante Ruine des **Kartäuserklosters von Žiče** (Žički samostan) jenseits der Konjiška gora. Vom Dorf Žiče muss man der Nebenstraße Nr. 686 nach Südwesten folgen, unter der Autobahnbrücke hindurch. Die Anlage stammt aus der Zeit um 1160/65. Die Kartäusermönche beschäftigten sich mit Heilkunde, Literatur, Glas- und Ziegelherstellung. Ihr Ordensleben unterlag strengen Regeln. Das Gebot zu schweigen gehörte dazu. Das Fleisch vierfüßiger Tiere durfte nicht verzehrt werden. Eine Anekdote berichtet von findigen Mönchen, die sich deshalb an der Züchtung eines dreibeinigen Schweines versucht haben – erfolglos. Während der Reformationszeit erlosch das Klosterleben; zu einem Neubeginn kam es nicht mehr. Mit der Klosterreform von 1782 wurde das Ende offiziell besiegelt. Das 850 Jahre alte Gemäuer liegt in einem romantischen Tal, ein Ort der Stille, von Efeu überwuchert. Im ältesten Gasthaus des Landes, das vor dem Eingangstor steht, gibt es Informationen und einen empfehlenswerten Audioguide. (Hinweis: In der Umgebung von Slovenske Konjice kann man leicht die Ortsnamen Žiče, Zeče und Zreče verwechseln!)

Slovenske Konjice

Vorwahl: 03.

Postleitzahl: 3210.

Touristenbüro: Stari trg 29, Tel. 7593110.

Busstation an der Liptovska cesta, Tel. 7593016: Fernverkehr des Verkehrsunternehmens Izletnik.

Der nächste Bahnhof befindet sich in Poljčane (12 km östlich): Häufiger Zugverkehr auf der Hauptstrecke Ljubljana–Maribor.

Hotel Dravinja, Mestni trg 2, Tel. 7575700, www.hotel-dravinja.com. Mit Restaurant; DZ 60 Euro.

Restaurant Gastuž, am Kloster Žiče, Tel. 7580366. Restaurant und Weinstube.

Weinkellerei Zlati grič, Škalce 8c, Tel. 7580360, www.zlati-gric.si. Moderne Vinothek in den Weinbergen nordwestlich der Stadt. Zu dem Unternehmen gehört u.a. noch ein Schlösschen mit diversen Apartments und ein großes Restaurant mit Terrasse und Wintergarten (Škalce 86).

Klosterruine Žiče (Žički samostan), Anfahrt siehe Text; Mo–Fr 9–19, Sa–So 9–20 Uhr, im Winter nur bis 15 Uhr.

Im Frühjahr traditionelles Kostümfest ›Jurjevanje‹.

▲ Karte S. 265

Seilbahn an der Rogla im Pohorje-Gebirge

Slovenska Bistrica

Ebenfalls an der Autobahn A1, ein Stück weiter in Richtung Maribor, liegt die Industriestadt Slovenska Bistrica (6600 Einwohner). Im Gemeindegebiet zweigt die Straße Nr. 2 nach Ptuj ab. In der nahen Ortschaft Pragersko verzweigt sich auch die nahezu parallel verlaufende Eisenbahnstrecke.

Slovenska Bistrica gehört zu den ältesten Städten des Landes. Zwischen den Weinbergen am Fuße des Pohorje-Gebirges entstand am Beginn des 12. Jahrhunderts eine Burg, die zwischen 1623 und 1651 zu einem imposanten **Schloss** mit hervorspringenden Ecktürmen umgebaut wurde und den westlichen Teil des kleinen Altstadtbereichs einnimmt. Das Innere des Gebäudes ist reich an Wandmalereien. Besonders sehenswert ist der zweistöckige Festsaal mit Motiven aus der griechischen Mythologie. Im Schlosskomplex befindet sich außerdem ein **ethnologisches Museum**. Das Stadtbild wird beherrscht von zwei großen Barockkirchen.

Slovenska Bistrica ist ein guter Ausgangspunkt für Wanderungen in das **Pohorje-Gebirge**: Knapp zehn Kilometer entfernt liegt der Wasserfall Šumnik und der 1347 Meter hohe Veliki vrh, dessen Spitze per Sessellift erreichbar ist. Ebenso weit in entgegengesetzter Richtung, südöstlich von Slovenska Bistrica, liegt das 1697 erbaute **Barockschloss Štatenberg** mit auffällig blauer Fassade (am besten Straße Nr. 219, dann 688 bis Makole).

Slovenska Bistrica

Vorwahl: 02.

Postleitzahl: 2310.

Touristenbüro: Trg svobode 17, Tel. 8430810.

Busstation: Kolodvorska cesta 10, Tel. 8181233. Busse der Veolia von Maribor ins Umland.

Bahnhof jenseits der Autobahn bei Črešnjevec. Häufiger Zugverkehr auf der Hauptstrecke Ljubljana–Maribor. Am Bahnhof Pragersko (6 km östlich) zweigt eine Bahnstrecke über Ptuj nach Ormož ab (ca. 12 Zugpaare tägl.); in Ormož besteht dann Verbindung über Murska Sobota nach Ungarn.

Hotel Leonardo, Leonova ul. 18, Tel. 8050710, www.h-leonardo.com. Am südlichen Ortsrand; modern und zweckmäßig, mit Restaurant; DZ 60 Euro.

Gostilna Kalan, 2314 Zgornja Polskava (4 km nördlich), Ogljenšak 10, Tel. 803-6462. An der Straße Nr. 430; Landgasthof mit Zimmervermietung.

Schloss bzw. Museum, Grajska ul. 11; Di–Fr 9–19, Sa 11–15 Uhr.

Štajerska. Prekmurje.
Die Hügel der Slovenske gorice und Haloze.
Wallfahrtskirchen und grüne Auwälder.
Störche, Kürbisfelder und überall Wein.
Klein-Jerusalem und ein altes Flößerquartier.
Grenzland zu Ungarn.

Maribor und der Nordosten

Drava und Slovenske gorice

Die Drava (Drau) gehört zu den großen Flüssen im Alpenraum. Wenn sie Maribor passiert, hat sie bereits eine Strecke von über 400 Kilometern zurückgelegt und verlässt nun die engen Gebirgstäler. Auf dem weiteren Abschnitt bis an die kroatische Grenze fließt sie schon recht träge dahin, zunächst durch das Dravsko polje (Draufeld), von Ptuj bis Ormož durch das Ptujsko polje (Becken von Ptuj). Die beiden Niederungen trennen den Höhenzug der Slovenske gorice (Windische Bühel) von den östlichen Ausläufern des Pohorje und dem Hügelland Haloze.

Die Slovenske gorice erstrecken sich über etwa 40 Kilometer in südöstlicher Richtung zwischen der Drava und der Mura und von der österreichischen bis zur kroatischen Grenze. So riegelt das bis zu 410 Meter hohe Bergland den äußersten Osten Sloweniens, der bereits zum Pannonischen Tiefland gehört, gewissermaßen ab. Nur zwei größere Straßen führen quer hindurch, und erst in den letzten Jahren ersetzte die neue Autobahn A5 teilweise die bisherige Straße Nr. 439. Das Landschaftsbild der Slovenske gorice ist abwechslungsreich und stellenweise von besonderer Schönheit. Ein mildes Klima und eine Vielzahl kleinerer Gewässer ermöglichen eine ertragreiche Landwirtschaft. Im Südteil folgen die Rebstöcke in langen Reihen bergauf bergab den Oberflächenformen und bedecken quadratkilometerweise den Boden. Größere Ortschaften gibt es nur an den Rändern des Höhenzuges.

Maribor ist Kulturhauptstadt Europas 2012

Maribor

Wenngleich fast alle wichtigen nationalen Institutionen in Ljubljana angesiedelt sind, so wird Maribor doch gern als eine Art Hauptstadt der Ostregion angesehen. Das Land ist gebirgig, und die innerjugoslawischen Verkehrsachsen verliefen eher in Nord-Süd-Richtung: einerseits von Villach über Ljubljana zur Adriaküste, andererseits von Graz über Maribor zum Balkan. Erst nach der Unabhängigkeit Sloweniens wurde die Verbindung Graz–Maribor–Ljubljana–Triest zur wichtigsten Binnenstrecke, und die beiden größten Städte des Landes rückten näher zusammen. Gerade weil Ljubljana als Hauptstadt sehr dominant ist, hängen wohl die meisten Slowenen einem ausgeprägten Regionalismus (oder Lokalpatriotismus) an, und so konnte Maribor im entferntesten Landesteil seine Position behaupten.

Das Etikett Industriestadt scheint Sloweniens zweitem Oberzentrum hartnäckig anzuhaften. Dabei wird offenbar unterstellt, dass das bloße Vorhandensein von Fabriken eine Stadt per se unattraktiv macht. Maribor ist zweifellos ein wichtiger Produktionsstandort, aber es widerlegt dieses Vorurteil durch eine Reihe besonderer Qualitäten. Nicht ohne Erfolg hat man sich bemüht, die Stadt als Touristenziel zu positionieren. Vorläufiger Höhepunkt dieser Strategie ist die Ernennung zur ›Kulturhauptstadt Europas 2012‹ zusammen mit der portugiesischen Stadt Guimarães.

Zwischen den Hängen des Pohorje im Südwesten und den Slovenske gorice im Nordosten dehnt sich das Stadtgebiet vornehmlich entlang der Drava aus. Dabei reichen die schier endlosen Rebflächen fast bis in das barock geprägte Stadtzentrum hinein. ›*Der Weg nach Marburg ist ein wahrer Garten, links und rechts mit Obstpflanzungen und Weinbergen. Auch Marburg ist ein ganz hübscher Ort an der Drawa, und die Berge an dem Flusse hinauf und hinab sind voll der schönsten Weingärten*‹, so notierte es schon Johann Gottfried Seu-

Ältester Weinstock Sloweniens in Maribor

me als Durchreisender im Jahr 1802. Im Sommer stellen die umliegenden Berge ein ideales Terrain für Naturfreunde und Aktivurlauber dar. Im Winter hat man exzellente Wintersportmöglichkeiten direkt vor der Tür, und es fehlt auch nicht an der entsprechenden Infrastruktur. Sogar warme Heilquellen wurden erschlossen. Als Universitätsstadt besitzt Maribor außerdem ein sehr reges Kulturleben, das über die Grenzen hinaus wahrgenommen wird. Allerdings erschließen sich die Reize dem Besucher erst richtig, wenn er die unschöne Durchgangsstraße im Zentrum verlässt und bereit ist, gnädig über manche Narben im Stadtbild hinwegzusehen.

Blick von der Innenstadt auf die Weinberge

Maribor – Zahlen und Fakten

Deutscher Name: Marburg a. d. Drau
Koordinaten: 46°33'N/15°39'O
Gemeindefläche: 148 km²
Einwohner Stadt: 96 000
Einwohner inkl. Gemeinde: 117 000
Höhe ü. M.: 275 m
Autokennzeichen: MB
Internet: www.maribor.si
Historische Region: Štajerska

Historisches

Auf dem fast 400 Meter hohen Pyramidenhügel nördlich des heutigen Stadtzentrums existierte eine im Jahre 1145 erstmalig erwähnte Burg, die sogenannte Markburg oder Marchburg, später Marburg. Der Name bedeutet soviel wie Festung im Grenzland, angelegt zum Schutze des Heiligen Römischen Reiches Deutscher Nation gegen die Magyaren (Ungarn). 90 Jahre später erhielt die unterhalb entstandene Siedlung das Stadtrecht. Nach dem Sieg Rudolfs I. von Habsburg über den böhmischen König Ottokar II. 1278 wuchs die Stadt schnell. Ihr wurden etliche Privilegien zuteil, die insbesondere den Handel förderten. Der Flusshafen gehörte zu den wichtigsten im Lande. Die Stadt mit ihren Besfestigungsanlagen überstand 1480/81 eine Belagerung durch den ungarischen König Mátyás Hunyadi (Matthias Corvinus) und weitere durch die Türken in den Jahren 1532 und 1683. Nach einer Zeit des wirtschaftlichen Niedergangs und einer verheerenden Pest, die 1680 wütete, fand die Stadt zwar zu altem Wohlstand zurück, erreichte jedoch über längere Zeit nicht mehr ihre einstige Bedeutung. Im Jahr 1711 fand in Maribor der letzte Hexenprozess statt.

Zahlreiche Barockgebäude, die Eisenbahnstrecke Wien–Marburg–Laibach–Triest (1846) sowie ein Abzweig nach Budapest (1861) entstanden in der Spätphase der Donaumonarchie. Marburg, seit Mitte des 19. Jahrhunderts von den Slowenen Maribor genannt, wurde nun das Zentrum der slowenischsprachigen südlichen Steiermark (Štajerska) als Pendant zum deutschsprachigen Nordteil mit Graz als Hauptstadt. Nach dem Ende des Ersten Weltkrieges und dem Zusammenbruch Österreich-Ungarns wurde Maribor von beiden Volksgruppen beansprucht. Die Tatsache, dass die Stadt

▶ Karte S. 301

als eine zu 80 Prozent deutschsprachige Insel in einem von Slowenen besiedelten Umland lag, brachte dem Stadtkommandanten Rudolf Maister, selbst Slowene, strategische Vorteile. Es gelang ihm, die deutsch-österreichische Garnison zum Rückzug zu zwingen. Daraus resultierte auch die Festlegung der neuen Staatsgrenze etwa 15 Kilometer nördlich von Maribor. Ohne Volksabstimmung wurde die Stadt und ihr Umland dem gerade gegründeten Staat der Serben, Kroaten und Slowenen (sogenannter SHS-Staat) zugeschlagen. Am 8. April 1941 wurde Maribor von deutschen Truppen besetzt mit dem Ziel, die untere Steiermark zurückzugewinnen. Durch intensive Bombardements der Alliierten erlitt die Industriestadt schwere Schäden. Schließlich wurde bei Kriegsende fast die gesamte deutsche Bevölkerung vertrieben und ihr Eigentum konfisziert.

Nach 1945 entwickelte sich Maribor zu einer wichtigen Industrie- und Kulturstadt im sozialistischen Jugoslawien, die von der leicht passierbaren Grenze nach Österreich und Westeuropa profitierte. 1975 wurde die Universität gegründet. Mit der staatlichen Unabhängigkeit Sloweniens 1991 verschlechterte sich die wirtschaftliche Situation der Stadt drastisch, da fast der gesamte jugoslawische Absatzmarkt wegfiel. In Maribor betrug die Arbeitslosenrate zeitweilig um 25 Prozent. Die Abwanderung erreichte einen Rekordwert: Bis 2001 zog fast ein Sechstel der Einwohner fort. Ab Mitte der 1990er Jahre ging es wirtschaftlich wieder aufwärts, vor allem durch die Dynamik kleiner und mittlerer Betriebe. Maribor hatte im Jahr 2000 den Titel ›Alpenstadt des Jahres‹ inne, verbunden mit der Selbstverpflichtung zu einer zukunftsorientierten ökonomischen, ökologischen, sozialen und kulturellen Entwicklung.

Café am Hauptplatz

Die Altstadt

Die Altstadt mag ein wenig an Graz erinnern, doch geht es in Maribor insgesamt ruhiger zu. Nicht alles ist renoviert, manches wurde zu spät in Angriff genommen, was im Vorfeld des Kulturhauptstadtjahres einige Kritk aus dem In- und Ausland einbrachte. Aber vielleicht ist es gut, dass die historische Patina nicht ehrgeizig für letztlich überrestaurierte, sterile Fassaden einer nurmehr inszenierten Altstadt geopfert wurde. Die Gassen und Plätze sind erfüllt vom Alltagsleben und dienen nicht in erster Linie als touristische Konsumkulisse. Zum Gesamtbild gehören sowohl die kunstvollen, stuckverzierten Gebäude der Habsburgerzeit als auch die schmucklosen (und teilweise hässlichen) Zweckbauten aus der sozialistischen Ära. Einige postmoderne Glasfassaden gesellen sich inzwischen auch dazu. Die Stadtsilhouette ist geprägt durch relativ viele Türme.

Alle nennenswerten Sehenswürdigkeiten befinden sich nördlich der Drava. Zwischen dem Flussviertel namens Lent und der verkehrsberuhigten Altstadt liegt der **Glavni trg** (Hauptplatz), auf den auch eine der Drava-Brücken zuführt. In der Mitte der Häuserzeile, die den Platz säumt, hebt sich das 1515 erbaute **Rathaus** (Mestna hiša, Rotovž) mit Uhrturm und Balkönchen ab. Die Fassade wurde mehrfach stilistisch verändert. Sie präsentiert sich nahezu symmetrisch; nur bei genauer Betrachtung bemerkt man die leicht nach rechts abweichende Position des Turmes. An der Rückseite des Rathauses befindet sich ein schöner Arkadenhof im Stil der Renaissance; an dessen hinterem Ende fand einst der Getreidemarkt statt. Schräg gegenüber dem Portal steht die **Pestsäule** (Kužno znamenje) von 1743, der eine ältere Version voranging, als Erinnerung an die verheerende Seuche der Jahre 1680/81: In acht Metern Höhe steht eine goldene Marienfigur, umgeben von sechs Heiligen, und schaut auf die Sonnenschirme der Straßencafés herab. An der zumeist schattigen Südseite des Platzes sieht man das Gebäude des ersten Gymnasiums (Prva gimnazija) der Stadt, gegründet 1758. Ein kleines Stück weiter erhebt sich hinter einem schmiedeeisernen Zaun die rosafarbene Kirche Sveti Alojz (Cerkev Svetega Alojzija); im Gegensatz zu vielen anderen historischen Gebäuden Maribors besitzt sie keinen Turm. Das markante Eckhaus am nahen Kreisverkehr soll nach dem Zweiten Weltkrieg ein populäres Kaffeehaus und Tanzlokal gewesen sein, heute beherbergt es ein Casino.

Die Pestsäule vor dem Rathaus

▲ Karte S. 301

Unweit der Rathausrückseite, am Ende der Poštna ulica, trifft man auf die barocke **Domkirche** (Stolna cerkev), deren Geschichte bis in die Mitte des 12. Jahrhunderts zurückreicht. Sie beherrscht den hübschen Slomškov trg (Slomšek-Platz), der auf der Freifläche des einstigen Friedhofes entstand. Der große Baumeister Jože Plečnik aus Ljubljana hat einige steinerne und florale Akzente gesetzt. Benannt ist der Platz nach dem Bischof Anton Martin Slomšek (1800–1862), der sich als Begründer des slowenischen Volksschulwesens und Förderer der slowenischen Sprache einen Namen gemacht hat. Von Papst Johannes Paul II. wurde er anlässlich eines Besuchs in Maribor als bislang einziger Vetreter seiner Nationalität heilig gesprochen. Ein eigens kreiertes Motivfenster am Dom erinnert an den Vorgang. Vom Domturm hat man im übrigen einen lohnenden Blick über die Ziegeldächer der Stadt und die schöne Umgebung. Ein Blickfang ist auch das Gebäude der **Hauptpost** und das klassizistische **Stadttheater** (Mestno gledališče). In den Nebenstraßen befinden sich diverse Fakultäten der Universität Maribor.

Hinter dem Dom führt die Ulica X. oktobra direkt auf die **Gosposka ulica**, die ein wenig nostalgischen Charme besitzt, obwohl sie zu den Hauptgeschäftsstraßen der ausgedehnten Fußgängerzone gehört. Durch die nahe Slovenska ulica kommt man nun zum dreieckig angelegten **Grajski trg** (Schlossplatz). Das große weiße Gebäude mit seitlichem Turm und einem Arkadengang unter dem Dach sieht auf den ersten Blick fast wie eine Kirche aus, aber es handelt sich um das **Stadtschloss** (Mestni grad) aus dem 14./15. Jahrhundert, das mehrfach umgestaltet wurde. Seine Längsseite wirkt wesentlich profaner. Georg Matthäus Vischer stellte es in

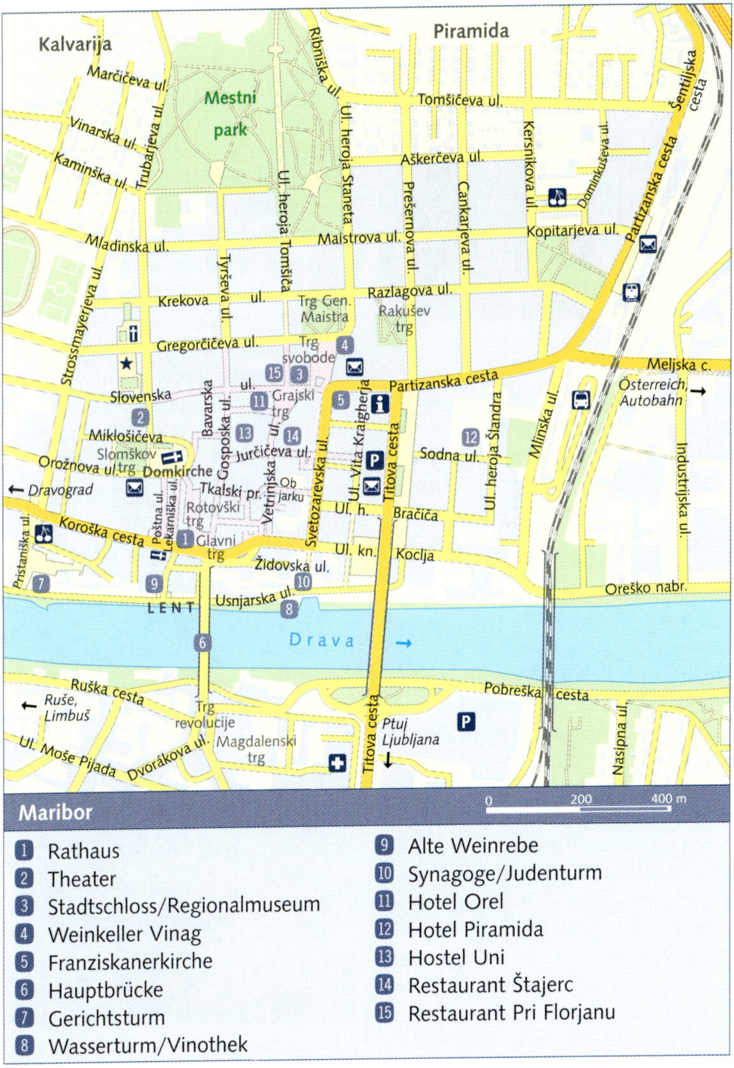

Maribor

1 Rathaus
2 Theater
3 Stadtschloss/Regionalmuseum
4 Weinkeller Vinag
5 Franziskanerkirche
6 Hauptbrücke
7 Gerichtsturm
8 Wasserturm/Vinothek
9 Alte Weinrebe
10 Synagoge/Judenturm
11 Hotel Orel
12 Hotel Piramida
13 Hostel Uni
14 Restaurant Štajerc
15 Restaurant Pri Florjanu

Stadtschloss am Grajski trg

seinem Kompendium ›*Topographia Ducatus Stiriae*‹ (über das Herzogtum Steiermark) um 1686 bildlich dar: Der Komplex war deutlich größer als heutzutage. Es gab vier grazile Ecktürme und einen massiven, gedrungenen Festungsturm an der Ecke eines Wassergrabens, welcher später zugeschüttet wurde und die Anlage des heutigen Trg svobode (Freiheitsplatz) ermöglichte. Von hier aus gelangte man über eine Zugbrücke in den ummauerten Hof vor der Residenz, wo heute die Partizanska cesta den Grajski trg tangiert. Der Straßenzug wurde erst im 19. Jahrhundert angelegt, als auch drei der Türme und der gesamte Westteil des Schlosses abgerissen wurden. Seit den 1930er Jahren ist es in städtischem Besitz und fungiert als **Regionalmuseum** (Pokrajinski muzej). Es heißt, dass eine ganze Reihe prominenter Gäste im Laufe der Zeit das Stadtschloss besucht – manche gar heimgesucht – haben: Kaiserin Maria Theresia, Zar Paul, Papst Pius VI., der Komponist Ferenc Liszt (Franz List), aber auch Adolf Hitler bei der Besetzung der Stadt im Jahr 1941.

Schräg gegenüber der Schlossfassade steht auf einer Säule das **Denkmal des heiligen Florian** (Florijanov spomenik). Es wurde ein Jahr nach dem Großbrand des Jahres 1699 aufgestellt zum Dank an den Schutzheiligen der Feuerwehrleute. Der Unterbau (Sockel und Säule) ist nicht original. Lange Zeit sprach man hier vom Florijanov trg (Floriansplatz). Als Zugeständnis an den allmählich zunehmenden Fahrzeugverkehr in der Innenstadt musste die populäre Heiligenstatue schließlich weichen; erst 1970 wurde sie wieder an ihren Platz gestellt. Heute erfreut sie sich großer Beliebtheit als Treffpunkt – ›*Se dobima pri Florijanu*‹, sagt man um sich in der Fußgängerzone zu verabreden. Die zahlreichen gut besuchten Straßencafés auf dem Grajski trg (so der offizielle Name des Platzes) beweisen es.

An der hintersten Ecke des benachbarten Trg svobode, der bereits erwähnt

Die Franziskanerkirche

▲ Karte S. 301

wurde, befindet sich der Eingang in den **Weinkeller der ›Vinag‹**: Es ist der größte in Slowenien und auch einer der größten in Mitteleuropa. Mit einem Tunnelsystem von über zwei Kilometern Länge nimmt er im Untergrund der Stadt etwa 20 000 Quadratmeter Fläche ein. Über sechs Millionen Liter Wein sollen hier lagern. Seit den Anfängen im Jahr 1836 hat man die Gewölbe immer weiter ausgebaut. Im Jugoslawien der Nachkriegszeit erfolgte die Gründung einer Kooperative, die 1960 von der ›Vinag‹ übernommen wurde. Heute gibt es natürlich auch eine Vinothek und Besichtigungsmöglichkeiten.

Am Ende der Fußgängerzone sieht man die zweitürmige, aus Backstein erbaute **Franziskanerkirche** (Frančiškanska cerkev), die auch als Basilika bezeichnet wird. Sie gehört erst seit dem Ende des 19. Jahrhunderts zum Stadtbild und wurde jüngst renoviert.

Eine Oase in der Stadt stellt der besuchenswerte **Stadtpark** (Mestni park) dar. Er liegt nur ein paar Schritte nördlich der Altstadt. Vom Trg svobode kommend, passiert man unterwegs einige klassizistische Stadtvillen mit kunstvollen Portalen. Nicht alle sind heutzutage in gutem Zustand. Der Stadtpark selbst erstreckt sich in einer Mulde zwischen dem Kalvarienberg (Kalvarija) und dem bereits erwähnten Pyramidenhügel (Piramida), auf dem einst die erste Burg gestanden hatte. Zwischen Reben führen Wege hinauf zu guten Aussichtspunkten.

Das Flussviertel

Zu den beliebtesten und meistbesuchten Stellen der Stadt gehört das Drava-Ufer unterhalb der Altstadt. Es war Jahrhunderte lang das Revier der Flößer, ärmlich und ein wenig anrüchig. Bereits 1280 wird von Transporten auf dem Wasserweg berichtet, zunächst für militärische

Blick vom Lent über die Drava

Zwecke, etwa hundert Jahre später auch ganz einfach zur Holzbeförderung aus dem Pohorje-Gebirge flußabwärts. Der Umfang der einzelnen Fuhren konnte im Laufe der langen Zeit bis auf 120 Kubikmeter gesteigert werden. Über eintausend Flöße pro Jahr passierten vor dem Zweiten Weltkrieg das hiesige Ufer. Die Anlandestelle, auch Lände genannt, gab dem ganzen Viertel seinen Namen: **Lent**. Der slowenische Name mit gleicher Bedeutung lautet Pristan, hat sich aber nie ganz durchgesetzt.

Im Jahr 1913 wurde oberhalb des Flussviertels eine neue Straßenbrücke fertiggestellt, die als Stari most (Alte Brücke) bekannt ist. Das 166 Meter lange Bauwerk ersetzte eine Holzkonstruktion und galt als eine der schönsten Brücken in der österreichischen Monarchie. Diese Brücke, heute **Glavni most** (Hauptbrücke) genannt, steht mit dem Rathausplatz in Verbindung und teilt den Lent optisch in zwei Hälften. Die Uferstraße verläuft freilich durch einen der großen Bögen hindurch. Wenn man oben auf der Brücke steht, hat man einen sehr schönen Blick auf die Wasserfront.

Große Teile des Lent wurden 1944/45 bombardiert. Nach dem Krieg verlor die

Flößerei bald an Bedeutung, da der Eisenbahntransport sich als günstiger erwies. Schwerer wog jedoch der Bau des ersten Wasserkraftwerkes an der Drava, wodurch ab 1967 der Wasserspiegel angehoben, die Strömung verringert und gleichzeitig auch noch der Wasserweg blockiert wurde. Viele historische Gebäude unmittelbar am Ufer verschwanden damals, besonders an dessen Ostseite. Heute ist der Fluss so träge, dass man ihn fast für einen See halten könnte.

Bis in die 1980er Jahre blieb der Lent ein vernachlässigtes Areal in der inzwischen stark industrialisierten Stadt. Danach besann man sich auf den architektonischen Reiz und versuchte zu retten, was noch erhalten geblieben war.

Von der einstigen Stadtmauer an den drei Landseiten existieren noch alle vier Ecktürme. Zwei von ihnen stehen am Flussufer: am südwestlichen Ende der **Gerichtsturm** (Sodni stolp) von 1310, neu erbaut 1830 und zeitweise als Kerker im Zusammenhang mit Hexenprozessen genutzt; am südöstlichen Ende der seltsam-fünfeckige **Wasserturm** (Vodni stolp) von 1555. Letzterer wäre 1967 beinahe dem Rückstau des Wassers (siehe oben) zum Opfer gefallen, aber es gelang, das 1500 Tonnen schwere Bauwerk in einer

Gasse vom Ufer zum Hauptplatz

▲ Karte S. 301

Vinothek im Wasserturm

sieben Monate dauernden Aktion um 2,6 Meter anzuheben. Heute beherbergt der Turm eine hübsche Vinothek und ist ein Schmuckstück am Drava-Ufer neben dem kleinen gemauerten Hafenbecken.

Als größte Sehenswürdigkeit des Lent gilt die **Alte Weinrebe** (Stara trta) am gleichnamigen Haus. Über 400 Jahre soll sie alt sein und damit vielleicht die älteste in ganz Europa. Zwischen den Kneipen und Restaurants an der Uferstraße gibt es insgesamt vier Gassen, die hinauf zum Rathausplatz führen. Man kann auch die Treppe am Brückenkopf benutzen.

Östlich der Brücke gelangt man durch die Židovska ulica (Judenstraße) in das ehemalige Judenviertel. Die **Synagoge** (Sinagoga) kann besichtigt werden. Gleich daneben steht der sogenannte Judenturm (Židovski stolp).

Umgebung von Maribor

Auf dem Weg ins nahe Pohorje-Gebirge kann man noch das **Barockschloss Betnava** am südlichen Stadtrand besuchen. Es wurde um 1784 errichtet unter Wiederverwendung der Baumaterialien, die beim endgültigen Abbruch der Burg auf dem Pyramidenhügel (siehe oben) anfielen. Neben einem Landschaftsgarten

verfügt Schloss Betnava auch über hochwertige Wandmalereien.
Am Südwestrand von Maribor liegen die Stadtteile Zgornje Radvanje und Pekre. Eine Seilbahn führt von hier ins **Pohorje-Gebirge** hinein. Von der Bergstation in 1020 Metern Höhe kann man schöne Wanderungen und Touren per Mountainbike unternehmen. Dabei sind die beiden Kirchen Sveti Bolfenk und Sveti Areh sehr beliebte Ziele mit guter Aussicht. Im Winter herrscht überall Skibetrieb. Es gibt insgesamt fast 100 Kilometer Pisten und Loipen. Mehrere Lifte sind im Einsatz, außerdem bei Bedarf Schneekanonen.
Entweder durch den Vorort Bresternica (nördlich der Drava) oder über Limbuš und Ruše (südlich der Drava) geht es flussaufwärts. Tief eingeschnitten zwischen den Hängen des Pohorje und des Kobansko schlängelt sich die Drava und bildet einen alten natürlichen Verkehrsweg, dem später Straße und Eisenbahn gefolgt sind. Es geht vorbei an kleinen Orten, die zwar keine nennenswerten Sehenswürdigkeiten aufweisen, aber immerhin hübsch gelegen sind.

Maribor

Vorwahl: 02.
Postleitzahl: 2000.
Touristenbüro: Partizanska cesta 6a, Tel. 2346611.

Gebührenpflichtige Parkplätze am Drava-Ufer bzw. Lent (ab 2012 wahrscheinlich autofrei). Großes Parkhaus u.a. an der Titova cesta (›City Center‹). Wer einen 10-minütigen Fußweg nicht scheut, parkt kostenlos im Einkaufszentrum ›Europark‹ nahe der Eisenbahnbrücke (jenseits der Drava).

Großer Bushof mit zahlreichen Bars und Serviceeinrichtungen am Ostrand der City (Mlinska ul. 1, Tel. 2525061); Vorsicht bei Dunkelheit! Überlandbusse des Unternehmens Veolia in alle Richtungen. Direkt vor dem Bushof halten auch die meisten Stadtbuslinien des Verkehrsbetriebes Marprom; Einzelticket beim Fahrer 1,10 Euro.

Bahnhof ebenfalls am Ostrand der City (Partizanska cesta 50, etwa 250 m nördlich des Bushofes), Tel. 2922164; die Ausstattung ist nicht mehr ganz zeitgemäß. Es gibt häufige Zugverbindungen über Celje nach Ljubljana (auch InterCity); außerdem tägl. etwa 5–10x Regionalverkehr über Ormož nach Murska Sobota, nach Dravograd (weiter nach Bleiburg/Österreich), nach Šentilj (ebenfalls Anschluss nach Österreich). Fernzüge fahren von hier nach Budapest, Graz und Wien.

Flughafen Maribor ohne reguläre Verbindungen. An- und Abreise am besten via Graz (ca. 60 km) oder Ljubljana (ca. 100 km).

Ausflugsschiff auf der Drava: Mi–Fr 18 Uhr, Sa–So 11 und 18 Uhr sowie in Absprache (Fa. Dravska Vila Cruises; Informationen bei Don Travel, Gregorčičeva ul. 23, Tel. 2290952).

Taxistände am Bahnhof, Bushof und gegenüber dem Touristenbüro; Tel. 4215888 oder 2517151.

Hotel Bau, Limbuška cesta 85, Tel. 4216310, www.hotel-bau.net. Das Hotel ist im ruhigen Vorort Studenci gelegen, die Buslinie 4 fährt in die City; sehr gut geführter Familienbetrieb, modern, hell, freundlich; Parkplätze; DZ 65–70 Euro.

Vila Pekre, Lackova cesta 158, Mobiltel. 41649692, www.vila-pekre.si. Im Vorort Pekre; preisgünstig; DZ 50 Euro.

Hotel Piramida, Ul. Heroja Šlandra 100, Tel. 2344400, www.termemb.si. Zentrale Lage; mit Restaurant; DZ ca. 100–150 Euro.

Hotel Orel, Volkmerjev prehod 7, Tel. 2506700, www.termemb.si. Gutes Hotel im Zentrum; DZ ab 120 Euro.

Garni Tabor, Ul. Heroja Zidanška 18, Tel. 4216410, www.hoteltabor.podhostnik.si. Knapp 3 km südlich der City am Sportpark (Buslinie); Modern und komfortabel; DZ ab 70 Euro.

Privatzimmer findet man in größerer Zahl im südwestlichen Vorort Pekre.

Jugendherberge Vetrnica, 2342 Ruše, Mariborska cesta 31, Tel. 02/6690000, www.youth-hostel.si oder www.hotel-veter.si. Sehr gut bewertete Unterkunft, leider 10 km außerhalb/westlich der Stadt; Bahnstation in der Nähe; pro Person 15 Euro.

Uni, Volkmerjev prehod 7, Tel. 2506700, www.termemb.si. Günstig gelegen; nur 1-/2-/3-Bett-Zimmer; nicht ganz billig; pro Person ab 27 Euro ohne Frühstück; Rabatt mit JH-Ausweis!

Mlada lipa, Lackova cesta 76, Mobiltel. 041/610460, www.mladalipa.si. Im Vorort Pekre; Buslinie in die City.

Avtokamp Kekec im Vorort Zgornje Radvanje, Pohorska ul. 35c. Außerdem Wohnmobilplatz an der Mlinska ul. (Südseite des Bushofes).

In der verkehrsberuhigten Zone der Altstadt und am Drava-Ufer findet man eine größere Anzahl einladender Restaurants und Cafés. Etliche von ihnen bleiben jedoch sonntags geschlossen.

Rožmarin, Gosposka ul. 8, Tel. 2343180. Restaurant und Vinothek in der Fußgängerzone; stilvoll-moderne Einrichtung, guter Service, nicht billig.

Novi svet pri Stolnici, Slomškov trg 5, Tel. 250486. Fisch und Meeresfrüchte, große Weinauswahl; recht teuer.

Štajerc, Vetrinjska ul. 30, Tel. 2344234. Deftige Brauhausgerichte, eigene Brauerei; großes Außenareal mitten in der Altstadt; günstige Preise.

Pri Florjanu, Grajski trg 6, Tel. 2514842. Am Stadtschloss; angenehmes Interieur; auch etliche vegetarische Gerichte.

Vinska klet Brigadir, Za Kalvarijo 65, Tel. 2508510. Bei den Weinbergen nördlich der Stadt; mehr als ein Weinkeller, ein Familienbetrieb mit guter slowenischer Hausmannskost.

Gostilna Pri treh ribnikih, Ribniška ul. 3, Tel. 2344170. Am Nordrand des Stadtparks; nettes Gartenlokal an den ›drei Fischteichen‹.

Tako's, Mesarski prehod 3, Tel. 2527150. Schnörkelloses mexikanisches Esslokal im Flussviertel; große Portionen.

Ancora, Jurčičeva ul. 7, Tel. 2502033. Beliebte Pizzeria; jüngeres Publikum; preiswert.

Gern sitzt man in Rathausnähe auf dem Glavni trg. Weitere beliebte Cafés und Kneipen befinden sich in der Altstadt und natürlich unten am Drava-Ufer.

Mariborska Kavarna, Partizanska cesta 1, Tel. 2514059. Gemütlich, mit Sommergarten.

Čajek, Slovenska ul. 4, Tel. 2502986. Teehaus; studentisches Publikum.

Vinoteka Maribor, Usnjarska ul. 10, Mobiltel. 040/191901. Im alten Wasserturm

▲ Karte S. 301

am Drava-Ufer; hübsche Außenterrasse; anspruchsvolle Weinkarte.

Haus der Alten Rebe (Hiša stare trte), Vojašniška ul. 8, Tel. 2515100; Di–So 10–18 Uhr.

Weinkeller Vinag (Vinagova klet), Trg svobode 3, Tel. 2208119; Mo–Fr 9–10, Sa 8–13 Uhr, Reservierung erbeten.

Stadtschloss und Regionalmuseum (Mestni grad, Pokrajinski muzej), Grajska ul. 2; Di–Sa 9–16, So 9–14 Uhr.

Synagoge (Sinagoga), Židovska ul. 4; Mo–Fr 8–16, So 9–14 Uhr.

Aquarium/Terrarium (Akvarij/Terarij), Ul. heroja Staneta 19; Mo–Fr 8–19 Uhr, Sa–So 9–12, 14–19 Uhr.

Maribor ist Europäische Kulturhauptstadt 2012 (Evropska prestolnica kulture): Informationen über besondere Programme und Veranstaltungen im Touristenbüro oder unter www.maribor2012.info. Nicht alles findet in Maribor selbst statt, auch fünf benachbarte Städte sind beteiligt (Ptuj, Murska Sobota, Velenje, Slovenj Gradec, Novo mesto).

Lent-Festival: 14 Tage lang im Juni am Drava-Ufer; Musik, Theater, Kleinkunst.

Musik-September (›Glasbeni september‹): ebenfalls zwei Wochen lang.

Frauen-Ski World Cup Golden Fox (›Zlata lisica‹): jährlich.

Fahrradausleihe am Touristenbüro (siehe oben).

Obst- und Gemüsemarkt beim Gerichtsturm. Mehrere große Einkaufszentren im Stadtteil Tabor (südlich der Drava).

Šentilj

Der Ort am größten slowenisch-österreichischen Grenzübergang, nur 20 Kilometer von Maribor entfernt, ist nicht sonderlich interessant. Seit dem Inkrafttreten des Schengener Abkommens ist die Grenze offen, es finden keine regelmäßigen Kontrollen mehr statt, und der Durchgangsverkehr benutzt ohnehin die nahe Autobahn. Es gibt die üblichen grenznahen Einkaufsmöglichkeiten und Lokale. Immerhin hatte Šentilj im vergangenen Jahrzehnt einen merklichen Bevölkerungszuwachs zu verzeichnen und zählt heute über 1700 Einwohner. Im Gemeindegebiet (insgesamt 8400 Einwohner) sind Wein- und Obstanbau sehr verbreitet.

Hier geht es nach Šentilj

Im östlichen Teil der Gemeinde Šentilj (Straße Nr. 438) stehen in Grenznähe zwei Schlösser: inmitten eines botanischen Gartens das erst im 19. Jahrhundert erbaute **Schloss Kapral** (Kapralov grad); etwas unterhalb das bereits 1151 erwähnte **Schloss Mureck** (Grad Cmurek) mit Blick auf den gleichnamigen Ort jenseits der Staatsgrenze. Letzteres war längere Zeit im Besitz der mächtigen Grafen von Cilli (heute Celje). Der schöne Arkadenhof und die Innenräume sind derzeit leider nicht zu besichtigen. Auch die **Kirche Maria Schnee** (Maria Snežna) im nahegelegenen Zgornja Velka ist sehenswert. Man befindet sich hier am Nordrand des Höhenzuges Slovenske gorice (Windische Bühel).

Lenart

Genau genommen heißt der kleine Ort sogar Lenart v Slovenskih goricah (Sankt Leonhard in den Windischen Büheln). Er liegt knapp 20 Kilometer östlich von Maribor, wo die Landstraße Nr. 449 (vormals Nr. 3) die neue Autobahn A5 kreuzt. Die knapp 3000 Einwohner leben inmitten von Wäldern, Wiesen, Weinbergen und Obstplantagen oberhalb der Pesniška dolina (Pesnica-Tal). In Lenart steht eine imposante **Barockkirche**. In der näheren Umgebung findet man einige Seen.

Zur Gemeinde Lenart (insgesamt 8000 Einwohner) gehört auch die Ortschaft **Hrastovec** (500 Einwohner), die von einer mächtigen Burg beherrscht wird. Sie soll im 17. Jahrhundert Schauplatz etlicher Hexenprozesse gewesen sein. Besichtigen kann man sie leider nicht, da sie als Heilanstalt genutzt wird.

▲ Karte S. 296

Etwa sechs Kilometer nordöstlich von Lenart an der Straße Nr. 449 (vormals Nr. 3) steht die interessante **Kirche der Heiligen Drei Könige** (Sveti Trije Kralji). Sie entstand in der Mitte des 16. Jahrhunderts und gehört zu den schönsten spätgotischen Bauwerken des Landes. Der Flügelaltar ist mit biblischen Szenen bemalt. Die Zufahrt ist ein wenig umständlich, aber man kann auch eine Stiege zum Kirchenhügel nehmen.

Über eine Nebenstraße gelangt man von hier aus in südlicher Richtung zur Ortschaft **Sveta Trojica**, über der sich eine große Wallfahrtskirche mit Kloster erhebt.

Ptuj

Am Ostrand einer fruchtbaren Ebene, dem Dravsko polje (Draufeld), liegt die historische Stadt Ptuj (18 000 Einwohner). Sie gilt als die älteste des Landes, und zweifellos gehört sie auch zu den liebenswertesten. Von einer Anhöhe oberhalb des Drava-Ufers überblickt ein wehrhaftes Schloss die verwinkelte Altstadt. Mit ihren schmalen Gassen und kleinen Plätzen steht sie komplett unter Denkmalschutz. In mancher Hinsicht ähnelt sie Kleinstädten im Westen Ungarns. Der provinzielle, verschlafene Charakter von einst ist einem lebhaften Tagestourismus gewichen, der immer wieder zu überfüllten Parkplätzen führt. Bekannt ist Ptuj insbesondere für seinen traditionellen Kurentenlauf (Kurentovanje), der sich aus bäuerlichem Aberglauben entwickelt hat: Am Karnevalswochenende ziehen mit Tierfellen und allerlei Masken verkleidete Gestalten unter dem Gebimmel von Kuhglocken durch die Straßen, um dem Winter den Garaus zu machen.

Historisches

Seit dem Neolithikum ist das heutige Stadtgebiet nachweislich besiedelt. Im

Fassade der Wallfahrtskirche in Sveta Trojica

Blick auf Ptuj

Römischen Reich nahm die Bedeutung stark zu. Augustus errichtete um 35 vor Christus am Drava-Ufer einen Militärstützpunkt. Vespasian wurde hier im Jahr 69 (Vierkaiserjahr) zum Kaiser ausgerufen. Und Tacitus berichtet in seinen Historien (Buch III.1) aus demselben Jahr über den Kriegsrat der flavianischen Partei, man sei im Winterlager der 13. Legion in Poetovio zusammengekommen (›*Poetovionem in hiberna tertiae decimae legionis convenerant*‹). Seither ist der Ortsname überliefert. Kaiser Trajan verlieh der Siedlung im Jahr 103 den Titel ›Colonia Ulpia Traiana Poetovio‹ und sorgte für den Ausbau zu einem regionalen Verwaltungsort mit Militärlager, Handelseinrichtungen sowie einer Flussbrücke. In spätrömischer Zeit verbreitete sich hier der Mithras-Kult, an den noch einige steinerne Relikte erinnern. Beim Einfall der Hunnen um 450 soll die Einwohnerzahl schon 40 000 betragen haben. Um 570 fanden umherziehende slawische Stämme einen völlig zerstörten Ort vor.

Unter einem ihrer späteren Fürsten namens Pribina gehörte das Gebiet ab 840 zum Frankenreich, geriet nach 890 jedoch in die Machtsphäre des Erzbischofs von Salzburg, der die Herren von Pettau – so der deutsche Ortsname – als Verwalter einsetzte. Diese verhalfen der Stadt zu einem Aufschwung, der 1376 in der Verleihung der Stadtrechte gipfelte. Mit dem Bau einer Festung und der Gründung zweier Klöster nahm die Bevölkerung rasch zu. 1555 wurde Pettau in das Herzogtum Steiermark integriert. Um die vom Balkan drohende türkische Invasion abzuwehren, wurden die Befestigungsanlagen verstärkt. Große Brände werden aus den Jahren 1684, 1705, 1710 und 1744 vermeldet. Allmählich begann eine Zeit des Niedergangs, da die Randlage der Stadt mit wirtschaftlichen Risiken assoziiert wurde und sowohl die neue Eisenbahn von Wien nach Triest als auch die Fernstraße weiter westlich verliefen. Stattdessen stieg die Bedeutung der gut 20 Kilometer entfernten Stadt Maribor. Bis zum Ende des Ersten Weltkrieges blieb Pettau bei Österreich-Ungarn und kam danach ohne Abstimmung zu Jugoslawien, obwohl die Altstadt – ähnlich wie in Maribor – eine zu über 85 Prozent deutschsprachige Bevölkerung hatte. Und auch hier war das Umland zum größten Teil von Slowenen bewohnt. Nun begann eine rabiate Slawisierungspolitik, die dann zwischen 1941 und 1944 von einer reichsdeutschen Besatzungszeit unterbrochen wurde. Es gab Enteignungen

▲ Karte S. 311

und Deportationen, stattdessen wurden Deutsche aus der Unterkrain (siehe Kočevje) hier angesiedelt, die wiederum 1945 zusammen mit den alteingesessenen Pettauern von den jugoslawischen Partisanen vertrieben wurden. Seither handelt es sich um eine rein slowenische Stadt namens Ptuj.

Stadtbesichtigung

Mittelpunkt der Altstadt ist der **Mestni trg** (Stadtplatz) mit dem etwa hundert Jahre alten **Rathaus** (Mestna hiša). Die symmetrisch gebaute Fassade mit ihren Türmchen und Erkern wirkt ein wenig verspielt. Die anderen Seiten des Platzes werden von repräsentativen Bürgerhäusern eingenommen. In ihrer Mitte steht eine **Figur des Schutzheiligen Florian**, der von einer Wolke herab eine brennende Kirche löscht – ein Denkmal, das an die Feuersbrunst des Jahres 1744 erinnert und wohl zur Abwehr erneuter Brände aufgestellt wurde.

Von hier gelangt man zwischen den nostalgischen Läden der Krempljeva ulica zum **Minoritski trg**. Die frühgotische Kirche des dahinter liegenden Minoritenklosters (Minoritski samostan) wurde 1944 durch alliierte Luftangriffe zerstört

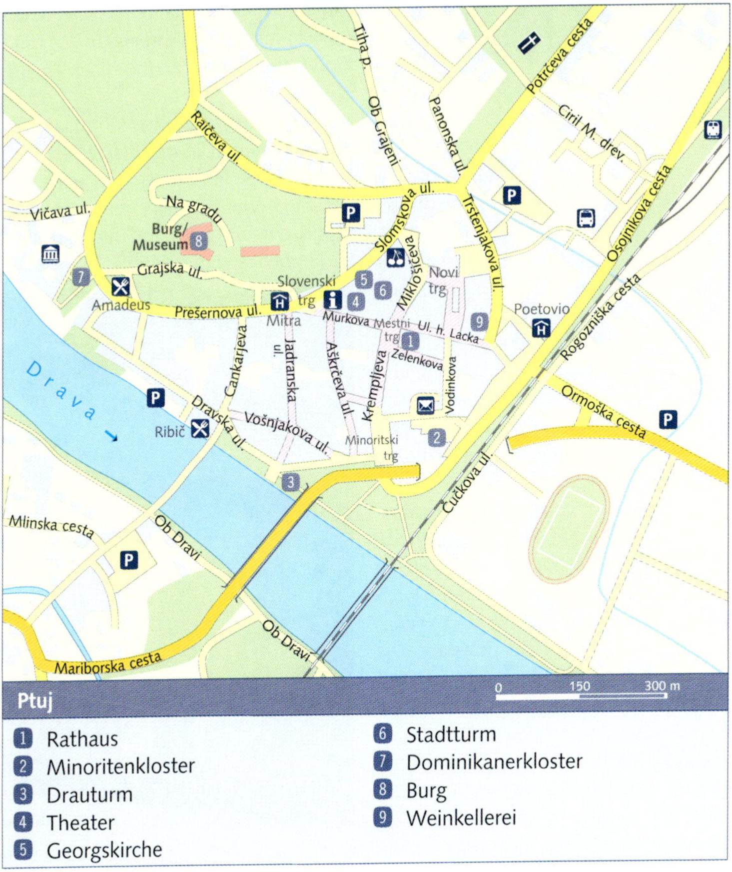

Ptuj

1 Rathaus
2 Minoritenkloster
3 Drauturm
4 Theater
5 Georgskirche
6 Stadtturm
7 Dominikanerkloster
8 Burg
9 Weinkellerei

Das Rathaus von Ptuj

und originalgetreu wieder aufgebaut. Der Platz öffnet sich zur Durchgangsstraße hin. Wenn man sich an der Häuserecke nach rechts wendet, so blickt man auf den dicken Drauturm, gleich daneben überquert der Verkehr die Flussbrücke. Drei kleinere Straßen führen vom Uferbereich wieder in die Altstadt hinein. Leicht bergauf gehend, vorbei an Hinterhöfen und Freiflächen, erreicht man den zentralen Straßenzug um den dreieckigen **Slovenski trg**: Die Prešernova ulica ist gesäumt von architektonisch interessanten Häusern, in denen sich nette Restaurants, Straßencafés sowie einige touristische Geschäfte befinden. Durch die Murkova ulica erblickt man wieder einen Ausschnitt der Rathausfassade. Die Slomškova ulica verläuft oberhalb der fest installierten Marktstände zum Nordrand der Altstadt. Das tempelartige Gebäude nahe der Platzmitte ist das **Stadttheater** (Mestno gledališče), in dem regelmäßig Festivals stattfinden. Daneben steht die **Georgskirche** (Cerkev Svetega Jurija), die im 12. Jahrhundert begonnen wurde und im Inneren beeindruckende Gewölbekonstruktionen aufweist. Sehenswert ist insbesondere die Taufkapelle mit dem Altarbild des Salzburger Malers Konrad Laib aus dem Jahr 1467.

Nicht zu übersehen ist vor der Kirche das wertvolle römische **Orpheus-Denkmal** (Orfejev spomenik), das den antiken Sänger bei der Besänftigung eines wilden Tieres zeigt. Es wurde im 2. Jahrhundert als Grabstein für einen gar nicht sonderlich berühmten Mann geschaffen, dessen Name kurioserweise in den unterschiedlichsten Versionen wiedergegeben wird. Im Mittelalter fand man eine neue, höchst profane Verwendung für den rund fünf Meter hohen Marmorblock – nämlich als Pranger.

Der **Stadtturm** (Mestni stolp) an der nordöstlichen Ecke des Platzes stammt aus dem 16. Jahrhundert; in seine Außenwände wurden einige römische Steintafeln eingelassen. Und nicht zuletzt blickt auch noch die schöne Fassade des

Das Dominikanerkloster

▲ Karte S. 311

Das Orpheus-Denkmal vor der Georgskirche

alten Rathauses auf den äußerst detailreichen Platz. Trotz sehr unterschiedlicher Stilelemente erscheint er als harmonisches Ganzes.

Schlendert man vom Slovenski trg auf der Prešernova ulica in westliche Richtung, so erreicht man nach etwa 350 Metern den Muzejski trg mit dem **Dominikanerkloster** (Dominikanski samostan), dessen Mauern bis an das Flussufer reichen. Im Jahr 1231 wurde es gegründet und war über ein halbes Jahrtausend lang von den Mönchen bewohnt, später diente es als Museum. Beeindruckend ist der gotische Kreuzgang. Von hier aus gelangt man in das Refektorium, die Kirche, die Kapelle und die Krypta. Ausgestellt sind unter anderem archäologische Fundstücke aus der Umgebung, insbesondere römische Münzen, Sarkophage, Grabplatten, diverse Architekturfragmente und ein rekonstruierter Mithras-Schrein aus dem Dorf Spodnja Hajdina.

Oberhalb der Altstadt thront das **Schloss** (Ptujski grad) mit einer bezaubernden Aussicht. Die Grajska ulica führt hinauf an die Schlossmauer. Der Hauptzugang erfolgt von der flussabgewandten Seite her über die Raičeva ulica. Schon den Kelten und Römern war der heutige Burghügel aufgefallen, die ältesten Siedlungsspuren reichen sogar bis in graue Vorzeit zurück. Vor rund tausend Jahren begann man die strategisch wertvolle Anhöhe durch den Bau einer Festung zu verstärken, wovon der erhalten gebliebene Westturm zeugt. Nahezu alle anderen Gebäudeteile entstanden erst im 17. Jahrhundert. Beim Herannahen wirkt die Anlage zunächst recht abweisend, der innere Bereich erstaunt dann mit seinem Arkadenhof und den prachtvollen Sälen voller Originalmöbel, historischer Waffen und Gemälde. Die Sammlungen gehören zum Regionalmuseum Ptuj-Ormož (Pokrajinski muzej).

Zum Abschluss des Rundgangs empfiehlt sich noch ein Besuch des großen **Weinkellers** (Ptujska klet) am östlichen Rand der Altstadt. Sicherheitshalber erkundigt man sich im Touristenbüro, ob eine Voranmeldung nötig ist. In den Gewölben kann man der über 750-jährigen regionalen Winzertradition nachspüren. Das Ambiente lädt ein, sich mit allen Sinnen auf das Thema Wein einzulassen. Über fünf Millionen Liter Rebensaft sollen hier in Fässern und Flaschen lagern. Die älteste Flasche ist aus dem Jahr 1917.

Umgebung von Ptuj

Knapp zehn Kilometer südlich von Ptuj beginnt das an Weingärten reiche Hügelland **Haloze**. An seinem Nordrand (Nebenstraße Nr. 432) thront auf einem Aussichtshügel die sehenswerte gotische Kirche von **Ptujska gora**, die um 1400 von Prager Baumeistern errichtet wurde und während der Türkenangriffe zu einer Wehrkirche erweitert wurde. Mehrere sehr fein gearbeitete Altäre zeigen einfache und berühmte Personen mit individuellen Gesichtszügen.

Vom Stadtgebiet zieht sich das Ptujsko polje (Becken von Ptuj) etwa 25 Kilometer weit in östliche Richtung. Nahezu parallel verlaufen hier bis nach Ormož die Eisenbahnstrecke und die Straße Nr. 2 sowie der Formin-Kanal, die Drava und der Unterlauf der Pesnica. In der kleinen Gemeinde **Dornava** (insgesamt 2700 Einwohner) am Nordrand des Ptujsko polje steht ein bekanntes **Barockschloss** aus der Mitte des 18. Jahrhunderts. Eine etwa 1500 Meter lange Allee geleitet den Besucher durch die umgebende Parkanlage bis zum Eingangsportal. Es heißt, der Besitzer Graf Attems habe das Wiener Schloss Schönbrunn zum Vorbild genommen. Die Innenräume mit großartigen Deckengemälden sind leider nicht zugänglich. Ein Vorgängerbau war 1695 komplett niedergebrannt. Auch am Südrand des Ptujsko polje existiert ein Schloss, und zwar an der Nebenstraße Nr. 228, die zur kroatischen Grenzstation führt: Die mehrfach zerstörte und wieder aufgebaute **Festung Borl** oberhalb der Drava, die hier den landschaftlichen Übergang zum Hügelland Haloze markiert.

Ptuj

Vorwahl: 02.
Postleitzahl: 2250.
Touristenbüro: Slovenski trg 5, Tel. 7710173.

Altstadtbereich weitgehend autofrei. In der Hochsaison sind Parkplätze knapp. Am besten jenseits der Eisenbahn (Unterführung) oder am gegenüberliegenden Drava-Ufer versuchen.

Busstation am Bahnhof: Busse der Veolia verkehren insbesondere zwischen Maribor und Murska Sobota.

Bahnhof an der Osojnikova cesta (stadtauswärts in Richtung Lenart): tägl. ca. 15 Züge auf der Strecke Ormož–Ptuj–Pragersko; dort vielfach Anschluss nach Maribor und Ljubljana.

Tel. 7461251, Mobiltel. 041/647393.

Hotel Mitra, Prešernova ul. 6, Tel. 7877455, www.hotel-mitra.si. Mitten in der Altstadt; gehobene Mittelklasse; DZ ab 105 Euro, Rabatt bei online-Reservierung.
Hotel Poetovio, Vinarski trg 5, Tel. 7798201, www.hotel-poetovio.com. Gegenüber dem Weinkeller; DZ um 50 Euro.

Jugendherberge Kurent, Osojnikova cesta 9, Tel. 7710814. Nähe Busstation; modern, behindertengerecht, mit Parkgarage; gute Bewertungen.
Jugendherberge Eva, Jadranska ul. 20-22, Tel. 7712441. Nahe der Drava-Brücke; bei Radfahrern beliebt.

Avtokamp Terme Ptuj, Pot v toplice 9, Tel. 7494100. Am Westufer der Drava,

▲ Karte S. 296

10 Min. Fußweg zur Altstadt; gepflegter, kleiner Platz; auch Bungalows und Hütten; ganzjährig geöffnet.

Gostilna Ribič, Dravska ul. 9, Tel. 7490635. Am Drava-Ufer; Fischspezialitäten.

Gostilna Amadeus, Prešernova ul. 36, Tel. 7717051. Stimmungsvolles kleines Lokal am Aufgang zur Burg; traditionelle slowenische Küche.

Kitajski vrt, Dravska ul. 7. China-Restaurant am Drava-Ufer.

Straßencafés in der Fußgängerzone am Rathaus und entlang der Prešernova ulica. Nettes Café auch in der Burg.

Ptujska klet, Vinarski trg 1, Tel. 7879810, www.ptujska-klet.si. Weinkellerei, Degustation der ›Pullus‹-Weine; Voranmeldung erbeten.

Regionalmuseum (Pokrajinski muzej) in der Burg, Na gradu 1, Tel. 7879230; Mai bis Mitte Okt. tägl. 9–18 Uhr, Juli-Aug. Sa-So bis 20 Uhr, im Winter tägl. 9–17 Uhr.

Dominikanerkloster (Dominikanski samostan), Muzejski trg 1; Mitte April bis Ende Nov. 9–17 Uhr.

Masken- und Kostümumzug ›Kurentovanje‹ jährl. im Febr.

Ormož

Auf einem kurzen Abschnitt stellt die Drava die Grenze zwischen Slowenien und Kroatien dar, bevor sie vollständig in das südliche Nachbarland übertritt. Die hiesige Flussniederung bildet auch das südliche Ende des Höhenzuges Slovenske gorice (Windische Bühel). Genau hier liegt die Kleinstadt Ormož, die bereits Jahrhunderte lang die Rolle einer Grenzfeste innehatte an der Ostflanke des Heiligen Römischen Reiches. Zum Schutz der nahegelegenen Stadt Pettau (heute Ptuj) vor den Angriffen der Ungarn war hier vor 1278 auf einer strategisch günstigen Anhöhe eine Wehrburg erbaut worden. Die Siedlung daneben entwickelte sich schnell und erhielt 1331 das Stadtrecht. Sie musste sich im Laufe der Geschichte mehrfach gegen Eindringlinge behaupten: 1487 waren es die Ungarn, 1532 die Türken, 1605 und 1704 kam es zu Bauernaufständen der ungarischen Hajduken und Kuruzen. Ormož hieß damals Friedau nach dem Erbauer der Burg, Friedrich von Pettau. Der heutige Name wurde erst nach dem Ersten Weltkrieg eingeführt unter Rückgriff auf die mittelalterliche Ortsbezeichnung Holermuos.

Im Ort Ormož (2100 Einwohner) kann man das **Schloss** mit schönem Arkadenhof und einem klassizistischen Festsaal ansehen, der mit mythologischen Motiven geschmückt ist. In einem Gebäudeteil befindet sich ein **ethnographisches Museum**, und im reizvollen **Schlosspark** gibt es eine Gruft.

An der Ostseite des trapezförmigen Mestni trg (Stadtplatz) steht die **Kirche Sveti Jakub** (Sankt Jakob) aus dem 14. Jahrhundert mit beeindruckenden Fresken aus Gotik und Renaissance. Einige renovierte Altstadthäuser bereichern den Ortskern. Jenseits des Bahnhofs erweitert sich die Drava zu einem See (Ormoško jezero), durch den die Staatsgrenze verläuft.

Umgebung von Ormož

Die Gemeinde Ormož (insgesamt 12 000 Einwohner) gehört zur Kulturlandschaft der **Prlekija**, die für ihre hervorragenden Weine, ihre bodenständige Küche und – zumindest unter Slowenen – für einen spezifischen Dialekt bekannt ist. Sanfte grüne Hügel voller Rebstöcke beherrschen weithin das Landschaftsbild und bieten herrliche Panoramen. Dazwischen liegen hübsche Dörfer, Weingüter und touristische Bauernhöfe. Eine ausgewiesene Weinstraße (›Ormoška vinska cesta‹) führt durch den nordwestlichen Teil der Gemeinde.

In **Velika Nedelja** (300 Einwohner) an der Straße Nr. 2 nach Ptuj thront weithin sichtbar ein großes Schloss aus der Zeit der Kreuzritter (13. Jahrhundert). Es wurde 1945 enteignet und dient nun als Regionalmuseum.

Eine zweite Weinstraße (›Jeruzalemska vinska cesta‹) führt von Ormož zunächst auf der Straße Nr. 230 in Richtung Ljutomer und biegt dann nach rechts ab in das beliebte **Winzerdorf Jeruzalem** (etwa 50 Einwohner), das auf einem der höheren Hügel liegt. Es wurde angeblich einst von deutschen Kreuzrittern gegründet, die aus dem Heiligen Land zurückkehrten. Seit damals ist der Weinbau die wirtschaftliche Grundlage. Wahrzeichen ist die barocke **Kirche der traurigen Mutter Gottes** (Cerkev žalostne matere božje). Gleich daneben hat sich in ebenfalls historischem Gemäuer das neue 4-Sterne-Hotel ›Dvorec Jeruzalem‹ eingerichtet. Die stimmungsvollen Schankstuben der Umgebung werden in den verschiedensten Publikationen immer wieder gelobt. Es gibt auch einen Aussichtsturm, von dem sich die ganze Schönheit der Prlekija erschließt (siehe unten).

Ormož

Vorwahl: 02.

Postleitzahl: 2270.

Touristenbüro: Kolodvorska cesta 9, Tel. 7415356.

Busstation an der Vrazova ul. im Zentrum. Bahnhof am Drava-Ufer (Kolodvorska cesta): tägl. ca. 8 Züge über Pragersko nach Maribor oder Ljubljana, außerdem über Ljutomer nach Murska Sobota.

Hotel Ormož, Vrazova ul. 5, Tel. 7410830, www.hotel-ormoz-grozd.si. Preisgünstiges Provinzhotel, mit Restaurant und Terrasse; DZ um 45 Euro.

Dvorec Jeruzalem, im Dorf Jeruzalem, Tel. 7417790, www.dvorec-jeruzalem.com; Nobles 4-Sterne-Haus mit Golfplatz.

Gostišče Brenholc, Jeruzalem 18, Tel. 7194504, www.brenholc.com. Landgasthof, Vinothek, auch Gästezimmer.

Privatzimmer auf Winzerhöfen um Jeruzalem (www.jeruzalem.si).

Kellerei P&F Jeruzalem, neben dem Bahnhof in Ormož.

Ethnographisches Museum, im Schloss Ormož; Mo–Fr 9–15, Sa 9–14 Uhr.

Regionalmuseum, Schloss Velika Nedelja; Di–Fr 9–15, Sa 9–14 Uhr.

Ljutomer

▲ Karte S. 296

Bei der ansässigen Bevölkerung gilt die Ortschaft Ljutomer als Zentrum der Landschaft Prlekija. Die nähere Umgebung wird üblicherweise als Ljutomerske-Ormoške gorice (Hügelland von Ljutomer und Ormož) bezeichnet. Hier auf den Hügeln zwischen Mura und Drava gedeiht eine beachtliche Zahl von Rebsorten. Das wellige, recht unruhige und kleinräumige Relief ist überzogen mit langen Reihen von Weinstöcken. Freundliche Grüntöne dominieren die ganze Landschaft. Ein dichtes Netz kleiner Sträßchen bietet sich insbesondere für gemächliche Fahrradtouren an, verbunden mit rustikalen Einkehrmöglichkeiten.

Der Ort Ljutomer (3600 Einwohner) überstand Brände, Pestepidemien und Überfälle der Ungarn und Türken. Im Jahr 1868 fand hier die erste slowenische Volksversammlung statt, auf der ein eigener Staat begehrt wurde. Bis 1918 war die örtliche Bevölkerung noch zu über 40 Prozent deutschsprachig. Ljutomer verfügt über keine außergewöhnlichen Sehenswürdigkeiten und ist eher für seine Traberzucht und seine regelmäßigen Pferderennen bekannt. Im historischen Ortskern gibt es drei Plätze, die sich für einen Rundgang anbieten: Der **Stari trg** (Alter Platz) mit der Anna-Kapelle von 1756, der **Glavni trg** (Hauptplatz) mit dem klassizistischen Rathaus und der Pestsäule sowie der **Miklošičev trg** (Miklošič-Platz) mit der Kapelle des heiligen Florian von 1736. Die wehrhafte Pfarrkirche wurde nach einem Brand im Jahr 1901 neu aufgebaut. Im Ort gibt es auch eine Kellerei.

Wenn man innerhalb der Gemeinde Ljutomer (insgesamt 12 000 Einwohner) auf der Straße Nr. 230, parallel zur Eisenbahn, weiter nach Norden fährt, kommt man sogleich ins **Mursko polje** (Mur-Tiefland) mit alten Flussarmen, Sümpfen und Auwäldern.

Vier Kilometer vor dem Erreichen der neuen Autobahn A5 führt die Nebenstraße Nr. 439 ostwärts zum kleinen, familienfreundlichen Thermalbad von **Veržej-Banovci**.

Ljutomer

Vorwahl: 02.

Postleitzahl: 9240.

Touristenbüro: Glavni trg (Pavillon), Tel. 5848333.

Busstation in der Ortsmitte (Ormoška cesta): Busverkehr des APMS in Richtung Murska Sobota.

Bahnhof am nördlichen Ortsrand: tägl. ca. 8 Zugpaare auf der Strecke Murska Sobota – Ormož; über Pragersko weiter nach Ljubljana oder Maribor. Kein Personenverkehr auf der Strecke nach Gornja Radgona.

Hotel Jeruzalem, Glavni trg 5, Tel. 5811211, www.hotel-jeruzalem.si. Einfaches Hotel in zentraler Lage; DZ um 60 Euro.

Youth Hostel Prlekije, Spodnji Kamenščak 23, Tel. 5848033, www.mc-prlekije.si. Übernachtung ab 12 Euro pro Person.

Touristische Bauernhöfe bieten ebenfalls Zimmer und Apartments an.

Camping Terme Banovci (ca. 7 km nördlich), Tel. 5131400; geöffnet Mitte April bis Mitte Okt.

In der Umgebung gibt es zahlreiche Weinstuben und Buschenschänken, die zur Degustation mit kleinem Imbiss einladen. Man muss nur auf die Schilder achten. Unregelmäßige Öffnungszeiten.

Klopotec-Fest am 15. August (Aufstellung der hölzernen Windräder, deren Klappern die Vögel aus den Weinbergen verscheuchen soll).

Weinland Slowenien

Der älteste Weinstock Europas steht in Slowenien! Genauer gesagt: in Maribor. Er ist wohl mehr als 400 Jahre alt und steht für die lange Tradition des Weinbaus (*vinogradništvo*) in diesem Teil Europas. Noch einmal 2000 Jahre früher waren es die Kelten gewesen, welche die ersten Reben anpflanzten und damit den Grundstein legten für die pannonischen Weine aus der Gegend um Poetovio (heute Ptuj). Die Römer besaßen dann die nötigen Kenntnisse, und es kam zu einem regelrechten Aufschwung, so dass antike Schriftsteller wie Cassius Dio, Strabo oder Plinius der Ältere voll des Lobes über die Erzeugnisse berichteten. Die im 6. Jahrhundert eindringenden Slawen zeigten zunächst wenig Interesse an der Kulturpflanze, so dass die Entwicklung für rund 500 Jahre unterbrochen wurde, bis sich schließlich Kirche und Klöster erneut im Weinbau engagierten. In jüngerer Zeit besaßen dann die jugoslawischen Weine wiederum keinen besonders guten Ruf, abgefüllt wurden in Genossenschaftskellereien vor allem billige Verschnitte mit hohen Anteilen vom Balkan. Seit der Unabhängigkeit Sloweniens hat sich nun viel getan: Immer mehr private Winzerbetriebe haben mit Eifer an der Modernisierung gearbeitet und sich etabliert. Längst produzieren sie hoch anerkannte Weine. Nicht zu vergessen Tausende von Kleinwinzern, die praktisch nur für den eigenen Hausgebrauch keltern. Trotz der landesweit bescheidenen Gesamtmenge von etwa 1 Million Hektolitern und einem beachtlichen Pro-Kopf-Verbrauch von mehr als 40 Litern im Jahr gelangt slowenischer Wein allmählich auch stärker in den Export. In Slowenien selbst steht der heimische Wein unangefochten an erster Stelle in den Geschäften und Vinotheken. Die Menschen haben hier ein ganz besonders inniges Verhältnis zum eigenen Rebensaft.

Die klimatischen Verhältnisse sind im Binnenland überaus günstig: Auf die meist ergiebigen Frühjahrsniederschläge folgt ein warmer Sommer. Schließlich führt ein langer, sonniger Herbst die Trauben (*grozdje*) zur Reife. Mit der Lese (*trgatev*) kann man sich Zeit lassen, und Spätlesen sind meist möglich. Im Küstenhinterland hingegen muss man Herbstgewitter sowie heftige, kalte Nordostwinde (*burja*) fürchten und deshalb früher zur Tat schreiten. Einen gewissen Ausgleich für diesen Nachteil stellen hier die mineralreichen Böden und der zeitig einsetzende Frühling dar.

Es gibt drei große Anbaugebiete: **Podravje**, **Posavje** und **Primorska** – mit jeweils mehreren Weinregionen. Insgesamt weist die amtliche Statistik rund 250 Quadratkilometer (also 25 000 Hektar) aktiver Rebfläche aus. Auf ausgeschilderten ›Weinstraßen‹ kann der Reisende mit etwas Zeit von Ort zu Ort fahren. Jede Region wartet außerdem mit eigenen kulinarischen Spezilitäten auf, sei es bei der Einkehr im Gasthaus (*gostilna*), in einer Schenke (*vinarna*, *vinotoč*, *osmica*) oder bei einer Verkostung im Weinkeller (*vinska klet*).

Weit im Osten, zwischen Maribor und der kroatischen Grenze, stehen die Weinstöcke des **Podravje** (Drau-Gebiet). Die Anbauflächen ziehen sich bis in den letzten Winkel des Landes hin, auch noch jenseits der Mur, wo sie nach Ungarn hineinreichen. Man unterscheidet dementsprechend die Regionen ›Štajerska‹ (Slowenische Steiermark) und ›Prekmurje‹ (Übermurgebiet). Das Dorf Jeruzalem zwischen Ljutomer und Ormož gilt als die bekannteste Lage und verfügt über eine so große Bandbreite unterschiedlicher Böden, dass fast jede Rebsorte ideale Bedingungen vorfindet. Genannt werden muss ferner die Großkellerei in Gornja Radgona. In Maribor wachsen die Reben bis in die Stadt hinein. Hier und ebenso in Ptuj existieren beeindruckende Katakomben. Und überall findet man die typisch mittelalterlichen Weinkeller. Aus dieser Region stammen ursprünglich auch die hölzernen Windräder, eigentlich Klappermühlen (*klopotec*), deren herbstliche Melodie den Beginn der Weinlese einläutet. Natürlich erfüllen sie auch den Zweck, lästige Vögel vom Verzehr der reifen Trauben abzuhalten. Lange Zeit galt das Gebiet Podravje als ›Weinland Nummer Eins‹ in Slowenien, heute muss es sich stärker gegen die landeseigene Konkurrenz von der Küste behaupten. Gekeltert werden vor allem Weißweine von guter Qualität und in allen Variationen: Sauvignon blanc, Chardonnay, Furmint (Šipon genannt), Grüner Silvaner, Grauburgunder, Rieslinge etc. Der Rotwein spielt eine untergeordnete Rolle mit einigen eher nördlicheren Sorten wie Zweigelt, Blaufränkisch oder Spätburgunder.

Das zweite Anbaugebiet ist kleiner und weniger bekannt: Das **Posavje** (Save-Land) erstreckt sich etwa von Novo mesto, im mittleren Abschnitt der slowenisch-kroatischen Grenze gelegen, nordwärts bis zur Landesmitte. Neben der Region

Slowenische Weine im Ladenregal

Slowenien hat eine lange Weinbautradition

›Dolenjska‹ (Unterkrain) gehören noch ›Bizeljsko Sremič‹ (ohne gängige deutsche Entsprechung) sowie, etwas isoliert ganz im Süden, die winzige und zersplitterte ›Bela krajina‹ (Weißkrain) dazu. Die Dolenjska ist das Anbaugebiet des Cviček, eines geschützten leichten und etwas säuerlichen Rotweins. Im Bizeljsko gibt es zur Lagerung der Weine spezielle Gruben (*repnica*) im Quarzsand. Neben dem lokalen weißen und roten Bizeljčan gedeihen hier noch weitere bekannte Rosé- und Weißweine.

Als drittes Gebiet, zugleich von seiner Ausdehnung her das kleinste, ist die **Primorska** (Küstenhinterland) zu nennen, wozu insbesondere auch der Karst entlang der italienischen Grenze gehört. Man unterscheidet hier vier Anbauregionen: ›Slovenska Istra‹ (Slowenisches Istrien), ›Kras‹ (Karst), ›Vipavska dolina‹ (Vipava-Tal) und ›Goriška Brda‹ (Görzer Hügelland, als Fortsetzung des italienischen Collio). Dieses Gebiet hat vom Binnenland durchaus abweichende Weinbaubedingungen. In den letzten Jahrzehnten konnte es sich damit an die slowenische Spitze setzen. Das liegt nicht zuletzt an der Pflege einiger autochthoner Rebsorten, die wieder an Beliebtheit gewinnen: Es ist der dunkle Refošk (Refosco), der in Istrien nahezu flächendeckend angebaut wird, außerdem der Malvazija (Malvasia). Im Karst gedeiht auf Kalkstein und schütterer Erde überall der regionaltypische Teran (Terrano), der von der Refosco-Rebe abstammt. Und auf den Terrassen in der Brda behauptet sich die weiße Rebula (Ribolla) neben Chardonnay, Sauvignon und Merlot.

Weinlese in der Brda

Die Angaben auf den Etiketten slowenischer Weinflaschen verraten neben der Qualitätsstufe auch die Gesamtmenge (Flaschen- oder Literzahl) des jeweiligen Erzeugnisses. Kennen sollte man für den sicheren Einkauf das folgende Winzervokabular: *belo* (weiß), *rdeče* (rot), *sladko* (süß), *suho* (trocken), *kislo* (säuerlich), die vorgesetze Silbe *pol-* bedeutet jeweils halb-; *namizno vino* (Tafelwein), *deželno vino* (Landwein), *kakovostno vino* (Qualitätswein), *vrhunsko vino* (Spitzenwein), *izboro* (Auslese), *ledeno vino* (Eiswein) und *priznano tradicionalno poimenovanje* (PTP, anerkannte traditionelle Bezeichnung).

Mura und Prekmurje

Die Mura (Mur) entspringt im österreichischen Bundesland Salzburg und stellt etwa zwischen Šentilj und Radenci die Grenze zu Slowenien dar. Jenseits der Slovenske gorice quert sie den schmalen Nordostzipfel des Landes und fließt träge der kroatischen Grenze entgegen, wo sie abermals als Staatsgrenze dient. Stark mäandrierend verlagert sie hier immer wieder ihr Flussbett, bevor sie in ihrem allerletzten Abschnitt noch als Grenze zwischen Kroatien und Ungarn fungiert und schließlich in die Drava mündet. Der Unterlauf wird beiderseitig gesäumt von urwüchsigen Auenwäldern, in denen eine große Zahl von Vogelarten nistet. Auf vielen erhabenen Stellen sieht man Storchennester.

Die relativ kleine Region östlich der Mura – knapp 950 Quadratkilometer – wird durchaus zutreffend als Prekmurje (Übermurgebiet) bezeichnet. Bei der ansässigen ungarischen Minderheit heißt sie Muravidék. Es ist der hinterste und ärmste Landstrich Sloweniens, und er hat einen ganz eigenen Charakter. Je weiter man nach Osten kommt, desto mehr wähnt man sich in der Puszta. Die flache, eintönige Landschaft mit ihren riesigen Ackerflächen, staubigen Straßendörfern, Streusiedlungen und Einzelgehöften war immer bäuerlich geprägt und arm an konkreten Sehenswürdigkeiten. Je nach Tageszeit, Lichteinfall und Witterung überrascht sie jedoch mit stimmungsvollen Szenerien. Als einziges nennenswertes Fließgewässer durchzieht die Ledava träge und weithin kanalisiert das gesamte Prekmurje. In den niederschlagsarmen Sommern kann es sehr heiß werden, dann vermisst man die Wälder, das Grün, den angenehmen Schatten der anderen Landesteile und vielleicht auch die hohen Berge. Nur hier und da taucht in der Pannonischen Ebene eine Hügelkette mit Rebstöcken auf: Goričko im Norden und die Lendavske gorice im Südosten. Die lokalen Höhenunterschiede betragen nirgends wesentlich mehr als etwa 150 Meter, die höchste Erhebung misst nur 418 Meter über dem Meeresspiegel. Für gemächliche Fahrradtouren ist das Prekmurje gut geeignet, sofern man keine überhöhten kulturellen Ansprüche daran knüpft.

Gehöft in der Region Prekmurje

Radenci

Weiter auf der Straße Nr. 230, immer am Ostrand der Slovenske gorice (Windische Bühel) entlang und nun ganz nah an der Mura, erreicht man den Abzweig der Straße Nr. 3 nach Murska Sobota. Hier liegt der traditionsreiche Kurort Radenci (2200 Einwohner), der zur grenzüberschreitenden ›Europaregion der Thermen‹ gehört. Den Besucher erwarten **klassizistische Kureinrichtungen** von nostalgischem Charme, ergänzt durch sozialistische Zweckbauten. Der schöne Kurpark wurde leider zu einem Teil abgeholzt. Es bleibt abzuwarten, welche Pläne an seiner Stelle realisiert

Trinkbrunnen im Kurort Radenci

werden sollen. Seit 1996 existiert eine **moderne Thermenanlage**, die im sogenannten Wellnessbereich kaum Wünsche offen lässt und Radenci zu einem der besten Heilbäder des Landes macht. Im Jahr 1833 entdeckte der Medizinstudent Karl Henn die kohlendioxidreiche Mineralquelle, deren Wasser sich bald so großen Zuspruches erfreute, dass von hier aus der kaiserliche Hof in Wien und sogar der Vatikan beliefert wurden. ›Radenska‹, das Wasser aus Bad Radein, abgefüllt in grünen Flaschen mit drei roten Herzen auf dem Etikett, wurde bald in ganz Europa getrunken. Es war auch die Basis für den 1882 einsetzenden Kurbetrieb. 1988 erschloss man eine zweite, 40 Grad warme Thermalquelle. Die Anlagen wurden grundlegend modernisiert. In einem interessanten **Museum** kann man sich über die Anfänge des hiesigen Kurbades informieren.

Gornja Radgona

▲ Karte S. 296

Slowenien besitzt gleich zwei ›halbe Städte‹: nämlich Gornja Radgona mit der österreichischen Hälfte Bad Radkersburg und, am anderen Ende, Nova Gorica mit der italienischen Hälfte Gorizia. In der heutigen EU der offenen Grenzen ist das kein großes Problem mehr. Und weil Gornja Radgona so weit im Osten liegt, gibt es neben dem deutschen Namen (Oberradkersburg) auch noch einen ungarischen (Felsőregede). Zu der denkwürdigen Teilung der Stadt kam es 1919, als der Nationalitätenkonflikt eskalierte und die Steiermark zwischen Österreich und Slowenien aufgeteilt wurde. Die durch den Ort fließende Mura sollte in diesem Abschnitt fortan die Staatsgrenze sein. In der Folgezeit bildete sich um die mittelalterliche Burg auf slowenischer Seite ein neues kleines Stadtzentrum heraus, das heute etwa 3300 Einwohner zählt. An der Partizanska cesta sind die meisten Geschäfte aufgereiht. Die interessantere Altstadt mit ihren Kuranlagen liegt nördlich der Grenze in Österreich. Die imposante **Schutzburg** steht auf einem nördlichen Ausläufer des Höhenzuges Slovenske gorice, der hier das Mursko polje vom weiter westlich gelegenen Apaško polje (um die kleine Ortschaft Apače) trennt. Die strategisch bedeutsame Lage bedeutete für die Stadt wiederholte Überfälle durch Ungarn und Türken im 15. und 16. Jahrhundert. Im 18. Jahrhundert brachen mehrfach Bauernaufstände aus. Überliefert ist auch ein verheerendes Mura-Hochwasser im

In Gornja Radgona

Jahr 1605 und eine besonders schlimme Pestepidemie 1680. Im Februar 1929, nachdem die Stadt bereits geteilt war, zerstörten ungewöhnlich große Eismassen die alte hölzerne Brücke über die Mura, was zu einer dreijährigen Unterbrechung des Straßenübergangs führte. Eine moderne und viel stabilere Brücke existiert seit 1969; ihre grundlegende Sanierung wurde 2010 abgeschlossen. Die einstige Eisenbahnbrücke im Ort wurde noch unmittelbar vor Kriegsende, am 17. April 1945, gesprengt und bis heute nicht ersetzt: Um per Bahn von der österreichischen auf die slowenischen Seite der Stadt zu gelangen, müsste man einen Umweg von 154 Kilometern über Maribor und Ptuj auf sich nehmen (allerdings verkehren dann ab Ljutomer nur noch Güterzüge). Kurz hinter dem Bahnhofsgebäude von Gornja Radgona endet das Gleis im Nichts. Eine Wiederbelebung der grenzüberschreitenden Strecke wird derzeit erörtert, vielleicht aber ohne Flussquerung, das heißt von Österreich aus in Richtung Murska Sobota. Im zehntägigen Unabhängigkeitskampf der Slowenen 1991 gab es im Bereich der Staatsgrenze Gefechte mit der jugoslawischen Bundesarmee, die vorübergehend die Grenzposten besetzt hatte.

Der **Weinbau** hat in der Gegend von Gornja Radgona große Bedeutung. Die Anbauflächen reichen weit in die Slovenske gorice hinein. In der Nähe des innerörtlichen Mura-Ufers steht einer der ältesten und ausladendsten Weinstöcke Sloweniens (Šlebingerjev breg 14). Die 1882 gegründete Kellerei produziert nach der Champagner-Methode den nach wie vor sehr gefragten Sekt ›Zlata Radgonska penina‹.

Radenci, Gornja Radgona

Vorwahl: 02.

Postleitzahl: 9252 bzw. 9250.

Touristenbüro Gornja Radgona: Partizanska ul. 7, Tel. 5648240.

Keine Personenzüge auf der Bahnstrecke zwischen Gornja Radgona und Ljutomer. Busse des APMS nach Maribor und in den östlichen Landesteil.

Mehrere Hotels am Kurpark von Radenci, Tel. 5202722, www.sava-hotels-resorts.com. Zeitgemäßer Komfort; DZ ab etwa 100 Euro.

Restaurant-Café Ciconia, Gornja Radgona, Lackova ul. 22, Tel. 4609530. Etwa 200 Meter südlich der Grenzbrücke (Fußweg am Mura-Ufer entlang), an der Rückseite eines Supermarktes; modernes Ambiente, hübsche Terrasse am Fluss.

Weinkeller in Gornja Radgona, Jurkovičeva ul. 5, Tel. 5648526, www.radgonske-gorice.si. Weinprobe, Verkauf, Führungen.

Grad (Goričko)

Stellvertretend für ein paar weitere unscheinbare Gemeinden, die sich jeweils aus mehreren winzigen Dörfern zusammensetzen, sei Grad im westlichen **Goričko-Hügelland** erwähnt. Das Gemeindegebiet von Grad (insgesamt 2200 Einwohner) liegt im Nordteil des Prekmurje zwischen dem aufgestauten Ledava-See (Ledavsko jezero) und der Dreiländerecke mit dem gleichnamigen Berg (Tromejnik, 388 Meter), außerdem zwischen der Durchgangsstraße Nr. 440 nach Österreich und der Nr. 232 nach Ungarn, die von der Eisenbahnstrecke begleitet wird. Beide Straßen sind ge-

Das Schloss im Dorf Grad

meinsam als Weinstraße (›Vinska cesta Goričko‹) ausgewiesen und führen durch den nördlichsten Zipfel Sloweniens.

Der zentrale Ort Grad (700 Einwohner) hieß bis 1952 Gornja Lendava, in jeweils wörtlicher Übersetzung deutsch Oberlimbach, ungarisch Felsőlendva. Dadurch wurde zum Ausdruck gebracht, dass das nördliche Prekmurje geringfügig höher liegt als das südliche, dessen Hauptort ja Lendava heißt. Aus dem Jahr 1499 ist jedenfalls der Siedlungsname Lyndwa überliefert. Von 1890 bis zum Vertrag von Trianon im Jahr 1920 war der oben genannte ungarische Name sogar die amtliche Bezeichnung, denn das Dorf gehörte zum Komitat Vas mit damaligem Sitz in Vasvár (Eisenburg) jenseits der heutigen Landesgrenze. Die Einwohnerschaft bestand jedoch ganz überwiegend aus Slowenen.

Auf einem steilen, bewaldeten Tuffhügel oberhalb des Ortskerns steht ein unerwartet großes und wehrhaftes **Schloss** – so beeindruckend, dass der winzige Ort heute einfach nur Grad (also Schloss) heißt. Es besaß einst angeblich 365 Zimmer und ist heutzutage das mächtigste Barockschloss in ganz Slowenien. Leider ist von den englisch inspirierten Parkanlagen nur noch wenig zu erkennen. In den bereits renovierten Gebäudeteilen gibt es **Ausstellungsräume und Werkstätten**, die der Überlieferung traditioneller Handwerke dienen. Außerdem hat hier die Verwaltung des **Dreiländerparks Goričko-Raab-Őrség** ihren Sitz mit Informationszentrum: Dieser Naturpark (Krajinski park) wurde im Oktober 2003 eingerichtet, um die urwüchsige Landschaft und ihre bäuerlichen Traditionen grenzüberschreitend unter besonderen Schutz zu stellen. Für Naturfreunde gibt es thematische Wanderwege und Fahrradstrecken in der näheren Umgebung. Dabei kann man historische Gehöfte, Mühlen, Festungsruinen, kleine Kirchen beider Konfessionen und herrliche Buchen- und Eichenwälder mit idyllischen Bächen entdecken.

Im Naturparkgebiet liegen noch weitere Gemeinden, die alle dasselbe politische Schicksal teilten: Trotz ihres slowenischen Bevölkerungsanteils von über 90 Prozent gehörten sie mehrere Jahrzehnte zu Un-

▲ Karte S. 296

garn und trugen offiziell ungarische Namen. Ein typisches Beispiel ist das Dorf **Križevci** in der Gemeide Gornji Petrovci (insgesamt 2200 Einwohner). Das 1871 erlassene Toleranzedikt Kaiser Josephs II. hatte hier in erzkatholischen Gefilden die Gründung evangelischer Kirchengemeinden ermöglicht. Unter Bezugnahme auf einen 1698 dokumentierten Siedlungsnamen erfolgte 1890 die einstweilige Umbenennung in Tótkeresztúr. Von den damals etwa 930 Einwohnern waren jedoch nur 20 Ungarn, aber 900 Slowenen. Und davon bekannten sich mehr als 95 Prozent zum evangelischen Glauben. In ihrer abseitigen Lage profitieren längst nicht alle Dörfer im nördlichen Prekmurje vom heutigen Tourismus: In Križevci, dem vormals bevölkerungsreichsten Ort des Goričko, leben heute nur noch ungefähr 400 Menschen, die fast ausschließlich landwirtschaftlichen Tätigkeiten nachgehen. Der erste Staatspräsident des unabhängigen Slowenien, Milan Kučan, wurde übrigens hier geboren.

Murska Sobota

Seit dem Mittelalter gehörte die Stadt zum Königreich Ungarn und damit bis 1918 zur Donaumonarchie. Erst durch den Vertrag von Trianon wurde sie dem neu gegründeten Königreich der Serben, Kroaten und Slowenen (seit 1929 Jugoslawien) zugesprochen. Im Zweiten Weltkrieg erzwang Ungarn 1941 bis 1944 eine Wiederangliederung. Die deutsche Wehrmacht beließ diesen Zustand und eliminierte dabei die ehemals bedeutende jüdische Bevölkerungsgruppe. Seit 1945 gehört Murska Sobota zu Slowenien, bis 1991 innerhalb des jugoslawischen Bundestaates.

Der heutige Ortsname ist eine wörtliche Übersetzung des ungarischen (Muraszombat) und bedeutet soviel wie ›Samstagsmarkt an der Mur‹. Einst hatte die

Kürbisfeld im Goričko

Stadt Olšnica geheißen, woraus sich zunächst die deutsche Bezeichnung Olsnitz entwickelte.

Die Kleinstadt mit gut 12 000 Einwohnern ist eine der insgesamt elf Stadtgemeinden Sloweniens und Zentrum des Prekmurje. Die Entfernung zur österreichischen und zur ungarischen Grenze beträgt jeweils nur 15 Kilometer, zur kroatischen sind es etwa 25. Im Gegensatz zu den umliegenden Gemeinden ist Murska Sobota offiziell nicht zweisprachig; nur etwas mehr als ein Prozent der Einwohner geben Ungarisch als Muttersprache an. Mindestens fünf Prozent der Bevölkerung sind Roma, die räumlich konzentriert in der Siedlung **Pušča** (550 Einwohner) am westlichen Stadtrand leben. Im touristisch uninteressanten Stadtbild fällt der etwa zehn Hektar große **Stadtpark** (Mestni park) mit seinem uralten Baumbestand auf. Er umgibt das vierflügelige **Stadtschloss** (Grad Sobota) im Renaissancestil, das heute ein Regionalmuseum (Pokrajinski muzej) beherbergt. Ansonsten zeigt sich die Stadt relativ stark industrialisiert.

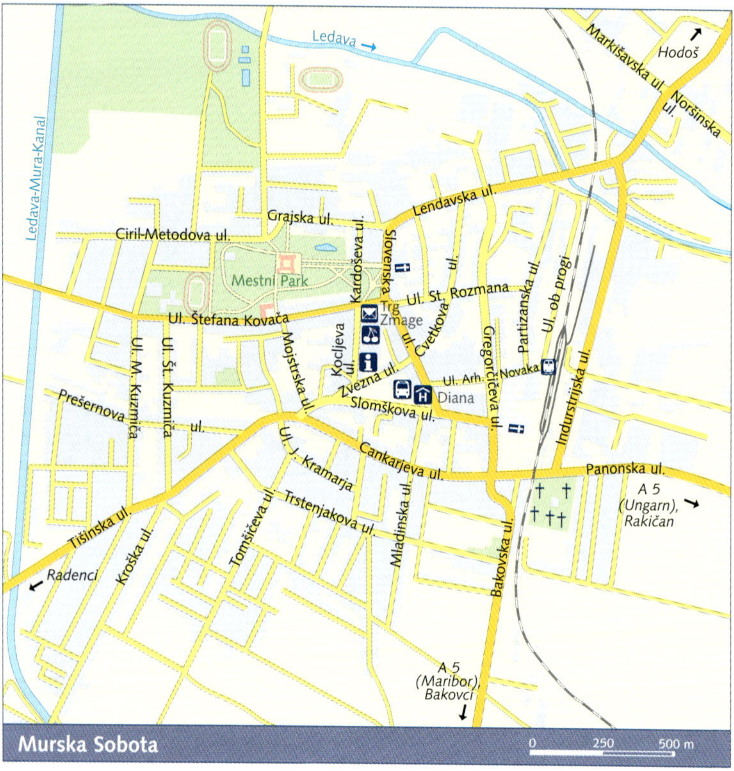

Umgebung von Murska Sobota

Zur Gemeinde Murska Sobota (insgesamt 19 000 Einwohner) gehören weitere zehn Dörfer im engen Umkreis der Stadt. Erwähnenswert ist das **Barockschloss Rakičan** an der Straße Nr. 3 nach Lendava. Außerhalb der Gemeindegrenzen, weiter in derselben Richtung, passiert man das verwilderte **Schloss von Beltinci** mit kleinem Apothekenmuseum. Nicht weit entfernt kann man in Ižakovci ein technisches Denkmal bewundern: Hier wurde 1999 eine historische **Schiffsmühle** nachgebaut, die auf zwei Booten schwimmt; eine Personenfähre pendelt im naturbelassenen Auenwald ans andere Ufer der Mura.

Verlässt man die Gemeinde Murska Sobota hingegen in nordöstlicher Richtung (zuerst Straße Nr. 232, dann 442), so erreicht man das beliebte **Thermalbad Moravske Toplice**, ein Stück weiter die **Auferstehungskirche von Bogojina**, die 1950 nach Plänen von Jože Plečnik in bemerkenswerter Weise umgestaltet wurde, und schließlich noch das für seine Töpferwaren bekannte Dorf **Filovci**. Am Ortsrand von Dobrovnik an der ungarischen Grenze liegt ein größerer See (Bukovniško jezero).

Die nordöstlichste Ecke Sloweniens, das abgeschiedene Hügelland Goričko, erreicht man ebenfalls von Murska Sobota aus über die Straße Nr. 232, die als Weinstraße (›Vinska cesta Goričko‹) ausgewiesen ist und bis in die Dreiländerecke hinauf führt.

Murska Sobota

Vorwahl: 02.
Postleitzahl: 9000.
Touristenbüro: Zvezna ul. 10, Tel. 5341130.

Busstation: Slomškova ul. 40. Busverkehre des APMS im Ortsbereich und im gesamten Ostteil des Landes.

Kleiner Bahnhof am Ostrand der Stadt (Ul. Arhitekta Novaka 23): tägl. ca. 8x nach Ormož, von dort weiter über Pragersko nach Maribor oder Ljubljana; tägl. ca. 6x zum Grenzort Hodoš, davon 1x weiter nach Budapest. Fahrtdauer bis Maribor ca. 2 Std., bedingt durch die Streckenführung. Bus ist wesentlich schneller.

Tel. 5231383.

Hotel Diana, Slovenska ul. 52, Tel. 5141200, www.hotel-diana.si. Nüchternes Businesshotel mit Thermalbecken; Restaurant und Konditorei; DZ um 80 Euro.
Hotel Štrk, Polana 40 in Puconci (ca. 4 km nördlich), Tel. 5252158. Modernes Landhotel mit sehr guter Ausstattung (u.a. Wellnessbereich); DZ ab 77 Euro.

Studentenheim, Tomšičeva ul. 15, Tel. 5300310.

Campingplatz in Moravske Toplice, Tel. 5121200; ganzjährig geöffnet.

Gostilna Zvezda, Trg Zmage 8, Tel. 5391572. Traditionelles Gasthaus im Zentrum; angenehme Außenplätze; deftige Gerichte; preiswert.
Restavracija Sklejca, im Hotel Diana (s.o.). Regionale und mediterrane Spezialitäten.

Regionalmuseum (Pokrajinski muzej) im Schloss; Di–Fr 10–17, Sa–So 10–13 Uhr.

Im Stadtzentrum von Murska Sobota

Bei der Kürbiskernernte

Lendava

Auf der 2008 fertiggestellten Autobahn A5 erreicht man von Maribor aus in einer Dreiviertelstunde die Gemeinde Lendava (insgesamt 11 000 Einwohner) im schmalen ›hintersten‹ Zipfel Sloweniens, der sich zwischen ungarischer und kroatischer Grenze beziehungsweise den Grenzflüssen Mura und Ledava nach Südosten schiebt. Nach dem Zerfall der Donaumonarchie 1918 war die sogenannte ›Murinsel‹ (von Ungarn aus gesehen erscheint es so) völkerrechtlich dem neu gegründeten Staat der Serben, Kroaten und Slowenen zugesprochen worden. Beim Zerfall des Nachfolgestaates Jugoslawien verblieb der größte Teil bei Kroatien und bildet dort die Gespanschaft Međimurje. Der Flussbett der Mura ändert sich indes bei Hochwasserlagen immer wieder geringfügig, so dass es bei der Ortschaft Hotiza gelegentlich zu Auseinandersetzungen um den slowenisch-kroatischen Grenzverlauf kommt. Der Ort Lendava (3200 Einwohner) heißt auf Ungarisch Lendva – und der Fluss hier heißt Ledava! Knapp die Hälfte der Bevölkerung gibt Ungarisch als Muttersprache an. Auch 19 weitere der insgesamt 23 Gemeindeteile haben jeweils zwei Namen. Lendava ist eine typische Tieflandsiedlung, die sich am Rand eines bewaldeten Höhenzuges behäbig zwischen Mais- und Sonnenblumenfeldern hinzieht und wenig zum Anschauen bietet. Es gibt eine **Burganlage**, eine **Synagoge** und ein architektonisch bemerkenswertes **Theatergebäude**. Eher makaber ist die aus den Türkenkriegen verbliebene Mumie in der örtlichen Dreifaltigkeitskirche. Das Ortsbild von Lendava ist ein kontrastreiches Nebeneinander von typisch ungarischen Dorfhäusern, Wohnblocks, Freiflächen, Hinterhöfen und einem modernen Einkaufszentrum. Im Ortsbereich führen schmale Straßen hinauf in den Höhenzug der Lendavske gorice, der voller Weinreben steht. An einigen Stellen eröffnen sich großartige Panoramablicke über die Stadt und die gesamte Region Prekmurje. Im nahen Dorf **Petišovci** stieß man 1965 auf eine 65 Grad heiße, paraffinhaltige Quelle, die mit ihrem grünlichen Wasser heute ein Thermalbad mit Außenanlagen speist.

In den Hügeln von Lendava

▲ Karte S. 296

Das Theater in Lendava

In **Dolga vas** (an der Straße Nr. 442) befindet sich ein alter jüdischer Friedhof; es ist der größte in Slowenien.

In der Agrarregion um Lendava war die Raffinerie ›Nafta Lendava‹ ein Fremdkörper. Nach Jahren wirtschaftlicher Unsicherheit sind davon einige kleinere Tochterunternehmen verblieben. Der örtliche Bahnhof (Güterverkehr) ist nur über das kroatische Schienennetz erreichbar; die Bahnverbindung nach Ungarn verläuft ab Murska Sobota nordwärts. Einen Entwicklungsimpuls könnte die 2008 fertiggestellte Autobahn A5 von Maribor nach Ungarn bringen. Radfahrer können im Dreiländereck Touren zwischen Weinbergen und den Mura-Auenwäldern unternehmen, auch grenzüberschreitend.

Lendava

Vorwahl: 02.

Postleitzahl: 9220.

Touristenbüro: Glavna ul. 38, Tel. 5788390.

Busstation nahe Bahnhof (Kolodvorska ul. 4): Fernbusse des APMS nach Murska Sobota, von dort weiter. Keine Anbindung an das slowenische Schienennetz; nur Güterzüge über die kroatische Grenze.

Hotel Lipa, Tomšičeva ul. 2a, Tel. 5774100, www.sava-hotels-resorts.com. Renoviertes Mittelklassehotel an den Thermen; außerdem großer Campingplatz.

Gostilna Krona, Glavna ul. 20, Tel. 575-1450. Regionale Küche in angenehmer Atmosphäre.

Turistična kmetija Doris, Lendavske gorice 203, Tel. 5789713. Sehr beliebte Buschenschänke, deftige Speisen; auch Unterkunft.

Bűkes Csárda, Dolga vas, Dolgovaške gorice 255, Tel. 5771268. Der ungarische Name steht für ein typisch ungarisches Gasthaus.

Außerdem Café an der linken Seite des Theaters.

Im Sept. Weinlesefest (›Lendavska trgatev‹).

»Das Deutsche hörte nunmehr unter den gemeinen Leuten auf, und das Italienische fing nicht an: dafür hörte ich das krainische Rothwelsch, von dem ich nur hier und da etwas aus der Analogie mit dem Russischen verstand.«

Johann Gottfried Seume, 1802,
unterwegs von Graz über Maribor nach Triest

Sprachführer

Das slowenische Alphabet

Slowenisch ist keine einfache Sprache (→ S. 74). Außerhalb des Landes kommt man kaum damit in Berührung. Die Aussprache der insgesamt 25 Buchstaben des slowenischen Alphabets steht zwar weitestgehend fest, nicht jedoch die Länge der Vokale und die Wortbetonung. Leider verzichtet die Schreibung auf eine eindeutige Kennzeichnung durch Akzente oder Verdoppelungen. Grundsätzlich gilt folgender Zusammenhang: Lange Vokale tragen die Betonung; Wörter ohne lange Vokale sind in der Regel endbetont. Allerdings kommen slowenische Wörter mit weniger Vokalen aus als deutsche, was uns die Aussprache nicht eben erleichtert. Ungewohnt sind im übrigen die typisch slawischen Zischlaute, die an dem Häkchen (*haček*) der Buchstaben č, š, ž erkennbar sind.

Im Wörterbuch gilt als alphabetische Reihenfolge: a b c č d e f g h i j k l m n o p r s š t u v z ž.

Nur bei einigen dieser Buchstaben muss man sich die Aussprache besonders einprägen:

Buchstabe	Aussprache	Beispiele
a	kurz oder lang	*jaz* (ich), *jama* (Höhle)
av	vor Konsonant und am Wortende wie ›au‹	*avto* (Auto), *zdrav* (gesund)
c	wie deutsches ›z‹ in Zahn (niemals ›tsch‹ oder ›k‹!)	*cena* (Preis), *srce* (Herz)
č	wie ›tsch‹ in Quatsch	*čas* (Zeit), *račun* (Rechnung)
e	kurz oder lang, offen oder geschlossen (›e‹ oder ›ä‹)	*pes* (Hund), *sedlo* (Sattel)
h	wie deutsches ›ch‹ in Nacht, ggf. etwas weicher	*prihod* (Ankunft), *Hrvat* (Kroate)
i	kurz oder lang	*list* (Blatt), *riba* (Fisch)
l	vor Konsonant und am Wortende fast wie ›u‹	*selo* (Dorf), aber: *poldne* (Mittag)
lj	wie ein einziger Laut, z.B. in Folie	*polje* (Feld), Ljubljana
nj	wie ein einziger Laut, z.B. in Pinie	*vodnjak* (Brunnen), *njiva* (Acker)
o	kurz oder lang, offen oder geschlossen	*okno* (Fenster), *most* (Brücke)
r	stets gerollt wie im Italienischen; auch als Halbvokal	*reka* (Fluss), *država* (Staat)
s	wie deutsches ›ss‹ oder ›ß‹ (hart)	*svet* (Welt), *cesta* (Straße)
š	wie ›sch‹ (hart) in Schule	*šola* (Schule), *pošta* (Post)
u	kurz oder lang	*ulica* (Straße), *kruh* (Brot)
v	wie ›w‹ in Wal; am Silbenende meist wie ›u‹	*voda* (Wasser), aber: *postrv* (Forelle)
z	wie ›s‹ (weich) in Rose	*zob* (Zahn), *izvoz* (Ausfahrt)
ž	wie ›sch‹ (weich) in Genie	*žena* (Frau), *garaža* (Garage)

Allgemeine Wendungen

Hallo!	*Zdravo!, Živijo!*
Guten Tag!	*Dober dan!*
Guten Morgen!	*Dobro jutro!*
Guten Abend!	*Dober večer!*
Gute Nacht!	*Lahko noč!*
Gute Reise!	*Srečno pot!*
Herzlich willkommen!	*Dobrodošli!*
Auf Wiedersehen!	*Na svidenje!*
Tschüss!	*Adijo!, Zdravo!*
Alles Gute!	*Srečno!*
Guten Appetit!	*Dober tek!*
Prost!	*Na zdravje!*
Entschuldigung!	*Oprostite!*
Bitte!/Danke!	*Prosim!/Hvala!*
Ja./Nein.	*Da./Ne.*
In Ordnung.	*V redu.*
Haben Sie ...? Gibt es ...?	*Ali imate ...?*
Es gibt .../Es gibt nicht ...	*Ima .../Nima ...*
Wie heißen Sie?	*Kako vam je ime?*
Ich heiße ...	*Ime mi je ...*
Herr/Frau (Anrede)	*Gospod/Gospa*

Erkundigungen und Kontaktaufnahme

Fragen ohne Fragewort (sogenannte Entscheidungsfragen, die mit Ja oder Nein zu beantworten sind) werden im Slowenischen normalerweise mit der Fragepartikel *ali* eingeleitet. Dieses Wörtchen wird nicht übersetzt und dient sozusagen nur als Zeichen, dass es sich um eine Frage handelt.

Wer?/Was?	*Kdo?/Kaj?*
Wann?/Wie lange?	*Kdaj?/Koliko časa?*
Wo?/Wohin?	*Kje?/Kam?*
Warum?/Wie?	*Zakaj?/Kako?*
Wo ist ...?	*Kje je ...?*
Gibt es hier ...?	*Ali je tu ...?*
Wann fährt ...ab?	*Kdaj gre ...?*

Wie komme ich nach/zu ...?	*Kako pridem v/do ...?*
Wieviel kostet das?	*Koliko to stane?*
Können Sie wechseln?	*Ali lahko menjate?*
Wann öffnet/schließt ...?	*Kdaj se odpira/zapira ...?*
Wie spät ist es?	*Koliko je ura?*
Sprechen Sie Deutsch?	*Govorite nemško?*
Ich spreche nicht Slowenisch.	*Ne govorim slovensko.*
Ich heiße ...	*Ime mi je ...*
Ich verstehe das nicht.	*Ne razumem.*

Feststellungen und Aussagen

Im Slowenischen gibt es keinen bestimmten Artikel (der/die/das), aber dennoch drei grammatische Geschlechter (Maskulinum, Femininum, Neutrum), und diese bilden jeweils sechs Kasus. Außerdem neben Singular und Plural noch den Dual (Zweizahl). Deshalb gibt es vielerlei Deklinationsendungen bei den Substantiven und Adjektiven. Eine einfache Verständigung gelingt häufig auch unter Verwendung der Grundform (Nominativ) des betreffenden Wortes. Beim Lesen, z. B. bei slowenischen Aufschriften oder Bekanntmachungen, wird man natürlich mit den deklinationsbedingten Abweichungen gegenüber der Wörterbuchform (Nominativ) konfrontiert, das heißt die Endungen der Nomina variieren. Die folgenden Formulierungen mögen als Vorlage für einfachste Äußerungen dienen und könnten von Fall zu Fall abgewandelt werden. Dabei ist es möglich, das Personalpronomen am Satzanfang (z.B. *jaz*, *mi*) einfach wegzulassen, da die Person auch durch die Endung des Verbs zum Ausdruck kommt.

Schulweg

Wir möchten bezahlen.	*Mi hočemo plačati.*
Wir müssen gehen.	*Mi moramo iti.*
Ich wohne in Hamburg.	*Jaz stanujem v Hamburgu.*
Ich fahre nach Ljubljana/nach Italien.	*Jaz grem v Ljubljano/v Italijo.*
Ich gehe nach Hause.	*Jaz hodim domov.*
Ich bin Ingenieur/Lehrer.	*Jaz sem inžiner/učitelj.*
Ich arbeite in einem Büro/einer Fabrik.	*Jaz delam v pisarni/v tovarni.*
Ich brauche Hilfe.	*Jaz potrebujem pomoč.*
Ich möchte keinen Fisch/keine Milch.	*Jaz nočem ribe/mleka.*
Ich esse kein Fleisch.	*Jaz ne jem mesa.*
Ich habe die Geldbörse verloren.	*Izgubil sem denarnico.*
Mein Hobby ist Lesen/Reisen.	*Moj hobi je čitati/potovati.*
Das ist für Sie.	*To je za vas.*
Das ist gut.	*To je dobro.*
Das ist mein Platz.	*To je moj prostor.*
Es war sehr schön bei Ihnen.	*Bilo je zelo lepo pri vas.*

Zeitangaben und Termine

Januar/Februar/März	*januar/februar/marec*
April/Mai/Juni	*april/maj/junij*
Juli/August/September	*julij/avgust/september*
Oktober/November/Dezember	*oktober/november/december*
Montag/Dienstag/Mittwoch	*ponedeljek/torek/sreda*
Donnerstag/Freitag/Samstag	*četrtek/petek/sobota*
Sonntag/Feiertag/Werktag	*nedelja/praznik/delavnik*
Minute/Stunde/Tag	*minuta/ura/dan*
Woche/Monat/Jahr	*teden/mesec/leto*
gestern/heute/morgen	*včeraj/danes/jutri*
früher/später/täglich	*prej/pozneje/dnevno*
selten/oft/immer	*redko/pogosto/vedno*
bald/jetzt/sofort	*kmalu/zdaj/takoj*
Wie spät ist es?	*Koliko je ura?*
Es ist (genau) zwei Uhr.	*Ura je (točno) dve.*
Es ist halb vier.	*Ura je pol štirih.*

Freilassen für die Feuerwehr!

Zahlen und Mengen

Als einzige europäische Sprache neben Deutsch stellt das Slowenische bei zweistelligen Zahlen den Einer vor den Zehner (also z.B. einundzwanzig statt zwanzigundeins).

eins/zwei/drei/vier/fünf	*ena/dva/tri/štiri/pet*
sechs/sieben/acht/neun/zehn	*šest/sedem/osem/devet/deset*
elf/zwölf/dreizehn/vierzehn	*enajst/dvanajst/trinajst/štirinajst*
fünfzehn/sechzehn/siebzehn	*petnajst/šestnajst/sedemnajst*
achtzehn/neunzehn/zwanzig	*osemnajst/devetnajst/dvajset*
einundzwanzig/zweiundzwanzig	*enaindvajset/dvaindvajset*
dreißig/vierzig/fünfzig/sechzig	*trideset/štirideset/petdeset/šestdeset*
siebzig/achtzig/neunzig	*sedemdeset/osemdeset/devetdeset*
hundert/tausend/Million	*sto/tisoč/milijon*
einmal/zweimal/dreimal	*enkrat/dvakrat/trikrat*
der erste/zweite/dritte ...	*prvi/drugi/tretji ...*
halb/ein Viertel	*pol/en četrt*
viel/wenig/nichts	*mnogo/malo/nič*
alles/mehr/weniger	*vse/več/manj*
Anzahl/Menge/Preis	*število/množina/cena*
Kilo/Gramm/Liter	*kila/gram/liter*
oder/und	*ali/in*

Eigenschaften und Zustände

Es gibt drei grammatische Geschlechter (Maskulinum, Feminium, Neutrum). Beim Maskulinum ist außerdem zwischen bestimmter und unbestimmter Form des Adjektivs zu unterscheiden. Im Wörterbuch sind Adjektive gewöhnlich in der unbestimmten maskulinen Form angegeben (z.B.: *hladen* – kalt, *težak* – schwer). Diese Form wird vor allem prädikativ benutzt, also zur Bildung von Aussagen (z.B.: *čaj je hladen* – der Tee ist kalt), aber auch attributiv im Sinne eines unbestimmten Artikels (z.B.: *hladen čaj* – kalter Tee). Handelt es sich um etwas Bestimmtes, so benutzt man die bestimmte maskuline Form (z.B.: *hladni čaj* – der kalte Tee). Die Adjektiv-Endungen für die drei Geschlechter lauten bei attributivem Gebrauch normalerweise -i, -a, -o (im Nominativ Singular): *hladni, hladna, hladno* bzw. *težki, težka, težko*. Man beachte dabei den ausfallenden Vokal am Ende des Wortstammes! Grundsätzlich richtet sich das Adjektiv nach dem Substantiv, auf das es sich bezieht, und wird mit ihm dekliniert. Die Kasus-Endungen beider Wortarten stimmen jedoch nicht völlig überein.

schlecht/gut	*slab/dober*
klein/groß	*majhen, mali/velik*
alt/neu	*star/nov*
heiß/warm/kalt	*vroč/topel/hladen*
schön/hässlich	*lep/grd*
leer/voll	*prazen/poln*
frei/besetzt	*prost/zaseden*
geöffnet/geschlossen	*odprt/zaprt*
frisch/verdorben	*svež/pokvarjen*
billig/(zu) teuer	*cenen, poceni/predrag*
süß/sauer	*sladek/kisel*
salzig/scharf/bitter	*slan/oster/grenak*
interessant/langweilig	*zanimiv/dolgočasen*
langsam/schnell	*počasen/hiter, brz*
leicht/schwer	*lahek/težak*
laut/ruhig	*glasen/miren*
sauber/schmutzig	*čist, čeden/umazan*
trocken/nass	*suh/moker*
weiß/schwarz/grau	*bel/črn/siv*
gelb/rot/braun	*rumen/rdeč/rjav*
grün/blau/violett	*zelen/moder/vijoličast*
slowenisch/deutsch	*slovenski/nemški*

Orientierung und Lage

hier/dort	*tukaj/tam*
hierher/dorthin	*semkaj/tja*
nach links/nach rechts	*na levo/na desno*
geradeaus/zurück	*naravnost naprej/nazaj*
oberhalb/unterhalb	*zgoraj/spodaj*
nah/weit	*blizu/daleč*
nach Hause/zu Hause	*domov/doma*
Eingang/Ausgang	*vhod/izhod*
Parterre /Keller	*pritličje/klet*
Grenze/Zone/Gebiet	*meja/cona/območje*
Gemeinde/Stadtviertel	*občina/mestni četrt*
Norden/Süden	*sever/jug*
Westen/Osten	*zahod/vzhod*
Deutschland/Österreich/Schweiz	*Nemčija/Avstrija/Švica*
Italien/Kroatien/Ungarn	*Italija/Hrvaška/Madžarska*

Landschaft und Infrastruktur

See/Teich/Quelle	*jezero/ribnik/izvir, vrelec*
Wasserfall/Fluss/Bach	*slap/reka/potok*
Moor/Höhle/Gipfel	*barje/jama/vrh*
Tal/Berg/Alm, Hochebene	*dolina/gora/planina*
Wald/Garten/Naturpark	*gozd, les/vrt/naravni park*
Insel/Halbinsel/Bucht	*otok/polotok/zaliv*
Meer/Ufer/Strand	*morje/obala, nabrežje/plaža*
Gasse/(Land)straße/Allee	*ulica/cesta/drevored*
Weg/Fußweg/Kreuzung	*pot/pešpot/križišče*
Brücke/Treppe/Durchgang	*most/stopnica/prehod*
Stadt/Altstadt/Zentrum	*mesto/staro mesto/središče*
Dorf/Gehöft/Feld	*vas/kmečki dvorec/polje*
Haus/Rathaus/Platz	*hiša/rotovž, mestna hiša/trg*
Markt/Markthalle/Stadion	*trg/tržnica/stadion*
Schloss/Burg/Palast	*grad/trdnjava/palača*
Kirche/Kathedrale/Kloster	*cerkev/katedrala/samostan*

»Gleis nicht überqueren. Das ist lebensgefährlich«

Stadtmauer/Turm/Tor	*mestno obzidje/stolp/vrata*
Tunnel/Keller/Bergwerk	*predor/klet/rudnik*
Friedhof/Denkmal/Weinberg	*pokopališče/spomenik/vinograd*
Hotel/Herberge/Wohnung	*hotel/prenočišče/stanovanje*
Restaurant/Gasthaus/Café	*restavracija/gostilna/kavarna*
Laden/Warenhaus	*prodajalna, trgovina/blagovnica*
Schule/Gymnasium/Halle	*šola/gimnazija/dvorana*
Fabrik/Werk/Werkstatt	*tovarna/podjetje/delavnica*
Theater/Kino/Museum	*gledališče/kino/muzej*
Post/Bank/Wechselstube	*pošta/banka/menjalnica*
Apotheke/Arzt/Klinik	*lekarna/zdravnik/bolnišnica*
Reisebüro/Touristeninformation	*potovalni urad/turistični urad*
Toilette/Brunnen/Zisterne	*stranišče/vodnjak/cisterna*
Tankstelle/Parkplatz	*bencinska črpalka/prostor za parkiranje*
Flughafen/Hafen/Zoll	*letališče/pristanišče, luka/carina*
Gebäude/Bahnhof	*stavba/železniška postaja, kolodvor*
Bushof/Haltestelle	*avtobusna postaja/postajališče*
Schwimmbad/Skipiste	*kopališče, bazen/smučišče*

Reisen und Verkehr

Fußgänger/Radfahrer/Reiter	*pešec/kolesar/konjenik*
Auto/Bus/Taxi	*avto/avtobus/taksi*
Fahrrad/Motorrad	*kolo/motorno kolo*

Zug/Schnellzug	*vlak/brzovlak*
Schiff/Fähre	*ladja/brod, trajekt*
Fahrplan/Verspätung	*vozni red/zamuda*
Ankunft/Abfahrt	*prihod/odhod*
Linie/Nummer/Richtung	*proga/številka/smer*
Fahrkarte/Zuschlag	*vozovnica/doplačilo*
Hin- und Rückfahrkarte	*povratna karta*
Erwachsener/Kind	*odrasel/otrok*
1. Klasse/2. Klasse	*prvi razred/drugi razred*
Platz/Gepäck	*prostor/prtljaga*
Kasse/Automat	*blagajna/avtomat*
Buchung/reserviert	*rezervacija/rezervirano*
Bahnsteig, Gleis	*peron/tir*
Warteraum, Gepäckaufbewahrung	*čakalnica/shramba za prtljago*
Einbahnstraße/Umleitung	*enosmerna cesta/obvoz*
Höchstgeschwindigkeit	*omejitev hitrosti*
Führerschein/Versicherung	*vozniško dovoljenje/zavarovanje*

Einkäufe und Service

Laden/Kiosk	*prodajalna/trafika*
Bäckerei/Fleischerei	*pekarna/mesnica*
Buchhandlung/Bibliothek	*knjigarna/knjižnica*
Friseur/Wäscherei	*frizer, brivec/pralnica*
Apotheke/Blumengeschäft	*lekarna/cvetličarna*
Einkaufszentrum	*nakupovalno središče*
Kasse/Preis	*blagajna/cena*
Quittung/Anzahlung	*potrdilo/naplačilo*
Ansichtskarte/Brief	*razglednica/pismo*
Absender/Adresse	*odpošiljatelj/naslov*
Briefmarke/deutsche Zeitung	*znamka/nemški časopis*
Stadtplan/Souvenir	*načrt mesta/spomin*
kostenlos/Ausverkauf	*brezplačno/razprodaja*
Verkauf/Ankauf	*prodaja/odkup*
Selbstbedienung	*samopostrežba*

Form/Farbe/Muster	*oblika/barva/vzorec*
geöffnet/geschlossen	*odprto/zaprto*
Wieviel kostet das?	*Koliko to stane?*

Ausrüstung und Material

(Sonnen)brille/Uhr	*(sončni) naočniki/ura*
Stadtplan/Landkarte	*načrt mesta/zemljevid*
Buch/Reiseführer/Wörterbuch	*knjiga/vodnik/slovar*
Zeitung/Papier/Stift	*časopis/papir/svinčnik*
Fotoapparat/Film	*fotografski aparat/film*
Schuhe/Handschuhe	*čevlji/rokavice*
Jacke/Hose/Hemd	*jopica/hlače/srajca*
Kleid/Rock/Bluse	*obleka/krilo/bluza*
Badehose/Badeanzug	*kopalke/kopalna obleka*
Sonnenschirm/Liegestuhl	*sončnik/ležalnik*
Handtuch/Seife/Sonnenöl	*brisača/milo/sončno olje*
Schirm/Regenmantel	*dežnik/dežni plašč*
Geldbörse/Brieftasche	*denarnica/listnica*

Werbung für slowenische Wurst

Wolle/Baumwolle/Holz	*volna/bombaž/les*
Metall/Glas/Stein	*kovina/steklo/kamen*
(Taschen)lampe/Batterie	*(žepna) svetilka/baterija*
Grillkohle/Brennholz/Gas	*oglje/drva/plin*
Kerze/Zündhölzer	*sveča/vžigalice*
Toilettenpapier/Waschmittel	*toaletni papir/pralni prašek*
Zahnbürste/Zahnpasta	*zobna ščetka/zobna pasta*
Tasche/Tüte/Eimer	*torba/vrečka/vedro*
Schere/Nähzeug	*škarje/šivalne potrebščine*
Zelt/Schlafsack	*sotor/spalna vreča*

Unterkunft und Ausstattung

Hotel/Übernachtung	*hotel/prenočišča*
Gasthof, Herberge/Zimmer	*gostišče/soba*
Einzel-/Doppelzimmer	*enoposteljna/dvoposteljna soba*
Zimmer mit Frühstück	*soba s zajtrkom*
Wohnung/Jugendherberge	*apartma/mladinski dom*
Badezimmer/Dusche	*kopel, kopalnica/prha, tuš*
Küche/Balkon/Aufzug	*kuhinja/balkon/dvigalo*
Herd/Kühlschrank	*ognjišče/hladilnik*
Heizung/Abfall(eimer)	*kurjava/odpadki*
Stuhl/Tisch/Bett	*stolica/miza/postelja*
Decke/Kissen/Laken	*odeja/blazina/rjuha*
Radio/Fernseher	*radio/televizor*
Tür/Fenster	*vrata/okno*
Schlüssel/Türschloss	*ključ/ključavnica*
Haben Sie einen Safe?	*Ali imate sef?*
Um wieviel Uhr gibt es Frühstück?	*Ob kateri uri je zajtrk?*

Essen und Trinken

Typische Speisen und Spezialitäten sind auf S. 84f beschrieben. Viele slowenische Restaurants verfügen auch über deutschsprachige Speisekarten. Beim Einkaufen auf dem Markt wird man die meisten Obst- und Gemüsesorten in der Pluralform lesen. Als vereinfachte Grundregel gilt: Auf Konsonant endende Wörter (meist Maskulinum) bilden den Nominativ Plural auf -i; Wörter mit -a am Ende (meist Femininum) bekommen ein -e; Wörter auf -o (meist Neutrum) erhalten ein -a. Ein Beispiel: *riba* – Fisch, *ribe* – Fische.

Restaurant/Gasthaus	*restavracija/gostilnica*
Imbiss/Selbstbedienung	*okrepčevalnica/samopostrežba*
Café/Konditorei	*kavarna/slaščičarna*
Speisen/Getränke	*jedi/pijače*
Speisekarte/Frühstück	*jedilnik/zajtrk*
Mittagessen/Abendessen	*kosilo/večerja*
Vorspeise/Dessert	*predjed/poobedek*
Suppe/Beilage/Salat	*juha/priloga/solata*
mit Beilage/ohne Beilage	*s prilogo/brez priloga*
Brot/Brötchen/Gebäck	*kruh/žemlja/pecivo*
Marmelade/Honig/Butter	*marmelada/med/maslo*
Käse/Schinken/Wurst	*sir/šunka/klobasa*
Fleisch/Ei/Fisch	*meso/jajce/riba*
Meeresfrüchte/Calamari	*morski sadeži/lignji*
Obst/Gemüse	*sadje/zelenjava*
Rind-/Schweinefleisch	*govedina/svinina*
Geflügel/Wild	*perutnina/divjačina*
gebacken, gegrillt/gebraten	*ocvrto/pečeno*
gekocht/gefüllt	*kuhano/polnjeno*
Apfel/Birne/Kirsche	*jabolka/hruška/češnja*
Aprikose/Trauben/Banane	*marelica/grozdje/banana*
Tomate/Paprika/Gurke	*paradižnik/paprika/kumara*
Zwiebel/Bohnen/Pilz	*čebula/fižol/goba*
Kartoffeln/Nudeln/Reis	*krompir/testenine/riž*
Pommes frites/Polenta	*ocvrti krompirček/polenta*
Salz/Pfeffer/Essig/Öl	*sol/poper/kis/olje*
Zucker/Sahne/Eis	*sladkor/smetana/sladoled*
Kaffee/Tee/Milch/Kakao	*kava/čaj/mleko/kakav*
schwarz/mit Milch/mit Zitrone	*črn/z mlekom/z limono*
Wasser/Saft/Bier/Wein	*voda/sok/pivo/vino*
rot/weiß/trocken/süß	*rdeče/belo/suho/sladko*
Tasse/Teller/Trinkglas	*skodelica/krožnik/kozarec*
Gabel/Messer/Löffel	*vilice/nož/žlica*
Kellner(in)/Trinkgeld	*natakar(ica)/napitnina*

Guten Appetit!/Prost!	*Dober tek!/Na zdravje!*
Die Rechnung, bitte!	*Račun, prosim!*

Krankheiten und Probleme

Kopfschmerzen/Zahnschmerzen	*glavobol/zobobol*
Magenschmerzen/Verstopfung	*bolečine v želodcu/zapeka*
Durchfall/Grippe/Husten	*driska/gripa/kaselj*
Infektion/Fieber/Blutdruck	*infekcija/vročina/krvni pritisk*
Verrenkung/Knochenbruch	*izpah/zlom kosti*
Blutung/Herzbeschwerden	*krvavitev/težave s srdcem*
Ohnmacht/Schlaganfall	*omedlevica/kap*
Sonnenstich/Vergiftung	*sončarica/zastrupitev*
Unfall/Panne	*nezgoda/okvara*
Beschwerde/Zeuge	*pritožba/priča*
Anwalt/Dolmetscher	*odvetnik/tolmač*
Hilfe!/Bitte, helfen Sie mir!	*Na pomoč!/Prosim, pomagajte mi!*
Ich bin krank/verletzt.	*Sem bolestan/Ramil sem se.*
Ich brauche einen Arzt.	*Potrebujem zdravnika.*
Wo gibt es einen Geldautomaten?	*Kje je bankomat?*
Der Motor ist defekt.	*Motor je pokvarjen.*
Ich möchte Anzeige erstatten.	*Želim nekaj naznaniti.*
Man hat mir ... gestohlen.	*Ukradli so mi ...*

Hinweise und Verbote

Gefahr/gefährlich	*nevarnost/nevarno*
privat/öffentlich	*zasebno/javno*
Pass/Ausweis	*potni list/osebna izkavnica*
Unterschrift/Kontrolle	*podpis/kontrola*
verboten/gestattet	*prepovedano/dovoljeno*
auf eigene Verantwortung	*na lastno odgovornost*
nur für Anlieger	*samo za stanovalce*
Eingang/Ausgang	*vhod/izhod*
Toiletten (Damen/Herren)	*stranišče (ženske/moški)*
Kein Trinkwasser	*nepitna voda*
Erste Hilfe	*prva pomoč*

Nichtraucher	*nekadilci*
Rauchen verboten!	*Kaditi prepovedano!*
Schwimmen verboten!	*Kopanje prepovedano!*
Durchgang/Eintritt verboten!	*Prehod/Vstop prepovedan!*
Achtung, böser Hund!	*Pozor, hud pes!*
Vorsicht! Hochspannung!	*Pazi! Visoka napetost!*

Amtliches und Abkürzungen

d.d. (*delniška družba*)	AG
d.o.o. (*družba z omejeno odgovornostjo*)	GmbH
k.d. (*komanditna družba*)	KG
DDV (*davek na dodano vrednost*)	Mehrwertsteuer
SIT	Slowenische Tolar
SŽ (*Slovenske Železnice*)	Slowenische Eisenbahnen
TIC (*turistično informacijski center*)	Touristeninformation

Missverständnisse und Kurioses

Das slowenische Wörtchen ›*in*‹ bedeutet ›und‹! Also heißt z. B. ›*kis in olje*‹ nicht ›Essig in Öl‹, sondern ›Essig und Öl‹. Die Aufschrift ›*kava na poti*‹ meint dasselbe wie ›coffee to go‹ (Kaffee zum Mitnehmen, für unterwegs). Allerdings lautet die slowenische Version in wörtlicher Übersetzung ›Kaffee auf dem Weg‹ und nicht etwa ›Kaffee im Pott‹, wie man denken könnte …

›Coffee to go‹ auf Slowenisch

Sprachführer

Reisetipps von A bis Z

Aktivurlaub

Für nahezu alle Arten von sportlichen Urlaubsaktivitäten gibt es in Slowenien Möglichkeiten und Angebote. Und jeder neue Trend wird gleich aufgegriffen. Das Land scheint ein umfassender Freizeitpark zu sein. Es würde den Rahmen dieses Buches sprengen, hier auf Details einzugehen. Die örtlichen Touristenbüros und Outdoor-Agenturen bieten hervorragende Informationen und vermitteln Kurse und Gerätschaften.

Angeln: Einen Angelschein bekommt man gegen Gebühr problemlos in größeren Hotels und bei der Touristeninformation. Lokale und zeitliche Einschränkungen sind zu beachten.

Bergsteigen: Unter den vielen Steilwänden ist bei Kletterern besonders die Nordwand des Triglav (→ S. 95 f) beliebt. Die Landesnatur bietet Terrain aller Schwierigkeitsgrade.

Golf: Der bekannteste Golfplatz befindet sich wohl in Lipica unweit des berühmten Gestüts (→ S. 165). In den letzten Jahren sind weitere Anlagen entstanden.

Radfahrer im Soča-Tal

Höhlen: Speläologen finden im Karst Höhlensysteme von Weltrang vor (→ S. 168 f). Große Teile der Unterwelt sind noch unerforscht.

Kanu und Kajak: Etliche Gebirgsflüsse eignen sich gut für Wildwassertouren. Die Flüsse Krka und Kolpa kommen für das Kanuwandern in Frage. Rafting auf der Soča (→ S. 127 f) ist sehr beliebt.

Kuren: (siehe Thermalbäder)

Paragliding: Am See von Bohinj (→ S. 107) gibt es gute Möglichkeiten für Gleitschirmflieger.

Bungeespringen: Die Soča-Brücke von Solkan (bei Nova Gorica) dient regelmäßig als Veranstaltungsort für kühne Sprünge in die Tiefe (→ S. 140).

Radfahren: Egal ob Genussradeln im östlichen Tiefland oder sportliches Mountainbiking in Gebirgsgegenden, die abwechslungsreiche Landschaft bietet zahllose Möglichkeiten. Auf unübersichtlichen Landstraßen gefährden sich allerdings rasende Autofahrer und unvernünftige Radfahrer gegenseitig. Bis zum Alter von 14 Jahren besteht Helmpflicht. An manchen Hotels und Touristenbüros kann man Fahrräder ausleihen. In Ljubljana und Maribor gibt es gut organisierte Citybike-Systeme.

Reiten: Man kann Urlaub auf einem Reiterhof machen. Ausritte, Kutschfahrten und Reitstunden werden vielerorts angeboten. Als Pferdefreund wird man natürlich das berühmte Gestüt in Lipica (Lipizza) aufsuchen (→ S. 165).

Wandern: Das Netz markierter Wanderwege umfasst etwa 7000 km, darunter die Europäischen Fernwanderwege E6 und E7. Es gibt an vielen Stellen bewirtschaftete Hütten und Einkehrmöglichkeiten. Für das Wandern im Triglav-Nationalpark sollte man eine gewisse Kondition mitbringen. Grundsätzlich sind

Wettervorhersagen zu beachten und eine angemessene Ausrüstung mitzunehmen, da im Gebirge das Wetter rasch umschlagen kann und dann unter Umständen Lebensgefahr droht.

Wassersport: Baden, Schwimmen, Tauchen, Surfen, Kitesurfing, Segeln - an der Küste (→ S. 176f) oder im Binnenland kann man je nach den lokalen Gegebenheiten allen Wasservergnügen nachgehen. Es gibt allerdings recht wenige Badeseen; man nutzt stattdessen geeignete Flussabschnitte.

Wintersport: Skifahrer finden in den slowenischen Alpen sehr gute Bedingungen vor. Allein um Kranjska Gora (→ S. 92f) gibt es rund 30 km Pisten und noch mehr Loipen. Weitere Skigebiete mit entsprechender Infrastruktur findet man im Pohorje (westlich von Maribor → S. 292f). Es gibt Sessellifte und Kabinenbahnen, Unterkünfte und Gastronomie aller Kategorien. Spezielle Informationen sollte man beim Slowenischen Fremdenverkehrsamt (→ S. 363) oder im Internet einholen.

Alkohol

Der Verkauf sämtlicher Alkoholika (auch Bier) darf nur an Personen über 18 Jahre und nur in der Zeit zwischen 7 und 21 Uhr erfolgen; Spirituosen nicht vor 10 Uhr. Im öffentlichen Raum trinkt man alkoholische Getränke nicht etwa auf der Parkbank, sondern nur in Straßencafés, Biergärten oder Restaurants.

Anreise per Auto

Von München aus ist die slowenische Grenze bei durchschnittlicher Fahrweise in etwa drei Stunden erreichbar. Dabei ist die Maut auf österreichischen Autobahnen und zusätzlich für den Tauerntunnel einzukalkulieren. In der alpinen Westregion Sloweniens gibt es folgende Möglichkeiten der Einreise mit dem PKW:

Bunte Straßenszene in Col

via Tarvisio/Italien entweder über den Predil-Pass (Predel, 1156 m, max. 12% Steigung) nach Süden oder im Tal über Fusine in Richtung Ljubljana; von Villach über den Wurzenpass (Korensko sedlo, 1073 m, max. 18%) oder durch den Karawanken-Tunnel (Karavanke, Maut 6,50 Euro); von Klagenfurt durch den Loibl-Tunnel (Ljubelj); von Völkermarkt über den Seebergsattel (Jezerski vrh, 1215 m, 10%) oder den Paulitschsattel (Pavličevo sedlo, 1338 m, max. 12%). Es existieren Beschränkungen für größere Fahrzeuge und Anhänger. Im Winter ist stets mit Vollsperrungen mancher Passstraßen zu rechnen. Weiter nach Osten hin gibt es etliche unproblematische Übergänge, insbesondere die Autobahn Graz–Maribor.

Anreise per Bus

Es ist sicher nicht die bequemste Art der Anreise, aber durchaus möglich. ›Eurolines‹ bietet Linienverkehre von etlichen deutschen Großstädten nach Ljubljana und Maribor. Beispiel: von Frankfurt/M. nach Ljubljana täglich, Dauer 11 bis 12 Std., einfache Fahrt knapp 90 Euro abzüglich etwaiger Ermäßigungen.

Am Seebergsattel zwischen Preddvor und Jezersko

Anreise per Eisenbahn

Aus Richtung Graz, Villach oder Triest gibt es gute und häufige Verbindungen nach Ljubljana und Maribor. Auch von München und Zürich gibt es Direktverbindungen. Autoreisezüge der DB enden heutzutage in Villach oder Triest; man muss also selbst über die Grenze nach Slowenien fahren. Interrail-Reisende können wählen zwischen einem sogenannten Global Pass, der während eines bestimmten Zeitraumes in 30 Ländern gilt, oder dem One Country Pass für Slowenien (für Personen unter 26 Jahren ab etwa 50 Euro für 3 beliebige Tage innerhalb eines Monats).

Anreise per Flugzeug

Der **internationale Flughafen** (*letališče*) ›Jože Pučnik‹ liegt bei Brnik, etwa 25 km nordwestlich von Ljubljana (Tel. 2061000, www.lju-airport.si). Er ist relativ klein und gut organisiert. Es gibt zwar keine Bahnverbindung, aber Flughafenbusse in die Stadt etwa zwischen 5.30 und 20.00 Uhr; Tickets etwa 4,50 Euro. Für eine Taxifahrt muss man mindestens 40 Euro kalkulieren. Die slowenische Fluggesellschaft Adria Airways bietet insgesamt 24 reguläre Verbindungen in alle Teile Europas (u.a. Frankfurt, München, Wien, Zürich). Außerdem wird Ljubljana von Lufthansa, Austrian Air, Air France, ČSA, JAT, Easyjet u.a. angeflogen.

Für die Anreise nach Slowenien sollte man auch die Flughäfen **Klagenfurt**, **Graz**, **Zagreb**, **Rijeka** und **Triest** in Betracht ziehen, die mit etwas Glück zu deutlich günstigeren Preisen erreichbar sind. Die slowenischen Flughäfen Maribor und Portorož spielen im internationalen Linienverkehr keine Rolle.

Anreise per Schiff

Die slowenische Hafenstadt Koper ist ein Ziel mancher Kreuzfahrtschiffe. Zwischen **Venedig** und Piran verkehren von April bis Ende Oktober bis zu 3x pro Woche Katamarane; die Überfahrt dauert etwa 2,5 Stunden. Von **Triest** und den kroatischen Urlaubsorten **Poreč** und **Rovinj** kann man im Sommer täglich per Gleitboot nach Piran fahren.

Segel- und Motorboote, die aus dem Ausland ankommen, müssen an einer der internationalen Molen (in Koper oder Piran, im Sommer auch in Izola) festmachen und die Dokumente vorlegen.

Autofahren: Straßen

Das Straßennetz ist (außer im Gebirge) engmaschig und in einem einwandfreien Zustand. Nahezu alle öffentlichen Straßen sind asphaltiert. Inzwischen gibt es auch rund 550 Kilometer Autobahnen. Stellenweise herrscht ein **hohes Verkehrsaufkommen**, und in der ›rush hour‹ muss man hier und da mit Stau rechnen. In der Hauptsaison gilt das besonders für die Küstenstraße, im Berufsverkehr für den Großraum Ljubljana.

Die kurvenreichen, aber landschaftlich sehr reizvollen Gebirgsstraßen werden in den Sommermonaten stark von Motorradfahrern frequentiert. Detaillierte Informationen über Straßenzustände, eventuelle Sperrungen etc. findet man unter www.promet.si (auch auf Englisch).

Beim **Parken** ist zu beachten, dass blaue Bodenmarkierungen auf besondere Regelungen hinweisen (meistens Erwerb eines Parktickets am Automaten). Gelbe Markierungen bedeuten Parkverbot.

Autobahnen sind mautpflichtig

Autofahren: Straßenmaut

Für die Benutzung sämtlicher **Autobahnen** (grüne Beschilderung) sowie der meisten **Schnellstraßen** (blaue Schilder) und deren Zufahrten muss eine zuvor gekaufte **Vignette** (*vinjeta*) am Frontfenster aufgeklebt sein, und zwar vorzugsweise auf der linken Fahrzeugseite (Fahrerseite). Nach Berührung des Glases darf der Klebefilm nicht mehr gelöst werden, sonst zeigt sich nach etlichen Tagen ein Hinweis auf Ungültigkeit! Die slowenische Straßengebühr ist unverhältnismäßig hoch: 7 Tage 15 Euro, 1 Monat 30 Euro, 1 Jahr 95 Euro. Anhänger dürfen ohne Zusatzkosten mitgeführt werden. Für Motorräder gibt es Vignetten zum jeweils halben Preis, wobei statt der Monats- nur eine Halbjahresversion für 47,50 Euro angeboten wird. Die Gültigkeit der 7-Tage-Vignetten wird durch Lochung festgelegt, die Monatsvignetten gelten ab Kaufdatum, die Jahrsvignetten gelten grundsätzlich für ein Kalenderjahr plus Dezember des Vorjahres und Januar des Folgejahres.

Als **Verkaufsstellen** fungieren die meisten Tankstellen und Autoclubs sowie touristische Einrichtungen, Souvenirläden und Kioske, und auch über das Internet kann man die Vignetten beziehen. Die Quittung ist aufzubewahren und ggf. vorzuweisen.

Mit Kontrollen an den Autobahnzufahrten muss man rechnen, die Strafen sind hoch. Kaufangebote von gefälschten Vignetten sind in Einzelfällen vorgekommen.

Fahrzeuge über 3,5 t müssen eine streckenabhängige Maut (*cestnina*) an speziellen Kassenhäuschen entrichten.

Um die Mautstrecken im Lande völlig zu umgehen, bedarf es eines guten Überblicks über das Straßennetz. Detaillierte Informationen bietet der österreichische Automobilclub ÖAMTC im Internet (www.oeamtc.at).

KP G3-428

Autofahren: Straßennummerierung

Die ehemaligen jugoslawischen Straßennummern sind nicht mehr im Gebrauch. In Slowenien tragen Autobahnen (*avtocesta*) die Nummern A1 bis A5. Sogenannte Schnellstraßen (*hitra cesta*) existieren momentan als H2 bis H7, es werden jedoch weitere Abschnitte hinzukommen. Unter den Landstraßen gelten die Nummern unter 200 als Hauptstraßen: Es gibt davon nur die Nummern 1 bis 11 und 101 bis 111. Alle Straßen ab Nummer 200 sind Regionalstraßen von unterschiedlichem Ausbaugrad. Dieses System unterliegt einem allmählichen Wandel. In der Nähe fertiggestellter Autobahnabschnitte werden bisherige Hauptstraßen teilweise herabgestuft zu Regionalstraßen mit dreistelliger Nummer. Andererseits werden Schnellstraßen zu vollwertigen Autobahnstücken ausgebaut. Ältere Straßenkarten sind also bezüglich der Straßenbezeichnungen nicht immer aufschlussreich. Manche Karten und Internetdarstellungen weisen Fehler und Verwechslungen auf. Der Autor nimmt gern Korrekturen entgegen (→ S. 378).

Autofahren: Tanken

Es herrscht kein Mangel an modernen Tankstellen der Marken OMV, Petrol und INA. Die Kraftstoffpreise liegen ungefähr 20 Prozent unter den deutschen. Nach bisherigen Erfahrungen ist das Tanken an Autobahnraststätten nicht unbedingt teurer als anderswo. Das sogenannte Eurosuper mit 95 Oktan (bleifrei) trägt meist die Bezeichnung ›*bencin 95*‹. Das in Deutschland vorübergehend heiß diskutierte Thema ›E10-Sprit‹ (mit 10 Prozent Alkoholanteil) scheint in Slowenien keine Rolle zu spielen.

Autofahren: Verkehrsregeln

Die Zahl der Verkehrstoten ist in Slowenien erschreckend hoch, sagt die Statistik. Unterwegs hat man indes nicht unbedingt den Eindruck, es werde besonders aggressiv oder leichtsinnig gefahren. Fußgängern wird die Überquerung der Fahrbahn meistens leicht gemacht, nicht nur am Zebrastreifen. Aber es gibt eben auch viele kurvenreiche und unübersichtliche Bergstraßen, auf denen mehr Vorsicht angebracht wäre. Drastisch erhöhte Bußgelder haben bisher wenig bewirkt. Um derartigen Strafen zu entgehen, sollte man tunlichst alle folgenden Regeln einhalten: Die Promillegrenze liegt bei 0,5. Gurte müssen grundsätzlich angelegt werden. Kindersitze sind ebenfalls vorgeschrieben. Mobiltelefone dürfen vom Fahrer unterwegs nur mit Freisprechanlage benutzt werden. Für Motorradfahrer gilt Helmpflicht, ebenso für Radfahrer unter 14 Jahren. Warnwesten, Verbandkasten, Warndreieck müssen im Auto mitgeführt werden. Auch tagsüber ist das Abblendlicht einzuschalten. Beim Überholen muss man bis zum Wiedereinscheren den Blinker benutzen und beim Rückwärtsfahren offiziell sogar die Warnblinkanlage. Die Höchstgeschwindigkeiten sind folgendermaßen festgelegt: PKW innerorts 50 km/h, auf Landstraßen 90 km/h, auf Schnellstraßen 100 km/h, auf Autobahnen 130 km/h; mit Anhängern generell nicht schneller als 80 km/h. Im Zeitraum vom 15. November bis 15. März gilt eine allgemeine Winterreifenpflicht, ersatzweise die Mitnahme von Schneeketten.

Autofahren: Versicherung

Es ist grundsätzlich ratsam, die Grüne Versicherungskarte mitzunehmen. Ob man für die Dauer der Reise eine be-

Enge Altstadtgasse in Izola

KP bedeutet Region Koper

fristete Vollkaskoversicherung abschließen soll, hängt sicher vom Fahrzeugwert ab. Ein ganzjähriger Versicherungsschutz ist im Verhältnis deutlich preiswerter. Auch ein hoher Schadenfreiheitsrabatt wirkt sich hier positiv aus. Die maximalen Deckungssummen der slowenischen Haftpflichtversicherung sind geringer als bei uns.

Autokennzeichen

Das slowenische Kennzeichensystem wurde 1992 eingeführt. Es verwendet die acht schon in Jugoslawien gebräuchlichen Abkürzungen (CE, GO, KP, KR, LJ, MB, MS, NM) plus drei neu geschaffene (KK, PO, SG). Insgesamt werden also in ganz Slowenien nur elf verschiedene Kennungen ausgegeben. Diese stehen nicht allein für bestimmte Städte, sondern darüberhinaus für schwer nachvollziehbare, unterschiedlich große Registrierungsgebiete im weiteren Umkreis. Anhand der bunten Gemeindewappen auf den Autokennzeichen gelingt Eingeweihten eine genaue räumliche Zuordnung. Einige mittelgroße, völlig selbständige Städte (Ptuj, Velenje, Trbovlje) gehören zum Registrierungsgebiet größerer Nachbarstädte, während insbesondere die drei nachträglich eingeführten Codes (siehe oben) an recht kleine Orte vergeben wurden. Das ganze System entspricht überhaupt nicht mehr der heutigen administrativen Einteilung des Landes und führt eine Art Eigenleben. Von einer durchgreifenden Neuregelung ist nichts bekannt.

Die Nummernschilder tragen hinter dem Wappen uneinheitliche fünfstellige Buchstaben-Ziffern-Kombinationen, die von einem Bindestrich unterbrochen werden. Bei Anhängern ist die Reihenfolge umgekehrt. Wunschkennzeichen, z.B. mit persönlichen Namen, sind gegen Zusatzgebühr möglich. Es sind unterschiedliche Kennzeichenversionen im Umlauf: mit oder ohne grüne Umrandung, mit oder ohne den blauen EU-Balken, außerdem wurde von 2004 bis 2008 vorübergehend eine abweichende Schriftart verwendet. Polizeifahrzeuge haben blaue Schilder mit dem Anfangsbuchstaben P, Militärfahrzeuge tragen die Abkürzung SV (Slovenska vojska).

CE	Celje
GO	Nova Gorica
KK	Krško
KP	Koper
KR	Kranj
LJ	Ljubljana
MB	Maribor
MS	Murska Sobota
NM	Novo mesto
PO	Postojna
SG	Slovenj Gradec

Im Gegensatz zum Internetkürzel (.si) besteht das internationale Landeskennzeichen für Slowenien aus der Buchstabenfolge SLO, entweder als ovaler Aufkleber oder integriert in die Nummernschilder nach EU-Muster.

Automobilclubs

Der slowenische Automobilclub AMZS (Avto-moto zveza Slovenije) ist in den meisten größeren Orten des Landes vertreten und unterhält eine sehr informative Internetseite (www.amzs.si): Dort findet man die aktuellen Benzinpreise, Mautgebühren, Baustellenhinweise, Routenplaner etc. (auch in Englisch). Der deutsche ADAC ist unterwegs stets erreichbar unter Tel. 0049/89/222222 oder 00385/1/3440650 (Notrufstation in Kroatien); der ÖAMTC unter 0043/1/2512000 oder 00386/1/5305198 (Notrufstation in Ljubljana); der TCS unter 0041/22/4172220.

Autovermietung

Die meisten internationalen Mietwagenfirmen sind auch in Slowenien vertreten. Daneben gibt es kleinere lokale Agenturen. Die Preise sollte man unbedingt vergleichen, am besten auch im Internet (z.B. www.emietwagen.de), denn Slowenien gehört in diesem Bereich nicht zu den billigsten Ländern. Bei der Kombination Flug plus Mietwagen ist es durchaus möglich, dass die Gesamtkosten bei einer Anreise über einen grenznahen Flughafen außerhalb Sloweniens (z.B. Klagenfurt, evtl. Zagreb) deutlich niedriger ausfallen. Allerdings erheben viele Verleiher für die Mitnahme von Mietautos in osteuropäische Staaten diskriminierende Zusatzgebühren in recht unterschiedlicher Höhe (tageweise oder pauschal).

Hier die Adressen einiger Vermietungsbüros in Ljubljana:

Avis Autovermietung
Čufarjeva ulica 2
SLO-1000 Ljubljana
Tel. 01/4308010
Fax 01/4308014
www.avis.si

Hertz Autovermietung
Trdinova ulica 9
SLO-1000 Ljubljana
Tel. 01/4340147
Fax 01/4340148
www.hertz.si

Budget Autovermietung
Delavska cesta 24
SLO-4208 Šenčur
Tel. 04/2519280
Fax 04/2519285
www.budget.si

Europcar Autovermietung
Celovška cesta 268
SLO-1000 Ljubljana
Tel. 059/070500
Fax 01/5199876
www.europcar.si

Baden

Die kurze slowenische Küste verfügt über eine Handvoll malerischer Orte, ist ansonsten aber nicht vergleichbar mit den vielen naturbelassenen Stränden im kroatischen Istrien. Die zahlreichen FKK-Abschnitte, die es schon in Jugoslawien gab, liegen nicht auf slowenischem Gebiet. Die Häfen Koper und Triest sowie Sondernutzungen (z.B. Salinen) bedeuten Einschränkungen. Die Europäische Umweltagentur bescheinigt allen slowenischen Badegewässern (Meeresstrände, Binnenseen, Flussabschnitte) eine unbedenkliche, überwiegend sogar gute Wasserqualität. Der Hinweis ›*Kopanje prepovedano*‹ bedeutet ›Baden verboten‹.

Souvenirs

Behinderte

Die Situation für Reisende mit körperlichen Behinderungen verbessert sich ständig, ist aber noch nicht überall zufriedenstellend.

Botschaften und diplomatische Vertretungen

Eine Liste aller Botschaften in Slowenien sowie aller slowenischen Vertretungen im Ausland ist im Internet unter www.mzz.gov.si einzusehen. Hier nur die wichtigsten Adressen:

Botschaft der Bundesrepublik Deutschland
Prešernova cesta 27
SLO-1000 Ljubljana
Tel. 01/4790300
Fax 01/4250899

Österreichische Botschaft
Prešernova cesta 23
SLO-1000 Ljubljana
Tel. 01/4790700
Fax 01/2521717

Botschaft der Schweiz
Trg republike 3/VI
SLO-1000 Ljubljana
Tel. 01/2008640
Fax 01/2008669

Botschaft der Republik Slowenien
Hausvogteiplatz 3-4
D-10117 Berlin
Tel. 0049/30/2061450
Fax 0049/30/20614570

Botschaft der Republik Slowenien
Nibelungengasse 13
A-1010 Wien
Tel. 0043/1/5861309
Fax 0043/1/5861265

Botschaft der Republik Slowenien
Schwanengasse 9/II
CH-3011 Bern
Tel. 0041/31/3109000
Fax 0041/31/3124414

Camping

Für Zelt- und Wohnmobilreisende stehen über 40 offizielle Campingplätze zur Verfügung. Sie liegen überwiegend in der Nähe touristisch interessanter Orte und sind allesamt kategorisiert: vom relativ einfachen 1-Stern-Platz bis zum sehr gut ausgestatteten 5-Sterne-Platz mit gehobenem Preisniveau. Etwa ein Viertel der Plätze ist ganzjährig geöffnet, die anderen normalerweise zwischen Anfang Mai und Mitte Oktober. In der Hochsaison können die Stellplätze vor

Blick über Piran an der Adriaküste

Wohnmobile in Portorož

allem an der Küste knapp werden. Bei der Slowenischen Tourismuszentrale (→ S. 363) erhält man ein informatives Campingverzeichnis; außerdem kann man sich unter www.slovenia.info/campings informieren. Es gibt zusätzlich noch kleine, private Zeltplätze. Übernachten im Zelt oder Auto außerhalb der ausgewiesenen Plätze ist vielerorts durch Gemeindeverordnungen verboten. In touristischen Gebieten finden diesbezügliche Kontrollen statt, durchaus auch nachts, und man riskiert ein Verwarnungsgeld. Jedoch werden Wanderer, Radfahrer und andere Naturfreunde in Waldgebieten geeignete Stellen finden. Als preiswerte Alternative bieten sich Bauernhöfe mit Stellmöglichkeiten an. Im Triglav-Nationalpark ist wildes Zelten streng verboten.

Dokumente

Seit der Zugehörigkeit zur Schengen-Zone (Ende 2007) reisen EU-Bürger ohne Formalitäten ein. Die Grenzen zu Italien, Österreich und Ungarn sind offen, während die kroatische Grenze derzeit noch EU-Außengrenze ist und kontrolliert wird. Es genügt die Mitnahme des Personalausweises. Eventuell notwendige Visa für Bürger anderer Staaten werden meist für 90 Tage ausgestellt. Genauere Informationen über die Botschaften und Konsulate sowie unter www.mzz.gov.si.

Einkaufen

Allgegenwärtig sind die SB-Märkte der slowenischen Ladenkette Mercator. An einzelnen Standorten gibt es Filialen von Spar. Die Discounter Lidl und Hofer (Aldi) sind überall im Land präsent, fast immer an den Ortsrändern. Vom Frühjahr bis in den Herbst wird in großen Mengen Obst und Gemüse auf Märkten und an Ständen angeboten. Die vereinzelten Warenhäuser (*trgovska hiša, blagovnica*) erinnern häufig noch an das sozialistische Jugoslawien der 1980er Jahre, insbesondere hinsichtlich ihrer Architektur.

Elektrizität

Die Netzspannung beträgt 220 Volt. Die üblichen mitteleuropäischen Stecker (zweipolig) können problemlos verwendet werden.

Mercator-Filiale in Hrastnik

Entfernungen

Siehe Tabelle S. 15. Wegen der gebirgigen Landschaft muss man in vielen Landesteilen längere Fahrzeiten einkalkulieren, als es die Distanzen vermuten lassen. Insbesondere besteht eine große Diskrepanz zwischen der Luftlinie und der tatsächlichen Strecke. Das gilt vor allem abseits der Autobahnen. Von der Adriaküste bis zur ungarischen Grenze muss man auf der Autobahn knapp vier Stunden veranschlagen.

Ermäßigungen

Um in den Genuss diverser Ermäßigungen zu gelangen, ist in der Regel ein Internationaler Studentenausweis oder der Personalausweis (Altersangabe) vorzulegen. Das Spektrum reduzierter Tarife ist relativ groß.

Feiertage

1.–2. Januar: Neujahr (*Novo leto*)
8. Februar: Kulturtag (*Prešernov dan*)
März/April: Ostern (*Velika noč*)
27. April: Tag des Widerstandes (*Dan upora*)
1.–2. Mai: Tag der Arbeit (*Praznik dela*)
25. Juni: Nationalfeiertag (*Dan državnosti*)
15. August: Mariä Himmelfahrt (*Marijino vnebovzetje*)
31. Oktober: Reformationstag (*Dan reformacije*)
1. November: Allerheiligen (*Dan spomina na mrtve*)
25. Dezember: Weihnachten (*Božič*)
26. Dezember: Unabhängigkeitstag (*Dan samostojnosti*)

Fotographieren und Filmen

Man kann praktisch alles aufnehmen. Verbote gibt es kaum noch. Ein wenig Taktgefühl ist beim Fotographieren von Personen natürlich angebracht. Fotomaterial ist in den Orten relativ leicht erhältlich.

Die Slowenische Nationalbank in Ljubljana

Geld

Am 1. Januar 2007 löste in Slowenien der Euro (EUR) die Landeswährung Tolar (SIT) ab. Die Umstellung erfolgte damals mit dem Kurs 1 EUR = 239,64 SIT. Alle slowenischen Euro-Münzeinheiten tragen unterschiedliche Rückseitenmotive und den Schriftzug ›Slovenija‹ (nicht zu verwechseln mit den slowakischen, die den Namen ›Slovensko‹ aufweisen!). Die außerhalb des Landes nur selten auftauchenden slowenischen Euro-Münzen sind bei Sammlern beliebt. Die slowenische Schreibweise der Währung lautet übrigens ›*evro*‹. **Bargeld** erhält man problemlos an den zahlreichen Geldautomaten (*bančni avtomat*). Alle gängigen ec-Karten und Kreditkarten werden akzeptiert.

Gesundheit

Die hygienischen Verhältnisse sind durchweg gut. Besondere Impfungen sind weder nötig noch vorgeschrieben. Sinnvoll ist ggf. eine Zecken-Schutzimpfung, denn mit jährlich mehr als 250 FSME-Erkrankungen gehört Slowenien (außer Westregion) zu den Risikogebieten in Europa.

Haustiere

Benötigt wird der blaue EU-Heimtierausweis, verbunden mit einer Kennzeichnung des Tieres durch Mikrochip. Nähere Informationen erteilen die Tierärzte.

Internet

Slowenien gehörte zu den Vorreitern in Osteuropa. Fast jede Stadt, Gemeinde oder Institution hat ihre eigene professionelle Internetseite, manche auch in englischer und deutscher Version. Es gibt im öffentlichen Raum und in Hotels reichlich Zugangsmöglichkeiten über WiFi (Hotspots) oder mit prepaid-Karten von NeoWLAN. Internetcafés sind ziemlich rar, aber man kann es in Touristenbüros oder Bibliotheken versuchen. Das Landeskürzel lautet .si (sprich: *pika si*).

Jugendherbergen

Es gibt insgesamt etwa 35 Jugendherbergen an den interessantesten Stellen des Landes. Der Dachverband PZS (Popotniško združenje Slovenije) ist Mitglied im Internationalen Jugendherbergsverband IYHF und erfüllt dessen Standards. Nähere Informationen: PZS, Gosposvetska cesta 84, SLO-2000 Maribor, Tel. 00386/2/2342137, www.youth-hostel.si.

Internetcafé in Bovec

Klassenfahrten

Im vereinten Europa können Schulen einen wertvollen Beitrag zum gegenseitigen Kennenlernen leisten und beim Abbau von Voreingenommenheiten helfen. Gerade Slowenien (evtl. in Kombination mit Istrien) bietet sich als attraktives Ziel für Klassen- und Kursfahrten an und ist per Bus gut erreichbar. Interessante Aspekte mitteleuropäischer Kultur lassen sich mit vielerlei Outdoor-Aktivitäten verbinden. Weitere Pluspunkte sind: gute Infrastruktur, relativ günstige Preise und eine funktionierende Verständigung auf Englisch und Deutsch.

Als Anbieter sei z.B. die Firma cts genannt (www.cts-reisen.de).

Klima

Drei Regionen sind deutlich zu unterscheiden: alpin (in den Höhenlagen der Alpen), gemäßigt-kontinental bis kontinental (im Binnenland, nach Osten hin zunehmend), submediterran (im Küstentiefland). → S. 29.

Landkarten

Wegen der geringen Größe des Landes kann man im Allgemeinen auf die gängigen Straßenkarten der Buchhandlungen und Tankstellen zurückgreifen. Ihr Maßstab reicht aus, sofern man überwiegend Hauptstaßen benutzt. Wer wandern will oder ausgedehnte Fahrradtouren vorhat, sollte sich in Slowenien nach den 1:50 000-Karten des Landesvermessungsamtes (Geodetski zavod Slovenije) umschauen. In Touristenbüros und Buchhandlungen wird man meist fündig. Es gibt auch spezielle Autoatlanten mit detailgenauen Blättern in großem Maßstab. Detaillierte und touristisch aufbereitete Stadtpläne bekommt man gratis in den örtlichen Touristenbüros.

Medizinische Versorgung

Die Europäische Krankenversicherungskarte wird anerkannt. Das System medizinischer Dienstleistungen ist gut organisiert und befindet sich auf hohem Niveau, auch auf dem Lande. In größeren Orten gibt es meist ein Krankenhaus (*bolnišnica*), in fast jedem Ort ist eine Apotheke (*lekarna*) und ein kompetenter Arzt (*zdravnik*) zu finden. Die Verständigung auf Deutsch oder Englisch ist häufig gewährleistet. Das Angebot an Medikamenten ist umfassend und die Preise meistens günstig. Dennoch sollte man spezielle Arzneien sicherheitshalber mitnehmen. Auf Notdienste nachts und an den Wochenenden wird in der Regel per Aushang hingewiesen.

Museen

Auch im kleinen Slowenien kommt man auf eine stattliche Anzahl von Museen; eine offizielle Liste gibt derzeit ihre Zahl mit 121 an, und es werden immer mehr. Die kleineren sind montags meist geschlossen und haben im Winter stark eingeschränkte Öffnungszeiten.
An Stätten mit hoher Touristenfrequenz (z.B. Höhlen von Postojna, Bleder See, Küstenorte) muss man mit sehr hohen Eintrittspreisen rechnen. Ganz ohne Kosten können sich Eisenbahnfans in Slowenien erfreuen: An fast allen nennenswerten Bahnhöfen des Landes ist jeweils eine historische Lokomotive ausgestellt; insgesamt sollen es über 60 Exemplare sein.

Naturschutz

Es werden große Anstrengungen zum Schutz der Umwelt und zur Erhaltung typischer Biotope unternommen. Abfalltrennung wird überall praktiziert; entsprechend gekennzeichnete Behälter stehen bereit. Der Tourist ist aufgerufen, die Maßnahmen durch sein Verhalten zu unterstützen und örtliche Regelungen zu beachten.

Notfälle

Die Polizei (*policija*) hat die Notrufnummer 113, Feuerwehr (*gasilci*) und Rettungsdienst (*rešilni voz*) 112. Bei Autopannen steht der slowenische Autoclub AMZS (Avto-moto zveza Slovenije) landesweit unter Telefon 987 zur Verfügung. Bei Verkehrsunfällen sollte man stets die Polizei hinzuziehen. Die auch für Slowenien zuständige ADAC-Stelle im kroatischen Zagreb ist unter 00385/13440650 zu erreichen.

Öffnungszeiten

Ein Schild mit der Aufschrift ›*delovni čas*‹ gibt die jeweiligen Öffnungszeiten an. Viele **Geschäfte** öffnen montags bis freitags von 8 oder 9 bis 19 Uhr, samstags bis mindestens 13 Uhr. An Sonn- und Feiertagen sind die Geschäfte in der Regel geschlossen. **Banken** öffnen in der Regel montags bis freitags von 9 bis 17 Uhr mit einer Mittagspause. Die größeren **Postfili-**

Landestypisch bemalter Bienenstock im Schlosspark von Olimje

alen arbeiten von 8 bis 18 Uhr, samstags bis 12 Uhr. **Restaurants** schließen häufig um 22 Uhr. **Märkte** sollte man zeitig besuchen, da sie bereits gegen Mittag abgebrochen werden. In der Küstenregion herrschen eher mediterrane Gepflogenheiten, d.h. man muss etwa zwischen 12 und 16 Uhr mit einer ausgiebigen Siesta rechnen. **Museen** sind in der Regel montags geschlossen.

Orientierung

Die Beschilderung ist im ganzen Land grundsätzlich gut. Auf alle touristischen Orte und auf besondere Sehenswürdigkeiten wird mittels brauner Schilder hingewiesen. Die Ortswegweiser an den Landstraßen sind gelb. Leider geben sie die Straßennummern nicht an, die im vorliegenden Buch in vielen Fällen erwähnt werden und auf Nebenstrecken hilfreich wären. Aber auf den kleinen Tafeln, die im Abstand von jeweils 500 Metern an den Landstraßen stehen, sind sie (in einem gelben Kästchen) vermerkt, so dass man zumindest verifizieren kann, ob man sich auf der richtigen Route befindet. Dass die Ortswegweiser nur selten Entfernungsangaben aufweisen, kann man bei den allgemein kurzen Distanzen in Slowenien leicht verschmerzen. Schnellstraßen sind blau, Autobahnen grün beschildert. Gelegentlich können Missverständnisse auftreten, denn eine größere Zahl von Ortsnamen kommt in Slowenien mehrfach vor (z.B. Bistrica, Cerklje, Dobrava, Kostanjevica, Nova vas, Poljane, Ravne, Šentvid, Šempeter, Videm, Zagorje). Mitunter steht deshalb eine genauere Angabe dabei (z.B. Cerklje ob Krki, Ravne na Koroškem, Šentvid pri Stični).

Polizei

Die slowenische Polizei (*policija*) gilt als korrekt und gut organisiert. Vorschriften und Regelungen werden ernstgenommen. In Ortschaften und über Land sind zeitgemäß ausgerüstete Streifenwagen unterwegs. Niemand muss Schikanen fürchten. Gegen vermeintliche Willkürakte könnte man selbstverständlich Widerspruch einlegen. Notruf 113.

Die slowenische Post: preiswert und zuverlässig

Post

Filialen der Pošta/PBS. (›Pošta Slovenije‹ mit Postbank) gibt es auch in kleinen Ortschaften. Sie sind in der Regel von 8 bis 18 Uhr geöffnet, samstags bis 12 Uhr. Die Hauptpost befindet sich in Ljubljana, Slovenska cesta 32. Der Service ist preiswert und zuverlässig. Für einige Standardsendungen gibt es mit Buchstaben gekennzeichnete Briefmarken, deren Preis man am Schalter erfährt: Derzeit kostet eine Postkarte ins EU-Ausland nur 0,36 Euro. Die einzelnen Versandarten und Tarife sind unter www.posta.si aufgelistet (auch auf Englisch). Die Postleitzahlen slowenischer Orte entsprechen den ehemals jugoslawischen,

wobei ab 1996 die Ziffer 6 am Anfang gestrichen wurde (vormals fünfstellig, nun vierstellig).
Postleitzahlenbereiche:
1000ff. Ljubljana
2000ff. Maribor
3000ff. Celje
4000ff. Kranj
5000ff. Nova Gorica
6000ff. Koper
8000ff. Novo mesto
9000ff. Murska Sobota

Preisniveau

Slowenien ist im Gegensatz zu vielen Regionen Osteuropas kein Billigreiseziel, aber man bekommt in der Regel einen ordentlichen Gegenwert für sein Geld. Bei den täglichen Einkäufen liegt das Preisniveau nur wenig unter dem deutschen. Speisen und Getränke in ländlichen Gasthöfen können aber sehr preiswert sein. Ähnliches gilt für Übernachtungen, zumindest in der Nebensaison und abseits der vielbesuchten Orte. Man ist sich offenbar bewusst, dass viele Touristen in Slowenien ähnliche Preise wie in klassischen Reiseländern (z.B. Italien, Frankreich) nicht akzeptieren würden.
Die derzeitige Mehrwertsteuer (abgekürzt DDV) beträgt 20 Prozent. Ein reduzierter Satz von 8,5 Prozent gilt u.a. für Übernachtungen, Mahlzeiten (außer Genussmittel) sowie Druckerzeugnisse und Fahrscheine. Ganz ausgenommen sind manche Postdienste (z.B. Briefporto).

Rauchen

Tabakwaren werden offiziell nur an Personen über 18 Jahre abgegeben. Rauchverbote gelten vor allem in öffentlich zugänglichen Gebäuden mit Ausnahme spezieller Raucherzonen. Ein Hinweis ›*Kaditi prepovedano*‹ bedeutet ›Rauchen verboten‹.

Reiseveranstalter

Slowenien gehört zu den klassischen Urlaubsländern mit individueller Anreise und eventuell im voraus gebuchtem Quartier. Nur wenige Besucher kommen als Pauschal- oder Gruppenreisende. Wer das Land im Rahmen einer geführten Tour oder einer Studienreise kennenlernen möchte oder eine Exkursion plant, findet bei den folgenden Veranstaltern vielleicht interessante Angebote:

Ex Oriente Lux Reisen GmbH
Neue Grünstr. 38
D–10179 Berlin
Tel. 0049/30/62908205
www.eol-reisen.de

Paradeast
Adlerweg 6a
D–92637 Weiden
Tel. 0049/961/6344168
www.paradeast.com

Reisezeit

Während der Hauptreisezeit im Hochsommer sind die Küstenorte überlaufen, und auch an touristisch attraktiven Orten des Binnenlandes muss man mit großem Andrang und erhöhten Preisen rechnen. Wer zeitlich flexibel ist, sollte auf die deutlich ruhigere Nebensaison ausweichen: Im späteren Frühjahr steht das Land in voller Blüte, und man kann an der Alpensüdseite bereits mit milden Temperaturen rechnen. Ab Mitte August, wenn die Schulferien enden, kann man noch mit sehr heißen Tagen bei stark nachlassender Touristenfrequenz rechnen. Nicht weniger schön ist der Herbst mit seiner intensiven Laubfärbung, allerdings auch schon relativ kurzen und manchmal kühlen Tagen. Die Wetterbeständigkeit und die Temperaturen sind nicht mit südlicheren Mittelmeerregionen vergleichbar. In den Wintermonaten findet man in den slowenischen Alpen exzellente Wintersportmöglichkeiten vor.

Slowenien – ein familienfreundliches Reiseziel

Restaurants und Cafés

Es gibt wahrlich genug Möglichkeiten zum Einkehren. Das gastronomische Angebot ist sehr umfangreich, auch über Land muss man nicht lange suchen. In der Regel sind die Preise günstig bis moderat, die Portionen oft recht üppig. Man wird sich von spontanen Einschätzungen leiten lassen. Im Unterschied zu mediterranen Gepflogenheiten wird in Slowenien schon gegen 20 Uhr zu Abend gegessen, ab 22 Uhr schließen viele Restaurantküchen bereits.

Die bodenständige Küche aus regionalen Zutaten, oft mit dem Hinweis ›hausgemacht‹ (*domač*) angepriesen, lernt man am besten in einem Landgasthof (*gostilna, gostišče, gastuž*) kennen. In der Regel ist die Atmosphäre freundlich und ungezwungen. Teurer und etwas förmlicher geht es im Restaurant (*restavracija)* zu, wo auch internationale Gerichte auf der Karte stehen. An der Küste findet man natürlich die typischen Touristenlokale, die sich in Qualität, Service und Preisniveau kaum von der ausländischen Konkurrenz unterscheiden. Durch die konsequente Zweisprachigkeit und Aufschriften wie z.B. ›Trattoria‹ fühlt man sich hier fast nach Italien versetzt. Mehrsprachige Speisekarten findet man überall im Land. Wer mit kleinem Budget unterwegs ist, kann sich preiswert verköstigen, wenn er in einem Selbstbedienungsrestaurant (*samopostrežna restavracija*), einem Imbiss (*okrepčevalnica, bife*), einer einfachen Schankwirtschaft (*krčma*) oder Pizzeria (*picerija*) einkehrt. Kuchen, Eis und Kaffee isst man in einer Konditorei (*slaščičarna*) oder im Café (*kavarna*). Sehr verbreitet sind gepflegte Eiscafés italienischer Art – und deren Inhaber nicht selten Kosovo-Albaner sind.

Sauberkeit

Schnell wird man bei einem Slowenien-Aufenthalt bemerken, wie sauber es auf den Straßen und Gehwegen, in den Grünanlagen und auch auf den Toiletten ist. Es gibt reichlich Abfalleimer und Container zur Mülltrennung, und sie werden von den Bürgern auch benutzt. Als Tourist kann man durchaus etwas dazu beitragen, dass es so bleibt. Natürlich

Ältestes Gasthaus Sloweniens am Kloster Žiče

Reisetipps A bis Z

muss man an überlaufenen Orten und Rastplätzen in der Hauptsaison gewisse Abstriche machen; eventuelle Verunreinigungen gehen da wohl eher auf das Konto auswärtiger Besucher.

Sicherheit

Slowenien ist ein völlig unproblematisches und sicheres Reiseland. Die Verhältnisse sind etwa mit Österreich vergleichbar. Natürlich soll diese Feststellung nicht zu Leichtsinn verleiten. Die üblichen Vorkehrungen (abschließen, abdecken, wachsames Auge etc.) reichen aus. Alleinreisende Frauen werden normalerweise nicht belästigt. Bettelei und Aufdringlichkeit sind absolute Ausnahmen.

Souvenirs

Groß ist die Auswahl an guten kunsthandwerklichen Gegenständen aus Holz, Keramik und Glas. Auch Textilien und Lederwaren, Schmuck, Sportartikel sowie kulinarische Mitbringsel (Wein, Schnaps, Öl, Honig, Schinken, Salami u.a.) sind zu empfehlen. Manche dieser traditionellen Erzeugnisse sind noch relativ preiswert zu haben.

Telefon

Nach Deutschland wählt man als Vorwahl 0049, nach Österreich 0043 und in die Schweiz 0041. Öffentliche Telefonapparate der ›Telekom Slovenije‹ findet man meist an Bahnhöfen, Busstationen und Tankstellen. Sie verfügen auch über englischsprachige Bedienungshinweise. Man benötigt dazu Telefonkarten, die in vier Preisstufen (zwischen etwa 3 und 15 Euro) in Postämtern, an Kiosken oder Tankstellen erhältlich sind. Der Handy-Empfang ist praktisch flächendeckend; Einzelheiten unter www.telekom.si (auch auf Englisch).

Slowenische Telefonnummern setzen sich folgendermaßen zusammen: Landesvorwahl 00386, dann eine einstellige Gebietsvorwahl (unter Weglassung der vorangestellten 0), dann die 7-stellige Anschlussnummer. Die Gebietsvorwahl ist meistens, aber nicht immer mit der ersten Ziffer der Postleitzahl identisch: z.B. 4270 Jesenice hat Vorwahl (0)4, aber 8340 Črnomelj hat Vorwahl (0)7.

Thermalbäder

Die insgesamt 15 zertifizierten Thermen und Heilbäder befinden sich überwiegend in der Osthälfte des Landes. Sie blicken zum Teil auf eine jahrhundertealte Tradition zurück. Heute präsentieren sie sich überwiegend modern bis luxuriös und eignen sich mit ihrer medizinischen Betreuung und ihren Freizeitmöglichkeiten sehr gut für Kuraufenthalte. Es gibt ein breites Spektrum an Indikationen, darunter besonders Rheuma, Gelenk- und neurologische Erkrankungen. Die Quelltemperaturen reichen von etwa 25 bis zu 73 °C. Die Slowenische Tourismuszentrale gibt einen speziellen Prospekt heraus.

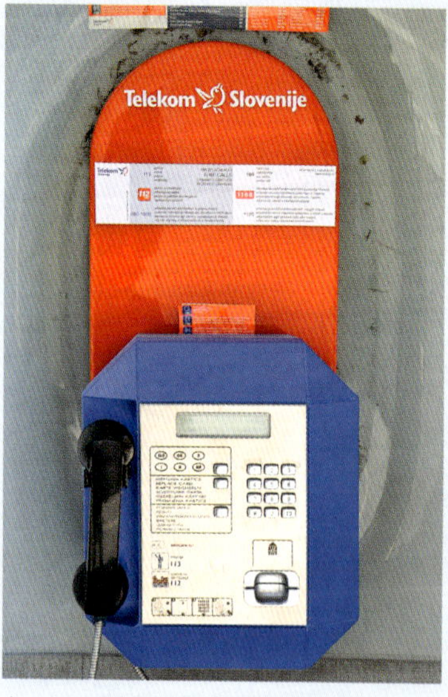

An einer Telefonzelle in Vrhnika

Touristeninformation mit Fahrradverleih in Ljutomer

Toiletten

Es gibt inzwischen genügend öffentliche Toiletten. Fündig wird man auf jeden Fall an Bahnhöfen und Busstationen sowie in größeren Kaufhäusern, notfalls geht man in ein Restaurant. Zustand und Sauberkeit der Anlagen sind meist nicht zu beanstanden. Wissen sollte man noch: *ženske* (Frauen), *moški* (Männer).

Touristeninformation

In allen nennenswerten Orten gibt es lokale Informationsbüros (*turistično informacijski center*, abgekürzt TIC). Die slowenischen Informationsstellen geben eine große Zahl hervorragender Broschüren und Verzeichnisse mit regionaler und thematischer Ausrichtung heraus. Auskünfte können fast immer in mehreren Sprachen erteilt werden.

Slowenische Tourismuszentrale
Dimičeva 13
SLO-1000 Ljubljana
Tel. 000386/1/5898550
www.slovenia.info

Slowenisches Fremdenverkehrsamt
Maximiliansplatz 12a
D-80333 München
Tel. 0049/89/29161202

Slowenisches Tourismusbüro
Opernring 1/R/4/447
A-1010 Wien
Tel. 0043/1/7154010

Trampen

Diese Art des Reisens ist unter jüngeren Leuten verbreitet. Auch als Tourist hat man durchaus Chancen mitgenommen zu werden, sofern man sich nicht gerade an eine unübersichtliche Stelle oder gar ins Halteverbot stellt.

Trinkgeld

Früher eher unüblich, ist es heute wie in anderen Reiseländern: Wenn man zufrieden war, lässt man etwa fünf bis zehn Prozent der Rechnungssumme für die Bedienung zurück.

Trinkwasser

Das Leitungswasser gilt uneingeschränkt als Trinkwasser (*pitna voda*), meist sogar von sehr guter Qualität. In den Karstgebieten ist jedoch mit einem relativ hohen Calciumgehalt bzw. Härtegrad zu rechnen, wodurch eventuell der Geschmack beeinträchtigt wird. Ein Hinweis ›*nepitna voda*‹ bedeutet ›Kein Trinkwasser‹.

Die slowenische Touristeninformation arbeitet vorbildlich

Unterkunft

Die Auswahl an Unterkünften ist sehr groß: Hotels, Kurhotels, Pensionen, Ferienhäuser, Appartements, Jugendherbergen, Hostels, Campingplätze u.a. Der Standard ist im Allgemeinen recht gut. Auch sozialistische Betonklötze in unverkennbarer Jugo-Architektur bieten eine annehmbare Ausstattung. Die Slowenische Tourismuszentrale und die lokalen Fremdenverkehrsbüros (TIC) halten allerlei Verzeichnisse bereit. Hotels kann man auch gut über Buchungssysteme im Internet (z.B. www.hrs.com) vergleichen und reservieren. In den Ortschaften weisen Schilder mit der Aufschrift ›*sobe*‹ oder ›*apartma*‹ auf Gästezimmer und Ferienwohnungen hin. Sehr beliebt ist Urlaub auf einem Bauernhof (Hinweis ›*turistična kmetija*‹).

Im europäischen Vergleich sind die Übernachtungspreise moderat, ausgenommen Spitzenhotels und Unterkünfte an der Küste während der Hauptsaison. Ein Doppelzimmer mit Frühstück in einem 3-Sterne-Hotel irgendwo im Binnenland ist für etwa 50 bis 70 Euro zu bekommen. Auf den Rechnungsbetrag wird in der Regel eine Kurtaxe oder Touristensteuer (*turistična taksa*) von ungefähr 1 Euro pro Person und Nacht aufgeschlagen, bei Kindern von 7 bis 18 Jahren die Hälfte.

Verhalten

Die kulturellen Unterschiede zu den deutschsprachigen Ländern sind sehr gering. Auch Slowenien gehört zu Mitteleuropa. Insofern wird man als Besucher des Landes nicht besonders beachtet oder gar beobachtet. Jeder muss für sich entscheiden, ob er durch Kleidung und Auftreten als (Pauschal)tourist eingestuft werden will. Nirgendwo steht geschrieben, dass in Urlaub und Freizeit nur Aufmachungen erlaubt sind, die den Träger der Lächerlichkeit preisgeben. Reisende aus dem deutschsprachigen Raum sind gern gesehene Gäste, und die lange touristische Tradition verhilft zu einem unbeschwerten Aufenthalt. Auf Anerkennung stößt man beim Bemühen, wenigstens ein paar Wörter oder Wendungen in slowenischer Sprache zu benutzen. Es ist aber nicht üblich, bei unbekannten Personen allzu schnell vom ›Sie‹ zum vertrauteren ›Du‹ überzugehen. Im Gegensatz zu südlicheren Mittelmeergegenden empfiehlt es sich in Slowenien, bei Verabredungen und Terminen einigermaßen pünktlich zu erscheinen.

Verkehrsmittel: Bus

In **Ljubljana** verkehren Stadtlinienbusse des LPP etwa von 3.30 h bis gegen Mitternacht. Seit 2010 gibt es hier keine Fahrscheine mehr, auch Barzahlung

Hotel in Portorož

beim Fahrer ist nicht mehr möglich. Vielmehr muss man bei Vorverkaufsstellen, Touristenbüros oder speziellen Automaten (›Urbanomat‹) vorab eine sogenannte ›Urbana‹ (Chipkarte) für 2 Euro erwerben und mit einem Betrag zwischen 1 und 50 Euro aufladen. Die Karte ist übertragbar und kann von mehreren Personen gemeinsam benutzt werden. Die Entrichtung des Fahrgeldes erfolgt dann über ein Kartenlesegerät im Türbereich des Busses. Ein Entwertungsvorgang kostet 0,80 Euro und berechtigt zu einer Fahrtdauer von maximal 90 Minuten (inklusive Umsteigen).

Es existiert ein sehr gut ausgebautes Netz von **Überland- und Regionalbussen**, das bis in den letzten Winkel des Landes reicht. Viele dieser Strecken werden etwa alle 60 bis 90 Minuten bedient. Alle größeren Orte haben einen Bushof (*avtobusno postajališče*). Busfahrten sind etwas teurer als vergleichbare Strecken per Bahn.

Auch zahlreiche **internationale Buslinien** starten ein- oder zweimal täglich, vor allem ab Ljubljana (z.B. nach Zagreb, Belgrad, Sarajevo, Skopje oder Triest).

Wichtige städtische und regionale Verkehrsunternehmen:

Ljubljanski potniški promet (LPP)
Celovška cesta 160
SLO-1000 Ljubljana
Tel. 01/5822460
www.lpp.si

Veolia Transport
Mlinska ul. 1
SLO-2000 Maribor
Tel. 02/2351212
www.veolia-transport.si

Veolia Transport
Kolodvorska cesta 11
SLO-6000 Koper
Infotelefon 0907411
www.veolia-transport.si

Stadtbus in Ljubljana

Izletnik
Aškerčeva ul. 20
SLO-3000 Celje
Tel. 03/4253400
www.izletnik.si

Alpetour
Ul. Mirka Vadnova 8
SLO-4000 Kranj
Tel. 04/2013100
www.alpetour.si

Avrigo
Kidričeva ul. 20
SLO-5000 Nova Gorica
Tel. 05/3303100
www.avrigo.si

Avtobusni promet Murska Sobota
Bakovska ul. 29A
SLO-9000 Murska Sobota
Tel. 02/5301600
www.apms.si

Kam-Bus
Perovo 30
SLO-1241 Kamnik
Tel. 01/8309415
www.kam-bus.si

Integral Kočevje
Reška cesta 1
SLO-1330 Kočevje
Tel. 01/8938050
www.integral-kocevje.si

Schnellzug (ICS) auf der Strecke Ljubljana–Maribor

Verkehrsmittel: Eisenbahn

Die Slowenischen Eisenbahnen (Slovenske Železnice, SŽ) unterhalten ein relativ dichtes Streckennetz, das von Ljubljana ausgehend alle nennenswerten Städte verbindet. Die Hauptstrecke zwischen Ljubljana und Maribor sowie die Fortsetzungen zu den Großstädten jenseits der Landesgrenzen sind sehr gut ausgebaut. Bahnfahren ist preiswert, die Züge sind in der Regel pünktlich und sauber. Der positive Gesamteindruck wird leider durch überbordende Graffiti an sehr vielen Waggons getrübt. Zwischen Ljubljana und Maribor verkehren täglich mehr als 25 Züge, nach Koper 3 bis 5 und nach Zagreb etwa 8. Der schnelle ›InterCity Slovenia‹ (ICS) be-

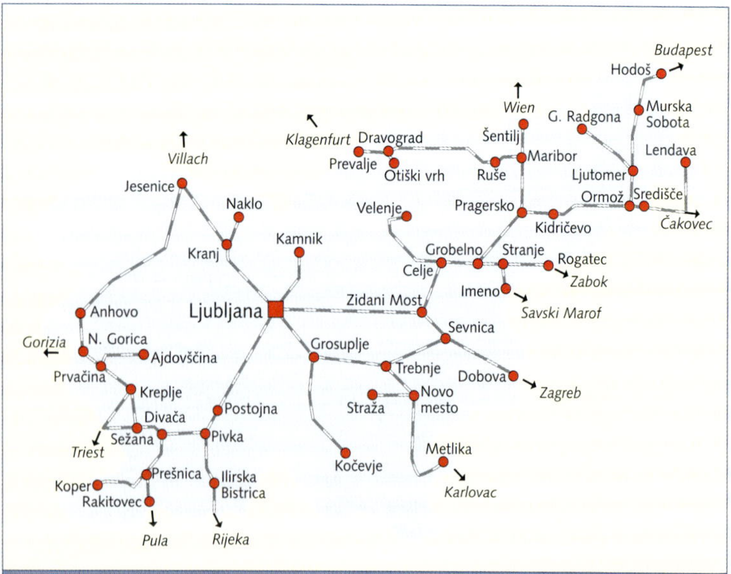

Streckennetz der Slowenischen Eisenbahnen

wältigt die Strecke Ljubljana – Maribor mit mindestens 6 Verbindungen täglich in knapp 2 Stunden, die verlängerte Strecke Koper – Ljubljana – Maribor mit 2 Verbindungen in 4 Stunden. Auf der Tunnelstrecke zwischen Bohinjska Bistrica und Most na Soči (bei Tolmin) verkehrt ein Autozug. Wer das Land intensiver mit der Bahn bereisen möchte, kann als Ausländer den ›**One Country Slovenia Pass**‹ (Interrail) kaufen, der wahlweise für 3 bis 8 Reisetage innerhalb eines Monats angeboten wird (z.B. 3 Tage 50 Euro, 8 Tage 119 Euro; Personen unter 26 Jahre zahlen 33 Prozent weniger). Sehr informativ und benutzerfreundlich ist die Internetseite www.slo-zeleznice.si (auch auf Englisch). Weiße Fahrpläne nennen die Ankünfte (*prihodi vlakov*), gelbe zeigen die Abfahrten (*odhodi vlakov*) an.

Verkehrsmittel: Taxi

Taxis gibt es in den größeren Orten und an der Küste. Die Tarife sind nicht wesentlich niedriger als vielerorts in Deutschland: Mit einer Grundgebühr von bis zu 2 Euro plus 1,50 Euro pro Kilometer muss man rechnen. Vorbestellung ist möglich und bei Langstrecken manchmal sogar ein wenig günstiger im Preis.

Versicherungen

Wer ein besonderes Sicherheitsbedürfnis hat, kann über den Abschluss einer Reisegepäck- und evtl. einer Reiserücktrittsversicherung nachdenken. Beide sind im Verhältnis zur versicherten Summe recht teuer. Im übrigen sind die ›Risiken‹ einer Slowenien-Reise sicher nicht größer als bei einer Fahrt in andere Alpenländer.

Verständigung

An touristischen Orten kann man im Allgemeinen mit guten deutschen oder englischen Sprachkenntnissen und mehr-

Kurz nach sechs in Ljubljana

sprachigen Hinweisen rechnen. An der Küste ist Italienisch offizielle zweite Amtssprache. Der interessierte Reisende sollte sich aber um ein wenig slowenisches Vokabular und vor allem eine halbwegs korrekte Aussprache der Orts- und Straßennamen bemühen (siehe Kap. Sprachführer → S. 330f).

Zeit

Es gilt die Mitteleuropäische Zeit (MEZ) inklusive Sommerzeit (*poletni čas*), also gibt es keinen Zeitunterschied zu den deutschsprachigen Ländern.

Zeitungen

Deutschsprachige Presseerzeugnisse findet man auf jeden Fall in den größeren Orten und touristischen Zentren. Unter den acht slowenischen Tageszeitungen verfügen ›Delo‹, ›Dnevnik‹ und ›Večer‹ über die längste Tradition, während die neueren Blätter ›Žurnal 24‹ und ›Slovenske novice‹ die größten Auflagen haben.

Zollbestimmungen

Im Rahmen der EU besteht freier Warenverkehr. Lediglich bei Tabakwaren und Alkoholika bestehen Einschränkungen. Offiziell muss man Geldbeträge über 10 000 Euro an der Grenze deklarieren.

Literatur

Die folgende Aufstellung enthält vor allem Veröffentlichungen, die zu einer intensiveren Auseinandersetzung mit Slowenien, seiner Geschichte und seinen Bewohnern dienen, jedoch keine gängigen Reiseführer. Auch einige ältere oder gar historische Titel sind aufgeführt, sofern sie Zustände und Entwicklungen auf slowenischem Territorium, sei es im Habsburgerreich oder im Staat Jugoslawien, behandeln. Einzelnen Werken wurden Zitate entnommen und an verschiedenen Stellen des vorliegenden Buches als zeitgenössische Beschreibungen oder Anekdoten verwendet (unter Angabe der jeweiligen Quelle oder ihres Autors). Kürzungen waren dabei unvermeidlich. Die Schreibweise des Originaltextes wurde stets beibehalten und nicht der heutigen Orthographie und Zeichensetzung angepasst.

Landeskunde

Rehder, Petra: Slowenien. München 1999 (Beck). – Gut lesbare Landeskunde, leider nicht mehr aktuell.

Büschenfeld, Herbert: Jugoslawien. Stuttgart 1981 (Klett). – Geographische Landeskunde, die sich insbesondere dem heterogenen Staatsgefüge widmet und anhand von regionalen Fallbeispielen viele Besonderheiten des Naturraums, der Binnenwandung, der Verkehrserschließung etc. analysiert.

Vielhaber, Armin (Hrsg.): Kroatien/Slowenien verstehen. Ammerland o.J. (Studienkreis für Tourismus: Sympathie-Magazin). – Die 66-seitige Broschüre beleuchtet die Situation der Menschen vor Ort und will Verständnis für das Urlaubsland fördern; sehr empfehlenswert.

Vischer, Georg Matthäus: Topographia Ducatus Stiriae (Topographie des Herzogtums Steiermark). Graz 1681. – Ein großes Werk historischer Stadtansichten zur österreichischen und slowenischen Steiermark; in vielen Fällen handelt es sich um die ältesten verfügbaren Abbildungen. Als zweibändige Faksimileausgabe erschienen in Graz 2. Auflage 1976; antiquarisch oder in Bibliotheken.

Valvasor, Johann Weichard: Die Ehre deß Hertzogthums Crain. Laybach/Ljubljana 1689; Reprint Ljubljana 1984.

Geschichte

Bartl, Peter: Grundzüge der jugoslawischen Geschichte. Darmstadt 1985 (Wissenschaftliche Buchgesellschaft). – Das Standardwerk stellt die historische Entwicklung von der slawischen Landnahme bis zu Titos Tod 1980 dar.

Griesser-Pečar, Tamara: Das zerrissene Volk der Slowenen 1941-46. Wien 2003 (Böhlau). – Der Untertitel ›Okkupation, Kollaboration, Bürgerkrieg, Revolution‹ umreißt die vielfältigen Konflikte, die der Zweite Weltkrieg über das Land brachte.

Calic, Marie-Janine: Geschichte Jugoslawiens im 20. Jahrhundert. München 2010 (C. H. Beck). – Aus einem Traum südslawischer Intellektueller sei hundert Jahre später ein Trauma geworden... So steht es auf dem Umschlag dieser umfassenden Aufarbeitung des ereignisreichen Jahrhunderts.

Hösler, Joachim: Slowenien. Regensburg 2006 (Pustet). – Geschichte und Kultur der Slowenen von der Steinzeit bis etwa zum EU-Beitritt.

Nećak, Dušan und **Repe, Božo**: Slowenien. Klagenfurt 2006 (Wieser). – Ein kleiner Sammelband aus der Verlagsreihe ›Wieser Geschichte Europäischer Osten‹ (WGeO) mit übersetzten Texten beider Autoren.

Prunkl, Gottfried und **Rühle, Axel**: Tito. Reinbek 1979 (Rowohlt). – Lebensgeschichte und politische Karriere des jugoslawischen Staatslenkers.

Horvat, Branko: Die jugoslawische Gesellschaft. Frankfurt/M. 1972 (Suhrkamp). – Ein jugoslawischer Wirtschaftstheoretiker beschreibt die Grundlagen des sogenannten ›Jugoslawischen Modells‹, als es noch zu funktionieren schien.

Drulović, Milojko: Arbeiterselbstverwaltung auf dem Prüfstand. Erfahrungen in Jugoslawien. Berlin 1976 (Dietz). – Beschreibung und kritische Analyse der typisch jugoslawischen Betriebsorganisation.

Furkes, Josip und **Schlarp, Karl-Heinz** (Hrsg.): Jugoslawien – ein Staat zerfällt. Reinbek 1991 (Rowohlt). – Bestandsaufnahme der innenpolitischen Situation unmittelbar vor dem Zerfall Jugoslawiens.

Simić, Marko: Auf den Spuren der Isonzofront. Klagenfurt 2004 (Hermagoras/Mohorjeva). – Objektive und kritische Auseinandersetzung mit den Örtlichkeiten und Geschehnissen der großen italienisch-österreichischen Konfrontation im Ersten Weltkrieg.

Lichem, Heinz von: Krieg in den Alpen 1915–1918. Augsburg 1993 (Weltbild). – Auch dieses umfangreiche Werk widmet sich den Kriegsereignissen im slowenisch-italienischen Grenzgebiet.

Sprache

Wiesler, Alois: Slowenisch Wort für Wort. Bielefeld 2008 (Reise Know-how).

Gollub, Udo: Slowenisch-Sprachkurs. München 2007 (Online Media World).

Schumann, Johannes: Deutsch – Slowenisch für Anfänger. München 2009 (Goethe-Verlag).

Jenko, Elizabeta: Grammatik der slowenischen Sprache. Klagenfurt 2000 (Drava-Verlag).

Rehder, Petra (Hrsg.): Einführung in die slavischen Sprachen. Darmstadt 2009 (Wissenschaftliche Buchgesellschaft).

Wörterbücher von Langenscheidt, Pons und Drava-Verlag.

Belletristik

Um die Übersetzung und Herausgabe slowenischer Literatur haben sich insbesondere der Wieser-Verlag, der Drava-Verlag und der Verlag Hermagoras/Mohorjeva (alle in Klagenfurt) verdient gemacht. Deren Angebote sind im Internet einsehbar; in Buchhandlungen wird man nur selten fündig.

Poniž, Denis und **Wieser, Lojze** (Hrsg.): Ljubljana. Klagenfurt 1999 (Wieser). – Die kleinen, sorgfältig gebundenen Bücher der Reihe ›Europa erlesen‹ führen durch die Wortlandschaften Europas; inzwischen mehr als 60 Bände bieten jeweils einen regionalen Querschnitt übersetzter Literaturauszüge aus verschiedenen Jahrhunderten.

Wieser, Lojze (Hrsg.): Karst. Klagenfurt 1999 (Wieser). – Ebenfalls aus der Reihe ›Europa erlesen‹.

Kitzmüller, Hans und **Wieser, Lojze** (Hrsg.): Collio/Brda. Klagenfurt 2007 (Wieser). – Aus derselben Reihe.

Griesser-Pečar, Tamara: Maribor/Marburg an der Drau – Eine kleine Stadtgeschichte. Wien 2011 (Böhlau). – Zur intensiveren Beschäftigung mit der Kulturhauptstadt 2012 zu empfehlen.

Kovačič, Lojze: Die Zugereisten. München 2009 (dtv). – Das Kriegsjahr 1941 in Ljubljana, erzählt von einem 13-jährigen Ich-Erzähler.

Prešeren, France: Gedichte/Pesmi. Klagenfurt 1998 (Hermagoras/Mohorjeva). – Zweisprachige Ausgabe.

Prešeren, France: Gedichte. Greiz 1978 (Edition Neue Wege).

Baum, Wilhelm (Hrsg.): France Prešeren – Deutsche Dichtungen. Klagenfurt 1999 (Kitab). – Der Dichter hat neben slowenischen Gedichten auch deutschsprachige verfasst, die in diesem Band vorgestellt werden.

Paternu, Boris: France Prešeren – ein slowenischer Dichter 1800–1849. München 1994 (Slavica).

Seume, Johann Gottfried: Spaziergang nach Syrakus. München 1997 (dtv). – Von diesem alltagsnahen, kritischen Reisebericht aus dem Jahr 1803 gibt es diverse Ausgaben; Seumes Reise führt 1802 zunächst von Graz über Maribor nach Triest.

Sartori, Franz (Hrsg.): Das Felsenschloß Lueg in Innerkrain nebst der Geschichte des Erasmus Lueger. Laibach/Ljubljana 1841. – Enthält mehrere Beschreibungen und Anekdoten, u.a. auch von Belsazar (auch Balthasar) Hacquet.

Karlin, Alma: Einsame Weltreise. Minden o.J. (Verlag Wilhelm Köhler).

Spezialthemen

Pfeffer, Karl-Heinz: Karstmorphologie. Darmstadt 1978 (Wissenschaftliche Buchgesellschaft). – Die knappe, etwa hundert Seiten umfassende Abhandlung über die Entstehung und Entwicklung der Oberflächenformen im Karst sei allen geographisch Interessierten zum besseren Verständnis empfohlen; eventuell in neuerer Auflage erhältlich.

Geographische Rundschau 6/2005: Karst und Karstlandschaften. Braunschweig 2005 (Westermann). – Ein ganzes Heft der Fachzeitschrift widmet sich dem Phänomen Karst als Lebensraum: Oberflächenformen, Umweltprobleme, touristisches Potenzial usw.; slowenische und kroatische Gegebenheiten stehen im Vordergrund.

Palladino, Irmgard und **Bidovec, Maria**: Johann Weichard von Valvasor. Ein Protagonist der Wissenschaftsrevolution der Frühen Neuzeit. Wien 2008 (Böhlau). – Fundierte und gut lesbare Auseinandersetzung mit Leben, Werk und Nachlass des großen Krainer Gelehrten; interessant ist eine Vielzahl von Originalzitaten in der Sprache des 17. Jahrhunderts.

Bachhiesl, Christian: Des Kaisers Leibarzt auf Reisen. Johann Nepomuk Raimanns Reise mit Kaiser Franz I. im Jahre 1832. Wien 2008 (LIT Verlag). – Die Route führt von Wien über Maribor, Ljubljana, Postojna nach Triest; vielerlei Beobachtungen und Erklärungsversuche insbesondere zu den Naturphänomenen unterwegs; historischer Originaltext und dazu ausführliche Erläuterungen und Hintergründe.

Helmedach, Andreas: Das Verkehrssystem als Modernisierungsfaktor. München 2002 (Oldenbourg). – Der präzisierende Untertitel des umfangreichen Werkes lautet in aller Ausführlichkeit ›Straßen, Post, Fuhrwesen und Reisen nach Triest und Fiume vom Beginn des 18. Jahrhunderts bis zum Eisenbahnzeitalter‹.

Gauß, Karl-Markus: Die sterbenden Europäer. Wien 2001 (Zsolnay). – Im Kapitel über die Gottschee begibt sich der Autor auf Spurensuche im historischen Siedlungsgebiet der Deutschen in Jugoslawien bzw. Slowenien.

Hafner, Fabjan und **Wieser, Lojze** (Hrsg.): Slovenska kuharica/Die slowenische Köchin. Klagenfurt 2006 (Wieser). – Kommentierte Neuausgabe eines slowenischen Kochbüchleins von 1868.

Slowenien im Internet

Die meisten Städte und Gemeinden sind nach dem allgemeinen Muster www. Ortsname.si (ohne eventuelle Sonderzeichen) im Internet präsent. Leider sind viele dieser Internetauftritte nicht zwei- oder gar mehrsprachig. Künftig ist auch mit einer Umstellung auf veränderte bzw. neu eingeführte Top-Level-Domains zu rechnen (statt .si oder .com vielleicht .ljubljana).

www.slovenia.si (Informationsportal)
www.slovenia.info (Tourismuszentrale)
www.ukom.gov.si (Kommunikationsamt)
www.amzs.si (Automobilclub)
www.slo-zeleznice.si (Eisenbahn)
www.arso.gov.si (Wetterdienst)
www.stat.si (Statistikamt)
www.slowenien.schon-entdeckt.eu (Ferienunterkünfte)
www.unterkunft.slowenien-gastgeber.com (Ferienunterkünfte)

Verzeichnis zweisprachiger Ortsnamen

Von A wie Ajdovščina bis Ž wie Žužemberk – praktisch jede historische Ortschaft in Slowenien besitzt auch einen deutschen Namen. Aber die ehemaligen Ortsnamen sind im heutigen Slowenien ungebräuchlich. Im benachbarten Österreich hält man noch teilweise daran fest und sagt beispielsweise gern Laibach statt Ljubljana. Die italienischen und ungarischen Bezeichnungen werden in den offiziell zweisprachigen Regionen allerdings parallel zu den slowenischen benutzt. Es ist an dieser Stelle nicht möglich, sämtliche Schreibweisen wiederzugeben, die von einzelnen deutschen Namen seit dem Mittelalter überliefert sind (Beispiele: Wagensperg/Wagensberg, Gurkfeld/Gurckfeld, Ydria/Hydria). Im Allgemeinen wird in der folgenden Liste nur die gängigste Variante aufgeführt.

Adelsberg	Postojna
Aidussina (ital.)	Ajdovščina
Altfellsdorf	Beltinci
Ancarano (ital.)	Ankaran
Aßling	Jesenice
Auersperg	Turjak
Bachergebirge	Pohorje (Gebirge)
Bad Radein	Radenci
Bad Radkersburg	Radgona, Gornja Radgona
Billichgrätz	Polhov Gradec
Bischoflack	Škofja Loka
Bresiach	Brezje
Canale d'Isonzo (ital.)	Kanal ob Soči
Capodistria (ital.)	Koper
Caporetto (ital.)	Kobarid
Castel Dobra (ital.)	Dobrovo

Cilli	Celje
Cocevie (ital.)	Kočevje
Comeno (ital.)	Komen
Cristoglie (ital.)	Hrastovlje
Deutschlack	Nemška Loka
Divaccia (ital.)	Divača
Dobronack	Dobrovnik
Dobronak (ungar.)	Dobrovnik
Drann	Dravinja (Fluss)
Drau	Drava (Fluss)
Dreikopf	Triglav (Berg)
Eichthal	Hrastnik
Eisern	Železniki
Felsőlendva (ungar.)	Gornja Lendava, Grad
Felsőregede (ungar.)	Gornja Radgona
Flitsch	Bovec
Freudenthal	Bistra
Friedau	Ormož
Gafers	Koper
Gairach	Jurklošter
Gonobitz	Slovenske Konjice
Görz	(Nova) Gorica
Gorizia (ital.)	(Nova) Gorica
Göttenitz	Gotenica
Gottschee	Kočevje
Großlupp	Grosuplje
Gurk	Krka (Fluss)
Gurkfeld	Krško
Gutenstein	Ravne na Koroškem
Haidenschaft	Ajdovščina
Heilenstein	Polzela
Herberg, Hörberg	Podsreda
Hodos (ungar.)	Hodoš
Höflein	Preddvor
Hohenmauthen	Muta
Hörberg	Podsreda
Hornwald	Kočevski rog (Region)
Hosszúfalu (ungar.)	Dolga vas
Hrastnigg	Hrastnik

Idria (ital.)	Idrija
Illyrisch Feistritz	Ilirska Bistrica
In den Ecken	Goriška Brda (Gemeinde)
Isola (ital.)	Izola
Isonzo (ital.)	Soča (Fluss)
Judrio	Idrija
Julische Alpen	Julijske Alpe (Gebirge)
Kanalburg	Kanal ob Soči
Karawanken	Karavanke (Gebirge)
Karfreit	Kobarid
Komein	Komen
Königsberg	Kunšperk
Kopar (kroat.)	Koper
Krainburg	Kranj
Kronau	Kranjska gora
Kropp	Kropa
Laak a. d. Zaier	Škofja Loka
Laibach	Ljubljana
Laibach	Ljubljanica (Fluss)
Landestrost	Kostanjevica
Landstraß	Kostanjevica
Lees	Lesce
Lembach	Limbuš
Lendva (ungar.)	Lendava
Lichtenwald	Sevnica
Limbach	Lendava
Lindau	Lendava
Lipizza (ital.)	Lipica
Littai	Litija
Loitsch	Logatec
Lubiana (ital.)	Ljubljana
Luegg	Predjama
Luttenberg	Ljutomer
Mahrenberg	Radlje ob Dravi
Mangart	Mangrt (Berg)
Mannsburg	Mengeš
Marburg a. d. Drau	Maribor
Maria-Neustift	Ptujska gora
Maunitz	Unec

Mauten	Muta
Michelstetten	Velesovo
Mieß	Meža
Mießdorf	Mežica
Minkendorf	Mekinje
Mißling	Mislinja (Fluss)
Möttling	Metlika
Mur	Mura (Fluss)
Muraszombat (ungar.)	Murska Sobota
Nassenfuß	Mokronog
Neudegg	Mirna
Neuhaus	Dobrna
Neumarktl	Tržič
Neustädtl	Novo mesto
Nuova Gorízia (ital.)	Nova Gorica
Oberlaibach	Vrhnika
Oberlimbach	Grad
Olsnitz	Murska Sobota
Ormosd (ungar.)	Ormož
Pektár (ungar.)	Ptuj
Pettau	Ptuj
Pickern	Pekre
Pirano (ital.)	Piran
Pleteriach	Pleterje
Plezzo (ital.)	Bovec
Poik	Pivka (Fluss)
Pölandt	Poljane
Polstrau	Središče ob Dravi
Portorose (ital.)	Portorož
Postumia (ital.)	Postojna
Prävali	Prevalje
Pragerhof	Pragersko
Pragwald	Prebold
Praßberg	Mozirje
Raast	Ruše
Radein	Radenci
Radkersburg	Radgona
Radmannsdorf	Radovljica
Rann	Brežice

Ratschach	Rateče
Raun	Ravne na Koroškem
Reifnitz	Ribnica
Rieg	Kočevska Reka
Rohitsch-Sauerbrunn	Rogaška Slatina
Römerbad	Rimske Toplice
Rosenhafen	Portorož
Rudolfswerth	Novo mesto
Sagor	Zagorje
Sairach	Žiri
Salcano (ital.)	Solkan
San Pietro del Carso (ital.)	Pivka
Sankt Daniel	Štanjel
Sankt Georg	Šenčur
Sankt Ilgen	Šentilj
Sankt Veit	Šentvid
Sankt Kanzian	Škocjan
Sankt Leonhard	Lenart
Sankt Marein	Šmarje
Sankt Peter	Šempeter
Sankt Peter in Krain	Pivka
Sann	Savinja (Fluss)
Santa Croce (ital.)	Vipavski križ
Sau, Save, Sawe	Sava (Fluss)
Scheuern	Širje
Schneeberg	Snežnik
Schwarzenbach	Črna na Koroškem
Seeland	Jezersko
Seisenberg	Žužemberk
Seitz, Seiz	Žiče
Sesana (ital.)	Sežana
Sicciole (ital.)	Sečovlje
Sittich	Stična
Sontig	Soča (Fluss)
Stein in Oberkrain	Kamnik
Steinbrück	Zidani Most
Steiner Alpen	Kamniške Alpe (Gebirge)
Sterntal	Kidričevo
Strugnano (ital.)	Strunjan

Sulzbach	Solčava
Terglou	Triglav (Berg)
Thurnitz, Turnisch	Turnišče
Töplitz	Dolenjske Toplice
Tolmein	Tolmin
Tolmino (ital.)	Tolmin
Tótkeresztúr (ungar.)	Križevci
Treffen	Trebnje
Trifail	Trbovlje
Tschernembl	Črnomelj
Tschernokal	Črni Kal
Tüffer, Markt Tüffer	Laško
Unterdrauburg	Dravograd
Unterlimbach	Lendava
Veldes	Bled
Vigaun	Begunje
Villa del Nevoso (ital.)	Ilirska Bistrica
Vipacco (ital.)	Vipava
Waatsche	Divača
Wagensperg	Bogenšperk
Weixelberg, -burg	Višnja gora
Windisch-Feistritz	Slovenska Bistrica
Windische Bühel	Slovenske gorice (Gebirge)
Windischgraz, -grätz	Slovenj Gradec
Windisch Landsberg	Podčetrtek
Wippach	Vipava
Wochein	Bohinj
Wöllan	Velenje
Wördl	Otočec
Wurzen	Podkoren
Wurzenpass	Korensko sedlo (Gebirge)
Ydria	Idrija
Zaier, Zayer	Sora (Fluss)
Zirklach	Cerklje na Gorenjskem
Zirknitz, Zerknitz	Cerknica
Zizan	Sežana
Zwischenwassern	Medvode

Für manche Orte jenseits der Landesgrenzen verwendet man in Slowenien abweichende Namen und Schreibweisen, die auch auf Wegweisern und in der Kartographie vorkommen. Und natürlich sollte man die Namen der Nachbarländer in slowenischer Sprache kennen. Hier nur das Wichtigste:

Avstrija	Österreich
Beljak	Villach (A)
Benetke	Venezia, Venedig (I)
Budimpešta	Budapest (H)
Celovec	Klagenfurt (A)
Čedad	Cividale del Friuli (I)
Donava	Donau (Fluss)
Dunaj	Wien (A)
Gradec	Graz (A)
Hrvaška	Kroatien
Italija	Italien
Jadran	Adria (Meer)
Krmin	Cormons (I)
Labot	Lavamünd (A)
Lipnica	Leibnitz (A)
Madžarska	Ungarn
Milje	Múggia (I)
Nemčija	Deutschland
Oglej	Aquileia (I)
Ogrska	Ungarn
Pliberk	Bleiburg (A)
Pulj	Pula (HR)
Rabelj	Cave del Predil (I)
Radgona	Bad Radkersburg (A)
Reka	Rijeka (HR)
Solnograd	Salzburg (A)
Šmohor	Hermagor (A)
Švica	Schweiz
Velikovec	Völkermarkt (A)
Videm	Udine (I)
Trbiž	Tarvisio (I)
Trst	Trieste, Triest (I)
Tržič	Monfalcone (I)
Železna Kapla	Bad Eisenkappel (A)

Der Autor

Klaus Schameitat (geb. 1958) wohnt in Mönchengladbach. Er ist Gymnasiallehrer mit den Fächern Latein und Geographie. Seit mehr als 30 Jahren ist sein Blick überwiegend auf die Staaten Ost- und Nordeuropas gerichtet, den weniger bekannten Teil unseres Kontinents. Ab 1976 hat er insbesondere den Balkan immer wieder bereist, seit 1995 auch das Baltikum und die anderen ehemals sozialistischen Staaten Europas – stets auf eigene Faust, mit Auto, Wohnmobil und öffentlichen Verkehrsmitteln. Dabei verfolgte er die Situation im auseinanderbrechenden Jugoslawien ebenso intensiv wie die Auflösung der Sowjetunion. Die allmähliche Konsolidierung der zahlreichen Nachfolgestaaten erwies sich als ein sehr interessanter Prozess.
Für den Trescher-Verlag Berlin verfasste Klaus Schameitat die beiden landeskundlichen Reiseführer ›Estland‹ und ›Slowenien‹. Außerdem ist er als Bildautor für zahlreiche weitere Osteuropa-Titel desselben Verlages unterwegs.

Anmerkungen, Ergänzungen, Korrekturen sind stets willkommen und tragen zur Aktualisierung des vorliegenden Buches bei. Bitte mailen Sie direkt an den Autor: k.schameitat@web.de

Klaus Schameitat

Bildnachweis

Alle Fotos von Klaus Schameitat, außer:
S. 104: Pablo Debat (Fotolia.com)
S. 147: Peter Gedei (Postojnska jama)
S. 378: Anne-Bettina Schameitat
sowie historische SW-Aufnahmen

Titelbild: Kanal ob Soči (Text S.136)
vordere Umschlagklappe: Gornji trg in Ljubljana (Text S. 216)
hintere Umschlagklappe: Stadthafen von Izola (Text S. 186)
S. 4: Črni vrh im Ternowaner Wald (Text S. 159)
S. 18/19: Linhartov trg in Radovljica (Text S. 99)
S. 90/91: Wocheiner See (Bohinjsko jezero) (Text S. 107)
S. 142/143: Karstdorf Štanjel (Text S. 162)
S. 174/175: Blick über Piran (Text S. 191)
S. 202/203: Schusterbrücke in Ljubljana (Text S. 216)
S. 234/235: Burg Bogenšperk (Text S. 248)
S. 262/263: Burg Podsreda (Text S. 290)
S. 294/295: Weinberge bei Jeruzalem (Text S. 316)
S. 330/331: Hauptbahnhof Ljubljana (Text S. 222)

Register

Kartenlegende

- Aussichtspunkt
- Bahnhof
- Burg/Festung/Schloss
- Busbahnhof
- Café
- Campingplatz
- Flughafen
- Freibad
- Hotel, Pension, Herbergen
- Kirche
- Kloster
- Klosterruine
- Krankenhaus
- Markt
- Museum
- Parken
- Post
- Restaurant
- Sehenswürdigkeit
- Strand
- Touristeninformation
- Autobahn
- Tunnelstrecke
- sonstige Straßen
- E 65 Straßennummern
- Eisenbahn
- EU-Grenzkontrolle
- Staatsgrenze
- Hauptstadt
- Stadt/Ortschaft
- Berggipfel (mit Höhe)

Kartenregister